Hunter Davies wurde 1936 in Schottland als Sohn eines höheren Beamten geboren. Während des Studiums erwachte sein Interesse für den Journalismus. Seit 1958 ist er für verschiedene Zeitungen und Zeitschriften tätig (Manchester Evening Chronic, Sunday Graphic, Sunday Times) und hat in seiner Eigenschaft als Star-Reporter viele Länder besucht. Sein Buch über die Beatles ist in engem Kontakt mit der legendären Pop-Gruppe entstanden: Vierzehn Monate lang begleitete er die Pilzköpfe auf ihren Reisen, bis er das entsprechende Material gesammelt hatte.

Erweiterte Taschenbuchausgabe
Droemersche Verlagsanstalt Th. Knaur Nachf.
München/Zürich
Titel der deutschen Erstausgabe »Alles, was du brauchst, ist Liebe«
© Droemersche Verlagsanstalt Th. Knaur Nachf.
München/Zürich 1968
Titel der englischen Originalausgabe »The Beatles«
© 1968 by Hunter Davies
Aus dem Englischen von Werner von Grünau
Umschlaggestaltung Creativ Shop München,
Adolf + Angelika Bachmann
Gesamtherstellung Ebner Ulm
Printed in Germany
ISBN 3-426-00505-0

1.–30. Tausend Januar 1978
31.–45. Tausend März 1978
46.–50. Tausend Oktober 1979

Hunter Davies:
Die Geschichte der Beatles

Mit 35 Abbildungen

Droemer Knaur

Für Brian Epstein

Herzlichen Dank auch ihren Eltern, Verwandten, Freunden und allen, die ihren Weg in Liverpool, Hamburg und London begleitet haben und mir bei der Niederschrift dieses Buches eine große Hilfe waren. Zu Dank verpflichtet bin ich ferner Mrs. Queenie Epstein, Clive Epstein, Peter Brown, Geoffrey Ellis, Neil Aspinall, Mal Evans, Tony Barrow und allen, die durch NEMS Enterprises and Apple mit ihnen in Verbindung stehen; außerdem George Martin, Dick James, Sir Joseph Lockwood, Richard Simon und vor allem Curtis Brown. Nicht zu vergessen John, Paul, George und Ringo, ohne die . . .

Inhalt

Vorwort 7

Erster Teil Liverpool

John 9
John und die Quarrymen 19
Paul 28
Paul und die Quarrymen 36
George 40
George und die Quarrymen 47
John auf der Kunstakademie 53
Von den Quarrymen zu den Moondogs 60
Stu, Schottland und die Silver Beatles 64
Der Casbah Klub 70
Hamburg 76
Astrid und Klaus 83
Liverpool – Litherland und Cavern 91
Stille Zeiten – Liverpool und Hamburg 100
Brian Epstein 108
Epstein nimmt die Beatles unter Vertrag 115
Decca und Pete Best 122
Ringo 129
Ringo und die Beatles 138

Zweiter Teil London und die ganze Welt

George Martin und Dick James 145
Unterwegs 152
Die Beatlemanie 164
USA 174
In England und wieder in den USA 186
Das Ende der Tourneen 194
Brian Epsteins Tod 205
Die Beatles als Gruppe. Von Rauschgift zu Maharischi 218

Dritter Teil   Yesterday

Freunde und Eltern   229
NEMS und die Freunde der Beatles   245
Die Beatles und ihre Musik   254
John   279
Paul   298
George   313
Ringo   331

Anhang

Verzeichnis der Schallplatten   349
Die Finanzen der Beatles   355

Nachwort von Rainer Moritz   359

Vorwort

Im März 1970 erschien mit »Let It Be« die letzte Single der Beatles. Wenig später, am 10. April, erklärte Paul McCartney, er plane keine weiteren Aufnahmen mit der Gruppe. Als Grund gab er geschäftliche, musikalische und persönliche Differenzen an. Seitdem sind Jahre vergangen, und die Beatles haben wirklich nicht noch einmal zusammengefunden. Warum dann die Neuauflage dieser umfangreichen Biographie der »Fab Four«? Auch wenn man Paul McCarneys Ausspruch »Pop ist die klassische Musik von heute« nicht ganz ernst nimmt, bleibt unbestritten, daß das Phänomen Beatles zu den wichtigsten Ereignissen der 60er Jahre zählt. Noch sind sie nicht vergessen, und das allein ist für die schnellebige Unterhaltungsbranche bereits außergewöhnlich. Noch erinnern wir uns an die Beatlemania, der eine ganze Generation verfiel. Außerdem sind John Lennon, Paul McCartney, George Harrison und Ringo Starr im Gegensatz zu anderen Musikern damals berühmter und inzwischen längst vergessener Gruppen immer noch Größen des Schaugeschäfts.

Ganz abgesehen von einer gewissen Nostalgie finden Neuauflagen ihrer Hits wie »The Beatles Rock 'n' Roll Music« oder »Beatles Live at Hollywood Bowl« nach wie vor dankbare Abnehmer. Allein ihr Einfluß auf eine ganze Generation Jugendlicher rund um die Welt sichert ihnen einen Platz in der Geschichte des 20. Jahrhunderts. Mit ihnen wurde ein Traum der heutigen Jugend, die den schnellen Erfolg möglichst mühelos will, Wirklichkeit. Daher haben die Beatles exemplarische Bedeutung. Außerdem haben sie die alte Wahrheit des Schaugeschäfts außer Kraft gesetzt, daß es kein Comeback gibt. Jeder der Beatles hat nach der Trennung für sich allein große Erfolge erzielt. Ihr Auseinandergehen war nur eine Konsequenz ihrer individuellen musikalischen und menschlichen Entwicklung. Ehrlicher als andere ebenso berühmte Gruppen der 60er Jahre, die ihre damaligen Erfolge wieder und wieder in klingende Münze umzuwandeln versuchen, sahen die Beatles ein, daß sie sich nach »Sergeant Pepper's Lonely Hearts Club Band« und »Magical Mystery Tour« nichts mehr zu sagen hatten. Sie waren gemeinsam an die Grenze dessen vorgestoßen, was man allgemein populäre Musik nennt. Ihre individuelle Entwicklung zwang sie, eigene Wege zu gehen.

München 1977   Rainer Moritz

Erster Teil Liverpool

John

Fred Lennon, Johns Vater, wuchs in einem Waisenhaus auf. »Es war das beste Waisenhaus im ganzen Land, das Bluecoat in Liverpool. Wir trugen Zylinder und Cut. Ich habe dort eine sehr gute Erziehung erhalten.«

Im Alter von neun Jahren war Fred Waise geworden, als sein Vater Jack Lennon 1921 starb. Jack, der in Dublin geboren war, hatte fast sein ganzes Leben in den USA als Berufssänger verbracht. Als er nach Liverpool übersiedelte, wo Fred geboren wurde, hatte er sich bereits zur Ruhe gesetzt.

Mit fünfzehn verließ Fred Lennon das Waisenhaus, ausstaffiert mit einer guten Erziehung und zwei neuen Anzügen. Er wurde Laufbursche. Aber mit sechzehn gab er seinen Bürojob wieder auf. Es zog ihn aufs Meer hinaus. Fred wurde Schiffsjunge und später Steward. Er behauptet, er sei der beste Steward gewesen, allerdings habe er keinen Ehrgeiz gehabt.

Bevor Fred zur See ging, eine Woche, nachdem er das Waisenhaus verlassen hatte, lernte er Julia Stanley kennen.

»Es war eine wunderschöne Begegnung. Ich trug einen meiner beiden neuen Anzüge. Im Sefton Park saß ich mit einem Kameraden zusammen, der mir zeigte, wie man Mädchen aufgabelt. Ich hatte mir eine Zigarettenspitze und eine Melone gekauft. Ich glaubte, mit so was Eindruck schinden zu können. Da war dieses kleine Ding, auf das wir ein Auge geworfen hatten. Als ich an ihr vorbeiging, sagte sie: ›Du siehst aber blöd aus.‹ Ich antwortete: ›Und du siehst reizend aus‹ und setzte mich neben sie. Es war alles recht harmlos. Ich war damals noch völlig ahnungslos. Sie sagte, wenn ich neben ihr sitzen wolle, müsse ich meinen albernen Hut abnehmen. Das tat ich. Ich warf ihn ins Wasser. Bis zum heutigen Tag habe ich keinen Hut mehr getragen.«

Fred und Julia gingen etwa zehn Jahre miteinander. Er brachte ihr bei, Banjo zu spielen.

»Ich und Julia spielten und sangen immer zusammen. Heute wären wir ganz oben. Eines Tages sagte sie zu mir: ›Weißt du was, heiraten wir!‹ Ich antwortete, dann müßten wir es richtig machen und das Aufgebot bestellen. Sie erwiderte: ›Wetten, du machst es nicht?‹ So tat ich es doch, nur so zum Spaß. Ich und heiraten! Es war zum Totlachen.«

Aber die Eltern Julias fanden es gar nicht zum Lachen. »Wir wußten natürlich, daß Julia mit Fred Lennon ging«, erzählt Mimi, eine von Julias vier Schwestern. »Er war ein hübscher Kerl, das gebe ich zu. Manche behaupteten sogar, er sehe fabelhaft aus. Aber wir wußten, daß er nichts taugte, ganz bestimmt nicht für unsere Julia.«

Die Hochzeit fand am 3. Dezember 1938 statt. Die Eltern waren nicht anwesend. Fred erschien um zehn Uhr morgens als erster vor dem Hotel Adelphi. Da von Julia noch nichts zu sehen war, ging er noch einmal weg und versuchte, von seinem Bruder ein Pfund zu leihen. Als er zurückkam, war Julia immer noch nicht da. Er rief im Kino »Trocadero« an, wo sie sich häufig aufhielt. Gearbeitet hat sie dort allerdings nie, obgleich sie auf dem Trauschein spaßeshalber als Beruf »Platzanweiserin« eintragen ließ. »Ich sprach mit einer ihrer Freundinnen. Im ›Troc‹ liebten sie mich alle. Die Mädchen sagten immer, wenn du eines Tages mit Julia Schluß machst – ich wart' auf dich.«

Schließlich tauchte Julia auf, und danach verbrachten sie ihre »Flitterwochen« im Kino. In der Nacht kehrte Julia wieder zu ihren Eltern zurück, und Fred ging zu sich nach Hause. Am nächsten Tag begab sich der frischgebackene Ehemann an Bord eines Schiffes und verschwand für drei Monate nach Westindien.

Julia wohnte weiterhin bei ihren Eltern, und auch Fred wohnte ein Jahr lang während seines Landurlaubs dort. Dann reiste Fred wieder ab und ließ eine schwangere Julia zurück. Es war Sommer 1940, und Liverpool war schweren Bombenangriffen ausgesetzt. Kein Mensch wußte, wo Fred Lennon steckte.

Julia ging in das Entbindungsheim in der Oxford Street. Ihr Kind wurde während eines schweren Luftangriffs am 9. Oktober 1940 um 6.30 Uhr morgens geboren. Es war ein Junge, und er erhielt die Namen John Winston Lennon. Winston ging auf Konto eines vorübergehenden Anfalls von Patriotismus. Den Namen John wählte Mimi, als sie das Neugeborene 20 Minuten nach der Geburt sah.

»Kaum hatte ich den kleinen John erblickt«, berichtet Mimi, »war's um mich geschehen. Ich war ganz vernarrt: ein Junge!«

Als John etwa 18 Monate alt war, ging Julia wie üblich eines Tages zur Reederei an den Hafen hinunter, um ihr Geld von Freds Heuer abzuholen. Irgendwie war es immer gekommen, doch dieses Mal erklärte man ihr, die Zahlung sei eingestellt: Fred sei vom Schiff abgehauen. Niemand wußte, was aus ihm geworden war.

Mimi sagt, das sei bereits das Ende der Ehe gewesen, obwohl die beiden erst etwa ein Jahr später auseinandergingen. Sie hatte schon immer erwartet, daß Fred Julia verlassen würde.

»Julia lernte schließlich einen anderen Mann kennen, den sie heiraten wollte«, erläutert Mimi. »Es wäre schwierig gewesen, John mit in die Ehe zu nehmen. So habe ich ihn zu mir genommen. Ich habe es gern getan, und es schien auf alle Fälle das Beste zu sein. Julia und Fred wollten beide, daß ich ihn adoptiere. Ich habe Briefe von ihnen, in denen das steht. Aber ich konnte sie niemals dazu bringen, zusammen zu erscheinen, um die Formalitäten zu erledigen.«

Fred Lennons Darstellung seiner »Desertion« und der Geschichte seiner Ehe klingt natürlich ein wenig anders. Er berichtet, daß er bei Kriegsausbruch in New York war. Man sagte ihm, daß er als Zweiter Steward auf ein Liberty-Schiff überstellt werden sollte. »Das bedeutete, daß ich meinen bisherigen Rang einbüßte. Es machte mir nichts aus, in den Krieg hineingezogen zu werden. Aber ich konnte mich doch nicht damit abfinden, meinen bisherigen Rang zu verlieren. Der Kapitän des Passagierschiffes, auf dem ich gearbeitet hatte, riet mir, was ich tun sollte. Er sagte: ›Freddy, laß dich vollaufen und verpaß dein Schiff!‹«

Genau das hatte Fred getan. Man sperrte ihn auf Ellis Island ein. Wieder wurde er aufgefordert, auf ein Liberty-Schiff zu gehen, aber Fred erklärte, er wolle lieber Obersteward auf der »Queen Mary« werden. Schließlich wurde er auf ein Liberty-Schiff abgeschoben, das nach Nordafrika auslief. Nach der Landung wurde Fred erneut eingesperrt.

»Einer der Köche an Bord hatte eines Tages zu mir gesagt, ich solle eine Flasche aus seiner Kajüte holen. Ich nahm gerade einen Schluck, als die Polizei erschien. Sie behauptete, ich hätte mich an den Schiffsvorräten vergriffen. Das stimmt nicht. Ich verteidigte mich, aber es nützte nichts.«

Fred verbrachte drei Monate im Gefängnis. Selbstverständlich, sagt er, hörten damit die Zahlungen an Julia auf. Er hatte auch kein Geld, das er ihr hätte schicken können. Aber dafür schrieb er ihr Briefe. »Meine Briefe fand sie herrlich. Ich schrieb ihr, es ist Krieg, amüsier Dich gut, Liebling. Das war der größte Fehler meines Lebens. Sie begann zu trinken, auszugehen und sich zu amüsieren. Und ich hatte sie dazu animiert.«

John hat einige verschwommene Erinnerungen an die Zeit, da er bei den Stanleys lebte und seine Mutter sich um ihn kümmerte, obgleich er damals nicht älter als vier Jahre gewesen sein kann.

11

Fred Lennon, Johns Vater

Er hatte damals durch die Erzählungen seiner Mutter den Eindruck gewonnen, daß sie mit Fred während einiger Zeit recht glücklich gewesen war. »Sie erzählte mir, daß sie viel Spaß miteinander gehabt und oft gelacht hätten. Ich glaube, Fred muß allgemein sehr beliebt gewesen sein. Er schickte uns immer Programme von Schiffskonzerten, bei denen er als Sänger auftrat und auf die Nummer ›Begin the Beguine‹ abonniert war.«

Fred fuhr wieder zur See, nachdem sich Julia endgültig für den anderen entschieden hatte. John lebte bei Mimi. Während eines Urlaubs beschloß er, John zu besuchen. »Ich rief von Southampton aus an und unterhielt mich mit John am Telefon. Er muß damals fünf gewesen sein. Ich fragte ihn, was er später einmal werden wolle und ähnliches Zeug. Er sprach ein zauberhaftes Englisch. Als ich Jahre später seinen Liverpooler Akzent hörte, war ich überzeugt, daß er eine Schau abzog.«

Fred fuhr dann nach Liverpool und besuchte Mimi. »Ich fragte John, ob es ihm Spaß machen würde, nach Blackpool zu fahren, auf den Rummelplatz zu gehen und am Strand zu spielen. Er meinte, das wäre herrlich. Ich bat Mimi um die Erlaubnis, und sie sagte, sie könne mir das nicht abschlagen. Dann fuhr ich mit

Der achtjährige John mit seiner Mutter Julia

John nach Blackpool – mit der Absicht, niemals zurückzukommen.«
Fred und der fünfjährige John blieben zwei bis drei Monate in Blackpool, wo sie bei einem Freund wohnten.
»Ich hatte damals haufenweise Geld. In dieser Zeit, kurz nach dem Krieg, konnte gar nichts schiefgehen. Ich hatte meine Finger in vielen dunklen Geschäften, in der Hauptsache brachte ich Strümpfe für den Schwarzmarkt mit. Das Zeug, das ich herüberbrachte, wird wahrscheinlich heute noch in Blackpool verkauft.«
Der Freund, bei dem Fred in Blackpool wohnte, hatte die Absicht, nach Neuseeland auszuwandern, und Fred beschloß, mit ihm zu gehen. Alle Vorbereitungen wurden getroffen, als eines Tages Julia vor der Tür stand.
»Sie sagte, sie wolle John zurückhaben. Sie hätte jetzt ein hübsches kleines Heim und beschlossen, ihn bei sich aufzunehmen. Ich antwortete, ich hätte mich inzwischen so sehr an John gewöhnt, daß ich ihn nach Neuseeland mitnehmen wolle. Dabei merkte ich ihr an, daß sie mich im Grunde immer noch liebte. So fragte ich, ob sie nicht mitkommen wolle. Wir könnten doch noch einmal

13

von vorn anfangen. Aber sie sagte nein. Sie wollte nur John haben. So stritten wir hin und her, und ich sagte, gut, dann soll John selbst entscheiden.

Ich rief John. Er kommt angelaufen und springt mir aufs Knie. Er klammert sich an mich und fragt, ob sie zurückkäme. Offensichtlich war es das, was er sich im tiefsten Herzen wünschte. Ich sagte nein, er solle entscheiden, ob er bei mir bleiben oder mit ihr gehen wolle. Er erklärte, er bliebe bei mir. Julia fragte noch einmal, aber John sagte wieder, bei mir.

Julia ging zur Tür hinaus und war fast auf der Straße, als John hinter ihr herrannte. Das war das letzte, was ich von ihm gesehen oder gehört habe, bis ich erfuhr, daß er ein Beatle geworden ist.«

John kehrte mit Julia nach Liverpool zurück, aber er blieb nicht lange bei ihr. Seine Tante Mimi wollte ihn nämlich zurückhaben. Er zog deshalb, diesmal endgültig, in Mimis und Georges Haus in Woolton, Liverpool.

»Ich habe mit John nie von seinen Eltern gesprochen«, sagt Mimi. »Ich wollte ihn ganz einfach vor all diesen Dingen bewahren. Vielleicht war ich dabei allzu ängstlich. Ich weiß nicht. Ich wollte ihn nur glücklich sehen.«

John ist Mimi für das, was sie für ihn getan hat, sehr dankbar. »Sie war wirklich sehr gut zu mir. Die Verhältnisse, in denen ich aufgewachsen war, müssen ihr große Sorgen gemacht haben. Sie muß ständig hinter meinen Eltern hergewesen sein, sie sollten doch an mich denken und dafür sorgen, daß dem Kind nichts zustößt. Da sie ihr vertrauten, haben sie mich dann ihr überlassen.«

John gewöhnte sich rasch an Mimi. Sie behandelte ihn wie einen eigenen Sohn. Sie war zwar streng und ließ ihm nichts durchgehen, aber niemals schlug sie ihn oder schrie ihn auch nur an. Ihre schlimmste Strafe bestand darin, ihn zu übersehen. »Das konnte er nicht ertragen«, stellt sie fest.

Besonders achtete Mimi darauf, daß sich Johns Persönlichkeit entfalten konnte. »Wir waren stets eine Familie von Individualisten. Mutter hielt nichts von Konventionen, und ich tue es auch nicht. Sie hat zeitlebens nie ihren Ehering getragen, und ich tue es auch nicht. Warum auch?«

Onkel George, der eine Molkerei betrieb, hatte eine Schwäche für John. Er verwöhnte ihn geradezu. Mimi erzählt: »Ich fand immer wieder Zettel von John unter Georges Kopfkissen: ›Lieber George, würdest Du mich heute abend waschen und nicht

14

John im Alter von neun Jahren

Mimi?‹ Oder ›Lieber George, willst Du nicht mit mir ins Wool-
ton-Kino gehen?‹«

Mimi erlaubte John nur zweimal im Jahr solche Ausflüge –
einmal zum Weihnachtsspiel im »Liverpool Empire« und das
andere Mal im Sommer zu einem Film von Walt Disney. Aber es
gab auch noch bescheidenere Vergnügen, zum Beispiel das große
Gartenfest, das in Strawberry Fields, einem Mädchenhospiz der
Heilsarmee am Ort, in jedem Sommer veranstaltet wurde.
»Sobald wir die ersten Klänge des Heilsarmee-Orchesters hörten,
hüpfte John von einem Bein auf das andere und schrie: ›Los,
Mimi, los, wir kommen zu spät!‹«

John kam auf die Volksschule von Dovedale. »Der Rektor sagte
mir, John sei ein sehr gescheiter Junge. Er könne alles, solange
es ihm Spaß mache. Nichts würde er nach Schablone machen.«

Schon nach fünf Monaten konnte John lesen und schreiben.
Allerdings war seine Orthographie schon damals höchst eigenwillig.

Mimi wollte John Tag für Tag zur Schule bringen und auch
wieder abholen. Aber schon nach dem dritten Tag erklärte John,
sie solle kein solches Theater mit ihm machen und ihn allein
gehen lassen. So begann sie, heimlich hinter ihm herzugehen,
damit ihm nichts passierte.

»Seine Lieblingslieder waren ›Let Him Go, Let Him Tarry‹ und
›Wee Willy Winkie‹. Er hatte eine gute Stimme und sang im
Kirchenchor von St. Peter's in Woolton. Immer ging er brav zum
Kindergottesdienst. Mit 15 wurde er konfirmiert.«

Bis zu seinem 14. Lebensjahr gab Mimi ihm nur fünf Shilling
wöchentliches Taschengeld. »Ich versuchte, ihm den Wert des
Geldes klarzumachen, aber das ist mir nicht gelungen.« Um
zusätzliches Geld zu verdienen, arbeitete John im Garten. »Das
tat er aber nur, wenn er arg in der Klemme saß. Dann hörten wir
ihn wütend die Schuppentür aufreißen, mißmutig den Rasenmä-
her herausziehen und mit etwa neunzig Stundenkilometern über
ein paar Quadratmeter Rasen hinwegjagen. Dann stürmte er ins
Haus, um sich sein Geld abzuholen. Aber im Grunde bedeutete
ihm Geld an sich gar nichts. Es war ihm gleichgültig. Wenn er
welches hatte, ging er unwahrscheinlich großzügig damit um.«

Mit etwa sieben Jahren begann John, eigene Büchlein zu schreiben. Mimi besitzt sie noch bündelweise. Seine erste Serie hieß
»Sport, Geschwindigkeit und Bilder. Herausgegeben und illu-
striert von J. W. Lennon.« Sie enthielt Witze, Karikaturen,
Zeichnungen und eingeklebte Fotografien von Filmstars und

Johns Tante Mimi, bei der er aufgewachsen ist

Fußballspielern. Außerdem eine Fortsetzungsgeschichte, die jede Woche mit folgenden Worten schloß: »Wenn euch dies gefallen hat, kommt nächste Woche wieder! Es wird sogar noch besser!«
»Von ›Alice im Wunderland‹ war ich begeistert und zeichnete alle Gestalten. Ich schrieb auch Gedichte im Stil von ›Jabberwocky‹. Ich lebte wie ›Alice‹ und ›Just William‹. Ich schrieb meine eigenen William-Geschichten, wobei ich alles selbst erlebte. Später verfaßte ich dann richtige Gedichte, darunter gefühlvolle Sachen, in einer Geheimschrift, damit Mimi es nicht lesen konnte. Ja, es muß ein weicher Kern unter der rauhen Schale gesteckt haben. Besonders gefallen hat mir das Buch ›Wind in the Willows‹. Wenn ich ein Buch gelesen hatte, wollte ich die Handlung selbst noch einmal erleben. Deshalb wollte ich auch in der Schule der Bandenführer sein. Ich wollte, daß alle die Spiele spielten, von denen ich gerade gelesen hatte.«
Als kleiner Junge hatte John goldblondes Haar. Er schlug sehr nach der Familie seiner Mutter. Die Leute hielten ihn für Mimis eigenen Sohn, was sie sehr gern hörte. Waren es Fremde, berichtigte sie den Irrtum niemals.
Mimi war ständig bemüht, John zu beschützen. Sie umsorgte ihn

und versuchte zu verhindern, daß er mit Jungen zusammenkam, die sie als »gewöhnlich« ansah. So erzählt Mimi:

»Eines Tages ging ich die Penny Lane entlang und sah einen Haufen Jungen im Kreis um zwei andere stehen, die miteinander kämpften. ›Das sieht diesem gemeinen Volk ähnlich‹, dachte ich. Die Jungen waren nicht von Johns Schule. Als sich die beiden Raufenden trennten, hing einem dieser abscheulichen Jungen die Jacke in Fetzen herunter. Zu meinem Entsetzen erkannte ich John. John hat sich diese Geschichte mehrmals von mir erzählen lassen. ›Das sieht dir ähnlich, Mimi‹, sagt er. ›Alle anderen sind für dich immer gewöhnlich.‹« Wenn er mit anderen Kindern auf der Straße spielte, wollte John stets der Anführer sein. In der Schule war es dagegen viel schwieriger. Er hatte seine eigene Bande. Radau und Prügeleien waren an der Tagesordnung. Ivan Vaughan und Pete Shotton, seine engsten Schulfreunde, sagen, er sei ständig in Raufereien verwickelt gewesen.

Mimi war mit Ivan und Pete einverstanden, weil sie in der Nähe in Doppelhäusern gleicher Art lebten. Andere Schulkameraden hingegen lehnte sie entschieden ab.

»Ich habe mich durch ganz Dovedale hindurchgeprügelt«, erzählt John, »oder mit der psychologischen Masche aufgetrumpft, wenn jemand stärker aussah als ich. Ich drohte dann mit solcher Kaltblütigkeit, sie zu verhauen, daß sie glaubten, ich könnte es.

Meine Bande beging Ladendiebstähle und zog den Mädchen die Schlüpfer runter. Wenn eine Sache aufflog und alle erwischt wurden, bekamen sie immer als einzigen mich nicht zu fassen. Im Augenblick hatte ich Angst, aber Mimi war die einzige von allen Müttern, die mir niemals auf die Schliche kam.

Natürlich konnten mich die Eltern der anderen Kinder nicht ausstehen. Stets warnten sie ihre Lieblinge davor, mit mir zu spielen. Wenn ich ihnen begegnete, hatte ich oft eine freche Schnauze. Und auch die meisten Lehrer haßten mich wie die Pest. Als ich älter wurde, klauten wir nicht mehr nur Süßigkeiten für uns, sondern Sachen wie Zigaretten, die wir verkaufen konnten.«

Oberflächlich betrachtet, scheint die Atmosphäre zu Hause, die von der zärtlichen, gütigen, aber doch gestrengen Mimi bestimmt war, recht gut gewesen zu sein. Aber je älter John wurde, desto mehr beunruhigten ihn unbeantwortete Fragen.

»Bei Julias gelegentlichen Besuchen fragte er mich hin und wieder das eine oder andere«, berichtet Mimi. »Aber ich wollte ihm keine Einzelheiten mitteilen. Wie konnte ich? Er war so glücklich. Es wäre falsch gewesen, ihm zu sagen, dein Vater ist ein Taugenichts, und deine Mutter hat einen anderen gefunden. John war so glücklich. Er sang die ganze Zeit.«

John erinnert sich noch, wie er anfing, Fragen zu stellen, und wie er stets fast die gleichen Antworten erhielt. »Mimi erzählte mir, meine Eltern hätten aufgehört, sich zu lieben. Niemals sagte sie direkt etwas gegen meine Eltern. Bald vergaß ich meinen Vater. Es war, als sei er tot. Aber hin und wieder sah ich meine Mutter. Meine Gefühle für sie sind niemals gestorben. Oft dachte ich an sie, obwohl mir niemals klar wurde, daß sie die ganze Zeit über nicht mehr als fünf oder zehn Meilen entfernt wohnte.

Eines Tages kam meine Mutter in einem schwarzen Mantel zu uns. Ihr ganzes Gesicht war blutig. Sie hatte irgendeinen Unfall gehabt. Ich konnte es nicht mit ansehen. Ich dachte nur, das da drin ist meine Mutter, und sie blutet. Ich muß machen, daß ich abhaue. So ging ich in den Garten hinaus. Vielleicht war ich seelisch ein Feigling. Ich wollte meine Gefühle verbergen.«

Aber mag John das auch versucht haben – Mimi und seine drei anderen Tanten, Anne, Elizabeth und Harriet, sagen übereinstimmend, daß er zu ihnen stets offen und freundlich gewesen sei. Den ganzen Tag über sei er fröhlich gewesen.

John und die Quarrymen

Die Quarry Bank High School war, als John 1952 dort eintrat, eine kleine Vorstadt-Mittelschule in Allerton, Liverpool, nicht weit von Mimis Haus entfernt.

Mimi war froh, daß John nicht in das Liverpool Institute im Stadtzentrum kam. Sie glaubte, so besser auf ihn achten zu können. Auch Pete Shotton wechselte mit John zu Quarry über, während sein anderer Freund, Ivan Vaughan, in das Liverpool Institute ging. Ivan wußte, daß jede ernsthafte Arbeit in der Schule unmöglich würde, wenn er mit John zusammenblieb. Aber nach Schulschluß wurde er immer noch als Mitglied von Johns Bande anerkannt. Er brachte auch Jungen aus der eigenen Schule mit, die sich Johns Bande anschlossen: »Der erste, den ich einführte, war Len Garry. Aber ich brachte nicht viele. Ich war sehr wählerisch, wenn es darum ging, Leute mit John bekannt zu machen«, erzählt Ivan.

John ist der erste Tag in der Quarry-Schule noch lebhaft in Erinnerung: »Ich sah mir die Hunderte von neuen Jungen an und dachte, mein Gott, ich werde mich durch diesen ganzen

Haufen hindurchkämpfen müssen, nachdem ich es in Dovedale gerade geschafft habe. Es waren ein paar richtige Muskelprotze darunter. Die erste Rauferei, in die ich verwickelt wurde, verlor ich. Wenn ich einen wirklich schmerzhaften Schlag abbekam, hatte ich die Nase voll. Nicht daß nun tatsächlich viel geprügelt wurde. Ich fluchte und brüllte und schlug dann blitzschnell zu. Wenn ein bißchen Blut floß, war der Kampf zu Ende. Wenn ich merkte, daß ein anderer stärker zuschlagen konnte als ich, sagte ich: ›Okay, machen wir einen Ringkampf!‹

Ich war aggressiv, weil ich im Mittelpunkt stehen wollte. Ich wollte der Anführer sein. Ich wollte, daß alle genau das taten, was ich ihnen befahl, daß alle über meine Witze lachten und mich den Boß sein ließen.«

Während seines ersten Schuljahres wurde John mit einer obszönen Zeichnung erwischt. »Dadurch hatte ich es völlig mit den Lehrern verdorben.«

Mimi fand auch ein obszönes Gedicht, das er geschrieben hatte. »Sie fand das Gedicht unter meinem Kopfkissen. Da sagte ich, ich hätte es für einen anderen abgeschrieben, der nicht gut schreiben konnte. Natürlich hatte ich es selbst verfaßt. Ich hatte solches Zeug schon früher gelesen. Und dann habe ich es eben selbst versucht.

Wahrscheinlich habe ich am Anfang sogar noch ein bißchen für die Schule gearbeitet, so wie häufig in Dovedale. Dort war ich immer ehrlich gewesen und hatte alles zugegeben. Aber allmählich begriff ich, wie blöde das war. Da begann ich, ständig zu lügen.«

Von nun an standen Lennon und Shotton gegen die ganze übrige Schule. Sie revoltierten gegen alle Vorschriften. Pete ist der Meinung, daß er ohne John, seinen ständigen Verbündeten, unterlegen wäre und sich den Grundsätzen der Schule hätte beugen müssen. »Zu zweit«, sagt Pete, »ist es erheblich leichter, sich an das zu klammern, was man für richtig hält. Geht es einem dreckig, ist doch wenigstens einer da, mit dem man darüber lachen kann. Und unseren Spaß haben wir immer gehabt. Das hat nie aufgehört, die ganze Schulzeit hindurch nicht. Es war herrlich.«

Pete meint auch, daß in der Rückschau die meisten Streiche ihrer Jugend nicht mehr ganz so spaßig aussehen; aber wenn er an sie denkt, muß er noch immer lachen.

»Wir müssen noch ziemlich jung gewesen sein, als wir das erste Mal zum stellvertretenden Direktor gerufen wurden, weil wir etwas ausgefressen hatten. Als wir eintraten, saß er an seinem Schreibtisch und schrieb. Ich und John mußten rechts und links neben ihn treten. Da begann John, ihn an seinen Haaren auf dem Kopf zu kitzeln. Er war fast kahl, hatte aber ganz oben ein paar Büschel. Er konnte nicht begreifen, was ihn da kitzelte, und während er uns zusammenstauchte, fuhr er sich immer wieder mit der Hand über den kahlen Schädel. Es war wahnsinnig komisch. Ich krümmte mich innerlich vor Lachen. Und John hat buchstäblich in die Hosen gepinkelt. Bestimmt. Es begann, aus seiner Hose zu tröpfeln. Er hatte kurze Hosen an. Deshalb weiß ich, daß wir damals noch ziemlich klein gewesen sein müssen. Der Urin tropfte auf den Boden, und der stellvertretende Direktor drehte sich um und sagte: ›Was soll das, was soll das?‹«

John hatte eine künstlerische Begabung. Pete hingegen war gut in Mathematik. John ärgerte sich über Petes Interesse an der Mathematik, die er niemals richtig begriff.

»Immer hat er versucht, mich in meiner Konzentration zu stören«, sagt Pete. Er hielt mir Zeichnungen hin. Manche waren unanständig, aber meistens waren sie ganz einfach nur komisch, und dann mußte ich losplatzen. ›Schauen Sie mal den Shotton an, Sir‹, riefen die übrigen in der Klasse, wenn mich so ein Lachkrampf schüttelte.«

Mit John wurde es von Jahr zu Jahr schlimmer. Im dritten Jahr wurde er, nachdem er zunächst noch mit zur Spitzengruppe gehört hatte, in die zweite Leistungsstufe zurückversetzt. In seinen Zeugnissen standen Bemerkungen wie: »Hoffnungslos. Stört den Unterricht durch Clownerien. Unerhörtes Benehmen. Er stiehlt nur die Zeit der anderen Schüler.« Zu Hause war Mimi ständig hinter ihm her, aber sie hatte keine Ahnung, wie schlecht er in der Schule war und wie wenig er mitarbeitete.

»Von Mimi habe ich nur einmal Prügel bezogen: da hatte ich Geld aus ihrer Handtasche genommen. Ich klaute ihr immer ein bißchen für Süßigkeiten, aber an diesem Tag muß ich ein wenig zu tief hineingegriffen haben.«

Das Verhältnis zu Onkel George wurde dagegen immer besser. »Er war ein freundlicher, gütiger Mensch.« Im Juni 1953, als John fast dreizehn Jahre alt war, erlitt Onkel George einen Blutsturz und starb. »In seinem ganzen arbeitsreichen Leben war er nicht einen einzigen Tag lang krank gewesen. Es geschah ganz plötzlich an einem Sonntag«, sagt Mimi. »Am Montag war er tot. John hatte ein sehr gutes Verhältnis zu ihm gehabt. Bei allen kleinen Streitereien war George immer Johns Freund gewesen.

Sie waren viel miteinander ausgegangen. Ich war oft eifersüchtig, wenn sie sich so gut amüsierten. Ich glaube, daß Georges Tod John schwer getroffen hat. Aber er hat es sich nie anmerken lassen.«

»Ich wußte nicht, wie man vor anderen Leuten traurig ist, was man da tut oder sagt«, erzählt John, »und so ging ich auf mein Zimmer. Dann kam meine Kusine. Wir drehten beide durch. Wir lachten in einer Tour. Hinterher hatte ich ein schlechtes Gewissen.«

Um diese Zeit tauchte jemand wieder auf der Bildfläche auf, der für Johns Leben von da an immer größere Bedeutung gewinnen sollte – seine Mutter Julia. Sie war mit Mimi stets in Verbindung geblieben, obwohl Mimi John kaum etwas von ihr erzählte. Offenbar beobachtete sie fasziniert, wie John heranwuchs und sich entwickelte. Und noch mehr war John von ihr fasziniert. Inzwischen hatte sie von dem Mann, mit dem sie noch immer zusammen lebte, zwei Töchter bekommen.

»Julia schenkte mir mein erstes buntes Hemd«, berichtet John. »Ich fing an, sie in ihrer Wohnung zu besuchen. Ich lernte ihren neuen Mann kennen. Aber ich hielt nicht viel von ihm. Ich nannte ihn ›Twitchy‹. Im Grunde war er ganz in Ordnung. Julia wurde für mich zu einer Art junger Tante oder großer Schwester. Als ich älter wurde, hatte ich öfter Auseinandersetzungen mit Mimi. Dann lief ich immer wieder davon und wohnte übers Wochenende bei Julia.«

Pete Shotton hörte zum erstenmal von Julia, als sie etwa in der zweiten oder dritten Mittelschulklasse waren. Damals wurden sie unaufhörlich vor dem »schlimmen Ende« gewarnt, das es mit ihnen noch nehmen würde. Petes Eltern und Johns Tante Mimi redeten ihnen ebenfalls ständig ins Gewissen. Waren sie jedoch allein, setzten sie sich lachend über all diese Warnungen hinweg. Dann erschien auch Julia und lachte mit ihnen ganz offen über Lehrer, Mütter und alle anderen.

»Sie war großartig«, erzählt Pete. »Machte alles mit. Sie sagte ganz einfach nur, vergeßt es, wenn wir ihr erzählten, was uns erwartete. Wir liebten sie. Sie war die einzige, die uns verstand. Sie sagte das, was wir hören wollten. Genau wie wir tat sie nur, was ihr Spaß machte.«

Oft besuchten sie Julia nach der Schule. Manchmal kam sie auch zu ihnen. »Einmal trafen wir sie mit einem Schlüpfer um den Kopf gelegt wie ein Kopftuch. Sie tat so, als bemerke sie nicht, daß die Leute sie anstarrten. Wir wälzten uns fast am Boden vor

Lachen. Ein anderes Mal gingen wir mit ihr die Straße entlang. Sie trug eine Brille ohne Gläser. Wenn sie Leute traf, die sie kannte, merkten sie es zunächst nicht, aber während sie sich mit ihnen unterhielt, steckte sie die Finger durch das Brillengestell, um sich die Augen zu reiben. Dann sahen die Leute sie verblüfft an.«

Ivan ist der Ansicht, daß die Wiederbegegnung mit Julia im Grunde dazu geführt hat, John zu einem Rebellen zu machen. Sie ermutigte ihn zu allem und lachte über alles, was er tat. Mimi war John gegenüber streng gewesen, wenn auch nicht strenger als viele andere Mütter. Sie hatte darauf geachtet, daß er nicht rauchte und trank. Julia sagte nun genau das Gegenteil. So war es ganz natürlich, daß es John allmählich mehr zu Julia als zu Mimi hinzog. Deshalb lief er auch immer wieder von Mimi fort, um bei Julia zu wohnen. Sie war das schwarze Schaf in einer sehr konformistischen Familie, und sie wollte, daß John, der sowieso viel von ihr geerbt hatte, wie sie würde.

John saß nun in Klasse 4 C. Es war das erste Mal, daß er auf der Leistungsstufe C, der untersten, gelandet war: »Diesmal schämte ich mich wirklich, daß ich zu den Deppen gehörte. Die Stufe B war gar nicht so übel; in A saßen nämlich alle Waschlappen. Ich fing damals an, auch bei den Prüfungen zu schummeln. Aber es war sinnlos, es mit den Affen aufnehmen zu wollen. Ich war so schlecht wie immer.«

Pete Shotton war ebenfalls von Klasse zu Klasse mit John zusammen abgerutscht. »Ich habe auch sein Leben verpfuscht«, sagt John.

Im letzten Viertel der vierten Klasse wurde er als Zwanzigster das »Schlußlicht« der Klasse.

Als John in der 5. Klasse war, kam ein neuer Direktor, Mr. Pobjoy. Er merkte bald, daß Lennon und Shotton die ärgsten Störenfriede waren. Aber er scheint wirklich Kontakt zu John gehabt zu haben, was man von dem bisherigen Direktor und den meisten Lehrern gewiß nicht sagen konnte.

Mr. Pobjoy war überrascht, als John durch die Bank versagte: »Ich hatte geglaubt, daß er auf Grund seiner Fähigkeiten durchkommen würde. Er war nur überall um eine Note zu schlecht. Wahrscheinlich habe ich ihm deshalb geholfen, auf die Kunstakademie zu kommen. Ich wußte, daß er künstlerisch begabt war. Er hatte eine solche Chance verdient.«

Als Johns Zukunft auf dem Spiel stand, suchte Mimi den Direktor auf. »Er fragte mich, was ich mit ihm anfangen wollte. Ich erwiderte: ›Was würden denn Sie mit ihm anfangen? Sie hatten ihn doch fünf Jahre hier.‹« Mimi gefiel die Idee mit der Kunstakademie, obwohl ihr wahrscheinlich nicht klar war, was für ein Glück John hatte, überhaupt hineinzukommen. »Ich wollte, daß er etwas lernt, um auf anständige Weise Geld zu verdienen. Er sollte etwas werden. Insgeheim dachte ich an seinen Vater und wie der sich entwickelt hatte. Aber das konnte ich John natürlich nicht sagen.«

Wenn John jetzt auf seine Schuljahre zurückblickt, bedauert er nichts:

»Ich habe recht behalten. Die Lehrer hatten unrecht, und ich hatte recht. Sie hocken immer noch auf demselben Fleck. Also müssen *sie* die Nieten sein. Bis auf einen oder zwei waren sie alle sture Pauker. Ich habe sie nie ernst genommen. Es gab nur einen einzigen Lehrer, dem meine Karikaturen gefielen. Er nahm sie mit nach Hause, um sie seinen Kindern zu zeigen.

Sie sollten einem Zeit geben, das, woran man interessiert ist, zu entwickeln. Darin sollten sie einen ermutigen. Für Kunst habe ich mich immer interessiert und war viele Jahre hindurch darin der Beste. Trotzdem hat es niemand beachtet.

Aber ich muß doch sagen, daß ich eine glückliche Kindheit hatte. Zwar wurde ich zu einem recht aggressiven Burschen, aber wirklich unglücklich war ich eigentlich nie. Ich habe immer etwas zum Lachen gefunden.«

Gegen Ende seiner Schulzeit begann John sich für Pop-Musik zu interessieren, obwohl dies etwas war, wovon Mimi ihm stets abgeraten hatte. Sie hörte es nie gern, wenn er Pop-Lieder sang, die er als kleiner Junge vom Radio her kannte.

John hatte nicht die geringste musikalische Ausbildung. Aber er brachte sich selbst bei, Mundharmonika zu spielen. Onkel George hatte ihm eine billige gekauft.

»Ich wollte ihm, als er noch klein war, Musikunterricht geben lassen«, erzählt Mimi, »Klavier oder Geige. Aber davon wollte er nichts wissen. Er konnte sich einfach nicht mit etwas abfinden, das feste Unterrichtsstunden voraussetzte. Er wollte alles immer gleich tun können, sich nicht die Zeit nehmen, es zu lernen.

Die einzige Ermutigung auf musikalischem Gebiet, die John jemals erhielt, kam von einem Busschaffner. Wir schickten den Jungen jedes Jahr zu seinen Vettern nach Edinburgh. Dort wohnte er bei meiner Schwester. Von George hatte er eine alte verbeulte Mundharmonika bekommen, auf der er während der ganzen Fahrt spielte. Zweifellos hat er alle Fahrgäste damit verrückt gemacht.

Nur der Schaffner war von ihm begeistert. Als sie in Edinburgh ankamen, sagte er zu ihm: ›Komm morgen früh zur Busstation hinunter, da gebe ich dir eine ganz feine Mundharmonika.‹ John konnte in dieser Nacht nicht schlafen; er war schon sehr früh unten. Er bekam auch ein wirklich gutes Instrument. Er muß damals etwa zehn gewesen sein. Dieser Schaffner hat bestimmt nicht gewußt, was er damit in Gang gebracht hat.«

Die Pop-Songs, die sich John anhörte, waren von Johnny Ray und Frankie Lane. »Aber ich habe das nicht weiter beachtet.«

Niemand hat diese Songs damals weiter beachtet, zumindest nicht englische Jungen in John Lennons Alter. Pop-Musik war bis in die Mitte der fünfziger Jahre hinein etwas sehr Ausgefallenes, das keinerlei Beziehungen zum wirklichen Leben besaß. Sie kam von Amerika herüber und wurde von typischen Vertretern des Show-Geschäfts in schicken Anzügen und mit gewinnendem Lächeln vorgetragen. Ihre süßlichen Schlager sangen sie vor allem für Ladenmädchen und junge Muttis.

Dann ereigneten sich drei Dinge: Am 12. April 1954 kamen in den USA Bill Haley und seine »Comets« mit »Rock Around the Clock« heraus. Es dauerte ungefähr ein Jahr, bis sie auf den Britischen Inseln überhaupt bekannt wurden. Aber als es dann geschah, und zwar mit der Themamusik des Films »Saat der Gewalt« (»Blackboard Jungle«), wurde Britannien vom Rock-and-Roll-Fieber gepackt. Das Mobiliar vieler Kinos wurde dabei kurz und klein geschlagen.

Das zweite Ereignis trat im Januar 1956 ein, als Lonnie Donegan »Rock Island Line« herausbrachte. Trotz des Titels gab es nur wenig Beziehung zur entfesselten Rock-Musik. Neu und interessant war jedoch die Tatsache, daß die Nummer auf Instrumenten gespielt wurde, die leicht zu beherrschen waren. Lonnie Donegan machte »Skiffle« populär. Zum erstenmal konnte jeder ohne große musikalische Vorkenntnisse oder musikalisches Talent munter drauflosspielen.

Sogar die Gitarre, das schwierigste Instrument in einer Skiffle-Gruppe, konnte von jedem gespielt werden, der wenigstens ein paar einfache Akkorde beherrschte. Die anderen Instrumente, wie Waschbrett oder Teekistenbaß, konnte fast jeder Idiot bedienen.

Das dritte und in gewisser Hinsicht erregendste Ereignis in der Pop-Musik der fünfziger Jahre wie überhaupt die einflußreichste

Einzelpersönlichkeit im Pop aller Zeiten bis zu den Beatles war Elvis Presley. Auch er setzte sich in der ersten Hälfte des Jahres 1956 durch. Bis zum Mai war sein berühmtes »Heartbreak Hotel« an die Spitze der Hit-Listen in vierzehn Ländern gelangt.

Eigentlich war ein Phänomen wie Elvis von vornherein zu erwarten gewesen. Man brauchte nur Bill Haley persönlich gesehen zu haben. Er war pummelig, ein Mann mittleren Alters, ganz und gar nicht sexy. Diese neue erregende Musik, Rock'n'roll, schrie geradezu nach einem erregenden Sänger, der zu ihr paßte.

Rock war eine Musik, die alle jungen Leute erregte. Und Elvis war der erregende Sänger, der erregende Songs schrie und gurrte. »Vor Elvis hat mich eigentlich alles kaltgelassen«, sagte John.

Alle Beatles wurden davon ebenso gepackt wie Millionen anderer junger Leute im gleichen Alter. Alle erinnern sie sich gleichermaßen an Bands, die in jeder Schule und in jeder Straße ihres Ortes gebildet wurden. Über Nacht wurden in Liverpool über hundert neue Tanzlokale eröffnet. Skiffle-Gruppen standen Schlange, um dort aufzutreten. Zum erstenmal seit Generationen war Musik nicht mehr ausschließlich Sache von Berufsmusikern. Jeder konnte sich produzieren. Es war fast, als hätte man Malkästen an Affen verteilt. Da war es unausbleiblich, daß einige von ihnen eines Tages auch etwas Brauchbares hervorbrachten.

Als dieser Rummel ausbrach, hatte John Lennon weder eine Gitarre noch irgendein anderes Instrument. Eines Tages nahm er einem Jungen in der Schule die Gitarre weg, mußte aber feststellen, daß er sie nicht spielen konnte. Also gab er sie ihm wieder zurück. Doch John wußte, daß seine Mutter Banjo spielen konnte. Er suchte sie auf, und sie kaufte ihm für zehn Pfund eine gebrauchte Gitarre. John nahm Unterricht im Gitarrenspiel, lernte aber nichts. Statt dessen brachte ihm Julia einige Banjo-Akkorde bei. Die erste Melodie, die er lernte, war: »That'll Be The Day«.

Zu Hause mußte er hinter Mimis Rücken üben. Sie wollte die Gitarre nicht im Haus haben. »Eine Gitarre ist ja schön und gut, John«, erklärte sie ihm immer wieder. »Damit wirst du aber niemals deinen Lebensunterhalt verdienen.«

»Schließlich schlossen wir uns auf der Schule zu einer Gruppe zusammen«, sagt John. »Ich glaube, der Kerl, dessen Idee es war, kam nicht in die Gruppe hinein. Anfänglich haben wir uns auch in seinem Haus getroffen. Eric Griffith spielte Gitarre, Pete

Shotton Waschbrett, Len Garry, Colin Hanson Schlagzeug und Rod Banjo. Unser erster Auftritt war in der Rose Street. Wir spielten auf der Ladefläche eines Lastwagens. Natürlich bekamen wir keine Bezahlung oder sonstwas. Danach spielten wir auf Partys von Kumpels oder auf Hochzeiten. Ab und zu schauten ein paar Shilling dabei heraus. Aber meistens spielten wir nur zum Spaß.«

Sie nannten sich selber die »Quarrymen«. Das lag auf der Hand. Alle trugen Halbstarkenkluft, das Haar hoch und glatt nach hinten gekämmt wie Elvis. John war der größte Halbstarke von allen. Die meisten Mütter warnten ihre Söhne vor ihm, wenn sie ihn einmal gesehen hatten. John stand in furchtbar schlechtem Ruf.

Während der ersten Monate der Quarrymen, Anfang 1956, als sich John in der Schule angeblich noch ziemlich anstrengte, tat sich noch nicht allzuviel. Wochen hindurch spielten die Quarrymen überhaupt nicht. Ständig wechselten die Spieler. Wer gerade bei der Party aufkreuzte, wer sich produzieren wollte, machte mit.

John war der Bandleader. Er sorgte für ständige Auseinandersetzungen, so daß immer wieder Leute weggingen. »Ich stritt mich mit einigen herum, weil ich sie draußen haben wollte. Wenn es erst einmal zu einem Krach gekommen war, mußten sie die Gruppe verlassen.« Zu den ständigen Mitgliedern gehörte Nigel Whalley, der sich auch als »Manager« versuchte.

Überall in Liverpool ereignete sich dasselbe: Die Gruppen schossen empor wie Pilze. Ivan Vaughan vom Liverpool Institute führte Johns Gruppe Len Garry zu. Am 15. Juni 1956 brachte Ivan einen anderen Freund aus seiner Schule mit, um ihn John vorzustellen.

»Ich wußte, er war ein toller Bursche«, sagte Ivan. »Ich brachte immer nur tolle Burschen mit, die John kennenlernen wollten.«

Anlaß für diese Begegnung war das Kirchenfest von Woolton. John kannte die Leute dort und hatte sie dazu überredet, seine Gruppe auftreten zu lassen.

Ivan hatte in seiner Schule sehr viel über John und seine Gruppe gesprochen. Er wußte, daß sein Freund an solchen Sachen interessiert war.

»Mimi hatte an jenem Tag zu mir gesagt«, berichtet John, »daß ich es nun endlich geschafft hätte. Ich sei nun ein richtiger Halbstarker. An diesem Tag schien ich alle anzuwidern, nicht nur Mimi.«

Was sich an jenem Tag wirklich ereignet hat, ist für John in

Nebel gehüllt: er hatte sich sinnlos besoffen. Andere erinnern sich besser daran, insbesondere der Freund, den Ivan mitbrachte – Paul McCartney.

»Das war der Tag«, sagt John. »Mit dem Augenblick, da ich Paul kennenlernte, kam alles in Rollen.«

Paul

Paul wurde am 18. Juni 1942 als James Paul McCartney auf einer Privatstation des Walton-Krankenhauses in Liverpool geboren – der einzige Beatle, der in luxuriöser Umgebung das Licht der Welt erblickte. Seine Familie gehörte zwar der Arbeiterklasse an, doch Paul wurde solcher Pomp zuteil, weil seine Mutter einst Oberschwester dieser Entbindungsstation gewesen war. Als die 32jährige in ihren früheren Wirkungskreis zurückkehrte, um ihr erstes Kind zur Welt zu bringen, wurde sie wie ein Star behandelt.

Pauls Mutter Mary Patricia hatte vor mehr als einem Jahr die Arbeit im Krankenhaus aufgegeben, um zu heiraten. Von da an arbeitete sie nur noch als Tagesschwester. Sie war eine geborene Mohin und wie ihr Mann irischer Abstammung.

Jim McCartney, Pauls Vater, war im Gegensatz zu seiner Frau kein Katholik, sondern bezeichnete sich stets als Agnostiker. Er war 1902 geboren und hatte noch zwei Brüder und vier Schwestern.

Es wurde als ein großes Glück betrachtet, daß Jim eine Stellung in einer Baumwollfirma fand. Die Baumwollindustrie stand in ihrer Blüte, und Liverpool war das Zentrum des Imports für die Textilfabriken in Lancashire. Wenn man bei der Baumwolle unterkam, schien man für das ganze Leben ausgesorgt zu haben.

Jim bewährte sich in seiner Stellung und stieg mit 28 Jahren zum Baumwollverkäufer auf. Das bedeutete einen erfreulichen sozialen Aufstieg, denn die Baumwollverkäufer wurden schon fast zum Mittelstand gerechnet. Die Beförderung brachte ihm eine Erhöhung seines Jahresgehalts auf 250 Pfund. Damit konnte man damals auskommen.

Jim war für den Ersten Weltkrieg zu jung und für den Zweiten zu alt. Aber da er nur noch auf einem Ohr hörte – mit zehn Jahren war ihm beim Sturz von einer Mauer das Trommelfell geplatzt –, wäre er ohnehin für den Militärdienst nicht tauglich gewesen. Trotzdem war er für gewisse Arbeiten in der

Rüstungsindustrie zu gebrauchen. Als die Baumwollbörse für die Zeit des Krieges schloß, wurde er von der Maschinenfabrik Napiers übernommen.

1941 heiratete Jim im Alter von 39 Jahren. Das Paar zog in eine möblierte Wohnung in Anfield. Jim arbeitete am Tage bei Napiers und war in der Nacht, als Paul geboren wurde, zum Löschen von Bränden eingesetzt. Er konnte nach Belieben im Krankenhaus aus und ein gehen, brauchte sich also nicht an die normalen Besuchszeiten zu halten, da seine Frau früher dort angestellt gewesen war.

So wurde Jim sofort hereingelassen, noch bevor das Neugeborene überhaupt gewaschen worden war. »Es sah abscheulich aus. Ich konnte kaum darüber hinwegkommen. Ein Auge war offen, und die ganze Zeit schrie es. Sie hielten das Kind hoch, aber für mich sah es aus wie ein Stück rohes Fleisch. Als ich nach Hause kam, weinte ich zum erstenmal seit vielen Jahren.«

Trotz des Berufes seiner Frau wurde es Jim schon beim Gedanken an eine Krankheit schlecht; der typische Krankenhausgeruch machte ihn nervös. Diese Aversion hat er Paul vererbt. »Am nächsten Tag sah der Junge schon menschlicher aus. Und von da an wurde es mit jedem Tag besser. Am Ende war er doch ein recht hübsches Baby.«

Als der kleine Paul eines Tages im elterlichen Garten spielte und seine Mutter Rußflecken auf seinem Gesichtchen entdeckte, beschlossen die McCartneys umzuziehen. Da bei Napiers Flugzeugmotoren hergestellt wurden, galt Jim als Angestellter der Luftwaffe und konnte deshalb ein bescheidenes Haus in einer für Leute von der Luftwaffe reservierten Siedlung in Wallasey erwerben. »Es war klein und hatte innen unverputzte Ziegelwände. Aber mit einem kleinen Kind war es besser als ein möbliertes Zimmer.«

Jims Arbeit bei Napiers hörte noch vor Kriegsende auf. Er erhielt dann eine Stellung als Aushilfsinspektor bei der Liverpooler Müllabfuhr. Da diese Tätigkeit jedoch schlecht bezahlt wurde, war seine Frau bis zur Geburt ihres zweiten Sohnes Michael im Jahr 1944 wieder als Tagesschwester tätig.

Da ihr diese Tätigkeit wegen der streng einzuhaltenden Dienststunden auf die Dauer nicht so zusagte wie ihre frühere Arbeit im Krankenhaus, arbeitete sie schließlich wieder als Hebamme. Sie übernahm zwei Bezirke und kümmerte sich um alle werdenden Mütter in diesem Gebiet. Auch ein Gemeindewohnblock gehörte dazu. Sie wurde Nacht für Nacht zu Entbindungen geholt.

29

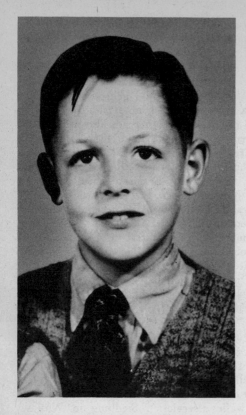

Paul im Alter von
neun Jahren

Pauls früheste Erinnerung an seine Mutter stammt aus seinem dritten oder vierten Lebensjahr. Er entsinnt sich noch, wie jemand ins Haus kam und seiner Mutter einen Hund aus Gips schenkte: »Aus Dankbarkeit für eine Entbindung. Immer brachten ihr Leute solche Geschenke«, erzählt Paul.
»Ich habe noch eine andere Erinnerung, wie ich mich vor jemandem verstecke, um ihm dann mit einer Eisenstange auf den Kopf zu schlagen. Aber ich glaube, der Gipshund ist die früheste Erinnerung.«
Eine andere Erinnerung an seine Mutter hängt mit ihren Versuchen zusammen, seine Aussprache zu verbessern. »Ich sprach damals mit breitem Akzent wie alle anderen Kinder aus unserer Gegend. Als meine Mutter mich deshalb tadelte, ahmte ich ihre

Der siebenjährige Paul (links) mit seiner Mutter
und seinem Bruder Michael

Sprechweise nach, und sie war beleidigt. Da fühlte ich mich sehr überlegen.«
Als sie dann in Speke wohnten, kam Paul auf die Volksschule. Michael folgte ihm bald nach. »Ich erinnere mich, daß die Rektorin mir sagte, wie nett meine Kinder zu kleineren Kindern seien«, erzählt Jim; »immer setzten sie sich für sie ein. Sie sagte auch, Michael würde ein Vorbild für andere Menschen werden. Ich glaube, weil er ständig für irgend etwas eintrat. Paul war viel ruhiger. Mike war herausfordernd. Paul ging dagegen den Unannehmlichkeiten aus dem Weg.«
»Einmal habe ich Mike geschlagen, weil er etwas ausgefressen hatte«, sagt Jim. »Paul stand daneben und rief Mike zu: ›Sag ihm doch, du hast es nicht getan, dann hört er auf.‹ Aber Mike befolgte diesen Rat nicht, sondern gab seinen Fehler zu. Paul dagegen gelang es fast immer, sich herauszureden.«
»Ich war ziemlich hinterhältig«, erzählt Paul. »Wenn ich verdroschen wurde, weil ich ungezogen gewesen war, ging ich in ihr

Schlafzimmer, wenn sie nicht da waren, und zerriß die Stores. Ganz unten, nur ein bißchen, und dann dachte ich: Das haben sie nun davon!«

Paul bestand das Abschlußexamen der Schule mit Auszeichnung und ging anschließend auf das Liverpool Institute. Auch dort gehörte er stets zu den Besten seiner Klasse.

»Er könnte seine Schulaufgaben machen, während er beim Fernsehen zusah«, erzählt Jim. »Ich sagte ihm, er solle das nicht tun; schließlich könne er doch unmöglich beides machen. Einmal fragte ich ihn, was es im Fernsehen gegeben habe, und er wußte es tatsächlich, obwohl er gleichzeitig einen Aufsatz geschrieben hatte. Paul war gescheit genug für die Universität, und ich wollte, daß er studiert. Hinter seinen Namen einen akademischen Grad setzen können – dann ist man fein raus. Aber als Paul merkte, was ich vorhatte, ließen seine Leistungen nach. In Latein war er immer gut, aber als ich einmal sagte, Latein würde er für die Universität brauchen, fing er zu schludern an.«

In der Schule wurde Paul der frühreifste Junge seines Jahrgangs. Er wußte ziemlich genau über sexuelle Dinge Bescheid.

»Einmal machte ich eine unanständige Zeichnung für die Klasse. Sie wurde so gefaltet, daß man nur den Kopf und die Füße einer Frau sah. Aber wenn man das Blatt aufklappte, sah man eine nackte Frau, mit Schamhaaren und so. Nicht daß ich nun genau wußte, wie das alles war. Aus Versehen ließ ich die Zeichnung in der gleichen Tasche meines Hemdes zurück, in der auch die Essenmarken waren. Meine Mutter sah sie vor der Wäsche immer durch, weil ich schon öfter Marken darin vergessen hatte. Diesmal hielt sie mir, als ich nach Hause kam, die Zeichnung entgegen. ›Hast du das gemacht?‹ fragte sie. Ich sagte: nein, nein, bestimmt nicht. Es sei Kenny Alpin, ein Junge aus meiner Klasse, gewesen. Er müsse sie mir in die Tasche gesteckt haben. Hätte ich es getan, würde ich es zugeben. Zwei Tage lang leugnete ich, dann gestand ich. Ich habe mich ganz furchtbar geschämt.«

Nach dem ersten Jahr hing Paul die Schule bereits zum Halse heraus. »Zunächst lief alles glatt. Ich ließ mir nichts zuschulden kommen und machte eifrig mit, weil es das Richtige zu sein schien. Dann wurde alles so verworren. Nicht ein einziges Mal hat mir jemand in der Schule klargemacht, wofür ich eigentlich lernte, was der Sinn des Ganzen war. Mein Vater ritt immer darauf herum, man brauche eben Zeugnisse und das alles, aber das war mir völlig egal. Das hörte man oft genug. Wir hatten Lehrer, die uns ganz einfach mit Linealen schlugen oder eine

Menge Quatsch über ihren Urlaub in Wales oder ihre Militärzeit erzählten.

Die Schularbeiten gingen mir auf die Nerven. Ich konnte es nicht ertragen, an einem Sommerabend drinzusitzen, während die anderen Kinder draußen waren und spielten. Gegenüber unserem Haus war freies Feld, und wenn ich einen Blick aus dem Fenster warf, sah ich, wie sie alle dort sich vergnügten. In unserer Gegend wohnten nicht viele vom Institut. Sie nannten mich ›College-Pudding‹, einen ›beschissenen College-Pudding‹.

Damals wollte ich nichts weiter als Mädchen, Geld und Anzüge. Ich stahl auch ein bißchen, Zigaretten zum Beispiel. Wir gingen in leere Läden, wenn der Verkäufer hinten beschäftigt war. Dann steckten wir etwas ein, bevor er hereinkam. Viele Jahre lang verlangte ich nichts weiter vom Leben als hundert Pfund. Ich glaubte, damit könnte ich ein Haus, eine Gitarre und einen Wagen haben.«

Aber Paul war in der Schule keineswegs nur ein Nichtsnutz: 1953 erhielt er einen Preis für einen Aufsatz – ein Buch, das er noch immer besitzt. Für seine Aufsätze hat er stets gute Noten erhalten. »Ich erinnere mich, daß ein Schulrat mich einmal fragte, wie ich einen solchen sachkundigen Aufsatz über unterirdische Wasserläufe hatte schreiben können. Das hatte ich alles mit Kopfhörer im Bett gehört. Das war etwas Wunderbares, nur so im Bett zu liegen und Radio zu hören. Es regte die Phantasie unwahrscheinlich an.«

Jim hatte für seine beiden Söhne Kopfhörer am Bett angebracht, um sie früh ins Bett zu bekommen und sie davon abzuhalten, sich ständig zu prügeln. Sie rauften oft miteinander, wenn auch nicht mehr als andere Jungen. Mike nannte den etwas rundlichen Paul immer »Fatty« (Dickerchen), um ihn zu ärgern. Als kleiner Junge war Paul sehr hübsch gewesen. »Er hatte große Augen und lange Wimpern«, erzählt Jim. »Die Leute sagten immer: ›Er wird bald allen Mädchen das Herz brechen.‹« Als Teenager war er allerdings etwas in die Breite gegangen.

Als Paul 13 Jahre alt war, zogen die McCartneys von Ardwick nach Allerton. Seine Mutter gab die Hebammentätigkeit auf, um wieder als Tagesschwester zu arbeiten.

Sie waren noch nicht lange an ihrem neuen Wohnort, als Pauls Mutter – er selbst war gerade vierzehn geworden – plötzlich Schmerzen in der Brust bekam. Sie hielten, mehr oder weniger stark, etwa drei oder vier Wochen an. Pauls Mutter schrieb sie den Wechseljahren zu. Sie war damals 45. Sie befragte auch mehrere Ärzte, die ihr beistimmten. Man riet ihr, die Schmerzen zu vergessen. Aber dieser Rat half nicht. Es wurde immer schlimmer.

Als Michael eines Tages nach Hause kam, fand er seine Mutter in Tränen aufgelöst. Er glaubte, Paul oder er selbst hätte wieder einmal etwas angestellt, und fragte deshalb nicht, warum sie weine. Auch sie sprach nicht darüber. Schließlich suchte sie einen Spezialisten auf. Dessen Diagnose lautete: Krebs. Eine daraufhin vorgenommene Operation kam zu spät. Pauls Mutter starb. Das alles geschah innerhalb eines Monats, nachdem die ersten Schmerzen aufgetreten waren.

»Ich kann mich an Einzelheiten, nachdem wir es erfuhren, nicht mehr erinnern«, sagt Michael. »Ich weiß nur noch, daß einer von uns einen dummen Witz machte. Monatelang danach bereuten wir es dann beide.«

Paul erinnert sich genauer, wie sich damals alles abspielte. »Ich war es. Mein erster Kommentar war: ›Was tun wir jetzt bloß ohne ihr Geld?‹«

An diesem Abend weinten beide in ihren Betten. Noch Tage später betete Paul, seine Mutter möge doch zurückkommen. »Alberne Gebete: Wenn du sie zurückkommen läßt, werde ich immer sehr, sehr brav sein. Ich dachte, da sieht man wieder einmal, wie idiotisch Religion ist. Die Gebete haben nichts geholfen, als ich sie wirklich brauchte.«

Bis zur Beerdigung lebten die beiden Jungen bei ihrer Tante Jinny. »Ich glaube, Dad wollte nicht, daß wir sahen, wie er zusammenbrach«, sagt Paul.

Jetzt stand Jim vor den größten Problemen. Mit 53 Jahren hatte er nun die Aufgabe, zwei Jungen von 12 und 14 durch ihre vielleicht schwierigsten Jahre zu führen. Er hatte auch Geldsorgen. Als Hebamme hatte seine Frau mehr verdient als er. 1956 verdiente Jim nur etwa acht Pfund pro Woche.

Zwei seiner Schwestern waren Jim eine große Hilfe. Tante Milly und Tante Jinny kamen abwechselnd jede Woche einen Tag, um das Haus in Ordnung zu halten. Als die Jungen noch klein waren, schauten sie oft abends herein, um sich nach der Schule um die Kinder zu kümmern.

»Die Winter waren schlimm«, berichtet Jim. »Die Jungen mußten, wenn sie von der Schule kamen, selbst heizen. Ich besorgte dann die Kocherei.

Das größte Kopfzerbrechen bereitete mir die Frage, was für ein Vater ich ihnen sein sollte. Als meine Frau noch lebte, war ich derjenige, der sie zu bestrafen hatte. Notfalls griff ich auch zu strengen Mitteln. Meine Frau hatte dagegen den sanfteren Kurs gesteuert. Wenn wir die Jungen ohne Abendessen ins Bett schickten, war sie es, die ihnen später etwas hinaufbrachte, wenn dies manchmal auch insgeheim meine Idee gewesen war.

Nun mußte ich mich entscheiden, ob ich Vater oder Mutter oder beides zusammen sein wollte. Oder sollten wir ganz einfach nur Freunde sein und uns gegenseitig helfen? Ich mußte mich einfach auf sie verlassen. Deshalb sagte ich: ›Bleibt draußen, wenn ihr aus der Schule kommt, falls nicht eine von euren Tanten da ist.‹ Sonst hätten sie ihre Freunde mit ins Haus genommen und alles auf den Kopf gestellt.

Einmal kam ich nach Hause, und fünf Eier waren weg. Erst hielten sie dicht, sagten, sie wüßten nicht, wo sie hingekommen wären. Dann gestanden sie: ›Na ja, wir haben jedem Kumpel ein Setzei gemacht!‹

Aber im großen und ganzen waren sie doch brav. Meine Frau fehlte mir allerdings sehr. Als sie starb, war das für mich ein schwerer Schlag.«

Vor allem Michael weiß nicht, wie sein Vater es eigentlich geschafft hat: »Wir waren schrecklich; wir waren grausam. Er war schon fabelhaft. Und die ganze Zeit ohne Frau. Ich kann es mir gar nicht vorstellen. Paul verdankt seinem Vater viel. Ich natürlich auch.«

Beide machten sich über die Hauptthemen seiner hausbackenen Philosophie lustig. Jim predigte nämlich immer wieder, das Wichtigste im Leben seien Duldsamkeit und Mäßigung.

»Duldsamkeit ist sehr wichtig«, behauptet Jim. »Sie lachten Leute mit Gebrechen aus, wie Kinder es oft tun. Ich erklärte ihnen, daß es ihnen auch nicht gefallen würde, wenn sie in deren Lage wären. Und die Mäßigung: Wie oft hört man Menschen sagen: ›Ich würde den Kerl aufhängen‹, ohne ernsthaft darüber nachzudenken, was denn nun wirklich das Beste für diesen Menschen wäre.«

Jim dachte immer daran, was für andere Leute das Beste sei. In den Händen eines weniger liebevollen und umsichtigen Vaters hätten Paul und Mike nach dem Tod ihrer Mutter leicht auf die schiefe Bahn geraten können.

Von seiner Mutter scheint Paul die Fähigkeit zu harter Arbeit, zur Hingabe an eine Aufgabe geerbt zu haben. Er gehört zu den Menschen, die immer etwas zustande bringen, wenn sie nur wollen.

In gewisser Weise verachtete Paul die Schule und die Notwendigkeit, sich starren Regeln unterwerfen zu müssen, ebenso wie John Lennon. Aber er war auch ein Mensch, der sich selbst nicht aufgeben wollte. Immer wieder stürzte er sich ganz plötzlich in angestrengte Arbeit. John hingegen wurde zum Revoluzzer und lehnte jede Bindung ab. So wie er konnte Paul niemals werden.

Michael ist der Ansicht, daß der Tod der Mutter einen ganz bedeutenden Einfluß auf Paul hatte:

»Es begann gleich nach Mutters Tod. Es steigerte sich bis zur Besessenheit und nahm sein ganzes Leben in Anspruch. Man verliert eine Mutter und findet eine Gitarre? Ich weiß nicht. Vielleicht war es Zufall, daß es so kam. Es wurde eine Flucht. Eine Flucht wovor?«

Paul und die Quarrymen

Als Kind zeigte Paul noch kein besonderes Interesse für Musik. Er und Michael erhielten zwar Klavierstunden, aber 'es wurde nichts Rechtes daraus.

Auf Wunsch des Vaters sollte Paul im Chor der Kathedrale von Liverpool singen. »Ich schickte ihn hin; aber beim Vorsingen markierte er Stimmbruch. Dann trat er für kurze Zeit in den Chor von St. Chad ein.«

Später bekam Paul von einem Onkel eine alte Trompete geschenkt, auf der er nach kurzer Zeit einfache Melodien spielen konnte. Das brachte er sich selber bei. Dieses Talent, Musik nach dem Gehör zu spielen, hatte er vom Vater: als Junge hatte Jim ohne Anleitung Klavierspielen gelernt.

»Unterricht hatte ich nie. Ich hatte ein Gespür für Rhythmus und konnte die meisten Melodien herunterspielen. Ich habe mich niemals blamiert.«

Kurz nachdem Jim McCartney zu arbeiten begonnen hatte, gründete er eine kleine Ragtime Band, die bei Tanzveranstaltungen des Betriebes spielte. Das war etwa 1919, als er 17 war.

Erstmals trat die Band öffentlich bei einer Tanzerei in der St. Catherine's Hall in Liverpool auf. »Wir wollten etwas Besonderes machen, und deshalb zogen wir uns schwarze Masken über das Gesicht und nannten uns ›The Masked Melody Makers‹. Aber schon vor der Pause schwitzten wir so fürchterlich, daß uns die Farbe übers Gesicht lief. Das war Anfang und Ende der ›Masked Melody Makers‹.«

Von nun an nannten sie sich »Jim Mac's Band«. Sie trugen Smokingjacken mit Hemdbrüsten und Manschetten aus Papier. »Die waren ein Knüller. Man konnte zwölf Papiermanschetten für einen Penny kaufen. Kein Mensch hat den Unterschied gesehen. Ich habe diese Band vier oder fünf Jahre lang geleitet, nur in der Freizeit natürlich. Nominell war ich der Boß. Aber wir machten keine Unterschiede.«

Als der Zweite Weltkrieg ausbrach und Jim seine Familie gründete, gab er das Klavierspielen auf. Ab und zu spielte er noch ein bißchen zu Hause. »Paul interessierte sich überhaupt nicht für mein Klavierspiel. Dagegen hörte er begeistert Musik aus dem Kopfhörer, wenn er im Bett lag. Mit vierzehn wollte er dann plötzlich eine Gitarre haben. Was ihn dazu getrieben hat, weiß ich nicht.«

Die Gitarre kostete fünfzehn Pfund. Zuerst konnte Paul nichts mit ihr anfangen. Etwas schien nicht zu stimmen. Dann wurde ihm klar, es läge daran, daß er Linkshänder war. Daraufhin ließ er sie umbauen: »Auf die Trompete war ich niemals besonders scharf. Aber die Gitarre lag mir. Auf ihr konnte ich schon spielen, nachdem ich ein paar Akkorde gelernt hatte. Auch konnte ich gleichzeitig dazu singen.«

Wie die meisten seiner Freunde hat sich Paul ungefähr von seinem zwölften Lebensjahr an für Pop-Musik interessiert. Um diese Zeit hörte er erstmals im Liverpool Empire die Band von Eric Delaney. Mit vierzehn stand er während der Mittagspause seiner Schule Schlange, um Lonnie Donegan zu sehen. »Ich erinnere mich, daß er zu spät kam. Er schrieb kleine Zettelchen für die Mädchen aus der Fabrik, auf denen stand, es sei seine Schuld, wenn sie zu spät zurückkämen, da er sie hatte warten lassen. Wir trieben uns an den Bühnenausgängen herum und warteten auf jeden, der herauskam, nur um ein Autogramm zu erwischen.«

Paul ging auch in den »Pavilion«: »Dort gab es Nackt-Shows. Sie zogen sich splitternackt aus. Manche von ihnen waren nicht übel. Eigentlich komisch, daß man uns in dem Alter einließ. Aber im Grunde war es ein ziemlich harmloser Spaß.«

Ebenso wie John und die anderen war Paul von der Skiffle-Masche und Bill Haleys frühen Rock-Nummern beeinflußt. Aber ähnlich wie John wurde er erst durch Elvis Presley so richtig gepackt. »Das war das höchste Faß. Jedesmal, wenn ich down war, legte ich einen Elvis auf, und dann fühlte ich mich großartig. Ich hatte keine Ahnung, wie Platten gemacht werden. Es war für mich Zauberei. ›All shook Up‹! Das war eine dufte Nummer!«

Als Paul seine Gitarre bekam, versuchte er, Nummern von Elvis oder andere populäre Songs zu spielen. Am besten konnte er »Little Richard« kopieren.

»Ich dachte damals, das ist ja entsetzlich«, erzählt sein Vater. »Absolut scheußlich. Für mich war es unvorstellbar, daß jemand wirklich so sein kann. Erst Jahre später, als ich Little Richard im gleichen Programm sah wie die Beatles, wurde mir klar, wie gut Paul ihn imitiert hat.«

»Kaum hatte er seine Gitarre, da war es aus mit ihm«, berichtet Michael. »Er war völlig weg. Er hatte keine Zeit zum Essen, dachte an nichts anderes mehr. Er spielte sie auf dem Klo, im Bad, überall.«

Paul hatte einen Freund in seiner Klasse, Ian James, der etwa zur gleichen Zeit ebenfalls eine Gitarre bekam. Beide zogen mit ihren Gitarren herum. Sie spielten einander vor und lernten dabei. Paul und Ian James trugen die gleichen weißen Sportjacken – nach dem Pop-Song »A White Sports Coat«. »Sie waren leicht getüpfelt und hatten Klappen über den Taschen. Beide hatten wir auch einen Tony-Curtis-Haarschnitt. Wir brauchten Stunden, um ihn richtig hinzukriegen.«

Jim McCartney versuchte zu verhindern, daß Paul so herumlief. Er kam aber nicht weit damit. »Paul war sehr gerissen«, berichtet Michael. »Wenn er sich eine neue Hose kaufte, brachte er sie nach Hause, damit Dad sie begutachten konnte und sein Okay gab. Dann brachte er sie zurück und ließ sie ändern. Wenn Dad hinterher was merkte, schwor er steif und fest, das sei die Hose, mit der er einverstanden gewesen sei.«

»Ich hatte große Angst, daß ein Halbstarker aus ihm wird«, berichtet Jim. »Das ging mir an die Nieren. Immer wieder sagte ich ihm, er solle keine engen Hosen tragen. Aber er machte mich ganz einfach fertig. Auch sein Haar war immer so lang, schon damals. Wenn er vom Friseur zurückkam und genauso aussah wie vorher, fragte ich: ›War denn zu?‹«

Paul war an Mädchen ebenso interessiert wie an der Gitarre. »Mit fünfzehn kam ich zum erstenmal ran. War wohl ein bißchen früh. Ich war so ungefähr der erste in der Klasse. Sie war älter und größer als ich. Wir waren bei ihr zu Hause. Sie sollte auf das Baby aufpassen, während ihre Mutter weg war. Natürlich habe ich am nächsten Tag allen davon erzählt. Ich war ein richtiger Angeber.«

Paul erinnert sich noch lebhaft an jenen Tag im Sommer 1956, als Ivan zu ihm sagte, er wolle zur Gemeindekirche von Woolton gehen, um sich die Gruppe anzuhören, mit der er ab und zu spielte. An diesem Tag war er jedoch nicht mit dabei. Ja, sagte Paul, er käme mit, um sich das anzusehen. Vielleicht wären auch ein paar »Zähne« da, die man »aufreißen« könnte.

»Sie waren nicht schlecht«, erzählt Paul. »John spielte die erste Gitarre. Er spielte sie allerdings wie ein Banjo, mit Banjo-Akkorden. Die anderen verstanden noch viel weniger als John; sie klimperten einfach drauflos. Sie spielten unter freiem Himmel auf einem großen Feld, und John sah sich beim Spielen dauernd um. Später erzählte er mir, er habe erstmals versucht, das Publikum zu beschnüffeln. Sie wissen schon, abzuschätzen, ob es besser ankommt, wenn man mit den Schultern zuckt oder wenn man stocksteif dasitzt.

Ich trug wie üblich meine weiße Sportjacke und die schwarzen Hosen. Ich hatte sie mir eben erst enger machen lassen. Es waren solche Röhren geworden, daß es allen den Atem verschlug. Hinterher traf ich sie alle auf dem Platz vor der Kirche. Ich redete mit ihnen belangloses Zeug, gab aber mächtig an. Ich zeigte ihnen, wie man den ›Twenty Flight Rock‹ spielt, und sagte ihnen den ganzen Text. Sie kannten ihn nicht. Ich führte ihnen meine Little-Richard-Nummer vor und zog so nach und nach mein ganzes Repertoire ab. Da war dieser nach Bier stinkende Typ. Während ich spielte, kam er mit seiner Fahne immer näher. ›Was will dieser alte Säufer?‹ dachte ich. Er sagte, ›Twenty Flight Rock‹ sei eins seiner Lieblingsstücke. Da wußte ich, daß er was von der Sache verstand.

Es war John. Er hatte sich gerade ein paar Bierchen einverleibt. Er war sechzehn, ich war vierzehn: da war er eben für mich ein großer Mann. Ich zeigte ihm noch ein paar Akkorde, die er nicht kannte. Ich hatte sie von Ian James gelernt. Dann ging ich; aber ich wußte, daß ich Eindruck auf ihn gemacht hatte.«

»Ich war sehr beeindruckt, wie Paul den ›Twenty Flight Rock‹ spielte«, berichtet John. »Offensichtlich konnte er Gitarre spielen. Da dachte ich, der kann ebensoviel wie ich. Bis dahin war ich der Boß gewesen. Wenn ich ihn jetzt hereinnehme, überlegte ich, was passiert dann? Ich muß ihn in Schach halten, wenn ich ihn reinlasse. Aber er war gut. Es lohnte sich, ihn zu holen. Er sah aus wie Elvis. Ich mochte ihn.«

Pauls erstes öffentliches Auftreten bei den Quarrymen erfolgte bei einer Tanzveranstaltung des Conservative Club in Broadway. Nach dem Abendprogramm spielte er John noch ein paar Sachen vor, die er selbst komponiert hatte. Seit er angefangen hatte, Gitarre zu spielen, versuchte er, ein paar eigene kleine Lieder zu schreiben. Die erste Melodie, die er an jenem Abend zu Gehör brachte, hieß »I Lost My Little Girl«. Um sich nicht ausstechen zu lassen, begann John ebenfalls, eigene Kompositionen zu verfassen. Schon seit einiger Zeit hatte er Texte und Melodien anderer Autoren benutzt und bearbeitet; eigene Melodien schrieb er aber erst, nachdem Paul mit den seinen aufgekreuzt war. Ihre Kompositionen waren nichts Besonderes, weder die von Paul noch die von John; sie waren einfach und nicht sonderlich originell. Nur der Umstand, daß die beiden zusammentrafen und jeder den anderen ansporne, inspirierte sie dazu, eigene Songs zu schreiben. Und das tun sie noch heute.

»Jetzt schlug ich eine völlig neue Richtung ein«, sagt Paul. »Nachdem ich John kennengelernt hatte, änderte sich alles. Obwohl er zwei Jahre älter war als ich, dachten wir doch auf demselben Kanal.«

In den folgenden Monaten lernten sich John und Paul besser kennen. Sie verbrachten viel Zeit miteinander. Sie schwänzten die Schule und gingen zu Paul, während sein Vater auf Arbeit war, aßen Setzeier und übten Gitarre. Da Paul Linkshänder war, mußte John zu Hause vor dem Spiegel wiederholen, was Paul ihm gezeigt hatte, um es richtig hinzubekommen.

Ivan Vaughan hatte die Gruppe schon lange vorher verlassen, obwohl er mit John noch immer zusammenkam und mit Paul in der Schule befreundet war. Inzwischen überlegte Paul, ob er einen anderen guten Schulfreund in die Gruppe bringen solle. Er hatte etwa zur gleichen Zeit mit Skiffle, Rock und Elvis angefangen, brachte es auf der Gitarre aber noch weiter als die meisten anderen. Paul wollte ihn John vorstellen. Zwar war dieser Freund noch jünger als Paul, aber weil er auf der Gitarre so perfekt war, machte das nach Pauls Meinung nichts aus.

Dieser neue Freund, George Harrison mit Namen, war nicht bloß viel jünger, sondern spielte sich gar nicht erst als Intellektueller auf, wie Paul es tat: George war ein Halbstarker durch und durch. Und Ivan Vaughan konnte einfach nicht begreifen, warum sich die Quarrymen für ihn interessierten.

George

George Harrison ist der einzige Beatle, der aus einer großen Familie stammt, und auch der einzige, der aus »geordneten«

George im Alter
von fünf Jahren

Familienverhältnissen kommt. Er ist der jüngste der vier Beatles und das jüngste der vier Kinder von Harold und Louise Harrison. George ist am 25. Februar 1943 in Liverpool geboren.
Mrs. Harrison ist eine untersetzte Frau, lustig, freundlich und offenherzig. Mr. Harrison dagegen ist hager, pedantisch und sehr bedächtig.
Harold Harrison verließ die Schule mit vierzehn und wollte zur Kriegsmarine. Aber seine Mutter war dagegen. Sein Vater war während des Ersten Weltkriegs gefallen. Sie erlaubte ihm jedoch, zur Handelsmarine zu gehen. So fuhr er von 1926 bis 1936 als Steward bei der White Star Line. 1929 lernte er Louise, seine spätere Frau, kennen. Über jene Zeit erzählt Louise:
»Das war urkomisch. Eines Tages begegnete ich auf der Straße

Die Harrisons: der achtjährige George (Mitte) mit seinen Eltern (Harold und Louise Harrison). Dahinter seine Brüder Harold und Peter

ihm und ein paar anderen jungen Männern. Einer von ihnen sagte, gib uns deine Adresse, ich fahre morgen nach Afrika und schicke dir eine Flasche Parfüm. Na ja, dachte ich, das kann ich brauchen, aber Harold riß ihm den Zettel mit der Adresse aus der Hand und verschwand damit. Was für eine Aufregung sein erster Brief ausgelöst hat! Die Flagge der White Star Line war auf dem Umschlag – das konnte nur er sein! An diesem Tag war ein taubstummer Mann in unserer Küche, der sich einen Krug Wasser holte. Meine Mutter war immer hilfsbereit und freundlich zu allen Leuten. Briefe waren zu jener Zeit selten. Wenigstens bekamen wir niemals welche. Dieser Taubstumme beugte sich nieder und nahm meinen Brief, obwohl er nicht lesen konnte. Ich sah ›Miss Louise French‹ als Adresse und versuchte, ihm den

Brief zu entreißen. Aber er machte die Runde bei allen, bevor ich ihn bekam, und alles lachte schallend über die ›vielen Küsse‹.«

Harold und Louise heirateten am 20. Mai 1930. Sie wurden nur standesamtlich getraut. Sie war katholisch, er nicht. Louises Vater stammte aus Irland. Er war die meiste Zeit seines Lebens Laternenanzünder.

»Als er im Ersten Weltkrieg beim Militär war, arbeitete meine Mutter als Laternenanzünderin. Eines Tages war sie oben an einem Laternenpfahl, als jemand versehentlich die Leiter wegnahm. Sie blieb oben hängen, umklammerte mit ihren Händen die Querstange und mußte sich schließlich fallen lassen. Damals war sie im achten Monat. Aber es wurde ein hübsches Baby – neun Pfund«, erzählt Mrs. Harrison.

Nach ihrer Heirat zogen Harold und Louise nach Wavertree, wo sie achtzehn Jahre lang lebten. Ihr einfaches Flachdachhaus mit zwei Zimmern oben und zwei unten kostete zehn Shilling Miete die Woche. Es lag nur wenige Meilen von der Gegend entfernt, in der John Lennon und Paul McCartney wohnten.

Harold fuhr damals noch zur See, und Louise arbeitete in einem Gemüseladen. Diese Tätigkeit übte sie bis kurz vor der Geburt ihres ersten Kindes, Louise, im Jahre 1931 aus. Harold junior, ihr zweites Kind, kam 1934 zur Welt. Einige Zeit später beschloß Harold, die Handelsmarine zu verlassen. Er hatte das ewige Herumfahren satt und wollte mehr mit seinen Kindern zusammen sein.

1936 quittierte Harold seinen Dienst. Damals war die Wirtschaftskonjunktur miserabel; fünfzehn Monate lang bezog er Arbeitslosenunterstützung. 1937 gelang es ihm, eine Stellung als Busschaffner zu erhalten. 1938 wurde er Busfahrer. 1940 kam Peter, das dritte Kind, zur Welt, und 1943 wurde George geboren.

»Ich ging damals hinauf, um ihn mir anzusehen«, erzählt Mr. Harrison. »Ich konnte es nicht fassen: Er war eine Miniaturausgabe von mir. Das gibt's doch nicht, dachte ich, so eine Ähnlichkeit!«

»George war immer sehr selbständig«, berichtet Mrs. Harrison. »Niemals wollte er irgendeine Hilfe haben. Wenn wir ihn zum Metzger schickten, gaben wir ihm einen Zettel mit. Kaum war er jedoch aus dem Haus, warf er ihn weg. Und dabei war er damals kaum zweieinhalb Jahre alt.«

Es kostete große Mühe, George in einer Volksschule unterzubringen. Damals begannen gerade die schlimmsten Jahre der

Überfüllung. Alle Schulen waren überbelegt. »Ich versuchte es schließlich bei einer katholischen Schule. George war katholisch getauft. Doch dort erhielt ich zur Antwort, ich müßte ihn bis zu seinem sechsten Lebensjahr zu Hause behalten, dann könnte man ihn vielleicht aufnehmen. Aber er war so intelligent, daß ich ihn einfach in die reguläre staatliche Volksschule schickte.«

Das war Dovedale, die gleiche Schule, die John Lennon bereits besuchte. Er war zweieinhalb Jahre älter und drei Klassen weiter als George. Sie haben sich in Dovedale nicht kennengelernt. Aber Peter Harrison, einer von Georges Brüdern, gehörte zum gleichen Jahrgang wie John Lennon.

»Am ersten Tag brachte ich ihn zur Schule«, erzählt Mrs. Harrison. »Er wollte von Anfang an auch zum Essen dort bleiben. Als ich am nächsten Tag meinen Mantel vom Bügel nahm, erklärte er: ›Aber nein, ich möchte nicht, daß du mich hinbringst.‹ Ich antwortete: ›Warum nicht?‹ Und er sagte: ›Ich will nicht, daß du eine von diesen neugierigen Müttern bist, die vor dem Tor stehen und quatschen.‹ Er hatte etwas gegen neugierige Mütter. Er haßte die Nachbarinnen, die den ganzen Tag über herumstanden und klatschten.«

Georges früheste Erinnerung an sein Zuhause hängt mit einem Tag zusammen, an dem er mit seinen Brüdern Harold und Peter lebende Küken kaufte und sie nach Hause brachte. »Meins und das von Harold starben, aber Peters Hühnchen wurde im Garten hinter dem Haus gehalten und wuchs und wuchs. Es wurde kräftig und wild. Die Leute hatten solche Angst vor ihm, daß sie stets an die Vordertür kamen anstatt hinten herum. Wir aßen es zu Weihnachten. Ein Mann kam und drehte ihm den Hals um. Ich erinnere mich noch genau, wie es dann an der Leine hing.«

George war sechs, als sie von Wavertree nach Speke umzogen. »Das Haus war sehr hübsch und modern. Mir kam es nach dem Flachdachhaus mit zwei Räumen oben und zwei unten großartig vor. Man konnte aus der Diele ins Wohnzimmer, von dort in die Küche und dann wieder in die Diele und zurück ins Wohnzimmer gehen. Am ersten Tag habe ich nur Runden gedreht.«

»Ja, es war ein funkelnagelneues Haus«, berichtet Mrs. Harrison. »Aber ich mochte es vom ersten Tag an nicht. Wir versuchten, den Garten hübsch anzulegen, aber fremde Kinder machten uns alles kaputt. Mitten in der Nacht klauten sie uns die Pflanzen. Es war ein städtisches Sanierungsgebiet. Man hatte gute und schlechte Familien durcheinander angesiedelt in der Hoffnung, daß die guten die anderen entsprechend beeinflussen.«

»Als wir die Prüfungen für das Stipendium hinter uns hatten«, erzählt George, »fragte uns der Lehrer, wer von uns denn nun glaubte, bestanden zu haben. Nur einer hob die Hand, ein kleiner dicker Junge, der immer fürchterlich stank. Eigentlich war es sehr traurig, denn gerade er war so ziemlich der einzige, der nicht bestanden hatte. Neben solche stinkenden Kinder mußte unsereiner sich dann hinsetzen – als Strafe. Dadurch wurden aber nur die armen stinkenden Kinder bestraft, weil sie Komplexe bekamen. Aber so sind die Lehrer nun mal. Je verdrehter sie sind, desto mehr lassen sie es an den Kindern aus. Sie sind alle Idioten. Ich habe es ja immer gewußt. Nur weil sie alt und grau sind, wollen sie einem weismachen, daß sie keine Idioten sind.«

George kam 1954 ins Liverpool Institute. Paul McCartney war bereits ein Jahr vor ihm dort. John Lennon besuchte damals die vierte Klasse der Quarry Bank High School.

»Ich war traurig, daß ich Dovedale verlassen mußte«, sagte George. »Der Rektor, Pop Evans, erklärte uns, wir kämen uns jetzt vielleicht wie gescheite große Jungen vor. Aber auch in der nächsten Schule müßten wir wieder als kleine Jungen anfangen. Das alles erschien mir ein seltener Blödsinn; nach all unseren Bemühungen, zu den Großen zu gehören.«

Nach ein paar Wochen, in denen er sich ganz verloren und völlig fremd vorkam, obwohl er sich alle Mühe gab, in der Schule eifrig mitzuarbeiten und sich dort einzugewöhnen, verlor er jegliches Interesse am Unterricht.

»Mir waren die Diktate zuwider. Irgendein schizophrener Idiot, den sie gerade frisch vom Seminar geschickt hatten, las uns Sätze vor, die wir niederschreiben sollten. Hinterher konnte ich sie nicht mal selbst lesen. Mir kann doch keiner was vormachen! Nicht zu brauchen, dieses Lehrerpack!

Das sind dann Zeiten, in denen einem alles verkorkst wird. Man wächst unbekümmert auf, und dann versuchen sie, einem mit Gewalt beizubringen, daß man ein nützliches Glied der Gesellschaft zu sein hat. Alle versuchen, einen von der klaren kindlichen Denkweise abzubringen und uns ihre falschen Vorstellungen aufzuzwingen. Das muß einen doch ärgern. Ich wollte immer ich selber sein; aber sie wollten uns absolut und durch die Bank zu Schlappschwänzen machen.«

Im Institute war George von Anfang an dafür bekannt, daß er sich ausgefallen kleidete. Michael McCartney, Pauls Bruder, war eine Klasse unter ihm. Er erinnert sich, daß George immer langes Haar trug, Jahre vor allen anderen.

John Lennons Rebellion äußerte sich in Prügeleien und allen möglichen Schwierigkeiten. George dagegen schaffte es, die Lehrer durch sein Äußeres gegen sich aufzubringen.

Einer der Gründe für Georges langes Haar war einfach, daß er es haßte, sich die Haare schneiden zu lassen. Um Geld zu sparen, hatte sein Vater stets der ganzen Familie das Haar geschnitten, wie er es früher bei der Marine gelernt hatte. Aber inzwischen waren die Scheren alt und stumpf geworden. »Er tat ihnen immer weh«, erzählt Mrs. Harrison. »Daher haßten sie es. George hatte, wenn er zur Schule ging, seine Schulmütze immer hoch oben auf den Haaren sitzen. Und er trug sehr enge Hosen. Ohne daß ich das wußte, ließ er sie durch meine Maschine laufen, um sie noch enger zu machen. Einmal brachte ich ihm eine funkelnagelneue Hose. Als erstes machte er sie sich enger. Als sein Vater das merkte, befahl er ihm, die Naht sofort wieder aufzutrennen. ›Das kann ich nicht, Dad‹, erklärte er. ›Ich habe den überstehenden Stoff abgeschnitten.‹ George hatte immer eine Ausrede. Einmal ging er mit einer kanariengelben Weste unter seinem Blazer in die Schule. Sie gehörte seinem Bruder Harry. Aber George fand, daß er darin fabelhaft aussah.«

»Dieser Hang zu auffälliger Kleidung, der Versuch, anders auszusehen als die anderen, gehörte zu meiner Rebellion. Ich hatte etwas gegen Autorität. Erfahrungen kann man nicht lehren. Die muß man schon selber sammeln. Man muß selbst darauf kommen, daß man gewisse Dinge nicht tun darf. Ich habe es immer geschafft, individuell zu sein. Mich haben sie jedenfalls nicht kleingekriegt. Wenn ich jetzt zurückblicke, freue ich mich darüber.«

Während der ersten drei Jahre am Liverpool Institute hatte George ständig Unannehmlichkeiten. Als ganz spitze Schuhe Mode waren, trug George Prachtexemplare aus blauem Wildleder. »Einer der Lehrer, Cissy Smith, stürzte sich wegen der Schuhe auf mich. Wir nannten ihn ›Cissy‹, weil er immer so elegant angezogen herumlief. Jetzt sagte er: ›Das sind doch keine Schuhe für die Schule, Harrison!‹ Ich wollte ihn darauf fragen, was denn eigentlich Schuhe für die Schule wären, tat es aber doch nicht.«

Cissy Smith hieß mit Vornamen eigentlich Alfred und war der Bruder von John Lennons Onkel George. »Erst Jahre später habe ich das herausbekommen. Als John mir davon erzählte, bekam ich einen Lachkrampf.« In seinem vierten Jahr am Institute eckte er nicht mehr so häufig an. »Ich lernte, daß es am besten ist, ruhig zu bleiben und das Maul zu halten. Mit ein paar Lehrern gab es eine Vereinbarung auf Gegenseitigkeit: Sie ließen mich hinten pennen, und ich machte dafür keinen Ärger. Bei schönem, sonnigem Wetter war es ohnehin schwer, wach zu bleiben, wenn irgend so ein alter Heini da vorne ständig quasselte. Oft wachte ich erst Viertel vor fünf auf und sah dann, daß alle längst abgehauen waren.«

Harold Harrison war natürlich sehr froh darüber, daß George sich endlich in der Schule einzugewöhnen schien. Er war der einzige von seinen drei Söhnen, der eine höhere Schule besuchte. Deshalb sollte er es dort auch zu etwas bringen. Als schwer arbeitender, gewissenhafter Gewerkschaftsfunktionär war er sich des Wertes einer guten Schulbildung bewußt. Bildung betrachtete er, wie Johns Tante Mimi und Pauls Vater Jim, als den einzigen Weg zu Erfolg und Ansehen. Nur auf diese Weise konnte man eine gute, sichere Stellung bekommen.

Eine gute, sichere Stellung ist das, was sich die meisten für ihre Kinder wünschen, insbesondere aber Menschen aus Harold Harrisons Generation: Während der dreißiger Jahre hatte er die schlimmste Zeit der Depression miterlebt. Jahrelang war er arbeitslos gewesen und hatte seine Familie mit einer dürftigen Arbeitslosenunterstützung durchbringen müssen.

Georges Individualismus und seine Abneigung gegen jegliche Autorität scheinen nicht vom Vater zu stammen. Die schweren frühen Jahre haben bei seinem Vater wahrscheinlich ein Bedürfnis nach Beständigkeit geweckt. Aber seine Mutter war immer seine Verbündete. Sie wollte alle ihre Kinder glücklich sehen. Dabei war es ihr im Grunde gleichgültig, wofür sie sich interessierten und mit was sie sich beschäftigten, solange ihnen die Sache Spaß machte und sie anregte.

Selbst als George sich für etwas zu interessieren begann, was offensichtlich nutzlos war, ein Hobby, das unmöglich zu Sicherheit oder Ansehen führen konnte, war seine Mutter damit einverstanden.

George und die Quarrymen

Mrs. Harrison interessierte sich leidenschaftlich für Musik und Tanz. Fast zehn Jahre lang leitete sie zusammen mit ihrem Mann einen Anfänger-Tanzkursus im Klub der Schaffner und Fahrer der städtischen Verkehrsbetriebe.

Als Kind hatte George, soweit sich seine Eltern erinnern können, nichts für Musik übrig. »Aber wenn man ihn dazu aufforderte, war er stets bereit, Theater zu spielen«, erzählt Mrs. Harrison. »Er stellte sich hinter einen Stuhl und führte uns ein Puppenspiel vor.«

Erst als George vierzehn war, fing er plötzlich an, auf Papierfetzen Gitarren aufzuzeichnen. »Einmal sagte er: ›In der Schule ist ein Junge, der hat eine Gitarre für fünf Pfund gekauft; aber er gibt sie mir für drei. Kannst du sie mir nicht kaufen?‹ Ich sagte: ›Gut, mein Kind, wenn dir so viel daran liegt.‹ Ich verdiente damals ein bißchen dazu. Ich arbeitete wieder wie vor meiner Heirat in einem Gemüseladen.«

Der erste musikalische Einfluß, der auf George einwirkte, kam von Lonnie Donegan. »Schon vorher kannte ich Pop-Sänger wie Frankie Laine und Johnnie Ray, aber ich hatte mich im Grunde niemals sehr für sie interessiert. Doch Lonnie Donegan und Skiffle schienen geradezu für mich geschaffen.«

Seine erste Gitarre war die, die seine Mutter für drei Pfund von dem Schulkameraden gekauft hatte. »George versuchte, das Spielen selbst zu lernen«, berichtet Mrs. Harrison. »Aber er kam nicht recht vorwärts. ›Das lerne ich nie‹, sagte er immer wieder. Dann antwortete ich ebensooft: ›Du wirst es schon lernen, ganz bestimmt, mein Sohn. Laß nur nicht locker.‹ Und er ließ nicht locker, bis ihm die Finger bluteten. ›Du wirst es schaffen, Junge, du schaffst es bestimmt‹, sagte ich ihm.

Bis zwei oder drei Uhr nachts blieb ich damals auf. Jedesmal, wenn er sagte: ›Ich schaffe es nie‹, entgegnete ich: ›Du schaffst es, du schaffst es, du schaffst es.‹

Eigentlich weiß ich selbst nicht, warum ich ihn so sehr ermutigt habe. Er wollte es, und das genügte mir. Wahrscheinlich habe ich mich damals insgeheim an all das erinnert, was ich als Mädchen hatte tun wollen. Aber niemand hat mich damals ermutigt.

Ich half George, soviel ich nur konnte. Aber eines Tages sagte er zu mir: ›Du verstehst doch nichts von Gitarren, oder, Mami?‹ Ich antwortete: ›Nein, aber bleib nur dran, bestimmt wirst du es schaffen. Halt dich 'ran.‹ Er erwiderte, nein, das habe er nicht gemeint. Er brauche eine neue Gitarre, eine bessere. Er sagte, es sei so, wie wenn man eine Mundharmonika spiele. Da gäbe es gewisse Klänge, die man einfach nicht herausbringen könne, wenn die Mundharmonika nicht gut genug ist. Dieses Stadium hatten wir nun mit seiner Drei-Pfund-Gitarre erreicht. Da sagte ich: ›Natürlich, ich helf' dir schon, wir kaufen eine neue.‹ Er

Der fünfzehnjährige George (rechts) beim ersten Besuch einer Tanzveranstaltung

bekam eine. Dreißig Pfund hat sie gekostet. Sie war elektrisch oder so ähnlich.
Auch Peter hat mit Gitarre angefangen. Da fällt mir ein, er hatte seine zuerst. Eine zerbrochene, die er für fünf Shilling bekam. Er leimte sie zusammen, zog Saiten auf, und dann ging sie großartig.«
»Mami hat mir immer Mut gemacht«, erzählt George. »Vielleicht am meisten dadurch, daß sie nie versucht hat, mir etwas auszureden, was ich mir in den Kopf gesetzt hatte. Das war das Gute an

ihr und Dad. Wenn man Kindern immer nur sagt, laß das bleiben, tun sie es doch erst recht. Daher ist es am besten, sie machen ihre Erfahrungen gleich selbst. Meine Eltern ließen mich die Nacht über wegbleiben, wenn ich wollte, und auch trinken, wenn ich Lust dazu hatte. Deshalb hatte ich das nächtliche Bummeln und das Trinken schon hinter mir, als die anderen erst darauf kamen. Wahrscheinlich mag ich deshalb heute keinen Alkohol mehr. Das hatte ich doch schon mit zehn kennengelernt.«

»Einmal kam George nach Hause und sagte, er habe eine Einladung bekommen, im British Legion Club in Speke vorzuspielen«, berichtet Mrs. Harrison. »Ich erklärte ihm, er wäre wohl verrückt. Er hätte ja nicht mal eine Gruppe. Er sagte aber, nur keine Angst, er werde bestimmt eine auf die Beine stellen.«

Für seinen ersten großen Abend organisierte George eine Gruppe. Er hatte Peter, seinen gitarrespielenden Bruder, seinen Freund, Arthur Kelly, ebenfalls mit Gitarre, und noch zwei andere mit Teekiste und Mundharmonika. Er selbst spielte natürlich Gitarre. Einzeln verließen sie das Haus und schlichen hinter der Hecke entlang. George wollte nicht, daß die neugierigen Nachbarn wußten, was sie vorhatten.

Als sie in den Saal kamen, mußten sie feststellen, daß die richtigen Künstler gar nicht gekommen waren. Sie spielten deshalb nicht nur probeweise vor, sondern durften die ganze Nacht hindurch Musik machen.

»Sie waren ganz aufgekratzt, als sie nach Hause kamen, und schrien alle durcheinander«, erzählt Mrs. Harrison. »Zuerst konnte ich überhaupt nicht verstehen, was eigentlich passiert war. Dann zeigten sie mir die zehn Shilling, die jeder von ihnen bekommen hatte. Es war ihr erster Profi-Auftritt. Der arme Junge, der auf der Teekiste geklopft hatte, sah fürchterlich aus. Seine Finger bluteten vom Klopfen. Das Blut war auf der ganzen Teekiste verschmiert. In dieser Nacht tauften sie sich ›The Rebels‹. Aber ich weiß nicht, ob sie jemals wieder zusammen spielten.«

George spielte in keiner festen Gruppe. Ab und zu trat er mit verschiedenen Gruppen in Nachtvorstellungen auf, bis er schließlich dank Paul zu den Quarrymen stieß. Paul hatte er im Institute kennengelernt. Als die Skiffle-Phase begann und sie beide Gitarren hatten, freundeten sie sich immer mehr an.

»Eines Abends kam Paul zu mir, um sich meine Gitarrenschule anzusehen, mit der ich niemals zurechtkam«, erklärt George. »Aus ihr lernten wir ein paar Akkorde, und es gelang uns schließlich, ›Don't You Rock Me Daddy O‹ mit nur zwei Akkorden zu spielen.«

Sie verbrachten einen Großteil ihrer Freizeit zusammen, auch an Feiertagen. Das begann lange bevor Paul John und die Quarrymen kennengelernt hatte.

Paul scheint schon mindestens ein Jahr bei den Quarrymen gewesen zu sein, bevor George zu ihnen stieß, vermutlich nicht vor 1958. Niemand weiß noch das genaue Datum. Immerhin war George damals ja auch noch sehr jung.

»Ich sah die Quarrymen zum erstenmal bei ihrem Auftritt in der Wilson Hall in Garston. Paul spielte mit, und er sagte, ich solle kommen und sie mir ansehen. Vielleicht wäre ich auch so hingegangen, denn damals sah ich mich nach einer Gruppe um, der ich mich anschließen konnte. Weil ich Paul kannte, wurde ich John vorgestellt. An diesem Abend war ein Gitarrespieler aus einer anderen Gruppe da, Eddie Clayton. Er war einfach toll. John sagte, wenn ich so spielen kann, darf ich bei ihnen eintreten. Da spielte ich ihnen ›Raunchy‹ vor, und John sagte, ich könnte mitmachen. Immer habe ich ›Raunchy‹ für sie gespielt. Wenn wir oben in einem Bus mit unseren Gitarren irgendwohin fuhren, rief John oft: ›Spiel Raunchy, George!‹«

Das älteste bekannte Gruppenbild der Beatles, die sich damals »Quarrymen« nannten (1956). Links Paul, am Mikrophon John. George schloß sich ihnen erst ein Jahr später an, Ringo sogar erst 1962.

John erinnert sich, daß es einige Zeit dauerte, bis er George zum Mitspielen aufforderte, weil er ihm zu jung erschien.

»Es ging einfach nicht. George war viel zu jung. Erst wollte ich überhaupt nichts davon wissen. Einmal kreuzte er auf und haute mich an, mit ihm ins Kino zu gehen. Aber ich tat sehr beschäftigt und ließ ihn abblitzen. Auf den ersten Blick schmeckte er mir nicht, bis ich ihn näher kennenlernte. Mimi sagte immer, er hätte eine ordinäre Liverpooler Schnauze. Er sei ein richtiger Rabauke. So sagte sie einmal: ›Du scheinst eine Schwäche für Typen aus der Unterschicht zu haben, meinst du nicht, John?‹ George sollte bei uns mitmachen, weil er mehr Akkorde kannte als wir. So haben wir viel von ihm mitbekommen. Jedesmal, wenn wir einen neuen Akkord gelernt hatten, schrieben wir einen Song drumherum.«

George erzählt, daß er sich mit voller Absicht an John herangemacht hat. John sollte zu dieser Zeit in der Kunstakademie anfangen. Aber er war wie eh und je aggressiv, ein Kind der Arbeiterklasse, trotz Mimis Erziehung.

»Ich war von John sehr beeindruckt«, erzählt George. »Vielleicht mehr als Paul. Ich bewunderte seine Blue jeans, sein lila Hemd und seine Koteletten. Überhaupt machte die ganze Bande aus der Kunstakademie auf mich einen starken Eindruck. John war immer ironisch und versuchte ständig, unsereinen aufzuziehen. Aber entweder sah ich darüber hinweg oder zahlte es ihm zurück. Und das wirkte immer.«

»Die Begegnung mit Paul, das war so, wie wenn sich zwei Menschen finden«, sagt John. »Nicht etwa sich verlieben oder so was. Es gab nur uns, und das hielt an. Es klappte alles großartig. Jetzt waren wir drei, die das gleiche dachten.«

Es gab noch weitere Mitglieder der Quarrymen, die kamen und gingen, weil sie sich entweder mit Johns bösem Mundwerk nicht abfinden konnten oder weil sie sich langweilten. Die Quarrymen brauchten jetzt unbedingt einen Schlagzeuger. Aber keiner schien bleiben zu wollen. Als Gruppe ließen sie nun die Skiffle-Ära hinter sich. Teekiste und Waschbrett waren doch ein bißchen zu amateurhaft. Sie alle standen ohnehin eher auf Rock and Roll und ganz besonders auf Elvis. Das war der Stil, den sie zu kopieren versuchten. Daher hörten sie sich neue Platten im Radio an und bemühten sich, die Akkorde oder Klänge nachzuspielen.

John versuchte als Bandleader, Engagements bei all den kleinen Ein-Mann-Agenturen zu bekommen, die damals mit dem Gruppenfimmel Geld machten. Aber es war schwierig, regelmäßige

Engagements zu erhalten. Es gab so viele Gruppen. Und die meisten waren sehr viel besser als die Quarrymen.

Jetzt aber hatten sie zwei Häuser, in denen sie üben konnten, bei George zu Hause fast immer und bei Paul vor allem dann, wenn sein Vater nicht da war. Bei Mimi in der Menlove Avenue tat sich allerdings nichts. Auch von Paul, der im Gegensatz zu George und John einen natürlichen Charme besaß, ließ sie sich nicht überrumpeln:

»Er erschien vor unserer Tür«, erzählt Mimi. »Er kam auf einem Fahrrad, das er an den Zaun lehnte. Dann musterte er mich mit seinen Schafsaugen und sagte: ›Hallo, Mimi, darf ich reinkommen?‹ – ›Nein‹, sagte ich, ›das darfst du bestimmt nicht.‹«

Noch kritischer war Mimi George gegenüber, als sie von ihm hörte:

»John erzählte stundenlang von George, was für ein netter Kerl er sei und wie er mir gefallen würde. Er gab sich jede erdenkliche Mühe, mich mit seinem George zu beeindrucken. Schließlich sagte ich, er könnte ja mal herkommen. Er erschien mit Bürstenschnitt und rosa Hemd. Ich warf ihn sofort hinaus. So kann man doch nicht herumlaufen! Na ja, vielleicht war ich ein bißchen altmodisch, aber daß sich Schuljungen so anzogen! Bis John sechzehn war, habe ich immer darauf geachtet, daß er den bei der Schule üblichen Blazer und das dazugehörige Hemd trug.«

John und Paul übten meist bei George in Upton Green. Die Harrisons trafen dabei eines Tages George in den engsten Blue jeans an, die sie jemals gesehen hatten.

»Harold verschlug es fast die Stimme«, berichtet Mrs. Harrison. »George erklärte, John hätte sie ihm gerade gegeben. Dann sprang er auf und tänzelte im Zimmer herum. ›Wie kann ich denn mein Ballett ohne enge Jeans aufführen‹, rief er und tanzte durchs Zimmer. Schließlich mußten wir herzlich über ihn lachen. George wurde niemals unverschämt. Immer gelang es ihm, uns einzuseifen.«

John auf der Kunstakademie

Im Herbst 1957 hatte John Lennon auf der Kunstakademie angefangen. Er trug dabei seine engsten Röhrenhosen und eine lange schwarze Jacke. Um Mimi zu täuschen, zog er zu Hause eine normale Hose darüber und entledigte sich dann ihrer an der Bushaltestelle, in sicherer Entfernung von Mimi.

»Auf der Kunstakademie hielten mich alle bei meinem Erscheinen für einen Halbstarken. Dann wurde ich doch ein bißchen mehr Künstlertyp, wie die anderen. Aber ich zog mich noch immer an wie ein Halbstarker, in Schwarz mit engen Hosen. Arthur Ballard, einer meiner Lehrer, sagte mir, ich solle sie nicht gar so eng tragen. Arthur Ballard war ein dufter Knabe. Er half mir bei jeder Gelegenheit und behielt mich da, als andere mich rauswerfen wollten.

Ich war kein richtiger Halbstarker, nur ein Rocker. Ich machte die Halbstarken nach, tat nur so, als sei ich einer. War aber niemals Mitglied einer echten Bande. Wäre ich einem richtigen Halbstarken begegnet, hätte ich sicher vor Angst in die Hosen geschissen.

Ich bekam immer mehr Selbstvertrauen und gewöhnte mich daran, Mimi nicht mehr zu beachten. Ich lief auch für längere Zeit weg, und ich trug die Sachen, die mir gefielen. Stets lag ich Paul in den Ohren, er solle nicht auf seinen Vater hören und anziehen, was er wolle.

Für richtige Arbeit habe ich nie etwas übriggehabt. Ich hatte Illustrator werden oder in die Malklasse gehen sollen. Aber nun hockte ich im Schriftkurs herum. Ich hatte mich nicht zu einer speziellen Klasse gemeldet. Darum hatte man mich einfach dort hineingesetzt. Nach allem, was ich im Schriftkurs leistete, hätte man mich ebensogut zum Fallschirmspringen abschieben können. Bei allen Prüfungen rasselte ich durch. Ich blieb aber dabei, weil es immer noch besser war als arbeiten.

Immer glaubte ich, irgendwie würde ich es schon schaffen. Wenn Mimi Sachen wegwarf, die ich geschrieben oder gezeichnet hatte, sagte ich immer: ›Wenn ich berühmt bin, wirst du's noch bereuen.‹ Und genau das meinte ich auch.

Im Grunde wußte ich nicht, was ich werden sollte. Nur eins wollte ich auf jeden Fall: als exzentrischer Millionär enden. Ich träumte davon, eine Millionärin zu heiraten und es auf diese Weise zu schaffen.

Millionär mußte ich werden. Falls ich es nicht fertigbringen sollte, ohne ein Gauner zu werden, mußte ich eben ein Gauner sein. Ich war durchaus dazu bereit – denn daß ich mit meiner Malerei nicht zu Geld kommen würde, war sonnenklar. Aber für einen Gauner war ich zu feige. Das hätte ich nie geschafft. Lange spielte ich mit dem Gedanken, zusammen mit einem Kumpel einen Laden auszuräumen. Nachts sahen wir uns Geschäfte an, brachten es aber nie fertig, das Ding zu drehen.«

Julia, seine Mutter, bei der er immer mehr Zeit verbrachte, billigte noch immer das Leben, das er führte. Sie war in seinem Leben nun fast an Mimis Stelle getreten. Auf sie konnte er sich verlassen, denn sie redete seine Sprache, mochte die gleichen Dinge wie er und haßte die gleiche Sorte Menschen.

»Ich verbrachte ein Wochenende im Haus von Julia und Twitchy«, erzählt John. »Wir aßen zusammen und warteten auf Julia, Twitchy und ich. Wir fragten uns, warum sie so spät dran war. Da erschien ein Bulle an der Tür und berichtete von dem Unfall. Es war wie im Film: die Frage, ob ich ihr Sohn sei und solche Sachen. Dann schilderte er uns alles. Beide wurden wir kreidebleich.

Es war das Schlimmste, das mir jemals zugestoßen ist. Julia und ich, wir hatten in wenigen Jahren so viel nachgeholt. Wir stimmten in unseren Ansichten überein. Wir kamen phantastisch miteinander aus. Sie war großartig.

Ich dachte, Scheiße, Scheiße, Scheiße. Jetzt ist wirklich alles im Eimer.

Twitchy packte es noch schlimmer als mich. Dann sagte er, wer wird sich um die Kinder kümmern? Da bekam ich eine Scheißwut auf ihn. Verfluchter Egoist!

Dann fuhren wir in einem Taxi zum Krankenhaus in Sefton, wo ihr Leichnam lag. Ich wollte sie nicht sehen. Auf dem ganzen Weg redete ich hysterisch auf den Taxifahrer ein, quatschte einfach drauflos, wie man es so macht. Der Taxifahrer brummte nur ab und zu. Ich weigerte mich, hineinzugehen und sie anzusehen. Twitchy tat es. Aber dann brach er völlig zusammen.«

Julia starb am 15. Juli 1958. Der Unfall ereignete sich in der Nähe von Mimis Haus.

Julias Tod, meinte Pete Shotton, muß für John ein furchtbarer Schlag gewesen sein. »Aber er zeigte es niemals. Es war fast so, wie wenn Lehrer ihn geschlagen hatten. Niemals muckste er sich. Niemals verriet er seine Gefühle. John sprach nicht von Julia oder von dem, was er empfand. Aber er ließ seinen Kummer an seinen Freundinnen aus. Er behandelte sie wie den letzten Dreck. Ich weiß noch, wie eine von ihnen ihn anschrie, laß es doch nicht an mir aus, daß deine Mutter tot ist.«

Schüler, die zur gleichen Zeit mit John auf der Kunstakademie waren, erzählen, daß er nach Julias Tod schlimmer war als zuvor, weniger interessiert an den Gefühlen anderer Leute, grausamer in seiner ganzen Einstellung.

Thelma Pickles hieß damals eine seiner Freundinnen, nichts

Ernsthaftes, nur eine der vielen, die zu seiner Clique gehörten. Die meisten von ihnen hatten ohnehin Angst vor ihm. Seine Haltung dem Leben gegenüber verstanden sie nicht. Nie zuvor waren sie einem solchen Menschen begegnet. Thelma berichtet: »John hatte niemals Geld. Er war ein richtiger Schmarotzer, lieh sich ständig Geld von allen und ließ sich von anderen zu Chips oder Drinks einladen oder schnorrte Zigaretten. Wahrscheinlich hat er heute noch einige Pfund Schulden. Aber stets verstand er, Geld aus anderen herauszuholen. Er konnte sich nicht beherrschen und sagte Dinge, die auszusprechen andere nicht gewagt hätten. Er konnte sehr grausam sein: Wenn er eine Straße entlangging, mokierte er sich lauthals über alte Leute. Sah er jemand, der verkrüppelt oder entstellt war, flachste er: ›Manche Leute tun doch alles, um nicht zum Militär zu müssen.‹

Er machte auch viele grausame Zeichnungen. Ich fand sie großartig. Er zeichnete Frauen, die sich zärtlich über Babys beugten und sagten: ›Sind sie nicht süß?‹ Aber alle diese Babys waren mißgestaltet und hatten scheußliche Gesichter. An dem Tag, an dem der Papst starb, zeichnete er eine ganze Reihe Karikaturen von ihm, die wirklich fürchterlich aussahen. Auf der einen stand der Papst vor einigen großen Säulen am Himmel, rüttelte am Tor und versuchte hineinzukommen. Darunter stand: ›Aber ich sage dir doch, ich bin der Papst!‹

John zeigte für alles nur noch Verachtung. Trotzdem war er stets von Zuhörern umringt. Da war ein Mädchen, das ganz verrückt nach ihm war. Sie weinte oft seinetwegen.

Er war zu eitel, eine Brille zu tragen, und setzte sie nicht einmal im Kino auf. Einmal wurde eine große Reklame für Nylons gezeigt, mit viel Sex. Aber auch das konnte er nicht erkennen, und ich mußte ihm immer sagen, was auf der Leinwand jeweils zu sehen war.

Seine Musik habe ich niemals ernst genommen. Er erzählte mir oft, er habe diese oder jene Melodie geschrieben. Ich dachte zwar, es sei doch eigentlich fabelhaft, daß jemand eine Melodie komponiert, aber ich sah nicht ein, wozu es gut sein sollte. Ich wußte, daß Wunder geschehen mußten, um es mit Komponieren von ein paar Schlager-Melodien zu etwas zu bringen. Was sollte also das Ganze?

Ich wußte, daß er berühmt werden konnte, mit irgend etwas, aber ich wußte nicht, womit. Er war so anders, so originell. Aber mir war ganz einfach nicht klar, womit er berühmt werden könnte. Vielleicht als Schauspieler, dachte ich.«

John stimmt den meisten von Thelmas Erinnerungen aus der Kunstakademie zu. An alles erinnert er sich ganz nüchtern, ohne jede Wehmut, ohne ein Lächeln. So war es eben. »Ich mußte mir Geld pumpen oder es klauen. Auf der Akademie hatte ich keins«, sagte er. »So schnorrte ich die ganze Zeit, meistens bei Langhaarigen wie Thelma.

Wahrscheinlich hatte ich einen grausamen Humor. Das fing schon in der Schule an. Wir gingen einmal von einem Vortrag in der Schule nach Hause. Unterwegs hatten wir schon ein paar Gläser getrunken.

In Liverpool wimmelt es von mißgestalteten Menschen. So wie man sie auch in Glasgow findet, Zeitungsverkäufer, nicht mehr als einen Meter hoch. Nie zuvor waren sie mir so aufgefallen. Aber an diesem Tag schienen sie überall zu sein. Es wurde immer komischer, und wir konnten nicht aufhören zu lachen. Es war wohl eine Art, unsere Gefühle zu verbergen, sie zu überspielen. Niemals hätte ich einen Krüppel verletzen wollen.«

In der Kunstakademie traten zwei Menschen neu in Johns Leben. Der erste war Stuart Sutcliffe. Er gehörte der gleichen Klasse an. Aber im Gegensatz zu John war er künstlerisch sehr begabt und fleißig. Stu war schlank und schmächtig, eine überspannte Künstlernatur, aber sehr leidenschaftlich und individuell in seinen Ansichten. Er und John freundeten sich sofort miteinander an. Stu bewunderte Johns Selbstsicherheit. Anderseits faszinierte John Stus künstlerisches Talent, sein enormes Wissen und sein Kunstverständnis. Er wußte viel mehr als John von allem, was sich in der Welt der Kunst und der künstlerischen Gestaltung abspielte.

Stu konnte kein Instrument spielen und wußte wenig von Pop-Musik. Aber er war hingerissen, als er John und seine Gruppe während der Mittagspause in der Kunstakademie spielen hörte. Immer sagte er, wie gut wir wären, wenn auch sonst niemand sonderlich beeindruckt war.«

George und besonders Paul scheinen auf Stu wegen seines Einflusses auf John ein wenig eifersüchtig gewesen zu sein. John dagegen hackte ständig auf Stu herum und verletzte ihn, wo immer er konnte. Paul, der Johns Beispiel folgte, nörgelte ebenfalls an Stu herum, obwohl auch er von ihm beeinflußt wurde.

Die zweite wichtige Bekanntschaft, die John auf der Kunstakademie machte, war Cynthia Powell, die jetzt seine Frau ist.

»Cynthia war so ruhig«, sagt Thelma. »Ein ganz anderer Typ als wir. Sie stammte ›von der andern Seite des Wassers‹, aus einer todschicken Gegend, einem Viertel des Mittelstands. Sie war sehr nett; aber ich verstand einfach nicht, wieso sie zu John passen konnte. Er begann von ihr zu schwärmen und erzählte, wie wunderbar sie sei.

Ich verließ die Akademie für ein Jahr, und während meiner Abwesenheit hörte ich, daß sie fest miteinander gingen. Ich glaubte, es würde John ein bißchen ruhiger machen. Aber es kam ganz anders.«

Cynthia Powell besuchte dieselbe Klasse wie John, aber im ersten Jahr beachteten sie einander überhaupt nicht und bewegten sich in völlig verschiedenen Kreisen – sie, das scheue und sehr ehrbare Mädchen ›von der andern Seite des Wassers‹, er, der großmäulige Liverpooler Halbstarke, der allen imponieren wollte.

»Ich fand ihn einfach abscheulich«, erzählt Cynthia. »Soweit ich mich erinnere, habe ich ihn erstmals während einer Vorlesung genauer angesehen, als ich Helen Anderson hinter ihm sitzen sah. Sie streichelte ihm das Haar. Das weckte etwas in mir. Zuerst glaubte ich, es sei Abneigung. Dann wurde mir klar, daß es Eifersucht war. Aber niemals hatte ich irgendeinen Kontakt mit ihm, höchstens daß er mir ein paar Sachen stahl, Lineale und Pinsel und so.

Damals sah er noch fürchterlich aus. Er trug einen langen Tweedmantel, der früher einmal seinem Onkel George gehört hatte, und sein Haar war voll Pomade. Ich hatte überhaupt nichts für ihn übrig. Er war schäbig. Aber ich erhielt ohnehin keine Gelegenheit, ihn kennenzulernen. Ich gehörte nicht zu seiner Clique. Ich war zu anständig oder glaubte es zu sein.«

»Sie war so eine richtige Blüte aus Hoylake«, sagt John. »Stinkvornehm und eingebildet. Wir machten uns immer über sie lustig, ich und mein Kamerad Jeff Mohamed. ›Bitte Ruhe‹, brüllten wir. ›Keine unanständigen Witze. Cynthia ist hier.‹«

Ihr erstes richtiges Gespräch führten sie eines Tages im Schriftkursus. »Da merkten wir, daß wir beide kurzsichtig waren. Wir sprachen eine Weile darüber. John erinnert sich überhaupt nicht daran, oder doch?«

»Nein«, antwortete John.

»Nicht sehr ermutigend. Aber ich. Ich war so früh in die Klasse gekommen, daß ich mich neben ihn setzen konnte. Hinterher stand ich draußen herum, in der Hoffnung, ihm zu begegnen. Annäherungsversuche mochte ich nicht. Aber ich hatte so ein komisches Gefühl. John hatte davon keine Ahnung. Es sollte so aussehen, als ob ich mir nichts aus ihm machte. Ich glaube, er weiß heute noch nicht, wie oft ich herumstand, wenn auch nur ein ganz kleines bißchen Hoffnung war, ihn zu sehen.«

Im zweiten Jahr lernten sie sich dann während der Weihnachtstage richtig kennen.

»Unsere Klasse veranstaltete einen Tanzabend«, erzählt John. »Ich war blau und forderte sie zum Tanz auf. Jeff Mohamed hatte mich aufgehetzt. Er hatte gesagt: ›Cynthia mag dich, merkst du das nicht?‹ Als wir tanzten, bat ich sie dann, am nächsten Tag zu einer Party mitzukommen. Sie antwortete, sie könne nicht, sie sei verlobt.«

»Das war ich auch«, erklärt Cynthia. »Oder doch fast. Ich ging schon drei Jahre mit dem gleichen Jungen und stand kurz vor der Verlobung. John ärgerte sich, als ich nein sagte. Dann schlug er vor: ›Komm, wir trinken hinterher was im ‚Crack‘!‹ Zuerst lehnte ich ab, dann ging ich aber doch mit. Eigentlich hatte ich die ganze Zeit gewollt.«

»Ich war ganz stolz«, erzählt John, »daß ich sie rumgekriegt hatte. Wir gingen dann etwas trinken und weiter in Stus Wohnung; unterwegs kauften wir noch Fisch und Chips.«

Danach trafen sie sich jeden Abend, meist schon am Nachmittag, und gingen ins Kino statt zum Unterricht.

»Ich hatte Angst vor ihm, er war so stürmisch. Er wollte nie nachgeben. Wir stritten die ganze Zeit. Ich dachte nur, wenn ich nachgebe, ist es aus. Er hat mich wirklich geprüft. Ich meine nicht sexuell, sondern nur um festzustellen, ob er mir vertrauen kann.«

»Ich war ganz einfach hysterisch«, berichtet John. »Das war der Haken. Ich war eifersüchtig auf jeden, mit dem sie irgendwie zu tun hatte. Ich forderte absolutes Vertrauen von ihr, gerade weil ich selbst nicht sehr zuverlässig war. Ich war neurotisch und ließ alle meine Hemmungen an ihr aus. Einmal ist sie mir davongelaufen. Das war schrecklich.«

»Ich hatte genug«, erklärt Cynthia. »Er ging mir auf die Nerven. Er stand einfach auf und küßte ein anderes Mädchen.«

»Und ich – ich konnte es nicht ertragen, ohne sie zu sein. Ich rief sie an.«

»Und ich saß neben dem Telefon und wartete auf ihn.«

Cynthia berichtet weiter: »Ich hatte es nicht eilig, John meiner Mutter vorzustellen. Ich wollte sie allmählich auf den Schock vorbereiten. Er war niemals sehr höflich und sah so schäbig aus wie ein Halbstarker. Meine Mutter nahm es mit Gelassenheit. Sie war im Grunde eine gute Frau, obwohl sie sicher hoffte, daß wir

59

wieder auseinandergehen. Aber sie hat niemals von sich aus etwas dazu getan. Die Lehrer warnten mich vor John. Meine Arbeit litt bereits darunter. Molly, die Putzfrau, erwischte John einmal dabei, wie er mich schlug, mich richtig verprügelte. Sie sagte, ich sei ein dummes Ding, daß ich mich mit so einem einlasse.«

»Ich war zwei Jahre lang ständig blind vor Zorn«, berichtet John. »Entweder war ich betrunken oder schlug mich herum. Mit anderen Freundinnen, die ich früher hatte, war es das gleiche. Bei mir stimmte etwas nicht.«

»Ich hoffte immer nur, er wird darüber hinwegkommen, aber ich fragte mich, ob ich es so lange aushalten würde. Ich gab seiner Umwelt, seinen häuslichen Verhältnissen, Mimi und der Akademie die Schuld. Die Akademie war ganz einfach nicht der richtige Ort für ihn. Schulen sind nichts für John.«

Von den Quarrymen zu den Moondogs

Als das Jahr 1959 zu Ende ging, fanden auch die Quarrymen ihr Ende. Die Gruppe hatte seit etwa einem Jahr, nachdem George ihr beigetreten war, keine wirklichen Fortschritte mehr erzielt, obwohl sich sein Gitarrenspiel ständig verbessert hatte.

»Als ich zu ihnen kam, spielten sie meist auf Partys von irgendwelchen Leuten. Mit unseren Gitarren gingen wir oft uneingeladen hin.«

Während Mrs. Harrison auf George und seine Gruppe ganz versessen war, machte sich Mr. Harrison große Sorgen. Entschieden hatte er gegen Georges Kleidung und sein langes Haar angekämpft, aber vergeblich, weil Mrs. Harrison Georges Partei ergriff. »Es ist doch *sein* Haar«, sagte sie immer. »Niemand kann einem vorschreiben, was man mit dem tun darf, was einem gehört.«

»Ich wollte, daß er die Schule zu Ende macht und eine gute Stellung bekommt«, erklärt Mr. Harrison. »Ich machte mir große Sorgen, als ich sah, daß ihm die Gruppe so viel bedeutete. Ich weiß doch, daß man im Showgeschäft schon was taugen muß, um nach oben zu kommen. Und dann muß man noch besser sein als die anderen, um oben zu bleiben. Ich glaubte nicht, daß sie es jemals schaffen würden. Aber George sagte, von der Schule habe er nun genug. Er wolle kein Federfuchser werden, sondern mit den Händen arbeiten. Ohne mein Wissen beschloß er, zusammen mit seiner Mutter aufzuhören. Sein Schulzeugnis hat er nie bekommen. Er ging ganz einfach weg.«

Im Sommer 1959 begann George zu arbeiten. Er war sechzehn Jahre alt.

»Als ich die Schule verlassen hatte, war ich lange ohne Arbeit. Ich wußte nicht, was anfangen. Mein Vater wollte, daß ich eine Lehre durchmache. Ich versuchte also, die Lehrlingsprüfung bei der Liverpool Corporation zu machen, fiel aber durch. Schließlich versprach man mir bei der Arbeitsvermittlung für Jugendliche eine Stellung als Schaufensterdekorateur in einem großen Kaufhaus. Ich ging auch hin, aber die Stelle war schon vergeben. Dafür bot man mir dort eine Lehrstelle als Elektriker an. Das machte mir Spaß. Es war viel dufter als Schule. Und weil es Winter wurde, war eine große warme Werkstatt genau das richtige. Fast die ganze Zeit verplemperten wir mit Pfeilwurfspiel. Damals spielte ich auch mit dem Gedanken, nach Australien auszuwandern. Zumindest versuchte ich, meinen Vater dafür zu interessieren, daß wir alle hinübergingen. Dann dachte ich an Malta, als ich ein paar Reiseprospekte gesehen hatte. Dann an Kanada. Ich besorgte mir die Formulare, aber als ich sah, daß sie von den Eltern unterschrieben werden mußten, verzichtete ich. Doch ich hatte das Gefühl, daß ich schon noch etwas finden würde.«

Im Haus der McCartneys plagte sich inzwischen Witwer Jim damit ab, seine zwei Söhne richtig zu erziehen. Zu Jims Freude ging wenigstens Paul noch immer zur Schule. Da er aber seine ganze freie Zeit mit John und George und deren Beatgruppe verbrachte, blieb ihm nicht viel Zeit für Schularbeiten.

Auch Paul dachte daran, die Schule zu verlassen. Aber er wußte ebenfalls nicht, was er anfangen sollte. Sein Vater legte noch immer großen Wert darauf, daß er bliebe. Außerdem ließ ihm die Schule viel Zeit zum Spielen. Also blieb er. Offiziell spezialisierte er sich auf zwei Fächer, Englisch und Kunsterziehung, da er Lehrer werden sollte. Alle wußten, daß er das Zeug dazu hatte. Auf jeden Fall war Jim glücklich.

»Ich habe niemals viel von der Musik gehalten, für die sich Paul interessierte«, erzählt Jim. »Diesen Bill Haley habe ich nie gemocht. Da war überhaupt keine Melodie drin. Aber als ich einmal schon um halb sechs nach Hause kam und sie spielen hörte, wurde mir klar, daß sie nicht nur drauflosdroschen. Sie spielten schon ein paar nette Akkorde.«

Von da ab versuchte er wiederholt, ihnen Ratschläge und Tips zu

geben, wie er das in den guten alten Zeiten gemacht hatte.
Warum spielten sie nicht ein paar wirklich gute Sachen? Zum
Beispiel »Stairway to Paradise«? Das hatte er schon immer für
eine wirklich gute Nummer gehalten. Er erzählte ihnen auch, wie
er seine Band geleitet hatte und wie sie ihre Nummern bringen
sollten.

Aber sie sagten, nein, danke, vielen Dank, mach uns lieber Tee,
Dad. Und er antwortete dann, schon gut. Aber wenn sie schon
»Stairway to Paradise« nicht mochten, wie wäre es dann mit
einigen richtigen Jazznummern wie »When the Saints«? Er
könne ihnen zeigen, wie sie es spielen sollten. Aber wieder sagten
sie nein, diesmal schon energischer.

Am Ende beschränkte Jim sich darauf, für sie zu kochen. Die
Gruppe wurde immer besser. Sie bastelten sich einige primitive
Verstärker. Damit erzielten sie einen lauteren Beat, verglichen
mit dem leisen Gezupfe des Skiffle. »Aber jedes Jahr erschien
uns damals wie fünf Jahre«, erklärt Paul.

Sie spielten nun meist bei Festen der Arbeitervereine oder bei
kirchlichen Veranstaltungen. Die Partys hatten sie aufgegeben.

Noch immer wechselten die Mitglieder der Gruppe häufig. Da
niemand sie kannte, konnten sie mit jedem, den sie gerade
bekamen, bei Veranstaltungen auftreten. »Eine Zeitlang hatten
wir einen Burschen namens Duff am Klavier. Aber sein Vater
erlaubte nicht, daß er so spät unterwegs war. Eben spielte er
noch, und im nächsten Augenblick war er verschwunden. Mitten
in einer Nummer nach Hause!«

Bei ihrem öffentlichen Auftreten waren sie für gewöhnlich wie
halbstarke Cowboys gekleidet: Cowboyhemden in Schwarz und
Weiß, mit weißen Quasten, die von den oberen Taschen herab-
hingen, und schwarze Schnürsenkelschlipse.

Aber sie verbrachten mehr Zeit daheim bei George oder Paul als
auf dem Podium. »Wir kamen nach Hause und rauchten Tee in
der Pfeife meines Vaters«, erzählt Paul. »Manchmal brachten wir
auch ein Mädchen mit. Dann saßen wir herum und zeichneten uns
gegenseitig. Aber die meiste Zeit spielten wir Gitarre und komponierten Songs.«

John und Paul schrieben im ersten Jahr ihres Zusammenseins
etwa hundert Songs. Nur einer davon wurde später verwendet –
»Love Me Do«. Ein großer Teil der Songs wurde später von Jane
Asher versehentlich weggeworfen, als sie Pauls Schränke
aufräumte.

»Wenn wir einen neuen Song anfingen, schrieben wir als erstes:

>Eine neue Originalversion von John Lennon und Paul McCartney‹.«

Beide gewannen größere Fertigkeit im Gitarrespielen. Das war zum Teil darauf zurückzuführen, daß sie die großen Stars im Fernsehen beobachteten. Paul erzählt aus dieser Zeit: »Eines Abends sah ich mir die Shadows an, die Cliff Richard begleiteten. Ich hatte sie eine sehr dufte Einleitung zu ›Move it‹ auf der Platte spielen hören, konnte mir aber nicht vorstellen, wie sie es machten. Dann sah ich sie im Fernsehen. Ich stürzte sofort aus dem Haus, schwang mich auf mein Fahrrad und jagte mit meiner Gitarre zu John hinüber. ›Ich hab's‹, brüllte ich. Und wir machten uns daran, es sofort zu lernen. Auch durch das Anhören von ›Blue Moon‹ eignete ich mir ein paar gute Akkorde an.«

Da beide stets scharf darauf waren, bei jeder Konkurrenz mitzumachen, wie mies sie auch sein mochte, gerieten sie in große Aufregung, als der damals wichtigste Organisator solcher Wettbewerbe in Liverpool eintraf. In der Ankündigung im »Liverpool Echo« hieß es, daß »Mr.-Star-Entdecker Carroll Levis« auf Talentsuche für eine Fernsehshow nach Liverpool käme.

Die Veranstaltung sollte zwar in Manchester aufgenommen werden, aber in Liverpool wollte er im Empire Theatre eine Probe abhalten, um festzustellen, welche Talente aus Liverpool für das Programm in Manchester geeignet wären.

John, Paul und George fanden sich mit der halben Bevölkerung Liverpools zur Probe ein: Inzwischen hatte sich rund die Hälfte der Teenager der Stadt in Gruppen organisiert.

Die drei bestanden die Probe. Sie wurden nach Manchester gebeten, um dort bei der Veranstaltung aufzutreten.

Mrs. Harrison erinnert sich noch, wie aufregend das alles war. »George war nach diesem Brief völlig durcheinander. Ich verstand das ganze Getue nicht so recht. Der Brief war an die ›Moondogs‹ adressiert.«

Inzwischen waren sie nämlich zu »Moondogs« geworden. Das war nichts weiter als ein neuer Name, den sie sich aus einem plötzlichen Einfall heraus für die Carroll-Levis-Show zugelegt hatten. Und tatsächlich standen sie als »Johnny and the Moondogs« auf dem Programm. Alle Gruppen hatten zu jener Zeit einen Favoriten, z. B. Cliff Richard und seine »Shadows«. So mußten sie also Johns Namen an die erste Stelle setzen. Aber der war ohnehin der Bandleader, wenn man es überhaupt so bezeichnen konnte.

In Manchester erhielten sie höflichen Applaus. Die Carroll-

Levis-Show war so aufgebaut, daß am Ende jede Gruppe noch
einmal auftrat, ein paar Takte aus ihrer Nummer spielte, worauf
die Zuhörer Beifall klatschten oder auch nicht. Dieser letzte
Beifall wurde aufgenommen und danach der Sieger ermittelt.
Aber Johnny und die Moondogs waren arme Burschen aus
Liverpool, die für die Heimfahrt auf öffentliche Transportmittel
angewiesen waren. Die Veranstaltung zog sich bis in die späten
Abendstunden hin, und so liefen sie Gefahr, den letzten Zug
nach Liverpool zu versäumen. Für ein Hotel in Manchester aber
hatten sie natürlich nicht genug Geld. Als schließlich die Zeit
für den letzten Beifall gekommen war, waren sie längst ver-
schwunden.
Selbstverständlich konnten sie schon deshalb nicht gewinnen.
Aber sie wurden nicht einmal bemerkt. Sie waren überhaupt nicht
aufgefallen. Keiner der anwesenden Talentsucher war auf sie
aufmerksam geworden.
Für John, Paul und George war das eine große Enttäuschung.
Ein paar Stunden lang hatten sie Tuchfühlung mit den großen
Professionellen gehabt. Aber nichts war erreicht.

Stu, Schottland und die Silver Beatles

Auf der Kunstakademie wurden John und Stuart engere
Freunde. Stu verbrachte einen großen Teil seiner Zeit damit, die
Gruppe zu begleiten und ihr beim Üben zuzuhören. Ihm und
John gelang es, einen Ausschuß der Akademie zu überreden,
ihnen ein Tonbandgerät zu kaufen, das theoretisch allen Schülern
der Akademie zur Verfügung stehen sollte. John nahm es für sich
in Anspruch, um das Spiel seiner Gruppe aufzunehmen und dann
zu hören, wie es klang. Sie erhielten auch eine Lautsprecher-
anlage, die für Tanzveranstaltungen der Akademie angeschafft
worden war: Sie endete als Bestandteil der Verstärkeranlage der
Gruppe.
Immer noch war Stu an Kunst interessiert, obwohl er viel Zeit
mit John und seiner Gruppe verbrachte. Er reichte auch einige
seiner Bilder für die John-Moore-Ausstellung ein, eine der
besten ihrer Art in Großbritannien. Obwohl Stuart Sutcliffe noch
Schüler war, gewann er einen Preis von sechzig Pfund. Für einen
so jungen Menschen war das eine gewaltige Summe und eine
große Ehre.
John, sein bester Freund, der auf ihn den größten Einfluß hatte,

wußte sofort, wie man dieses Geld am besten anlegen konnte. Stu hatte immer gesagt, er würde gern ein Instrument spielen und wirklich mitmachen, anstatt nur immer bloß mitzulaufen. John erklärte ihm, nun sei seine Chance gekommen. Mit seinen sechzig Pfund könne er eine Baßgitarre kaufen, die der Gruppe schon lange fehlte. Dann wäre er dabei. Daß er nicht spielen könne, sei egal. Das würden sie ihm schon beibringen.

»Stu hatte keine Ahnung vom Spielen«, erzählt George. »Wir alle zeigten ihm, was wir konnten. Er eignete sich alles an, indem er mitkam und bei unseren Auftritten einfach mitspielte.«

In dieser ersten Zeit stand Stu, wie man auf Fotos sehen kann, für gewöhnlich mit dem Rücken zum Publikum. Niemand konnte dann sehen, wie wenig Akkorde er tatsächlich beherrschte.

Allmählich häuften sich die Engagements, aber immer noch waren sie eine Gruppe von Amateuren. Als der Beat-Rummel schließlich ganz Liverpool gepackt hatte, entstanden überall Teenager-Klubs. Manchmal waren es ganz einfach Kaffeeklubs nach dem Vorbild der unzähligen Kaffeebars, wo inmitten von Gummibäumen und Bambuspflanzen Espresso serviert wurde. Aber in Liverpool traten in diesen Bars auch Beatgruppen auf.

Den Gruppen gelang es allerdings nicht, in Klubs wie dem »Cavern« Fuß zu fassen, wo schon immer kleine Bands musiziert hatten. Sie waren nur für Jazzbands und Jazzfans. Eine sehr viel höhere musikalische Kunstform wurde dort gepflegt, die auch eine sehr viel bessere Klasse von Anhängern anlockte. Die Beatgruppen setzten sich zumeist aus schäbigen Halbstarken zusammen. Es war eine Kunstform der Arbeiterklasse, in der sich Elektriker und andere Arbeiter tummelten. Man schaute herab auf alle Beatgruppen und auf die Leute, die in ihnen spielten.

»Wir waren immer gegen den Jazz«, sagt John. »Das ist meiner Meinung nach eine Scheißmusik für Studenten, noch blöder als Rock and Roll. Jazz führt nirgends hin, vollbringt nichts, ist immer dasselbe. Die Jazzer tun nichts weiter als literweise Bier saufen. Wir haßten den Jazz ganz besonders deshalb, weil man uns im Anfang nicht in jenen Klubs spielen lassen wollte. Dort wollten sie nur Jazz hören. Wegen der Jazzbands ließ man uns niemals vorspielen.«

Sie versuchten dann, sich alle elektrischen Anlagen zuzulegen. Sie spielten auf elektrischen Gitarren mit Verstärkern. So etwas hatten die Skiffle-Gruppen niemals getan. Es gab eine Menge anderer Rock-and-Roll-Sänger, die in Elvis' Kielwasser segelten, so etwa Little Richard und Jerry Lee Lewis.

Aber selbstverständlich war noch immer London der Ort, an dem sich alles Wichtige in Großbritannien ereignete: Da gab es zum Beispiel Cliff Richard, der sich zunächst völlig an Elvis orientiert hatte. Er wurde sogar noch mehr als Tommy Steele zum Schwarm der Teenager. John, George und Paul haben jedenfalls Cliff Richard und die Shadows von ganzem Herzen gehaßt. Sie konnten jene Art traditioneller Pop-Lieder nicht leiden, die Cliff Richard nach dem Vorbild von Perry Como und Frankie Vaughan sang.

Im Jahr 1959 sah es wieder einmal so aus, als ob ihnen eine wichtige Probevorstellung bevorstände. Daher begannen sie, wieder ernsthaft nach einem neuen Namen zu suchen. Damals kamen sie zum erstenmal auf die Idee, sich die Beatles zu nennen. Niemand weiß heute noch genau, wie es eigentlich dazu kam. Paul und George glauben, daß John damals diesen Vorschlag gemacht hat.

Stets waren sie begeisterte Anhänger von Buddy Holly und seinen Crickets gewesen. Sie mochten die Musik, die er machte, aber auch seinen Namen – insbesondere jedoch die Masche mit den Crickets – den »*Grillen*«. Sie bedauerten es, nicht selbst auf den Gedanken gekommen zu sein, sich Crickets zu nennen.

Beim Grübeln über den Namen Crickets dachte John natürlich auch an andere Insekten mit einem Namen, der Assoziationen zuließ. Schon als Kind hatte er ganze Hefte mit ähnlichen Wortspielereien vollgekritzelt.

»Eines Tages saß ich zu Hause«, erzählt John, »und dachte gerade daran, wie gut der Name ›Crickets‹ für eine englische Gruppe war. Da fiel mir plötzlich der Sammelbegriff ›beetles‹ ein – Käfer. Aber ich beschloß, diesen Namen anders zu schreiben, nämlich Beatles, um damit an die Beat-Musik zu erinnern, nur so zum Spaß.«

Hier ist der eigentliche, recht einfache Ursprung ihres Namens zu suchen. Allerdings haben sie in den folgenden Jahren, wenn jemand danach fragte, immer wieder neue, verdrehte Erklärungen geliefert. Meistens antworteten sie, ein Mann auf einem Fliegenden Teppich sei vor ihren Fenstern erschienen und habe ihnen den Namen genannt. Aber obwohl sie nun endlich einen Namen hatten, der ihnen gefiel, dauerte es noch lange, bis sie endlich als »Beatles« bekannt wurden.

Einmal begegneten sie einem Freund, der eine andere Beatgruppe leitete, Casy Jones von »Cass and the Casanovas«. Er fragte sie nach ihrem neuen Namen und meinte, er sei miserabel.

Eine Gruppe brauche einen langen Namen, so wie der seine. Warum wollten sie sich nicht »Long John and the Silver Beatles« nennen? »Beatles« allein, erklärte er, sei viel zu kurz und einfach.

Davon hielten sie aber nicht viel. Als die wichtige Probevorstellung nahte und sie gefragt wurden, wie sie hießen, antworteten sie: »Silver Beatles«. Das war der Name, an dem sie noch das ganze Jahr 1959 über festhielten.

Der wichtige Talentsucher war der berühmte Larry Parnes, der König des britischen Rock and Roll, der außer Tommy Steele und Billy Fury Leute wie Marty Wilde, Duffy Power und Johnny Gentle in seinem Stall hatte.

Während sie im »Jackaranda« herumhockten, einem Klub, in dem die meisten Beatgruppen spielten, hörten sie, daß Larry Parnes nach Liverpool kommen sollte. Eigentümer dieses Klubs war Alan Williams, ein Waliser aus Liverpool. Er betrieb auch den »Blue Angel«, den Klub, in dem die Larry-Parnes-Probe stattfinden sollte.

Zu dieser Probevorstellung erschienen sie nicht nur ohne einen bestimmten Namen – erst als einer von Larry Parnes' Leuten sie danach fragte, rückten sie mit den »Silver Beatles« heraus –, sondern auch ohne Schlagzeuger. Ein Schlagzeuger, der ab und zu mit ihnen spielte, hatte zwar sein Erscheinen zugesagt, war aber nicht gekommen. Also standen sie wieder einmal ohne Drummer da.

Dafür sprang ein Schlagzeuger ein, der mit einer anderen Gruppe zur gleichen Probevorstellung im »Blue Angel« anwesend war. Es war Johnny Hutch, der als einer der drei besten Drummer Liverpools galt. Es gibt ein Foto der Silver Beatles, das bei dieser Gelegenheit aufgenommen wurde. Im Hintergrund sitzt Johnny Hutch und blickt sehr gelangweilt und überlegen drein. Wie üblich ist von Stu nicht viel zu sehen. Er steht mit dem Rücken zu Larry Parnes und versucht, seine »Fingerfertigkeit« auf der Baßgitarre zu verbergen.

Die Silver Beatles bestanden die Probe und erhielten ein Engagement, eine zweiwöchige Tournee durch Schottland als Begleiter von Larry Parnes' neuester Entdeckung: Johnny Gentle. Sie sollten dabei nur eine kleine Rolle spielen. Aber es war immerhin ihr erstes echtes Profi-Engagement. Für diese Schottland-Tournee mußten sie sich wieder einen neuen Schlagzeuger besorgen. Er hieß Thomas Moore und lebte von Arbeitslosenunterstützung.

Die Silver Beatles aber wollten in ihrem ersten Rausch, nun Professionelle zu sein, ihre Namen ändern. Das galt als schick.

»Es war richtig aufregend, den Namen zu ändern«, erzählt Paul. »Dadurch gewann alles einen so echten Profi-Anstrich. Irgendwie war es ein Beweis dafür, daß es sich um einen richtigen Auftritt handelte, wenn man einen Künstlernamen hatte.«

Paul verwandelte sich in Paul Ramon. Er kann sich nicht daran erinnern, wo er diesen »Ramon« eigentlich her hatte: »Ich muß das irgendwo aufgeschnappt haben. Ich fand, es klang richtig dufte, so ein bißchen nach Valentino.«

George wurde zu Carl Harrison – nach einem seiner Helden: Carl Perkins. Stu nannte sich Stu de Staël nach dem Maler. John kann sich nicht mehr erinnern, wie er sich damals nannte. Die anderen entsinnen sich seiner als Johnny Silver.

Die Schottland-Tournee sollte durch den äußersten Norden führen, durch kleine Tanzlokale an der Nordostküste. Paul kann sich jedoch nur noch an Inverness und Nairn erinnern. An seinen Vater schickte er Postkarten mit den Worten: »Es haut hin. Man hat mich um ein Autogramm gebeten.«

Alle waren ein bißchen eifersüchtig, weil sich George mit dem Star der Tournee, Johnny Gentle, besonders gut verstand. Johnny versprach, George nach der Tournee eines von Eddie Cochranes alten Hemden zu schenken.

Wie üblich stritten sie viel miteinander. Am meisten hackten sie auf Stu herum. John, George und Paul waren schon lange genug zusammen, um zu wissen, daß Streitereien und Kritik am andern nicht viel zu bedeuten hatten. Aber Stu, der schmächtige, empfindsame Bursche, nahm sich das sehr zu Herzen.

»Wir waren abscheulich«, erzählt John. »Wir sagten ihm, wir könnten nicht mit ihm zusammensitzen. Er könne auch nicht mit uns essen. Oder wir erklärten ihm, er solle abhauen. Und er tat es dann auch.« Einmal war aus einem Hotel, in dem sie wohnten, kurz vorher eine Varietétruppe ausgezogen; zu ihr gehörte ein Liliputaner. Sie hatten erfahren, in welchem Bett er geschlafen hatte, und sagten Stu, das müsse er bekommen; denn sie würden bestimmt nicht darin schlafen.

Nicht lange nach der Schottland-Tournee bekamen sie ein Engagement in einem Striptease-Lokal. Sie mußten Janice, die Tänzerin, mit ihrer Musik begleiten, während sie sich auszog. »Sie gab uns die Noten, die wir spielen sollten«, berichtete George. »Es war so etwas wie der Feuertanz der Zigeuner. Da wir keine Noten lesen konnten, vermochten wir nichts damit anzufangen.

Die Beatles (damals »Silver Beatles«) spielen 1960 Larry. Parnes vor. Daraufhin erhielten sie ihr erstes Profi-Engagement, eine zweiwöchige Tournee durch den Norden Schottlands als Begleitgruppe. Links Stu Sutcliffe, der sich ihnen kurz zuvor angeschlossen hatte, im Vordergrund John, Paul und George. Der recht gelangweilt dreinblickende Schlagzeuger Johnny Hutch war im letzten Augenblick eingesprungen, da sie ohne Schlagzeuger gekommen waren.

So spielten wir ganz einfach ›Ramrod‹ und dann ›Moonglow‹, da ich das gerade gelernt hatte.«
Später konnten sie ein paar Engagements im Cavern Club buchen. Aber dort war noch immer eine Hochburg des Jazz. Der Cavern wollte im Grunde mit Rock-and-Roll-Gruppen nichts zu tun haben. »Wir bekamen kleine Zettel zugesteckt, auf denen man uns aufforderte, keinen Rock-and-Roll zu spielen.« So sagten sie ihre nächste Nummer an, als handele es sich um echten Jazz. Aber dann spielten sie doch Beat, was die Geschäftsführung ganz und gar nicht schätzte. Weitere Engagements blieben deshalb aus.
Ansonsten aber taten sie nicht viel. Sie lungerten bei dem einen

oder andern zu Hause herum. Hatten sie Geld, hockten sie in Lokalen. »Schottland war für uns ein erstes Nippen am Show-Geschäft, eine schwache Hoffnung«, erzählt George. »Wieder in Liverpool zu sein, das war fast ein Abstieg. Wir waren froh, wenn wir mehr als zweimal in der Woche auftreten konnten. Wir verdienten dann etwa fünfzehn Shilling die Nacht, dazu so viel Spiegeleier auf Toast, wie wir verdrücken konnten, und Coke.«

Der Casbah Klub

Eines der Lokale, in das sie wieder zurückgingen, weil sie nichts Besseres zu tun hatten, war der Casbah Klub. Dort hatten sie schon vor ihrer Fahrt nach Schottland gespielt.

Mrs. Best, die Gründerin des Klubs, ist klein, dunkelhaarig und sehr lebhaft. Sie stammt aus Indien. Während des Krieges lernte sie dort Johnny Best kennen, ihren späteren Mann, einen ehemaligen Box-Veranstalter. Sie kam mit ihm nach Liverpool, und sie kauften sich schließlich ein großes, altmodisches Haus in West Derby, einer guten Wohngegend.

Pete Best, ihr ältester Sohn, wurde 1941 geboren. Er wollte Lehrer werden. Er sah gut aus, war aber ziemlich scheu. Er wirkte mürrisch und verschlossen. Während der Sommerferien im Jahr 1959 baten Pete und einige seiner Freunde seine Mutter, ob sie nicht den großen Keller ausräumen und ihn benutzen dürften, anstatt in all ihren Zimmern Schallplatten herumliegen zu lassen. »Ursprünglich sollte es ihre Höhle sein«, erzählte Mrs. Best. »Aber dann kamen wir auf die Idee, einen Kaffeeklub für Teenager daraus zu machen, einen Privatklub mit einem Mitgliedsbeitrag von einem Shilling, um Halbstarke und Schläger fernzuhalten.«

Sie beschlossen, sich ein paar der Beatgruppen zu holen, die in ganz Liverpool wie Pilze aus dem Boden schossen. Die Gruppe, die sie fanden, waren die Quarrymen. Ein Mädchen, das die Quarrymen kannte, hatte nämlich erzählt, wie gut sie seien. Sie kannte zwar weder John noch Paul oder George, aber einen gewissen Ken Brown, der damals Gitarre bei ihnen spielte. Er war eines der vielen Mitglieder der Quarrymen, die zu jener Zeit kamen und gingen.

Als John, Paul und George hörten, daß man sich im Klub von Mrs. Best nach einer Gruppe umsah, rückten sie sofort an. Man drückte ihnen Pinsel in die Hände, und während der letzten Woche halfen sie beim Saubermachen und Dekorieren des Kellers. John brachte auch noch seine Freundin Cynthia Powell mit. Bis zum Eröffnungstag war ihnen noch kein Name für den Klub eingefallen. »Eines Abends ging ich hinunter«, berichtet Mrs. Best, »um nachzusehen, wie sie vorankamen. Es war alles sehr geheimnisvoll, überall düstere Winkel. Es wirkte orientalisch. Ich dachte an den Film mit Hedy Lamarr und Charles Boyer, den ich kürzlich gesehen hatte, ›Algier‹ hieß er, glaube ich, und in ihm gehen sie in die Casbah. Das war also der Name, den ich wählte – ›Casbah‹ Klub.«

Ende August 1959 fand die Eröffnung statt. Am ersten Abend kamen fast dreihundert Gäste. Es sah so aus, als sollte die Casbah auf längere Zeit ein Erfolg sein.

»Ich war sehr froh«, sagt Mrs. Best. »Weniger meinetwegen als wegen Pete. Er trug sich mit dem Gedanken, ins Show-Geschäft zu gehen. Und ich dachte, das könnte eine gute Erfahrung für ihn sein. Ich glaubte, er würde größeres Selbstvertrauen gewinnen.«

Der Klub florierte. Es gab Kaffee, Gebäck, Süßspeisen und zum Anhören die Quarrymen. An Wochenenden waren bis zu vierhundert Gäste da. Die Mitgliederzahl stieg bald auf dreitausend. Ein Rausschmeißer wurde eingestellt, Frank Garner. Er mußte am Eingang aufpassen und die Halbstarken fernhalten.

Ein paar Monate ging alles gut. Dann gab es Krach wegen der Quarrymen. Jeder von ihnen erhielt ein Honorar von fünfzehn Shilling pro Nacht. Eines Abends erschienen nur John, Paul und George zum Spielen. Ken Brown fehlte. »Ich zahlte jedem der drei fünfzehn Shilling und gab Ken Brown seine fünfzehn, als ich ihn das nächste Mal sah. Die anderen sagten aber, er hätte überhaupt nichts bekommen dürfen, weil er nicht da war.« Jedenfalls trennte sich Ken Brown nach dem Streit von den anderen. Vielleicht hatten sie ihn auch nur loswerden wollen.

Die Quarrymen fanden andere, bessere Engagements. Sie reisten nach Schottland und wurden die Silver Beatles, kehrten jedoch zu gelegentlichen Verpflichtungen in die Casbah zurück.

Ken Brown hatte mit Pete Best eine neue Band gebildet, die Blackjacks. Pete Best spielte Schlagzeug. »Nur zum Spaß hatte ich damit angefangen«, erklärt Pete. »Anfänglich haben wir einfach bloß Lärm gemacht.« Aber während des folgenden Jahres wurden die Blackjacks immer besser, und Pete beschloß, ins Show-Geschäft zu gehen.

»Ich hatte mal dran gedacht, auf eine pädagogische Hochschule zu gehen. Mit meinen Noten hätte ich es auch geschafft. Aber eines Tages hatte ich die Nase voll und haute noch vor den Prüfungen ab.«

Im Sommer 1960 verließ Pete die Schule. Die Casbah war noch immer ein großer Erfolg. Er hatte dort genug zu tun. Aber seine Gruppe begann bereits auseinanderzufallen: Ken Brown zog mit seinen Eltern nach Süden. Die beiden anderen besuchten woanders Kurse, um in ihren Beruf weiterzukommen. Pete hatte die Schule verlassen, um im Show-Geschäft Karriere zu machen. Und nun stand er da. Im August 1960, fünf Wochen nach seinem Schulabgang, rief ihn Paul McCartney an.

»Paul fragte, ob ich noch mein Schlagzeug hätte«, sagte Pete. »Ich erzählte ihm, ich hätte gerade eine vollständige neue Ausrüstung beieinander. Ich war sehr stolz darauf. Er erklärte mir, sie hätten ein Engagement nach Hamburg, und fragte, ob ich daran interessiert sei, bei ihnen den Schlagzeuger zu machen. Ich sagte ja. Ich hatte sie immer gern gemocht. Sie sagten, ich würde fünfzehn Pfund die Woche bekommen. Das war eine Menge Geld. Weit besser, als auf die pädagogische Hochschule zu gehen. Ich ging in Allan Williams' Klub, das Jackaranda. Dort lernte ich Stu kennen. Ich durfte vorspielen. Ich zog ein paar Nummern ab, und alle sagten, okay, du kannst mit nach Hamburg.

Ähnlich wie Mrs. Best die Beat-Gruppe über ihren Kaffeeklub lanciert hatte, versuchte es nun Allan Williams als erfahrener Nachtklub-Routinier auf einem etwas höheren Niveau. Er stellte die Gruppen nicht nur in seinen eigenen Nachtklubs an, sondern suchte sie auch für andere Lokale. Er betätigte sich als eine Art Agent und Manager für die Gruppen, die Engagements suchten. Er war es auch gewesen, der den Beatles zum Vorspielen bei Larry Parnes verholfen hatte.

Warum Allan Williams, der Besitzer eines kleinen Nachtklubs in Liverpool, dazu kam, Gruppen aus Liverpool nach Hamburg zu schicken, ist eine recht verwickelte Geschichte. Es begann damit, daß ein deutscher Seemann im Jackaranda eine westindische Band hörte und sich in Hamburg lobend darüber äußerte. Daraufhin wurde die Band von einem Hamburger Nachtklub engagiert. Allan Williams fuhr selbst nach Hamburg, weil er die dortigen Nachtklubbesitzer für andere Gruppen aus Liverpool interessieren wollte. Im Kaiserkeller, offenbar dem einzigen Rock-and-Roll-Klub, lernte er Bruno Koschmieder kennen. »Ich zog ihn damit auf, daß die besten britischen Rockgruppen aus Liverpool kämen.«

Koschmieder wollte sich selbst davon überzeugen, fuhr aber nicht nach Liverpool, sondern nach London, wo noch kein Mensch von guten Gruppen aus Liverpool gehört hatte. Er ging ins Two I's in Soho, der Hochburg des englischen Rock, und verpflichtete Tony Sheridan mit seiner Gruppe. Tony hatte in Hamburg großen Erfolg, weshalb Koschmieder nach London zurückkehrte, um weitere Gruppen zu holen. Um diese Zeit kümmerte Allan Williams sich um »Derry and the Seniors«, eine Liverpooler Gruppe. Er verschaffte ihr ein Engagement in Hamburg. Es war die erste Gruppe aus Liverpool, die dort spielte.

Sie kam beim Publikum gut an, und Allan Williams wurde nach einer zweiten Gruppe gefragt. Zuerst dachte er an Rory Storme, aber der war nicht frei. Also wandte er sich an die Beatles. Allerdings wollten die Hamburger unbedingt eine Fünf-Mann-Band haben, und die Beatles hatten keinen festen Schlagzeuger, nur einen verheirateten Mann mittleren Alters als Aushilfe, der das Angebot ablehnen mußte, da seine Frau dagegen war. Da kamen die Beatles auf den Gedanken, bei Pete Best anzufragen. Als er einverstanden war, konnte es losgehen.

Bei den Harrisons löste dies keine übertriebene Aufregung aus – abgesehen natürlich von George. Seine Mutter versuchte gar nicht erst, ihn von der Reise abzubringen. Natürlich machte sie sich Sorgen, weil er erst siebzehn war und zum erstenmal ins Ausland reiste, noch dazu nach Hamburg. Über Hamburg hatte sie so einiges gehört. »Aber ihm lag doch so viel daran. Diesmal sollten sie anständig bezahlt werden. Ich wußte, daß sie gut waren und bestimmt Erfolg haben würden. Bis dahin hatte ich niemals etwas anderes zu hören bekommen als: ›He, Mami, wir haben ein Engagement, leih uns doch bitte das Geld für den Bus. Wenn ich berühmt bin, geb' ich's dir zurück.‹«

Obwohl sehr jung, hatte George doch zumindest einen Beruf, während Paul und John, wenn auch mehr theoretisch, noch zur Schule gingen. Die Reise nach Hamburg aber würde ihrer Karriere ein für allemal ein Ende setzen.

Jim McCartney war natürlich strikt dagegen, daß Paul nach Hamburg ging. Paul hatte gerade erst seine Prüfungen hinter sich gebracht. Alle warteten nun darauf, zu erfahren, ob er zur Hochschule zugelassen würde.

Paul berichtet, daß er verständlicherweise sehr aufgeregt war. »Mensch, das waren fünfzehn Pfund in der Woche. Seit Wochen hatten wir nichts mehr Richtiges getan, nur so herumgelungert. Es waren gerade die großen Sommerferien, und ich wollte nicht mehr in die Schule zurück, auch nicht auf die Hochschule. Aber es blieb mir nicht viel anderes übrig, bis plötzlich die Sache mit Hamburg aktuell wurde. Das bedeutete, daß ich nun bestimmt nicht mehr in die Schule zurück brauchte. Jetzt gab es anderes zu tun.«

Allerdings mußte erst noch Jim McCartney seine Zustimmung geben. Paul bat Allan Williams, zu ihm nach Hause zu kommen, um Jim weichzumachen. »Allan Williams hat unsere Namen nie richtig behalten«, fährt Paul fort. »So nannte er mich stets John.«

Immerhin gelang es ihm, Jim klarzumachen, wie gut organisiert alles sein werde und was für eine schöne, anständige Stadt Hamburg sei.

»Im Grunde glaube ich, daß sich Dad recht freute«, ergänzt Michael, Pauls Bruder, »obwohl er damals behauptete, die Sache gefalle ihm ganz und gar nicht.«

»Was konnte ich denn tun?« meinte Jim. »Ich wußte, daß sie auf ihrem Gebiet recht beliebt waren. Es war ihr erstes großes Engagement, und sie waren entschlossen, die Gelegenheit beim Schopf zu packen. Paul war eben erst achtzehn. Er hatte gerade Ferien gehabt. Ich predigte ihm, er solle sich anständig aufführen. Was sollte ich sonst tun? Die ganze Zeit über machte ich mir Sorgen, daß er in Deutschland nicht genug zu essen bekommen könnte. Er schickte mir Postkarten, auf denen stand: ›Ich esse in rauhen Mengen.‹ Das hat mich wohl beruhigt.«

Jim war außerdem einigermaßen beruhigt, als kurz nach Pauls Abreise die Ergebnisse der Prüfungen bekanntgegeben wurden. Paul hatte zwar in Englisch versagt, aber in Literatur ganz gut abgeschnitten. Doch inzwischen war sich sogar Jim darüber im klaren, daß dies nicht mehr von Bedeutung war.

Johns Tante Mimi setzte sich dagegen heftiger zur Wehr: Nachdem sie Paul und George verboten hatte, ihr Haus zu betreten, und auch John nicht mehr erlaubte, seine Gitarre zu Hause zu spielen, hatte sie ihm nicht einmal mehr gestattet, in einer Gruppe mitzuspielen. In den fünf Jahren, seit sie als Quarrymen angefangen hatten, war es John fast immer gelungen, Mimi über das, was er tat, im unklaren zu lassen. Sie hatte keine Ahnung, wie weit sich die Sache inzwischen entwickelt hatte. Sie wußte zwar, daß John immer noch blöde Lieder komponierte, kannte aber nicht das Ausmaß dieses Interesses.

Sie glaubte noch immer, daß er sich auf der Kunstakademie anstrengte, bis ihr eines Tages jemand erzählte, wie John seine Freizeit wirklich verbrachte – daß er nämlich in einer Gruppe spielte. Da beschloß sie, sich selbst zu überzeugen, wie tief John in seiner Lasterhaftigkeit schon gesunken sei.

In jener Mittagspause, in der sie ihre Nachforschungen durchführen wollte, spielte die Gruppe gerade im »Cavern«. Sie hatten dort zwar keinen festen Platz, weil es noch immer ein Jazzklub war. Aber sie wurden immer häufiger herangeholt, als die Leute vom Cavern erkannten, daß sich die Beatles ihr eigenes Publikum geschaffen hatten, das dann auch immer das Lokal füllte.

»Ich hatte noch nie von diesem schrecklichen Lokal, dem ›Cavern‹, gehört«, erzählt Mimi, »und es dauerte lange, bis ich es gefunden hatte. Aber schließlich brauchte ich nur der Menge zu folgen. Mit allen anderen ging ich ein paar Stufen hinunter, und da war ein Kerl, Ray McFall, der Geld kassierte. ›Ich möchte John Lennon sprechen!‹

Ich schob mich in den Raum. Der Lärm war ohrenbetäubend. Die Decke war sehr niedrig, was alles nur noch schlimmer machte. Die Mädchen waren so zusammengepfercht, daß sie die Arme nicht bewegen konnten. Wie oft ich es auch versuchte, ich konnte einfach nicht an die Bühne herankommen. Hätte ich es geschafft, hätte ich ihn bestimmt heruntergerissen. Am Ende drehte ich mich um und setzte mich in eine der Garderoben. Ach, was heißt hier Garderobe! Es war nichts weiter als ein schäbiges kleines Loch. Als er von der Bühne kam, die Mädchen kreischten immer noch, konnte er mich erst nicht sehen. Ohne Brille ist er ja fast blind. Dann setzte er sie auf und entdeckte mich: ›Was tust du denn hier, Mimi?‹ fragte er.

›Sehr hübsch, John‹, sagte ich, ›das ist wirklich sehr hübsch.‹«

Mimi vergewisserte sich, daß John an jenem Nachmittag noch in die Akademie zurückkehrte. Aber vom Spielen konnte sie ihn nicht abhalten.

»Was du nur hast«, sagte John immer. »Ich bin nun einmal kein Arbeiter und werde nie einer werden. Was du auch tust oder sagst, ich werde niemals bei einem Job von neun bis fünf enden. Dann kam Hamburg. Das bedeutete eine richtige Trennung auf längere Zeit, noch dazu einen Aufenthalt im Ausland. Mimi erinnert sich daran, wie John versuchte, bei ihr eine ähnliche Begeisterung zu wecken, wie er sie erlebte. »Mimi, ist es nicht wunderbar?« fragte er sie. »Ich werde hundert Pfund in der Woche bekommen. Ist das nicht fabelhaft?«

Das war, was das Geld betraf, leicht übertrieben, aber für fünf so junge Burschen war es immerhin eine großartige Sache. John nahm selbstverständlich die Gelegenheit wahr, unter einem so guten Vorwand der Akademie für immer den Rücken zu kehren. Er hatte insgesamt drei Jahre überstanden, weil Arthur Ballard, der Lehrer, mit dem er am meisten zu tun hatte, ihn mehrfach vor dem Hinauswurf gerettet hatte. Aber John war bei allen Prüfungen durchgefallen und verließ jetzt ohne jedes Zeugnis die Akademie, obwohl er insgeheim hoffte, nach einem eventuellen Scheitern des Hamburger Abenteuers zurückkehren zu können. Er verließ auch Cynthia.

»Die Gruppe hatte nun ihre eigenen Fans«, berichtet Cynthia. »Ich wußte, daß sich viele Mädchen um sie drängten. Aber ich wurde nicht eifersüchtig. Ich kam mir soviel älter vor als diese Mädchen. Ich war meiner Sache sehr sicher.

Hamburg allerdings machte mir viel größere Sorgen. Es war so weit weg, und es sollte so lange dauern. Die Mädchen in Liverpool kannte ich, aber die Situation in Hamburg war mir völlig unbekannt. In Hamburg konnte alles mögliche passieren.«

Hamburg

Hamburg ähnelt Liverpool in mancher Hinsicht. Es ist eine der größten Hafenstädte der Welt. Die Menschen, die dort leben, haben eine rauhe, harte Schale, aber ein weiches Herz. Sie haben die gleiche leicht näselnde Aussprache. Sie wohnen sogar auf dem gleichen Breitengrad: 53 Grad Nord. Das Klima ist feucht und windig.

Hamburg ist jedoch doppelt so groß wie Liverpool und als eine weit verruchtere Stadt bekannt. Seine Kriminalität und sein Nachtleben sind in ganz Europa berüchtigt. Auf der Reeperbahn, der Hauptstraße von Hamburgs Soho, gibt es mehr Striptease-Lokale als in jeder anderen Straße der Welt.

Als die Beatles 1960 dort eintrafen – George mit seinen zarten siebzehn Jahren und noch kaum geküßt –, war das verruchte Hamburg verruchter denn je zuvor. Während der Algerienkrise war es zu einem Zentrum des Waffenschmuggels für die FLN geworden. Das hatte ausländische Gangster und ausländisches Geld angelockt. Tummelplatz der rivalisierenden Banden waren die Nachtlokale. Wenn man Kellner einstellte, sah man weniger auf ihre berufliche Qualifikation als auf ihre Muskelpakete: Sie mußten imstande sein, die Banden vom benachbarten Nachtlokal zusammenzuschlagen.

Allan Williams begleitete die Beatles persönlich nach Hamburg.

Die Beatles in Hamburg, wo sie erstmals 1960 spielten. Von links nach rechts: Pete Best, George Harrison, John Lennon, Paul McCartney und Stu Sutcliffe (Foto Astrid Kirchherr).

Er fuhr sie über Harwich und Hoek van Holland in einem Kleinlieferwagen hin. Johns einzige Erinnerung an diese Reise besteht darin, daß er irgendwo in Holland ausstieg, um einen kleinen Ladendiebstahl zu begehen.

Alle waren mit dem Dreß für ihren Auftritt sehr zufrieden. Es war das erste Mal, daß sie so etwas trugen: Samtjacken, die Paul von einem benachbarten Schneider hatte anfertigen lassen. Schließlich waren sie ja jetzt Profis. Sie wollten sie zu ihrer üblichen Halbstarkenkluft tragen: enganliegende schwarze Jeans, weißes Hemd mit schwarzem Schlipsband und spitze Schuhe. Sie alle hatten natürlich immer noch ihre hohe, mit Pomade zurückgekämmte Tony-Curtis-Frisur.

»Bruno Koschmieder, dem ein paar Hamburger Lokale gehörten, nahm uns in Empfang«, erzählt Pete Best. »Er führte uns in den ›Kaiserkeller‹, wo wir, wie wir glaubten, spielen sollten. Dort trafen wir Howie Casey von einer anderen Gruppe aus Liverpool. Uns gefiel das Lokal, und wir fragten, wann wir dort auftreten sollten. Er erwiderte, überhaupt nicht. Dann führte man uns in ein anderes Lokal, das ›Indra‹, das viel kleiner war. Es war 11.30 Uhr nachts, und es waren nur zwei Leute da. Dort zeigte man uns unsere Garderobe, die, wie sich dann herausstellte, zugleich die Herrentoilette war. Auf jeden Fall erwarteten wir, in einem Hotel untergebracht zu werden. Aber statt dessen wurden wir in ein Kino geführt, das ›Bambi‹, wo unsere Unterkunft war. Sie glich der schwarzen Höhle von Kalkutta. Aber wir waren jung und dumm und beschwerten uns nicht, sondern pennten gleich drauflos.«

Das »Indra«, in dem sie am nächsten Abend zu spielen begannen, hatte draußen auf der Straße, der Großen Freiheit, einen riesigen Elefanten als Aushängeschild. Aber drinnen war es klein und schäbig. Den Beatles gefiel es ebensowenig wie ihre Schlafstätte im Bambi-Kino.

»Wir kamen erst spät ins Bett«, berichtet John, »und am nächsten Tag wurden wir vom Lärm der Kinovorstellung geweckt. Wir mußten die Kinotoilette benutzen, um uns zu waschen. Wir versuchten das zuerst auf der Damentoilette. Dort war es noch am saubersten. Aber dicke alte deutsche Weiber drängten sich dort ständig an uns vorbei.

Zunächst wurden wir von den Gästen ziemlich kühl aufgenommen. Dann sagte der Geschäftsführer, wir sollten ›auf Schau machen‹ – er sagte ›Mak Show‹ –, und wir versuchten es damit. Erst waren wir ein klein wenig eingeschüchtert, denn wir saßen mitten im Gebiet der üblen Lokale. Aber wir fühlten uns clever, weil wir aus Liverpool kamen. Zumindest glaubten wir an das Märchen, Liverpool brächte clevere Leute hervor.

Die erste ›Mak Show‹, die ich vorführte, bestand darin, während einer Nummer wie Gene Vincent herumzuspringen. Jede Nummer dauerte rund zwanzig Minuten, um die Sache in die Länge zu ziehen. Wir versuchten nur ein einziges Mal eine deutsche Nummer und spielten sie den Leuten vor. Paul lernte ›Wooden Heart‹, was damals sehr populär war.

Wir wurden immer besser und bekamen dadurch größeres Selbstvertrauen. Das war mit all der Erfahrung durch das nächtelange Spielen gar nicht anders zu erwarten. Ein Glück, daß sie Ausländer waren. Wir mußten uns sehr anstrengen, um die langen Auftritte durchzuhalten. Daheim in Liverpool traten wir gewöhnlich nur eine Stunde lang auf, so daß wir unsere besten Nummern jedesmal wiederholen konnten. In Hamburg aber hatten wir acht Stunden zu spielen, so daß wir uns etwas Neues einfallen lassen mußten. Wir spielten unglaublich laut. Bäng, bäng, ging's die ganze Zeit. Den Deutschen gefiel es.«

»Sobald es sich herumgesprochen hatte, daß wir eine Schau aufzogen«, erzählt Pete, »war das Lokal knüppeldick voll. Wir traten jede Nacht auf. Am Anfang spielten wir fast non-stop bis 0.30 Uhr; dann war Schluß. Aber als wir besser wurden, blieben die Leute an den meisten Tagen bis zwei Uhr da. Wir haben viele Schlägereien erlebt. Richtig wilde, wo sich manche Typen an den Lampen herunterschwangen und von Tisch zu Tisch sprangen, genau wie bei den Schlägereien im Film.«

Auf der Bühne stampften sie mit den Füßen den Takt, um den Lärm noch zu verstärken und den Beat-Rhythmus herauszuarbeiten. Das »Auf-Schau-Machen«, wie die Deutschen es nannten, war das Entscheidende. Obwohl sie eine Rock-Gruppe waren, hatten sie sich in Liverpool doch ziemlich still aufgeführt. Nun wurden sie geradezu ermutigt, sich völlig gehenzulassen und auf der Bühne soviel Schau aufzuziehen wie nur möglich. Für John war das natürlich eine Kleinigkeit. Er ging dazu über, die ganze Zeit auf Schau zu machen, sehr zum Vergnügen der einheimischen Rocker, die seine Fans waren. Über John sind in Hamburg noch viele Geschichten in Umlauf. Manche werden mit der Zeit immer besser.

»Es war sehr anstrengend«, sagt Pete, »aber wir fünf amüsierten uns prächtig. Die ganze Zeit blödelten wir herum. John trug ein Paar lange Unterhosen, weil es schon ziemlich kalt war. George wettete mit ihm um zehn Mark, daß er nur in diesen Unterhosen nicht auf die Straße gehen würde. Aber John spazierte nur in seiner langen Unterhose, eine Sonnenbrille auf der Nase und Zeitung lesend, fünf Minuten lang auf der Straße herum. Wir beobachteten ihn und platzten fast vor Lachen.«

Aber nach zwei Monaten wurde das »Indra« geschlossen, weil sich Nachbarn über den Lärm beschwert hatten. Sie zogen in den »Kaiserkeller« weiter. Die Bühne im Kaiserkeller war sehr alt; sie bestand mehr oder weniger aus Brettern, die auf Orangenkisten lagen. Sie beschlossen, sie zu zertrampeln, damit man ihnen eine neue machen mußte. Schließlich gelang es ihnen auch. Aber eine neue Bühne bekamen sie trotzdem nicht. Sie traten nun ganz einfach auf einer Bühne mit Loch auf.

»Ich habe eine Menge getrunken«, erzählte Pete Best. »Man konnte gar nicht anders. Die ganze Zeit schickte man uns was zu trinken herauf, und so tranken wir natürlich zuviel. Wir hatten eine Menge Mädchen und merkten bald, daß sie leicht aufzureißen waren. Mädchen sind Mädchen, Burschen sind Burschen. Alles besserte sich hundertprozentig. Am Anfang waren wir zahme, brave Musiker gewesen. Jetzt wurden wir ein Kraftwerk.«

Im »Kaiserkeller« schafften sie noch angestrengter als jemals zuvor. Die Gruppe, die anfänglich dort aufgetreten war, war inzwischen nach Liverpool zurückgekehrt und durch eine andere, ebenfalls aus Liverpool, ersetzt worden, durch »Rory Storm and the Hurricanes«. Offiziell waren sie dazu verpflichtet, jede Nacht sechs Stunden zu spielen. Aber da im gleichen Lokal nun zwei Gruppen auftraten, wechselten sie sich die Nacht hindurch jede Stunde ab. Ihre Pausen waren jedoch zu kurz, als daß sie etwas hätten unternehmen oder woanders hingehen können. Praktisch waren sie also zwölf Stunden hintereinander anwesend.

»Von dem anstrengenden Singen tat einem der Hals weh«, berichtet John. »Von den Deutschen lernten wir, daß man sich mit Preludin wach halten konnte. Das schluckten wir dann auch.« Die Pillen waren zunächst recht harmlos, aber es bestand die Gefahr, daß sie süchtig wurden und zu stärkeren Drogen übergingen, zu regelrechten Rauschgiften. Die Beatles erlagen dieser Gefahr zwar nicht, doch erwachte in dieser Zeit ihr Interesse für künstliche Stimulanzien. Alle haben sie irgendwann Rauschgift probiert, nur Pete Best nicht, der damit nichts zu tun haben wollte. Süchtig wurden sie allerdings nie. Sie nahmen die Pillen lediglich, um wach zu bleiben, nicht aber, um sich aufzuputschen. Nur selten kam es noch vor, daß sie ihre Unterkunft beschissen fanden oder die Arbeit ihnen zuviel wurde. Da sie so weit von Hause weg waren, war es ohnehin bedeutungslos, ob sie hin und wieder die Schnauze voll hatten oder nicht. Ändern ließ sich das sowieso kaum, vor allem, weil sie ihre Gage ebenso rasch ausgaben, wie sie das Geld erhielten.

Erstaunlich ist, daß sie sich durch ihren Lebenswandel ihre Gesundheit nicht ärger ruinierten. Niemals aßen sie richtig, und sie schliefen kaum. »Wie sollten wir denn bei all dem Spielen, Trinken und den Zähnen noch Zeit zum Schlafen finden?« fragte John.

George und Paul konnten von ihrer Schulzeit her noch ein wenig Deutsch. Pete hatte sogar recht beachtliche Schulkenntnisse. John und Stu dagegen sprachen kein Wort. Sie waren jedoch ohnehin nicht daran interessiert, Deutsch zu lernen. »Wir schrien die Deutschen ganz einfach auf englisch an«, erzählt John. »Nannten sie Nazis und legten ihnen nahe abzuhauen.« Das Publikum raste nur um so wilder. Die Zuhörer waren so hingerissen von ihnen, daß sie nun die Kellner und die Schlägereien weniger fürchteten. Sie beobachteten auch, wie die Kellner Betrunkenen die Taschen leerten. Da sie stets knapp bei Kasse waren, beschloß John eines Nachts, es ebenfalls zu versuchen.

»Wir entschieden uns dafür, einen britischen Matrosen auszunehmen, da ich dachte, ich könnte ihm auf englisch einreden, daß wir ihm ein paar Weiber besorgen. Wir brachten ihn dazu, wie ein Loch zu saufen, aber er fragte immer wieder, wo die Mädchen sind. Wir quatschten weiter auf ihn ein, um festzustellen, wo er sein Geld hat. Zuletzt schlugen wir zweimal zu, gaben es dann aber auf. Wir wollten ihm nicht weh tun.«

Untereinander hatten die Beatles oft kleinere Streitereien. Aber es war nichts Ernsthaftes. In der Hauptsache mußten Stu und Pete daran glauben, die Neulinge in der Gruppe. Stu litt darunter. Pete schien es nichts auszumachen. Gerade Stu und Pete waren aber beim Publikum besonders beliebt. Stu trug auf der Bühne seine Sonnenbrille und schaute ziemlich arrogant drein. Pete lächelte niemals und hopste auch nicht so herum wie John. Er wirkte ganz einfach verdrossen und finster. Beide wurden vom Publikum als James-Dean-Typen betrachtet: schwermütig und überlegen. Die anderen, insbesondere John, waren die Wilden, Ausgelassenen.

»Paul hat mir neulich erzählt«, berichtet John, »daß wir beide uns darum gestritten hätten, wer von uns die Nummer eins war. Ich kann mich nicht daran erinnern. Es lag mir gar nicht so viel daran, um jeden Preis den Boß zu spielen. Wenn ich mich herumstritt, dann nur aus Übermut. Bei all diesen Auseinandersetzungen ging es nur um Nichtigkeiten. Wir stritten vor allem, weil wir durch die angestrengte Arbeit durchgedreht und überreizt waren. Trotzdem waren wir nichts als Kinder. Einmal hat mir George auf der Bühne sein Essen ins Gesicht geworfen. Für gewöhnlich aßen wir gleich auf der Bühne. Die Kellner brachten uns Bier und Essen, so daß wir ab und zu während des Spielens völlig blau waren.«

Im allgemeinen kamen sie jedoch recht gut miteinander aus. Es bestand auch ein freundschaftliches Verhältnis zu Rory Storm und seiner Gruppe, mit denen sie sich im Kaiserkeller ablösten.

Rorys Gruppe war ihnen noch von Liverpool her bekannt, wo sie mehr Bedeutung gehabt hatte als ihre eigene. Rory war die Reise nach Hamburg vor ihnen angeboten worden. Da er abgelehnt hatte, waren die Beatles nachgerückt. Es gab noch andere Liver-

Zwei Halbstarke: John (links) und Ringo (rechts). Deutlich erkennt man bereits Ringos graue Haarsträhne.

pooler Gruppen, die damals größere Erfolge hatten als die Beatles, z. B. »Cas and the Casanovas«. Als die Beatles nach Hamburg kamen, standen sie in der Rangordnung der Liverpooler Beatgruppen bestenfalls an dritter oder vierter Stelle.
»Natürlich kannten wir alle Rory«, sagt George. »Er war der große Star aus Liverpool, ein Faß auf der Bühne.« Bevor George sich den Beatles anschloß, hatte er daran gedacht, bei Rorys Gruppe mitzumachen. »Ich habe Rory kennengelernt, als ich seine kleine Schwester aufreißen wollte.«
Der Schlagzeuger aus Rory Storms Band verbrachte viel Zeit damit, die Beatles zu beobachten. Er haute sie auch um Songs an.
»Mir gefiel Rorys Schlagzeuger eigentlich nicht«, berichtet George. »Er sah blöd aus mit seiner kleinen grauen Haarsträhne. Aber dieser blöde Kerl erwies sich dann als der netteste von allen. Es war Ringo.«

Als Pete krank wurde, übernahm Ringo mehrmals das Schlagzeug. Es war aber nichts weiter als eine lockere Freundschaft. Es sollte noch lange dauern, bis sie ihn richtig kennenlernten. Immerhin war dies ihre erste Begegnung mit Ringo Starr.

Das Lokal verließen sie nur selten, und sie unternahmen auch keine ernsthaften Versuche, unter den Deutschen Freunde zu gewinnen. »Die waren alle belämmert«, erklärt John. Noch weniger versuchten sie allerdings, irgendwelche Briten kennenzulernen, die ins Nachtlokal kamen. »Wenn wir unter den Gästen britische Kriegsmarine rochen«, sagt John, »wußten wir, daß es noch vor Ende der Nacht Stunk geben würde. Nach ein paar Drinks begannen die verdammten britischen Matrosen zu brüllen: ›Hoch Liverpool!‹ oder: ›Hoch Portsmouth!‹ Man wußte, daß sie alle noch vor Ende der Nacht halb tot herumliegen würden, nachdem sie versucht hatten, mit den Kellnern wegen der Rechnung eine Schlägerei anzufangen – oder auch wegen gar nichts. Die Kellner zogen dann ihre Klappmesser oder ihre Gummiknüppel. Dann ging's dahin. Nie mehr habe ich solche Schläger gesehen!«

Astrid und Klaus

Es ist eigentlich nicht weiter verwunderlich, daß die Beatles in Hamburg so wenige deutsche Freunde fanden. Die meisten Hamburger, die etwas auf sich halten, meiden die Gegend von St. Pauli und ganz besonders die Reeperbahn.

Klaus Voormann und Astrid Kirchherr bildeten da eine Ausnahme. Allerdings stießen sie nur zufällig auf die Beatles. Sie wurden die ersten intellektuellen Fans, die sie hatten. Sie entdeckten bei den Beatles Qualitäten, die nie zuvor jemand bei ihnen gesehen hatte.

Klaus war in Berlin geboren und Sohn eines bedeutenden Arztes. 1956 kam er nach Hamburg auf die Kunsthochschule. Er wollte Gebrauchsgraphiker werden, wählte aber als zusätzliches Spezialfach die Fotografie. So lernte er Astrid kennen. Sie wurde seine Freundin.

Astrid entstammt einer angesehenen Hamburger Familie des Mittelstandes. Sie hatte sich auf Fotografie spezialisiert. 1960 verließen beide die Kunsthochschule. Klaus arbeitete für Hamburger Zeitschriften und entwarf Werbeplakate. Astrid wurde Angestellte in einem Fotoatelier.

Zwei Jahre waren sie miteinander befreundet, als Klaus in eine Wohnung ganz oben in Astrids Haus zog. Eines Abends hatten sie einen kleinen Streit, und Klaus beschloß, allein ins Kino zu gehen.

»Als ich herauskam, schlenderte ich noch ein wenig umher«, erzählt er. »Ich war auf der Großen Freiheit, als ich einen gewaltigen Lärm aus einem Keller hörte. Ich ging hinunter, um mir die Sache einmal anzusehen. Nie zuvor war ich in einem solchen Lokal gewesen. Dort unten ging es sehr wild zu. Einige knallharte Rocker standen herum, ganz in Leder. Am meisten aber beeindruckte mich die Gruppe auf der Bühne und der Lärm, den sie machte. So setzte ich mich hin und hörte zu.«

Das Lokal war der Kaiserkeller. Aber es waren nicht die Beatles, die auf der Bühne standen. Es war Rory Storms Gruppe mit Ringo am Schlagzeug. Ohne es zu wissen, hatte sich Klaus jedoch zur anderen dort auftretenden Gruppe gesetzt. »Ich starrte sie an. Sie sahen sehr komisch aus. Sie trugen schwarz-weiß karierte Jacken. Der Lächerlichste von allen – Stu, wie ich später erfuhr – hatte sein Haar hoch aufgetürmt und nach hinten gekämmt. Er trug spitze Schuhe und eine Sonnenbrille. Nicht direkt eine Sonnenbrille, sondern Sonnengläser, die man auf eine gewöhnliche Brille aufsetzt.

Sie stiegen auf die Bühne, und da wurde mir klar, daß sie die andere Gruppe waren. Sie spielten ›Sweet Little Sixteen‹, und John sang dazu. Ich fand sie noch umwerfender als Rory. Ich war von ihnen wie hypnotisiert.

Ich wollte mit ihnen reden, versuchte, an sie heranzukommen, wußte aber nicht, wie. Bei all diesen Rockers um mich herum hatte ich auch ein wenig Angst. Ich war unsicher und fühlte mich fehl am Platz. Aber ich blieb doch die ganze Nacht dort. Ich konnte es nicht fassen, wie sie spielten, wie sie so gut zusammenspielten, so kraftvoll und so komisch. Die ganze Zeit über hüpften sie herum. Das hielten sie acht Stunden durch.«

Erst früh am Morgen kam Klaus nach Hause und erzählte Astrid, wo er gewesen war. Sie war ziemlich entsetzt, daß er sich ausgerechnet in einem Nachtlokal in St. Pauli die Nacht um die Ohren geschlagen hatte. Aber er schilderte ihr, wie großartig diese Gruppe gewesen war. Astrid interessierte das nicht. Sie lehnte es ab, ihn am nächsten Abend in den Kaiserkeller zu begleiten. So ging er allein.

Diesmal überlegte er sich, wie er mit der Gruppe bekannt werden oder sie doch zumindest begrüßen könnte. So nahm er eine Plat-

tenhülle mit, die er für eine Aufnahme von »Walk Don't Run«
gezeichnet hatte. (Als Gebrauchsgraphiker hatte er auch ein paar
Plattenhüllen entworfen, obwohl er vorwiegend für Illustrierte
arbeitete.) Vielleicht interessierten sich die Beatles dafür.
Er saß eine Weile herum und versuchte, an sie heranzukommen.
Als sich dann die Beatles in ihrer Pause hinsetzten, sprach er
John an, der ihr Leader zu sein schien. Im stockenden Schuleng-
lisch zeigte Klaus ihm die Platte. John war davon herzlich wenig
beeindruckt. »Ich erinnere mich nur, wie dieser Kerl mir eine
Plattenhülle in die Hand drückte. Ich weiß gar nicht, warum«,
sagt John. Er murmelte undeutlich, Stu sei eigentlich der Künstler. Er solle lieber ihm die Hülle zeigen. Klaus wollte dies tun,
aber irgend etwas kam dazwischen. Nun fühlte er sich noch unsicherer und verlegener als vorher. Er hörte sich wieder die ganze
Nacht hindurch nur die Musik an. Am nächsten Abend gelang es
ihm endlich, Astrid zu überreden, ihn bei seinem dritten Besuch,
diesmal zusammen mit einem Freund, Jürgen Vollmer, zu
begleiten.
»Als ich hinkam, hatte ich noch Angst«, sagt Astrid. »Aber alles
war vergessen, als ich die fünf spielen sah. Ich kann nicht erklären, was ich empfand. Etwas packte mich. In gewisser Weise war
ich von Halbstarken immer fasziniert. Auf Fotos und Filmen
gefielen sie mir. Plötzlich standen da fünf von ihnen vor mir, die
Haare hochgekämmt, mit langen Koteletten. Ich saß ganz einfach
mit offenem Mund da und konnte mich kaum rühren. Die Atmosphäre um uns war erschreckend. Es war das typische Reeper-
bahnpublikum: eingeschlagene Nasen, Halbstarke, Schläger,
richtig üble Typen.«
Als Klaus und Astrid von den Beatles zu schwärmen begannen,
kamen immer mehr Studenten hin. Allmählich änderte sich die
Atmosphäre im Kaiserkeller. Die Studenten hatten ihre eigenen
Tische und hielten einen Teil des Kellers besetzt. Mit ihrem
ruhigen Auftreten und ihrer modischen Kleidung begannen sie
die Atmosphäre zu beeinflussen und sie schließlich zu beherrschen.
Die Rockers waren zwar immer noch da, aber sie waren nicht
mehr tonangebend. »Wir fingen an, uns durchzusetzen«, erzählt
Klaus. »Zwischen uns und den Rockers gab es keine Gegnerschaft.
Mit einigen von ihnen habe ich mich sogar angefreundet, obwohl
ich niemals zuvor welche von ihnen gekannt hatte und es früher
bestimmt nicht getan hätte. Da gab es komische kleine Rocker-
Mädchen, wie ich sie nie getroffen hatte. Wenn sie tanzten, sahen

sie aus wie kleine Pilze. Sie trugen kurze, weite Röcke mit gestärkten Petticoats, damit sie abstanden.«

Die Beatles begannen, den größten Teil ihrer freien Zeit mit Klaus, Astrid und ihren Freunden zusammenzusitzen und mit ihnen zu trinken. Sie konnten kein Deutsch. Aber einige der Studenten verstanden ein bißchen Englisch.

»Plötzlich hatten wir eine Menge Künstlertypen als Gäste«, sagt George. »Existentialisten fast alle.«

»Sie waren großartig«, meint Paul. »Mal was anderes als die üblichen dicken Deutschen. Stu faszinierte sie mit seiner James-Dean-Masche.«

»›Exis‹, so habe ich sie genannt«, erzählt John. »Es waren die ersten Deutschen, mit denen ich wirklich sprechen wollte.«

»Ich konnte Johns Aussprache nicht verstehen«, berichtet Klaus. »Aber George redete immer sehr langsam mit uns. Ihn konnten wir verstehen. Er sah ziemlich komisch aus: Er hatte große, abstehende Ohren, und sein Haar war im Nacken kurz und oben hoch aufgetürmt.«

Nachdem Astrid ungefähr eine Woche lang jeden Abend hingegangen war, hatte sie schließlich den Mut, die Beatles zu bitten, sich von ihr fotografieren zu lassen.

»Wir verstanden uns so gut mit ihnen, daß ich mich viel sicherer fühlte. Ich war mir darüber im klaren, daß alle Rockers von der Reeperbahn sie liebten, ja sie geradezu anhimmelten. Für sie hätten sie vermutlich einen Mord begangen.«

Sie schaffte es, ein paar englische Worte zu stammeln und ihnen klarzumachen, was sie wollte.

»Es schmeichelte ihnen. Ich merkte das, obwohl John ein paar dumme Bemerkungen machte. Immer sagte er schreckliche Dinge über die ›Krauts‹. Nicht mir gegenüber. Aber ich spürte, daß er es in Wirklichkeit gar nicht so meinte.«

Im Grunde war sie jedoch nicht an Johns Reaktion interessiert. Sie wollte Stu kennenlernen. »Auf den ersten Blick war ich in ihn verliebt. Es ist wahr. Das war keine sentimentale Liebesgeschichte oder dergleichen. Es hatte mich eben erwischt.«

Sie verabredeten sich für den nächsten Tag auf der Reeperbahn. Astrid führte sie auf einen Rummelplatz in der Nähe, wo sie fotografierte. Dann lud sie sie nach Hause zum Tee ein. Pete Best lehnte ab und sagte, er hätte am Abend zuvor sein Schlagzeug beschädigt und müsse die Trommel neu bespannen. Aber die vier anderen kamen mit. Astrid servierte Schinkenbrote. Die Beatles waren begeistert. Es war das erste Mal, daß sie bei Deutschen eingeladen waren. »He, sieh mal die an«, rief George. »Schinkenstullen! Wußte gar nicht, daß die Deutschen Schinkenstullen essen!«

Daraus geht hervor, wie wenig George vom Leben in Deutschland gesehen hatte. Aber schließlich saßen sie Tag für Tag zwölf Stunden hintereinander im Kaiserkeller.

Astrid brachte nun ständig ihre Kamera mit und machte viele Aufnahmen von ihnen. Es waren die ersten professionellen Aufnahmen von ihnen und auf viele Jahre hinaus die weitaus künstlerischsten. Astrid zog mit den Beatles auch in andere Gegenden Hamburgs, um sie aufzunehmen, nahm mal die Hafenanlagen, dann ein stillgelegtes Nebengleis der Eisenbahn als Hintergrund. Auf diese Weise entstanden ungewöhnliche Bilder. Es bedarf einer sorgfältigen Kopierarbeit, und man braucht gutes Papier, um das Beste aus Astrids Fotos herauszuholen. Dann sieht man erst, wie hervorragend sie sind. Doch selbst auf billigem Zeitungspapier wirken sie faszinierend und ungewöhnlich. »Sie waren großartig«, erklärt Paul. »Niemand konnte so gute Bilder von uns machen wie Astrid.«

Bei diesen ersten Aufnahmen versuchte sie ständig, mit Stu ins Gespräch zu kommen. Sie wollte gern ein Bild von ihm allein aufnehmen. Aber Astrid konnte dies Stu nicht begreiflich machen. Er sprach kein Deutsch und sie kein Englisch. Also bat sie Klaus, ihr Englisch beizubringen. »Das war für ihn eine harte Nuß. Mir wollte einfach nichts in den Kopf.«

Nach der ersten Teestunde kamen die Beatles fast jeden Abend zu ihr zum Essen. Astrid und Stu verstanden sich allmählich immer besser. Er kam nun auch ganz allein. Sie saßen miteinander auf dem schwarzen Bett und verständigten sich mit Hilfe von Wörterbüchern. »Nach Stu mochte ich John und George am liebsten. Dann Pete Best. Ich mochte ihn sehr, aber er war sehr scheu. Er konnte unglaublich komisch sein. Aber ich hatte nicht viel Kontakt mit ihm. Zu Paul in ein näheres Verhältnis zu kommen, war recht schwierig. Immer war er freundlich. Die Fans liebten ihn am meisten. Er sagte die Nummern an und kümmerte sich um Autogrammwünsche. Die meisten Fans betrachteten ihn als den Bandleader. Aber natürlich war John Nummer Eins. Er war auch die ausgeprägteste Persönlichkeit. Stu war der Intelligenteste. Ich glaube, darüber waren sich alle einig. Selbst John. Auch George war nicht dumm. Aber für uns war er ganz einfach nur ein junger, lieber Kerl. Er war in allen Dingen so offenherzig wie damals, als er in seine Bewunderungsrufe über die Schinkenstul-

87

len ausbrach. Er hatte eine große Anhängerschaft. Jürgen, einer seiner Fans, hatte ein Schildchen, auf dem stand: ›I love George.‹ Er war einer der ersten, der so etwas machte.«

Im November 1960, nur zwei Monate nach ihrer ersten Begegnung, verlobten sich Stu und Astrid. Sie legten ihr Geld zusammen und gingen die Ringe kaufen. Dann fuhren sie in Astrids Wagen die Elbe entlang. »Nachdem wir es einigermaßen geschafft hatten, uns zu verständigen, beschlossen wir zu heiraten.«

Stu war noch keine neunzehn Jahre alt, eigentlich nicht viel älter als George, aber viel weiter entwickelt und viel reifer in seinem Denken. Er verstand sehr viel von Kunst, war talentiert und hatte die gleichen Ansichten über Kunst und Gestaltung wie Astrid. Ebenso heftig interessiert war er aber an der Gruppe. Er konnte sich völlig auf das konzentrieren, was er sich gerade vornahm.

Eines Nachts hatte Stu auf der Bühne eine Schlägerei mit Paul. Obwohl er viel kleiner und schwächer war als Paul, wurde sein Zorn so heftig, daß er ihm Bärenkräfte verlieh. »Wenn er wütend war, konnte er jede Beherrschung verlieren«, erzählt Astrid. Sie entsinnt sich lebhaft dieses Kampfes, kann sich aber nicht mehr der Einzelheiten erinnern, die dazu geführt haben. Irgendwie hatte es mit ihr zu tun, mit etwas, das Paul über sie gesagt hatte.

Diese kleinen Eifersüchteleien und Keilereien zwischen Paul und Stu sind leicht zu erklären. In gewisser Weise bemühten sich beide darum, bei John Eindruck zu schinden. Paul stand bis zu Stus Erscheinen in Johns uneingeschränkter Gunst. Stu war offensichtlich talentierter; er war reifer und sein Empfindungsvermögen differenzierter. Sogar Michael McCartney erinnert sich, daß sein Bruder in Liverpool auf Stu eifersüchtig war.

Das Verhältnis zwischen den fünf Halbstarken aus Liverpool und einer Gruppe intellektueller Hamburger Studenten ist etwas schwieriger zu erklären. Daheim in Liverpool hatten sie stets nur Verachtung für die bohemienhaften Studenten übrig gehabt. Aber diese Studenten in Hamburg waren echter. Bei ihnen war weniger Fassade. Sie waren reifer und verständiger als ihre Kollegen in Liverpool. In ihrer Kleidung ebenso wie in ihrem Denken waren sie äußerst modern. Klaus und Jürgen trugen ihre Haare nach vorn gekämmt. Sie hatten für jeden der Beatles einen Spitznamen – John war der Kotelettenmann, George der Schöne und Paul der Kleine.

Die Beatles hatten nun zwei ergebene Gruppen von Anhängern: die Rockers und die Existentialisten. Ihr ursprünglicher Vertrag, der auf sechs Wochen lautete, war mehrmals auf allgemeinen Wunsch hin verlängert worden. Weihnachten rückte näher. Fast fünf Monate waren sie in Hamburg gewesen. Sie spielten nun mit dem Gedanken, in ein noch größeres, noch besseres Lokal hineinzukommen, das »Top Ten«. Es war ihnen klar, welchen Erfolg sie im Kaiserkeller hatten, aber sie wären gern in ein größeres Lokal aufgestiegen.

So baten sie den Geschäftsführer vom »Top Ten«, Peter Eckhorn, um einen Termin zum Vorspielen. »Mir gefielen sie. Ich bot ihnen einen Vertrag an.« Dann aber bekam George eine Mitteilung, er habe das Land zu verlassen.

»In allen Lokalen«, berichtet George, »wurde jeden Abend bekanntgegeben, alle Jugendlichen unter 18 Jahren hätten zu gehen. Schließlich kam jemand dahinter, daß ich erst siebzehn war und weder eine Arbeitserlaubnis noch eine Aufenthaltsgenehmigung hatte. Daher mußte ich abreisen. Ich mußte allein nach Hause zurück. Mir war ganz elend zumut.«

Astrid und Stu fuhren mit ihm zum Bahnhof und besorgten ihm eine Fahrkarte und einen Platz im Zug. »Da stand er nun«, sagt Astrid, »der kleine George, völlig verlassen. Ich gab ihm eine große Tüte mit Süßigkeiten und ein paar Äpfel. Er umarmte mich und Stu.«

Die anderen vier waren gerade auf das »Top Ten« umgestiegen und hatten erst eine Nacht dort gespielt, als ein neues Unglück geschah.

›Paul und ich«, sagte Pete Best, »wollten eben aus dem ›Bambi‹ ausziehen. John und Stu hatten ihre Sachen bereits ins ›Top Ten‹ gebracht. Um besser zu sehen, haben wir ein Streichholz angezündet. Dabei müssen wir etwas in Brand gesteckt haben. Es war kein großer Schaden. Aber die Polizei sperrte uns drei Stunden lang ein und erklärte dann, daß wir ebenfalls ausgewiesen werden.«

Damit blieben nur noch John und Stu.

»John erschien ein paar Tage später bei mir«, sagt Astrid, »und erklärte, er gehe ebenfalls nach Hause, da man ihm die Arbeitserlaubnis entzogen habe. Er erzählte mir, er hätte einen Teil seiner Kleidungsstücke verkauft, um sich die Fahrkarte kaufen zu können. Nun wollte er sich noch etwas leihen.«

»Es war furchtbar«, berichtet John, »so ganz allein nach Hause abzudampfen. Meine elektrische Gitarre trug ich auf dem

89

Paul, John und George auf einem Hamburger Dach im Jahr 1961
(Foto Astrid Kirchherr)

Rücken; denn ich hatte eine Mordsangst, sie könnte geklaut werden. Schließlich war sie noch nicht bezahlt. Ich glaube schon, ich würde es nicht schaffen, nach England zu kommen.«
Dann erhielt auch Stu die Mitteilung, er habe das Land zu verlassen. Die eigentlichen Gründe für all diese Ausweisungen sind nicht geklärt worden – abgesehen von Georges, der minderjährig war und dessen Auftreten daher gegen das Gesetz verstieß. Vielleicht hat da der Konkurrenzkampf zwischen den einzelnen Lokalen eine nicht unerhebliche Rolle gespielt.
Stu war der einzige, dessen Heimkehr noch einen gewissen Stil hatte. Er flog nach Liverpool. Da er an einer leichten Mandelentzündung litt, wollte Astrid vermeiden, daß sich sein Zustand durch eine lange Land- und Seereise verschlimmerte. Deshalb schenkte sie ihm eine Flugkarte.
Die anderen kehrten etwas mühseliger nach Liverpool zurück.

Das größte Erlebnis ihrer bisherigen Laufbahn hatte recht kläglich geendet.

Allein, mittellos, niedergeschlagen und entmutigt gelangten sie nach Liverpool. Eine Zeitlang sahen sie einander nicht einmal mehr und traten auch nicht in Verbindung. Man konnte sich fragen, ob die Beatles jemals wieder flottzumachen wären.

Liverpool – Litherland und Cavern

John traf mitten in der Nacht in der Menlove Avenue ein. Damit er ins Haus kommen konnte, mußte er Steinchen gegen Mimis Schlafzimmerfenster werfen, um sie aufzuwecken.

»Er hatte wieder diese scheußlichen Cowboystiefel an. Bis hier hinauf gingen sie, ganz mit Gold und Silber. Er drängte sich einfach an mir vorbei und rief: ›Bezahl das Taxi, Mimi!‹ Ich schrie hinter ihm her die Treppe hinauf: ›Wo sind deine hundert Pfund die Woche, John?‹«

»Das sieht dir wieder ähnlich, Mimi«, brüllte John. »Sich wegen hundert Pfund die Woche das Maul zu zerreißen, wo du doch weißt, daß ich müde bin.«

»Und diese Stiefel kannst du gleich wegschmeißen. Mit solchen Stiefeln kommst du mir nicht aus dem Haus.«

John legte sich schlafen. Danach blieb er fast zwei Wochen zu Hause, aber nicht etwa wegen der scheußlichen Stiefel. Es schien ganz einfach keine andere Möglichkeit zu geben. Cyn war natürlich froh, ihn wiederzusehen. Selbstverständlich hatte er ihr die ganze Zeit über geschrieben.

»Briefe so sexy wie von Henry Miller«, sagt John. »Manche waren vierzig Seiten lang. Du hast sie doch nicht etwa weggeschmissen?«

George, der als erster nach Hause zurückgekehrt war, erfuhr erst nach geraumer Zeit, daß auch die anderen ihm gefolgt waren.

»Ich schämte mich, nachdem wir vor unserer Abreise nach Hamburg die Klappe weit aufgerissen hatten. Mein Dad fuhr mich eines Abends in die Stadt, und ich mußte mir zehn Shilling von ihm pumpen.«

Auch Paul trieb sich nur zu Hause herum und bekam bald Streit mit seinem Vater. Jim war ja dagegen gewesen, daß er sein Studium abgebrochen hatte. Nachdem es nun einmal geschehen war, erklärte er Paul, er solle sich gefälligst um eine Stelle bemühen.

»Der Teufel findet immer eine Beschäftigung für faule Hände«, warnte Jim seinen Sohn mehrmals täglich mit großer Originalität. Paul, der grundsätzlich niemals rebellierte, gab endlich nach. »Dad ließ mir keine Ruhe mehr, und so ging ich schließlich zum Arbeitsamt. Da vermittelte man mir eine Stellung als Beifahrer auf einem Lastwagen. Die Firma stellte in der Hafengegend Eilgüter zu. Ich nahm den Frühbus zum Hafen, kaufte mir den ›Daily Mirror‹ und versuchte, ein richtiger Arbeiter zu sein.
Ich saß immer hinten auf dem Lastwagen und half, die Pakete auszutragen. Manchmal war ich so geschafft, daß ich auf dem Lastwagen einpennte. Ich arbeitete zwei Wochen, und es kam mir vor, als ob ich mit dieser Stellung und den paar Pfund in der Tasche gut bedient war. Aber ich wurde bald arbeitslos. Nach Weihnachten gab es nicht mehr soviel zu tun.
Dad fing wieder an zu stöhnen, die übliche Leier: Die Gruppe sei ja ganz schön und gut, aber davon würde ich niemals leben können. Ich war bereit, ihm recht zu geben. Aber immer fand sich noch jemand, der behauptete, wir hätten Zukunft.«
Anfang Dezember 1960 waren die Beatles aus Hamburg zurückgekehrt. Alles in allem vergingen wahrscheinlich doch nicht mehr als drei Wochen, bis die Dinge wieder in Gang kamen. Ihr erstes Auftreten war wieder einmal in der »Casbah«, dem Lokal von Pete Bests Mutter. Pete war von seiner Mutter und von seinem Freund Neil Aspinall mit offenen Armen aufgenommen worden. Neil war schon seit ein paar Jahren mit Pete befreundet und lebte fast in der Casbah. Auf jeden Fall war er von zu Hause weggegangen und bewohnte ein Zimmer in Mrs. Bests Haus. Er war nicht mit Pete zur Schule gegangen, hatte aber im Institut die gleiche Klasse besucht wie Paul. Er kannte auch George. Eigentlich wollte er Buchhalter werden. Im Anfang arbeitete er Abend für Abend für einen Fernkurs. Aber als er anfing, in der Casbah herumzugammeln, vernachlässigte er seinen Kurs.
»Pete hat mir die ganze Zeit, während er in Hamburg war, geschrieben«, erzählte Neil. »Es ginge großartig, man hätte sie aufgefordert, noch einen Monat zu bleiben, dann noch einen und noch einen.
›Derry and the Seniors‹ waren als erste aus Hamburg zurückgekehrt. Pete hatte sie zu seiner Mutter geschickt, und sie bekamen einen Abend in der Casbah eingeräumt. Sie waren erheblich besser geworden, aber sie sagten, wartet nur, bis ihr die Beatles zu hören bekommt.
Als ich erfuhr, daß die Beatles endgültig nach Hause kommen,

zeichnete ich eine Menge von Plakaten mit der Aufschrift ›Rückkehr der phantastischen Beatles‹ – ich habe sie überall an Wänden und Türen befestigt. Ich hatte sie noch niemals mit Pete als Gruppe erlebt. Ich hatte keine Ahnung, wie sie sich in Hamburg entwickelt hatten. Sie hätten ebensogut ganz erbärmlich sein können.«

Aber trotz Neils Begeisterung war es nicht möglich, die Beatles sofort in der Casbah auftreten zu lassen. Keiner von ihnen schien zu wissen, was der andere tat oder auch nur, ob alle zurück waren. »Erst eine Woche nach Johns Heimkehr hörte ich, daß auch er Hamburg hatte verlassen müssen«, sagt Pete Best. »Wochenlang wußten wir nicht, was aus Stu geworden war, erst im Lauf des Januar erfuhren wir es.«

Ihr erstes Engagement nach der Hamburger Zeit war also die Casbah. Und sie machten ihre Sache ausgezeichnet.

»Sie waren großartig«, berichtet Neil. »Sie hatten sich gewaltig verbessert. Sie bekamen nun auch andere Engagements und hatten eine große Gefolgschaft. Frank Garner, der Mann am Eingang der Casbah, fuhr sie in seinem Lieferwagen herum. Ich sah sie von da an häufig, weil sie die Casbah als Depot für ihre elektrischen Gitarren und ihre sonstige Ausrüstung benutzten. Auch Rory Storm kam aus Hamburg zurück und spielte in der Casbah. Es war wirklich ein dufter Schuppen.«

Aber ihr wichtigstes Engagement nach Hamburg hatten sie am 27. Dezember 1960 im Rathaus von Litherland. Ihre ganze Entwicklung, alle ihre neuen Klangeffekte und neuen Songs brachen an diesem Abend jäh über Liverpool herein.

Das Engagement verdankten sie Bob Wooler. Im gleichen Monat war er Disc-Jockey im »Cavern« geworden. Er ist klein und sehr adrett, aber in seiner Kleidung völlig unmodern. Er ähnelt weit eher einem Büroangestellten als einem Disc-Jockey. Bis zum Beginn der Skiffle-Ära hatte er als Angestellter bei den British Railways gearbeitet. Bob beteiligte sich nicht aktiv. Aber er war von dieser Entwicklung fasziniert. »Es war umwerfend, mit anzusehen, wie diese Teenager zum erstenmal ihre eigene Musik machten und zu Unterhaltungskünstlern wurden.«

Die Beatles hatte er in verschiedenen kleinen Klubs gesehen. Als er hörte, daß sie aus Hamburg zurück waren, beschloß er, ihnen zu helfen. »Sie waren wirklich sehr niedergeschlagen. Ich wußte daß sie etwas konnten. Aber damals waren sie total am Ende George war sehr verbittert über das Ende seines Hamburger Abenteuers.«

Bob gelang es, ihnen das Engagement im Saal des Rathauses von Litherland zu verschaffen. Es ist ein großer Saal, der regelmäßig zweimal in der Woche für Tanzveranstaltungen der Jugend benutzt wurde. Es war der größte, in dem sie bisher gespielt hatten. Ihre knallharte, von Stampfen und Trampeln begleitete Hamburger Musik führte buchstäblich zu einer Hysterie, der ersten, die sie verursacht haben. Jeder von ihnen bekam sechs Pfund für die Nacht. So viel hatten sie noch nie erhalten.

»Die Jugendlichen wurden ganz wild«, erzählt Pete Best. »Hinterher stellten wir fest, daß sie alles mögliche mit Kreide auf unseren Lieferwagen geschmiert hatten. Es war das erste Mal, daß dies geschah.«

An diesem Abend stand auf ihren Plakaten: »Die Beatles, direkt aus Hamburg«. Viele der Jugendlichen, die in jener Nacht und noch in vielen anderen Nächten tobten, glaubten, sie seien Deutsche. Als die Beatles ihre Autogramme gaben und die anderen sie reden hörten, riefen sie voller Überraschung: »Ihr sprecht aber gut Englisch.«

»Wahrscheinlich sahen wir auch wie Deutsche aus«, meint George. »Zumindest unterschieden wir uns mit unseren Lederhosen und unseren Cowboystiefeln erheblich von all den anderen Gruppen. Wir sahen komisch aus und spielten anders. Wir schlugen wie eine Bombe ein.«

»Es war ein Abend«, berichtet John, »an dem wir so richtig aus uns herausgingen und aufdrehten wie in Hamburg. Wir stellten fest, daß wir ziemlich berühmt waren. Da begannen wir zum erstenmal zu glauben, daß wir tatsächlich gut sind. Bis Hamburg hatten wir gedacht, wir wären ganz O. K., aber doch nicht gut genug.«

Aber nicht nur die Beatles hatten sich verändert. Während ihrer Abwesenheit hatten sich auch bedeutsame Veränderungen in Großbritannien vollzogen. Jede Gruppe bemühte sich nun wie besessen, die »Shadows« zu imitieren.

Cliff Richards persönlicher Erfolg hatte die Shadows, seine Begleiter – Jet Harris, Tony Meehan, Bruce Welch und Hank Marvin –, zu eigenen Erfolgen geführt. Ihre Instrumentalnummer »Apache« hatte das Land im Sturm erobert. Jede Gruppe ahmte nun ihre nüchterne, entsetzlich brave und adrette Bühnenkleidung nach: graue Anzüge, gleiche Krawatten und auf Hochglanz polierte Schuhe. Die Shadows machten kleine Tanzschritte, drei links, drei rechts. Alles war adrett, poliert und brav, in ihrer Erscheinung ebenso wie in ihrer Musik.

Die Beatles hingegen spielten laut und wild. Sie sahen schäbig und verwahrlost aus. Sie wirkten wie ein Rückfall in die Zeiten des Höhlenmenschen. Sie hatten an ihrem Rock-and-Roll-Stil festgehalten, dem die Shadows inzwischen den Garaus gemacht hatten. Falls das überhaupt möglich war, hatten sie sich zu noch wilderen Rock-and-Rollern entwickelt, durch zusätzliches Stampfen, durch elektrische Verstärker und wildes »Mak Show« auf der Bühne. Sie hatten einen ganz eigenen, neuen Klangeffekt hervorgebracht: einen Sound, der Lichtjahre von den braven Shadows entfernt war. Ein Klang, vor dem man davonlaufen und sich die Ohren zuhalten mußte, oder man mußte ebenso enthemmt und ekstatisch werden wie die Leute, die ihn produzierten.

»Das ist Hamburg zu verdanken«, sagt John. »Dort haben wir uns erst wirklich entwickelt. Um die Deutschen in Gang zu bringen und die Sache zwölf Stunden auch in Gang zu halten, mußten wir draufloshämmern. Niemals hätten wir uns in dieser Richtung entwickelt, wenn wir zu Hause geblieben wären. In Hamburg mußten wir alles versuchen, was uns nur einfiel. Es gab niemanden, den wir hätten nachahmen können. Wir spielten, was uns am besten gefiel. Und den Deutschen gefiel es, solange es nur recht laut war. Aber erst nach unserer Rückkehr nach Liverpool wurden wir uns über den Unterschied klar und sahen, was geschehen war. Alle anderen spielten den Cliff-Richard-Mist.«

Ihr eigenes leidenschaftliches Engagement und ihre Persönlichkeiten wirkten ansteckend und schlugen die Zuhörer in ihren Bann. Da war nicht nur ein neuer Sound. Er wurde auch von Leuten produziert, die, wie ihre Zuhörer, natürlich, nicht affektiert, ungehobelt und unverdorben waren. Keiner von den Leuten des Showgeschäfts gängelte sie.

Bob Wooler war einer der ersten, der den Versuch einer Analyse wagte und dessen Überlegungen gedruckt erschienen. Darin faßt er diese frühe Periode des Jahres 1961 zusammen, die mit dem Auftreten im Tanzsaal von Litherland begann:

»Warum sind Ihrer Meinung nach die Beatles so beliebt? Sie haben die ursprüngliche Rock-and-Roll-Musik, deren Anfänge bei den amerikanischen Negersängern zu finden sind, zu neuem Leben erweckt. Sie betraten die Bühne, als Leute wie Cliff Richard diese Musik entmannt hatten. Dahin war der Schwung, der die Emotionen hatte auflodern lassen. Die Beatles explodierten in eine ermattete Umwelt hinein. Die Beatles waren der Stoff, aus dem Schreie gemacht wurden. Hier war die sowohl physische wie atmosphärische Erregung, die den Aufstand der Jugend symbolisierte.

Es war seinem ganzen Wesen nach ein vokales Geschehen, kaum jemals ein instrumentales. Die Beatles waren unabhängige Geister und spielten, was ihnen gefiel, zur Gaudi, zum eigenen Ruhm und für bares Geld. Sie hatten das Glück, in Hamburg Ansehen und Erfahrung gewonnen zu haben. Musikalisch eigenwillig und physisch magnetisch, waren sie Beispiel: die bissige, launische Erhabenheit des Schlagzeugers Pete Best – eine Art jugendlicher Jeff Chandler. Eine bemerkenswerte Vielfalt talentierter Stimmen, die aber beim Sprechen die gleiche Naivität des Tonfalls aufweisen. Rhythmische Revolutionäre. Eine Vorstellung, die von Anfang bis Ende eine einzige Folge von Höhepunkten ist. Ein Persönlichkeitskult. Scheinbar ohne Ehrgeiz und doch zwischen Selbstsicherheit und Verletzbarkeit hin und her schwankend. Wahrhaft ein Phänomen – und auch welch mißliche Lage für die Manager! So sind sie, die phantastischen Beatles. Ich glaube nicht, daß sich so etwas wie sie jemals wieder ereignen wird.«

Im Jahr 1961 folgten weitere Auftritte in großen Tanzsälen. Zumeist endeten sie in hysterischen Tumulten, insbesondere wenn Paul »Long Tall Sally« sang. Sie begannen sich über die Wirkung klarzuwerden, die sie auf ihre Zuhörer hatten, und holten oft heraus, was sie nur vermochten. Paul erzählt, daß einige der ersten Veranstaltungen in Tanzsälen beängstigend waren.

»In Wallasey waren hundert Burschen versammelt, um sich mit hundert Kerlen aus Seacombe zu schlagen, als wir ihnen erst einmal richtig eingeheizt hatten. Sie fingen an, bevor ich bemerkte, was eigentlich geschah. Ich versuchte, meine elektrische Gitarre zu retten, eine El Pico, damals mein ganzer Stolz und meine ganze Freude. Ein Halbstarker packte mich und rief: ›Rühr dich nicht von der Stelle, mein Sohn, oder du bist hin.‹ Die Hambledon Hall war ein anderer Ort, an dem es immer wieder zu Schlägereien kam. An einem Abend spritzten sie dort mit Feuerlöschern aufeinander. ›Hully Gully‹ war eins der Stücke, das mit Schlägereien endete.«

Die meisten Veranstalter stellten bald eine große Zahl von Rausschmeißern ein, um diesem Übel ein Ende zu setzen. Aber die Rausschmeißer wurden allmählich auch für andere Zwecke benutzt.

»Ich entsinne mich eines Saals, wo wir spielten«, erzählt John.

»Dort waren so viele Menschen, daß wir zueinander sagten, da müssen wohl auch noch andere Manager dasein. Das wird uns viele Aufträge einbringen. Eins wußten wir jedoch nicht – daß nämlich die Geschäftsleitung eine Menge von Rausschmeißern eingestellt hatte, um die anderen Manager daran zu hindern, sich uns zu nähern. So kam niemand zu uns, mit Ausnahme dieses Kerls von der Geschäftsleitung, der sagte, wir gefielen ihm und er würde uns eine ganze Reihe von Veranstaltungen zu acht Pfund den Abend zukommen lassen. Das waren zwei Pfund mehr, als wir bereits bekamen. So freuten wir uns denn auch.«

Von 1961 an hätten sie weit mehr Geld verdienen können, weil man ständig nach ihnen verlangte. Allmählich begannen sie, Rory Storm – Mr. Showmaker, wie man ihn nannte – als Liverpools führende Gruppe einzuholen. Aber sie hatten keinen Manager und waren sich nicht so recht im klaren, was mit ihnen geschah.

»Als wir sahen«, sagt George, »daß wir überall Unmengen von Zuschauern anlockten, begriffen wir, daß diese Leute uns persönlich sehen wollten. Sie kamen nicht nur, um nach unserer Musik zu tanzen.«

Auch Stu war inzwischen aus Hamburg zurückgekehrt und spielte nun wieder mit den anderen vier. Sie hackten noch immer auf ihm und Pete Best herum. Aber es kam nicht mehr zu Schlägereien wie in Hamburg.

Ihre Erfolge in den verschiedenen Tanzsälen in der ganzen Gegend führten ganz selbstverständlich dazu, daß man ihnen einen festen Platz anbot, wo ihre Fans sie immer finden konnten. Bob Wooler verschaffte ihnen den Cavern Club. Der Casbah waren sie entwachsen. Sie lag zu weit vom Zentrum Liverpools entfernt und war ohnehin nur eine kleine, lokale Angelegenheit.

Das Cavern war schon seit langem der wichtigste Klub für Live-Darbietungen. Selbstverständlich war es ganz auf Jazz eingestellt. Es liegt in der Mathew Street, in der Gegend des Obstmarktes. Die meisten Gebäude in der Mathew Street sind Lagerhäuser für Obst. Die Straße ist stets von Unrat übersät und schmutzig. Tag und Nacht liegt ein durchdringender Geruch von Obst und Gemüse in der Luft. Siebzehn Stufen geht man bis ins Cavern hinunter. Früher einmal war da ein Weinkeller. Das Cavern ist dunkel und unheimlich mit seinen Pfeilern und den gewölbten Decken. Einen Ventilator scheint es nicht zu geben, selbst heute nicht, wo es zu einem Restaurant und Nachtlokal aufgeputzt worden ist.

Ray MacFall, ein ehemaliger Buchhalter, hatte das Cavern 1959 übernommen und betrieb es als Jazzklub. Johnny Dankworth, Humphrey Lyttleton, Acker Bilk und Chris Barber hatten dort gespielt. Aber immer mehr Tage wurden nun Beatgruppen zugeteilt.

»Vom Januar 1961 bis zum Februar 1962 habe ich die Beatles im Cavern 292mal vorgestellt«, sagt Bob Wooler. »Für ihren ersten Auftritt erhielten sie fünf Pfund, für ihren letzten dreihundert.« Daß Bob sich die Zahl gemerkt hat, zeigt nicht nur, wie sehr er von ihnen beeindruckt gewesen sein muß, sondern ihre Größe zeigt auch, wie eifrig sie gearbeitet haben.

»Wahrscheinlich mochten wir das Cavern am meisten von allen Lokalen«, erzählt George. »Es war phantastisch. Die ganze Zeit über stellten wir uns stets ganz und gar auf die Zuhörer ein. Wir haben auch niemals geprobt, im Gegensatz zu den anderen Gruppen, die noch immer die Shadows imitierten. Wir spielten für unsere eigenen Fans, die so waren wie wir selbst. Sogar in ihrer Mittagspause kamen sie herein und brachten ihre Brote mit. Wir machten es genauso, aßen unsern Lunch und spielten nebenbei. Es machte uns großen Spaß und den anderen auch. Alles war spontan. Es geschah ganz einfach.«

»Das Cavern war wirklich ein Loch«, erklärt Mrs. Harrison. »Man glaubte dort zu ersticken. Der Schweiß tropfte von ihnen und von den Wänden herunter. Er tropfte auf die elektrischen Gitarren und verursachte Kurzschlüsse. Aber trotzdem machten sie weiter. Sie sangen einfach drauflos. John brüllte immer irgend etwas ins Publikum hinein. Sie alle taten das. Sie riefen den Leuten zu, das Maul zu halten. Nur George sagte niemals etwas. Er lächelte auch nie. Ich fragte ihn oft, warum. Er sah immer so ernst aus. Die Mädchen fragten mich immer wieder, warum er so ernst aussähe. Er antwortete darauf stets: ›Ich bin die erste Gitarre. Wenn die anderen durch ihre Blödeleien Fehler machen, merkt es keiner. Aber ich darf keine Fehler machen.‹ George nahm seine Musik immer sehr ernst – auch das Geld. Immer wollte er wissen, wieviel sie bekommen.«

Alle, die sie aus dieser Zeit im Cavern kennen, erinnern sich noch an die improvisierten Vorstellungen, was sie taten, wenn die Verstärkeranlagen kaputt waren, oder wie sie zwischen den einzelnen Nummern herumtobten. Die Shadows hatten nämlich

John in Hamburg (Foto Jürgen Vollmer)

die anderen Gruppen nicht nur in ihrer Spielweise beeinflußt, sondern auch die Art, wie man die Bühne zu betreten und wieder zu verschwinden hatte, wie man die einzelnen Nummern ansagen mußte usw. Wenn bei anderen Gruppen technisch etwas schiefging, eilten sie hinter die Kulissen und machten einen großen Wirbel, bis jemand eine neue Sicherung eingeschraubt hatte. Die Beatles hingegen brachten in so einem Fall alle dazu, »Coming Round the Mountains« oder irgendeine abgedroschene Schnulze zu singen.

Mrs. Harrison billigte dies ohne Ausnahme. Mimi hingegen nicht. Und Jim McCartney lernte allmählich, sich damit abzufinden. Er verbrachte für gewöhnlich seine Mittagsstunden in der Gegend, in der das Cavern lag, in Kneipen und Cafés um die Baumwollbörse herum. Er schaute oft ins Cavern herein.

»Die Jugendlichen waren immer ganz aufgedreht. Sie kämpften um die Plätze in der vordersten Reihe oder fielen vor Erregung oder wegen der schlechten Luft ohnmächtig um. Ich sah Paul und die anderen oben auf der Bühne, und sie sahen aus wie das Gespei, das die Katze nach Hause bringt. Ich versuchte, mich durch die Jugendlichen hindurchzudrängen, schaffte es aber nie. Meist ging ich in ihre kleine Garderobe und wartete dort, bis sie von der Bühne herunterkamen.«

Als Pauls und Michaels einziger Erzieher, Koch, Putzer und Flaschenspüler mußte Jim in der Mittagspause die Einkäufe fürs Abendessen erledigen.

»Das war für mich der einzige Grund, ins Cavern zu gehen: Ich mußte Paul die Würstchen geben, die Koteletts oder was da sonst noch war. Ich hatte es immer schrecklich eilig und fand meistens gerade noch die Zeit, die Fans abzuwehren und Paul das Fleisch zuzustecken. ›Vergiß nur nicht, Junge‹, sagte ich, ›wenn du nach Hause kommst, stell den Elektroherd auf 250 Grad.‹«

Stille Zeiten – Liverpool und Hamburg

Mit ihrem Auftreten im Cavern hatten die Beatles ihren Erfolg im heimatlichen Liverpool gesichert. Nachdem sie vier oder fünf Jahre lang herumprobiert hatten, war es ihnen endlich gelungen, eine ganz eigene Vorstellung aufzuziehen und eine getreue Anhängerschaft zu gewinnen.

Aber im folgenden Jahr, 1961, ereignete sich nichts sonderlich Dramatisches. Die Beatles wurden immer besser. Immer mehr, immer fanatischere Fans stießen zu ihnen. Erneut besuchten sie Hamburg. Es war der erste von mehreren Besuchen. Ihr Erfolg dort hielt an. Sie schienen dazu bestimmt, immer nur in Liverpool oder Hamburg zu spielen. Sonstwo interessierte sich noch kein Mensch für sie.

Ihr zweiter Abstecher nach Hamburg begann im April 1961. Inzwischen war George achtzehn geworden. Peter Eckhorn, Geschäftsführer des »Top Ten«, und Astrid halfen ihnen bei der Beschaffung der erforderlichen Arbeitsgenehmigungen. Peter Eckhorn hat noch immer den Vertrag, in dem es heißt, sie hätten von sieben Uhr abends bis zwei Uhr morgens zu spielen, mit Ausnahme des Samstags, an dem sie bis drei Uhr spielen mußten. »Nach jeder Stunde wird eine Pause von nicht weniger als fünfzehn Minuten eingelegt.«

Das »Top Ten« war größer als die beiden anderen Lokale, in denen sie gespielt hatten. Dort ging es auch nicht so wild zu. Die Unterbringung, die Ausstattung und das Publikum waren besser. Es gab hier noch mehr »Exis« im Publikum, die nach ihnen schrien. Viele von ihnen waren Fotografen, die sich vor ihnen auf den Boden legten und versuchten, sie bei ihren Auftritten aus ungewöhnlichen Perspektiven zu erwischen. Dabei brüllten sie mit deutschem Akzent auf englisch: »Mehr Dampf bitte, mehr Dampf!«

Astrid holte sie vom Zug ab – diesmal kamen sie etwas standesgemäßer. Und nun brachte es Astrid auch über sich, Stu zu sagen, daß ihr seine fettige Halbstarkenfrisur nicht gefiel. Sie meinte, ihm müßte doch die Frisur stehen, die Klaus und Jürgen hatten. Nach vielen überredenden Worten ließ sich Stu von ihr diese Frisur machen. Sie bürstete alle Haare nach unten, schnitt hier und dort etwas ab und brachte alles auf die gleiche Länge.

An diesem Abend kam Stu mit seiner neuen Frisur ins »Top Ten«. Die anderen wälzten sich vor Lachen am Boden. Nach der halben Vorstellung gab er es auf und bürstete sein Haar wieder nach oben. Astrid ist es zu verdanken, daß er es am nächsten Abend wieder versuchte. Erneut wurde er ausgelacht. Aber am darauffolgenden Abend erschien auch George mit dieser Frisur. Dann versuchte es Paul. Nur John konnte sich noch nicht entscheiden. Pete Best ließ der ganze Rummel kalt. Aber die typische Frisur der Beatles war geboren.

Astrid versuchte, sie auch noch in anderer Weise zu beeinflussen. So sollten sie z. B. Anzüge ohne Kragen tragen. Sie hatte sich selbst ein solches Kleidungsstück bauen lassen, was Stus Bewunderung geweckt hatte. Unverzüglich ließ er sich einen gleichen Anzug anfertigen.

Bei diesem Hamburger Aufenthalt griffen sie öfter zu Aufputschmitteln, die sie bei den langen Nachtsitzungen wach halten sollten. »Aber sie hielten sich immer unter Kontrolle«, berichtet Astrid. »Ebenso beim Trinken. Sie tranken wenig. Nur ab und zu.«

Hin und wieder beging John noch kleine Ladendiebstähle. Astrid sagt, es war großartig. »So war John eben. Alle haben mal Lust, etwas Verrücktes zu unternehmen. Aber natürlich tut man es dann doch nicht. Aber John konnte sich ganz plötzlich die Hände reiben und sagen: ›Was ist, gehen wir jetzt einen Laden ausheben.‹ Es war alles ein riesiger Spaß, überhaupt kein Anlaß zur Empörung. Der Gedanke war kaum in seinem Kopf aufgetaucht, da handelte er auch schon entsprechend. Wochen hindurch tat er es dann nicht mehr. John überlegt sich die Dinge nicht so lange wie etwa Paul.«

John zeichnete noch immer antireligiöse Karikaturen. So malte er Christus am Kreuz mit einem Paar Pantoffeln, die am Boden standen. Er war auch immer zu kindischen Streichen aufgelegt. Beispielsweise legte er sich einmal ein Hundehalsband aus Papier um, schnitt sich ein Kreuz aus Papier und predigte zu einem Fenster des Lokals hinaus zur Menge, die dort versammelt war.

Bei diesem Aufenthalt machten sie ihre erste Platte. (Eine Probeplatte hatten sie auf Veranlassung von Allan Williams schon in ihrer ersten Hamburger Zeit bespielt, doch war nichts daraus geworden.) Allerdings hatten sie dabei lediglich Tony Sheridan zu begleiten, den Sänger des »Top Ten«. »Als wir das Angebot erhielten«, berichtet John, »dachten wir, das wird eine einfache Sache. Die Deutschen hatten unglaublich beschissene Platten. Die unsere mußte da schließlich besser werden. Wir machten fünf von unseren eigenen Nummern. Aber die gefielen ihnen nicht. Sie wollten sentimentales Zeug.«

Auf den ersten Platten, die unter der Leitung von Bert Kaempfert aufgenommen wurden, hießen sie »The Beat Boys«. Man fand, der Name Beatles sei viel zu verwirrend. Auf der ersten Platte spielten nur vier von ihnen. Pete Best war noch dabei. Aber Stu Sutcliffe machte nicht mehr mit. »Wir behandelten ihn manchmal ganz schlimm«, meint John. »Besonders Paul, der stets auf ihm herumhackte. Hinterher habe ich ihm immer erklärt, daß wir eigentlich gar nichts gegen ihn hätten.«

Die anderen haben noch heute ein schlechtes Gewissen, weil sie damals Stu so mies behandelt haben. Aber das war nicht der eigentliche Grund für sein Ausscheiden: Er hatte beschlossen, in Hamburg zu bleiben, Astrid zu heiraten und auf die Kunstakademie zurückzukehren. Er schrieb sich auf der Kunstakademie ein. Das verdankte er einem hervorragenden Gastprofessor, dem Bildhauer Eduardo Paolozzi gelang es sogar, Stu ein Stipendium der Stadt Hamburg zu verschaffen.
Stu mochte die Musik der Beatles zwar noch immer. Aber er fand, daß er von Kunst mehr verstand als von der Baßgitarre. Ganz offensichtlich konnte Paul sie weit besser spielen als er. Also sei es für beide das beste, wenn Paul an seine Stelle träte – was dann auch geschah.
Im Juli 1961 kehrten vier Beatles wieder nach Liverpool zurück. Stu blieb in Hamburg, wo er an der Akademie rasche Fortschritte

Paul, John und Pete Best nach ihrer Rückkehr aus Hamburg vor dem »Cavern« in Liverpool

machte. Nach ihrer Ankunft in Liverpool zogen sie mit einer anderen Gruppe, »Gerry and the Pacemakers«, eine besondere Heimkehrshow auf. Jeder spielte das Instrument des anderen oder blies auf einem Kamm. Auf den Plakaten erschienen sie als die »Beatmakers«. Es war ein Heidenspaß, der bei allen Fans ankam.

Die Beatles waren vorerst noch immer froh, daß jeder von ihnen seine zehn Pfund in der Woche verdiente. Aber inzwischen war in Liverpool der Beatkult ausgebrochen. Das auffälligste Anzeichen für seine Existenz war eine Zeitung, die ihre Spalten den Beatgruppen widmete. »Mersey Beat« hieß sie. Bob Wooler hatte hier den bereits zitierten Artikel über die Beatles veröffentlicht. Die erste Nummer erschien am 6. Juli 1961. Sie enthielt Plaudereien über die führenden Liverpooler Gruppen: Gerry and the Pacemakers, Rory Storm and the Hurricanes – die Gruppe, in der Ringo Starr Schlagzeuger war. Das scheinen damals die beiden populärsten Gruppen gewesen zu sein, nach den ersten Nummern von »Mersey Beat« rangierten die Beatles erst hinter ihnen. Dafür haben die Beatles einen humorvollen Beitrag zur ersten Nummer beigesteuert, die John auf die Aufforderung hin verfaßt hatte, etwas über ihren Werdegang auszupacken.

»Mersey Beat«   6. Juli 1961

EINE KURZE UNTERHALTENDE ABHANDLUNG
    ÜBER DIE
    ZWEIFELHAFTEN URSPRÜNGE VON BEATLES

Übersetzt aus dem John Lennon

Es waren einmal drei kleine Jungen, die John, George und Paul hießen. So hatte man sie getauft. Sie beschlossen, sich zusammenzutun; denn sie gehörten zur Sorte der Zusammentuer. Als sie glücklich beisammen waren, fragten sie sich, wozu eigentlich das alles? Da brachten sie plötzlich alle Gitarren hervor und erzeugten Lärm. Komischerweise war niemand daran interessiert, am allerwenigsten die drei kleinen Männer. So-o-o-o, sagten sie, nachdem sie einen vierten kleinen, sogar noch kleineren Mann mit Namen Stuart Sutcliffe, der um sie herumlief, entdeckt hatten, Zitat! »Jungchen, besorg dir 'ne Baßgitarre, und du hast ausgesorgt.« Und das tat er – aber er hatte nicht ausgesorgt; denn er konnte nicht auf ihr spielen. So ließen sie sich gemütlich auf ihm nieder, bis er spielen konnte. Aber Beat war das noch immer nicht. Ein freundliches altes Männchen sagte, Zitat, »Ihr habt des Schlagzeugs nicht!« Wir haben kein Schlagzeug! stießen sie hervor. So kamen und gingen eine Reihe von Schlagzeugern. Plötzlich entdeckte die Gruppe (genannt die Beatles) bei einer Tournee mit Johnny Gentle, daß sie keinen sehr hübschen Sound fabrizierte – denn sie hatten keine Verstärker. Die besorgten sie sich. Viele Leute fragen: Was sind Beatles! Warum Beatles? Tja, Beatles, wie ist es zu dem Namen gekommen? Das wollen wir ihnen erzählen. Er erschien uns in einer Vision – ein Mann tauchte auf einer flammenden Torte auf und sagte zu ihnen: »Vom heutigen Tag an seid ihr Beatles mit einem A in der Mitte.« Vielen Dank, Mister Mann, sagten sie und dankten ihm. Und dann sagte ein Mann mit einem abrasierten Bart: Wollt ihr nach Deutschland (Hamburg) gehen und für Geld den Bauern gewaltigen Rock vorspielen? Und wir sagten, für Geld würden wir alles gewaltig spielen.

Aber bevor wir gehen konnten, mußten wir noch einen Schlagzeuger züchten. Also züchteten wir einen in West Derby, in einem Klub mit Namen »Auch so'ne Casbah«, und sein Ärgernis hieß Pete Best. Wir riefen: »Hallo, Pete, komm mit nach Deutschland!« – »Ja!« Bummms. Nach ein paar Monaten zündeten Peter und Paul (der McArtrey heißt, Sohn von Jim McArtrey, seinem Vater) ein Kino an, und die deutsche Polizei sagte: »Böse Beatle-Buben, geht lieber nach Hause und zündet eure englischen Kinos an.« Bummms, nur noch eine halbe Gruppe. Schon vorher hatte die Gestapo meinen Freund, den kleinen George Harrison (aus Speke) abgeführt, weil er erst zwölf war und zu jung, um in Deutschland wahlberechtigt zu sein. Aber nach zwei Monaten in England brachte er es auf achtzehn, und die Gestapo sagte: »Du darfst wiederkommen.« Und plötzlich gab es hinten im Liverpool Village viele Gruppen, die alle in grauen Anzügen spielten. Und Jim sagte: »Warum habt ihr keine grauen Anzüge?« – »Die mögen wir nicht, Jim«, sagten wir zu Jim. Nachdem wir ein bißchen in den Klubs gespielt hatten, sagten alle: »Geht doch nach Deutschland!« Und das tun wir. Bummms. Stuart ab. Bummms John (aus Woolton), George (aus Speke), Peter und Paul bummms. Alle weg und ab.

Vielen Dank, Klubmitglieder, von John und George (was Freunde sind).

Diese Blödeleien und absichtlichen Unrichtigkeiten in Johns Artikel wurden während der nächsten paar Jahre viele Male nachgedruckt. Die ganze erste Seite der zweiten Nummer des »Mersey Beat« handelte dann von ihrem Schallplattenvertrag in Deutschland. Dabei benutzten sie eines von Astrids Fotos, eines von fünf, die an einem Nebengleis in Hamburg aufgenommen worden waren. In der Bildunterschrift wurde Paul tatsächlich »Paul McArthy« genannt.

Die Beatles waren nun die Stammbesetzung im Cavern. Sie benutzten aber noch immer den Casbah Club, Pete Bests Zuhause, als ihr Hauptquartier. Die Casbah wurde sogar noch mehr ihr Mittelpunkt, als sich Neil Aspinall, Petes Freund, einen alten Lieferwagen kaufte und die Beatles in der Merseyside herumkutschierte. Neil wurde ihr Reisemanager. Er ist es noch immer, obwohl er diesen Ausdruck haßt. Seine Aufgabe war, Pete und ihre ganze Ausrüstung aus der Casbah abzuholen und sie dort hinzubringen, wo sie auftraten.

Trotz ihrer großen Anhängerschaft und der Tatsache, daß sie in manchen Wochen bis zu 15 Pfund verdienten – von denen sie auch Neil bezahlen mußten –, ereignete sich nicht allzuviel. London schien immer noch der einzige Ort zu sein, der Pop-Sänger hervorbrachte, zumindest aber der einzige Ort, wo sie sich einen Namen machen konnten. Niemand trat mit dem Angebot an sie heran, sie zu managen. Für einen normalen Manager verdienten sie nicht genug, um interessant zu sein. Zudem gehörten sie nicht zu den netten, ordentlichen Burschen mit guten Manieren, die bei den Managern beliebt waren.

Das Ausbleiben jedes Fortschritts bedrückte sie immer stärker. Alle Eltern, mit Ausnahme von Mrs. Harrison und Mrs. Best, redeten wieder einmal ihren Söhnen zu, sie sollten doch aufgeben und etwas Vernünftiges anfangen.

Als John im September 1961 einundzwanzig wurde, bekam er von seiner Tante in Edinburgh etwas Geld geschenkt. Einem jähen Einfall folgend, beschloß er, mit Paul nach Paris zu reisen. George und Pete Best waren natürlich beleidigt, weil man sie sitzenließ. »Wir hatten die Nase voll«, erzählt John. »Zwar hatten wir Engagements. Aber wir brachen sie einfach und reisten ab.«

In Paris trafen sie Jürgen Vollmer, einen ihrer Freunde aus Hamburg. Während dieses Besuchs in Paris, bei dem sie sich zumeist in den Nachtlokalen herumtrieben, bis ihnen das Geld ausging, entschloß sich John, sein Haar nun endgültig nach vorn zu kämmen.

Von Stu hatte John erfahren, daß sich Jürgen in Paris aufhielt.

Obwohl Stu sie verlassen hatte, um in Hamburg auf die Kunst-
hochschule zu gehen, tauschte er doch noch immer mit John lange
Briefe.
Anfänglich waren diese Briefe voller Witze und alberner
Geschichten, wie John sie auch schon als Kind geschrieben hatte,
als er noch seine kleinen Heftchen mit Zeichnungen vollkritzelte.
Aber bald schon offenbarte sich in ihnen Enttäuschung und
Trauer. »Es ist wirklich ein beschissenes Dasein. Etwas muß
geschehen, aber was bloß?«
John begann nun ernsthafter zu dichten, Sachen, die er Mimi
niemals zeigte, weil sie gewöhnlich mit unanständigen Kraftaus-
drücken oder mit deprimierenden Selbsterkenntnissen endeten.
Wenn ihm nichts anderes einfiel, füllte er seine Briefe an Stu mit
Gedichten.

»Ich entsinne mich einer Zeit, als
Alle, die ich liebte, mich haßten,
Weil ich sie haßte.
Was soll's, was soll's, was,
Scheißdreck noch mal, soll's.

Ich entsinne mich einer Zeit, als
Bauchnabel kniehoch waren,
Als nur das Scheißen schmutzig war
Und alles andere
Sauber und schön.

Ich kann mich an nichts erinnern
Ohne eine Traurigkeit,
Die so tief ist, daß sie
Mir kaum bewußt wird.
So tief, daß ihre Tränen
Mich zum Zuschauer
Meiner eigenen Torheit machen.
Und so quatsche ich weiter drauflos
Mit einem he, nur nicht, nur nicht, nein.«

Stu füllte in Hamburg seine Briefe mit ähnlichen Klagen. Sie
drückten die gleiche Not aus. Nur packte es Stu viel schlimmer als
John. Er schrieb Briefe, als ob er Jesus sei. John, der dies
anfänglich nur für einen Scherz hielt, spielte Johannes den Täu-
fer.

107

Eines Tages, es war gegen Ende des Jahres 1961, brach Stu in der Hochschule zusammen und wurde nach Hause gebracht. »Er hatte wahnsinnige Kopfschmerzen«, berichtet Astrid, »aber wir schrieben das seiner angestrengten Arbeit zu.«

Schon am nächsten Tag kehrte Stu zurück. Aber im Februar 1962 geschah es erneut. Diesmal blieb er zu Hause. Er schrieb dreißig Seiten lange Briefe an John, zeichnete und malte unaufhörlich und ging endlos in seinem Zimmer auf und ab. Er litt unter unerträglichen Kopfschmerzen, er bekam Wutanfälle. Astrid und ihre Mutter hatten es schwer, ihn zu pflegen.

Stu starb im April 1962 an einer Gehirnblutung. Er hatte einen großen Einfluß auf John und die übrigen Beatles ausgeübt. Er hatte auch die Art, ihr Haar zu tragen, sich zu kleiden und außergewöhnlich zu denken, beeinflußt.

»Ich habe zu Stu aufgeblickt«, erzählte John. »Ich war von ihm abhängig. Er war es, der mir die Wahrheit sagte. Es war so, wie es heute zwischen Paul und mir ist. Was Stu mir sagte, glaubte ich.«

Selbst heute noch vermissen sie ihn. Stus Tod war in gewisser Weise ein makabrer Höhepunkt jenes Jahres, in dem sie offenbar überhaupt nicht vorwärtskamen, sich tief niedergeschlagen fühlten. In Liverpool jedoch sollte sich im Spätherbst 1961, kurz vor Stus Zusammenbruch, dieses »Etwas« endlich ereignen, auf das John so sehnsüchtig wartete.

Es geschah, um genau zu sein, am 28. Oktober 1961 um drei Uhr nachmittags: Ein junger Bursche in schwarzer Lederjacke – Raymond Jones hieß er – ging in das Schallplattengeschäft NEMS in Whitechapel, Liverpool. Er fragte nach einer Platte mit dem Titel »My Bonnie«, gespielt von den Beatles. Brian Epstein, der hinter dem Ladentisch stand, sagte, es tue ihm furchtbar leid, aber er habe noch niemals von einer solchen Platte gehört oder von einer Gruppe, die sich »Beatles« nannte ...

Brian Epstein

Das Vermögen der Familie Epstein wurde von Brians Großvater Isaac geschaffen, einem jüdischen Flüchtling aus Polen, der um die Jahrhundertwende nach Liverpool kam. Er eröffnete ein Möbelgeschäft, das später sein ältester Sohn Harry, Brians Vater, übernahm.

In Liverpool sind viele der Ansicht, daß die Epsteins NEMS

(North End Music Stores) schon immer besessen haben. Brian hat NEMS später durch das Schallplattengeschäft berühmt gemacht. Aber NEMS hatte es als Geschäft schon lange gegeben. Die Epsteins übernahmen es in den dreißiger Jahren.

Harry Epstein heiratete ein Mädchen aus einer anderen jüdischen Familie, die noch wohlhabender und erfolgreicher war als die Epsteins. Er wurde 1930 mit Queenie getraut. Sie war damals achtzehn, er neunundzwanzig.

Brian, ihr ältester Sohn, wurde am 19. September 1934 in Liverpool geboren. Sein Bruder Clive kam knapp zwei Jahre später zur Welt.

Die Epsteins lebten bis zum Ausbruch des Krieges auf recht großem Fuße. 1940, als Brian sechs Jahre alt war, wurde Liverpool schwer bombardiert. Seine Familie wurde schließlich nach Southport evakuiert, wo eine große jüdische Gemeinde war. Brian kam ins Southport College, wo er sich gar nicht wohl fühlte.

»Ich war einer von diesen Außenseitern«, schrieb Brian in seiner 1964 erschienenen Autobiographie, »die sich niemals ganz einfügen. Ich wurde von den anderen Jungen und den Lehrern gequält und herumkommandiert.«

1943 kehrte die Familie nach Liverpool zurück. Brian kam aufs Liverpool College. Aber bereits im folgenden Jahre wurde er ausgeschlossen.

»Als offizieller Grund wurden Unaufmerksamkeit und schlechte Leistungen angegeben. Während einer Mathematikstunde hatte man mich z. B. beim Zeichnen von Mädchen erwischt. Es gab auch noch andere Verbrechen, die ich begangen haben sollte.«

Er erinnert sich, wie er nach Hause kam und mit seinem Vater zusammen auf einem Sofa saß, der zu ihm sagte: »Ich weiß wirklich nicht, was in aller Welt wir mit dir anfangen sollen.«

Seine Mutter ist der Ansicht, daß er in späteren Jahren dazu neigte, seine eigenen Verfehlungen in der Schule überzubewerten. Sie gibt jedoch zu, daß er in keiner dieser Schulen glücklich war oder Erfolg hatte. Aber sie meint auch, daß es häufig ebensosehr die Schuld des Schulsystems war. »Es war gleich nach dem Krieg und schwierig, in eine Schule hineinzukommen. Die Freiheit, wie man sie heute kennt, gab es damals nicht. Wenn sie einen nicht mochten, flog man einfach hinaus.«

Brian selber war der Meinung, daß, abgesehen von seiner eigenen Unfähigkeit, sich anzupassen, auch ein gewisser Antisemitismus eine Rolle gespielt haben mag. »Ich entsinne mich, daß ich ›Jude‹ oder ›Itzig‹ gerufen wurde. Aber es schien mir nicht viel mehr auszumachen, als wenn man einen Rothaarigen ›Rot-schopf‹ ruft.«

Nachdem Brian bereits aus verschiedenen Schulen hinausgeflogen war, kam er im Herbst 1948 aufs Wrekin College. Er freute sich nicht sonderlich darüber, gewöhnte sich jedoch mit der Zeit ein. Er interessierte sich für Kunst, wurde darin der Erste seiner Klasse und beschloß, Modezeichner zu werden.

»Ich schrieb Dad, ich wollte Modezeichner werden. Aber er war dagegen. Er meinte, das wäre nicht der richtige Beruf für einen jungen Mann.«

Zur gleichen Zeit begann er sich für das Theater zu interessieren. Zu Hause in Liverpool ging seine Mutter mit ihm in viele Vor-stellungen. In seiner Schule spielte Brian eine Hauptrolle bei der Aufführung von O'Neills »Christopher Columbus«.

»Mein Mann und ich fuhren hin, um es uns anzusehen«, berichtet seine Mutter. »Wir blieben bis zum Ende. Hinterher kam der Direktor auf uns zu und fragte uns, wie uns Brian gefallen habe. Uns war aber gar nicht klargeworden, welche Rolle er gespielt hatte. Er war so gut, daß wir ihn nicht erkannt hatten.«

Brian verließ Wrekin in seinem 16. Lebensjahr ohne Abschluß-prüfung. Sein Vater war noch immer dagegen, daß er Mode-zeichner würde. Aber Brian wollte unbedingt die Schule verlas-sen und einen Beruf ausüben.

»Nach sieben Schulen, saumäßig alle miteinander, hatte ich die Nase voll. Alles, was ich hatte tun wollen, hatte man mir ver-dorben. Am 10. September 1950 meldete ich mich – mager, mit rosigen Wangen, gelocktem Haar und halber Schulbildung – zur Arbeit im Geschäft meiner Familie in Walton, Liverpool.«

Brian begann als Möbelverkäufer mit fünf Pfund in der Woche. Schon am Tag nach seinem Eintritt verkaufte er einer Frau, die eigentlich nur ins Geschäft gekommen war, um einen Spiegel zu kaufen, einen Eßtisch für zwölf Pfund.

Er merkte rasch, daß er sich aufs Verkaufen verstand, und es machte ihm Spaß. Er begann, sich auch für die Einrichtung und Ausstattung des Ladens zu interessieren. Um ihm größere Erfahrungen zu vermitteln, beschloß der Vater, ihn in einer anderen Firma eine sechsmonatige Lehre durchmachen zu lassen. Auch dort scheint er sich bewährt zu haben.

Brian Epstein. Er wurde im Dezember 1961 der Manager der Beatles (Foto United Press)

Nach den sechs Monaten kehrte er nach Walton zurück, wo er nunmehr die Gestaltung der Schaufenster und Verkaufsläden übernahm. »Es machte mir Spaß, neue Sachen auszuprobieren. Auch das Verkaufen gefiel mir. Ich beobachtete, wie die Leute ihre Nervosität verloren und Vertrauen zu mir gewannen.«

Am 9. Dezember 1952 wurde Brian jedoch zum Militärdienst einberufen. Hatte die Schule ihn schon abgeschreckt, so war der Gedanke ans Militär noch viel entsetzlicher. »Ich war ein miserabler Schüler. Aber ich war überzeugt, daß ich den lausigsten Soldaten abgeben würde, den es jemals gegeben hat.«

Er meldete sich zur Luftwaffe und wurde Schreiber beim Britischen Versorgungskorps. Seine Grundausbildung erhielt er in Aldershot.

»Es war wie ein Gefängnis. Wieder einmal machte ich alles falsch. Ich machte die Kehrtwendung nach rechts statt nach links, und wenn mir befohlen wurde, stillzustehen, kippte ich schlichtweg um.«

Nach Aldershot gelang es ihm, in die Regent's-Park-Kaserne verlegt zu werden. Er hatte viele Bekannte in London, und oft ging er aus, um sich in Nachtklubs zu amüsieren. Dabei achtete er stets auf tadellose Kleidung.

»Aber das Militär ging mir auf die Nerven«, sagte Brian. »Es deprimierte mich so sehr, daß mich der Arzt an einen Psychiater überwies.«

Später wurden noch andere Psychiater zu Rate gezogen. Alle waren sich darüber einig, daß Epstein nicht zum Soldaten geboren war, daß er geistig und seelisch für den Militärdienst untauglich war. Nach zwölf Monaten, als er die Hälfte seiner Dienstzeit abgesessen hatte, wurde er aus Gesundheitsgründen entlassen.

Brian eilte zu Fuß zum Bahnhof Euston Station und bestieg den erstbesten Zug nach Liverpool. Er kehrte ins väterliche Geschäft zurück und arbeitete wieder angestrengt. Immer mehr begann er sich für Schallplatten zu interessieren.

Sein Vater hatte beschlossen, eine neue Filiale im Stadtzentrum aufzumachen. Brian erhielt – übrigens nach einem erfolglosen Versuch, Schauspieler zu werden – die Leitung der Schallplattenabteilung in dieser Filiale. Am ersten Vormittag betrug die Einnahme seiner Abteilung bereits zwanzig Pfund. In Walton waren es in einer vollen Woche nur ganze siebzig Pfund.

»Die meisten Schallplattenläden, die ich kannte, waren mies. Kaum wurde eine Platte populär, war sie dort auch schon vergriffen. Ich achtete darauf, alles auf Lager zu haben, sogar die ausgefallensten Platten.«

Jeder Kunde wurde gebeten, wenn eine Platte nicht auf Lager war, eine Bestellung aufzugeben. Es wurde sofortige Lieferung zugesagt. Brian stellte auch eine eigene Bestsellerliste der bei NEMS verkauften Pop-Platten auf. Sie wurde zweimal täglich revidiert. Abgesehen davon, daß dies ein guter Trick war, um die Kunden zum Kauf bestimmter Platten zu veranlassen, zeigte die Liste auch genau an, welche von den neuen Aufnahmen in größerer Menge bestellt werden mußten.

»Niemals zuvor habe ich einen Menschen so angespannt arbeiten sehen«, erzählte seine Mutter. »Er schien zum erstenmal in seinem Leben etwas gefunden zu haben, das ihn völlig ausfüllte.« Brian stimmte ihr zu. »Ich arbeitete tatsächlich sehr intensiv. Jeden Tag begann ich um acht und hörte erst spät am Abend auf. Am Sonntag war ich den ganzen Tag im Geschäft, um die Bestellungen aufzugeben.«

1959, zwei Jahre nach der Eröffnung, hatte NEMS ein wohlassortiertes Lager an Pop-Platten. Das Personal war von zwei auf dreißig gestiegen. Das Geschäft ging so gut, daß beschlossen wurde, eine weitere Filiale von NEMS in Whitechapel zu eröffnen, mitten in Liverpools Einkaufszentrum.

Beide Geschäfte florierten und vergrößerten sich. Im August 1961 konnte Brian stolz behaupten, daß seine beiden Geschäfte »die beste Schallplattenauswahl im Norden« des Landes böten. Diese selbstbewußte Feststellung erschien als Reklame für NEMS am 31. August 1961 im »Mersey Beat«. Brian selbst war kein Anhänger der Pop-Musik. Sein Lieblingskomponist war damals Jan Sibelius. Aber als tüchtiger Geschäftsmann erkannte er, daß »Mersey Beat« gut ankam und sich für seine Werbung bestens eignete.

In der gleichen Nummer startete er eine Kolumne unter dem Titel »Platten-Neuheiten«, die er mit »Brian Epstein von NEMS« zeichnete. Darin besprach er neue Platten mit Unterhaltungs-, Pop- und Jazzmusik.

Diese Kolumne gab Brian die Möglichkeit, kostenlos für seine Geschäfte zu werben und bestimmte Platten in den Vordergrund zu stellen. Aber auch für den »Mersey Beat« war seine Mitarbeit wertvoll: In vier Jahren war er der führende Mann im Schallplattengeschäft am Mersey geworden. So gaben sein Name und sein solider geschäftlicher Hintergrund dem »Mersey Beat« mehr Gewicht.

Nachdem das Geschäft in Whitechapel eingerichtet war, begann

Brian mehr auszugehen. Er kam nun öfters mit seinem alten Schulfreund Geoffrey Ellis zusammen, ferner mit Terry Doran, einem Autoverkäufer. Geoffrey und Terry waren Freunde, die mit seinem Geschäft nichts zu tun hatten. Aber sein dritter Freund, Peter Brown, arbeitete auf dem gleichen Gebiet wie er. Mit ihm war Brian schließlich am engsten befreundet. Als Brian die Eröffnung des neuen Geschäfts in Whitechapel plante, bat er Peter, als Geschäftsführer den anderen Laden zu übernehmen.

Brian bildete sich stets ein, daß die Mädchen nichts für ihn übrig hätten. Aber zu jener Zeit freundete er sich mit einem Mädchen aus seinem Plattengeschäft an, Rita Harris.

»Es dauerte lange, bis ihm klar wurde, daß sie sich in ihn verliebt hatte«, erzählt Peter Brown. Es war das ernsthafteste Liebesverhältnis, das Brian jemals mit einem Mädchen hatte. Aber am Ende wurde doch nichts daraus.

Seine Liebesaffären scheinen stets unglücklich geendet zu haben. Er konnte sehr leidenschaftlich sein. Aber es dauerte selten lange. Das machte ihm viel zu schaffen. Sexuell ist er niemals mit sich fertig geworden. Er dachte, daß an dem Ganzen etwas nicht stimmte. Zuweilen hatte er fast einen selbstzerstörerischen Komplex. Seine zufälligen Bekanntschaften und seine Verhältnisse endeten oft katastrophal.

»Er war in Liverpool eigentlich sehr einsam«, erzählte Peter. »Für ihn gab es nur wenige Lokale, in die er gehen und in denen er sich wirklich amüsieren konnte. Unsere schönsten Nächte verbrachten wir in Manchester. Brian, Terry und ich fuhren fast jeden Samstagabend hin.

Seine unglücklichen Affären versetzten ihn in einen Zustand der Angst. Da war auch noch etwas anderes, was ein wenig hereinspielte, die Tatsache, daß Brian Jude war. Ich glaube, daß er sich zuweilen Antisemitismus eingebildet hat, wo gar keiner war. Vielleicht lag es nur daran, daß er in einer Umwelt lebte, an der ihm in Wirklichkeit nichts lag – ein erfolgreiches, provinzielles Möbelgeschäft-Judentum. Seine eigentliche Natur war aber dem Künstlerischen und Ästhetischen zugewandt.

Selbstverständlich konnte Brian ein guter Geschäftsmann sein, wenn es darauf ankam. Er konnte den Penny umdrehen und richtiggehend schäbig werden. Wir haben uns oft wegen Geld in den Haaren gelegen. Aber das kam nur hin und wieder einmal vor. Zumeist war er sehr großzügig.«

Man verfällt leicht der Versuchung, die Auswirkungen der Geschehnisse in diesem Abschnitt seines Lebens auf Brians spätere

Entwicklung zu übertreiben. Seine Eltern haben von seinen Sorgen nichts gewußt und können sogar vieles davon nicht glauben. Ganz bestimmt haben sie keinerlei Auswirkungen beobachten können, obwohl seine Mutter sich daran erinnert, daß er recht rastlos wurde, nachdem beide NEMS-Geschäfte gut eingeführt waren, daß er sich nach etwas Neuem umsah.

Das also war Brian Epstein vor jenem 28. Oktober 1961. Bis dahin war er ein erfolgloser Schüler, ein erfolgreicher Möbelverkäufer, ein erfolgloser Soldat, ein erfolgreicher Plattenverkäufer, ein erfolgloser Schauspieler und erfolgreicher Leiter eines Schallplattengeschäfts gewesen. Und nun trat ein Kunde in seinen Laden, der nach den »Beatles« fragte ...

Epstein nimmt die Beatles unter Vertrag

Das ganze berühmte Registratur-System Epsteins brach zusammen: Brian mußte gestehen, daß er noch niemals von einer Platte mit dem Titel »My Bonnie« oder von einer Gruppe mit dem Namen »Beatles« gehört hatte.

Irgendwie ist das eigentlich seltsam. Immerhin hatte er doch schon seit Monaten im »Mersey-Beat« inseriert und eine Schallplattenkolumne geschrieben. Dabei hätte er irgendwann auf die Beatles stoßen müssen. Aber schließlich darf man nicht vergessen, daß Brians Interesse am »Mersey Beat« rein geschäftlich war: Er handelte als Kaufmann, der die Spalten in der Zeitung für sich nutzte, um Platten zu verkaufen. Er war daher nur an den Gruppen interessiert, die Platten herausgebracht hatten. Aber keine der Gruppen, über die im »Mersey Beat« geschrieben wurde, hatte jemals eine Platte bespielt. Es gab also keinen Grund für Brian, von ihnen Kenntnis zu nehmen. Er wußte zwar, daß es gut florierende Beatgruppen und Beatklubs in Liverpool gab. Aber persönlich war er nicht an ihnen interessiert.

Nun aber ärgerte es ihn, nach einer Platte gefragt zu werden, die ihm unbekannt war. Wenn diese Gruppe, wo immer sie auch herkam, eine Platte herausgebracht hatte, mußte er doch schließlich davon wissen! Als Raymond Jones die Beatle-Platte verlangte, versprach er ihm, sie zu besorgen. Brian schrieb auf seinen Block: »My Bonnie. The Beatles. Montag feststellen.«

Raymond Jones hatte auch erwähnt, daß die Platte der Beatles aus Deutschland käme. Brian rief ein paar Agenten an, die ausländische Platten einführten. Aber keiner von ihnen hatte die Platte.

»Damit hätte ich es auf sich beruhen lassen können. Ich habe es mir jedoch zur eisernen Regel gemacht, daß ein Kunde niemals abgewiesen werden darf. Auch reizte es mich festzustellen, wieso innerhalb von zwei Tagen dreimal nach einer mir völlig unbekannten Platte gefragt worden war. Bevor ich nämlich noch mit meinen Erkundigungen begonnen hatte, kamen am Montag früh zwei Mädchen, die die gleiche Platte wünschten.«

Brian sprach mit einigen Leuten in Liverpool und mußte zu seinem Erstaunen feststellen, daß die Beatles nicht etwa eine deutsche, sondern eine britische Gruppe waren und – aus Liverpool stammten.

Er fragte die Mädchen in seinem Geschäft nach den Beatles. Sie erklärten ihm, die Beatles wären fabelhaft. Dann erfuhr er zu seiner Überraschung, daß sie sogar öfter in seinem Geschäft gewesen waren. Er mußte sie schon an so manchem Nachmittag gesehen haben, ohne zu wissen, wer sie waren.

»Eines der Mädchen erzählte mir, das wären die Burschen, über die ich mich bereits einmal beklagt hätte, weil sie sich den ganzen Tag an den Ladentischen herumdrückten und sich Platten anhörten, ohne welche zu kaufen. Sie waren rauhe Burschen in Lederkleidung. Aber sie sollten recht nett sein, so erzählten mir die Mädchen. Deshalb hätte ich sie auch niemals weggeschickt. Auf jeden Fall füllten sie am Nachmittag den Laden.«

Brian beschloß nun, selber ins Cavern zu gehen und nähere Erkundigungen über die Beatles und ihre Platte einzuziehen. Wenn ein solches Interesse an ihnen bestand, dann war es wohl der Mühe wert, einige ihrer Platten einzuführen. Um so mehr, als sie eine einheimische Gruppe waren.

»Aber ich war kein Mitglied des Cavern. Zudem scheute ich ein wenig davor zurück, einen Teenagerklub aufzusuchen. Ich fürchtete, man würde mich überhaupt nicht einlassen. So fragte ich bei den Leuten vom ›Mersey Beat‹ an, ob sie mir nicht helfen könnten. Sie riefen im Cavern an, sagten, wer ich sei, und fragten, ob ich kommen dürfe.«

Brians erster Besuch fiel in die Mittagszeit des 9. November 1961: »Es war düster, feucht und muffig. Sofort bereute ich meinen Entschluß. Der Lärm war ohrenbetäubend. Aus den Lautsprechern dröhnten vor allem amerikanische Schlager.

Dann traten die Beatles auf. Ich sah sie zum erstenmal. Sie waren nicht gepflegt und nicht sehr sauber. Sie rauchten beim Spielen, aßen, redeten dabei und taten, als prügelten sie sich. Dem Publikum wandten sie den Rücken zu, riefen einzelnen Leuten etwas zu und lachten ständig über ihre eigenen Witze. Aber ganz offensichtlich herrschte eine gewaltige Erregung. Sie besaßen eine starke persönliche Ausstrahlung. Ich war fasziniert.«

Ganz besonders gefiel ihm John – er schrie und hüpfte am meisten herum. Brian konnte seine Augen nicht von ihm abwenden. Aber er war ja nicht zum Zuhören und Zuschauen gekommen: Er war da, um etwas Geschäftliches zu erledigen. Der Disc-Jockey vom Cavern, Bob Wooler, sagte über das Mikrophon an, Mr. Epstein von NEMS sei unter den Zuhörern, und alle sollten ihn durch kräftigen Beifall begrüßen.

»Was führt denn Mr. Epstein hierher?« fragte George ein wenig spöttisch. Brian erklärte, er habe eine Bestellung für eine deutsche Platte erhalten, wisse aber nicht, welche Firma sie herausgebracht habe. George antwortete, es sei Polydor.

»Ich war zunächst nur daran interessiert, Platten zu verkaufen«, erzählt Brian. »Aber nach einigen Wochen ging ich immer häufiger ins Cavern. Ich erkundigte mich auch bei meinen Kollegen von der Plattenbranche, was es eigentlich damit auf sich habe, eine Gruppe zu managen. Wie packte man so etwas an? Welche Art von Vertrag schließt man denn mit einer Gruppe, angenommen, nur angenommen, man will Manager werden?«

Seine Kollegen waren auch keine Sachverständigen für Managerfragen. Sie waren in erster Linie mit dem Absatz von Platten beschäftigt, nicht jedoch mit der Produktion. Brian setzte sich mit der deutschen Schallplattenfirma in Verbindung, bestellte 200 Stück von »My Bonnie«. »Ich war so von den Beatles fasziniert, daß ich dachte, es lohne sich, ein solches Risiko einzugehen. Ich glaube, das lag daran, daß es mich zu langweilen begann, nur Platten zu verkaufen. Ich sah mich nach einem neuen Hobby um. Zur gleichen Zeit fingen auch die Beatles an, sich zu langweilen. Sie wollten etwas Neues machen. Ich begann mich nun häufiger mit ihnen zu unterhalten. ›Gestern abend hätten Sie hier sein sollen‹, sagte Paul eines Tages zu mir. ›Wir haben Autogramme gegeben. Eins habe ich auf den Arm eines Mädchens geschrieben.‹ Immer schien ich ihre größten Augenblicke zu verpassen.«

Brian stellte auch fest, wie es bei ihnen in Sachen Manager aussah: Allan Williams hatte eine Zeitlang mit ihnen zu tun. Er war es auch gewesen, der ihre erste Reise nach Hamburg organisiert hatte. »Ich suchte ihn auf, und er sagte mir: ›Sind nette Jungs, aber sie lassen einen ständig im Stich.‹«

Am 3. Dezember 1961 lud Brian alle zu einem Gespräch in sein Büro in Whitechapel ein. Er sagte ihnen, es sei nur eine unverbindliche Fühlungnahme, da er sich selber noch nicht über alles im klaren sei.

»Brian sah tüchtig und reich aus. Das ist alles, an was ich mich erinnere«, erzählt John. George meint, Brian sei der Typ des Wirtschaftsführers gewesen. Paul war von seinem Wagen beeindruckt, einem Zodiac. Sie beschlossen, es mit ihm zu versuchen.

Zur ersten offiziellen Begegnung in Whitechapel brachten die Beatles Bob Wooler mit. Sie wollten zeigen, daß sie nicht ganz allein auf der Welt stünden. John stellte Bob als seinen Vater vor. Es dauerte viele Monate, bis Brian merkte, daß Bob Wooler gar nicht Johns Vater war. Es dauerte sogar noch länger, bis er begriff, daß John überhaupt nicht wußte, wer oder wo sein Vater war. John erschien zur festgesetzten Zeit um 16.30 Uhr, zusammen mit Bob Wooler. Auch George und Pete Best trafen pünktlich ein. Aber von Paul war keine Spur zu sehen. Nach einer halben Stunde, in der Brian immer ärgerlicher wurde, bat er George, Paul anzurufen. Als George vom Telefon zurückkam, erklärte er, Paul sitze in der Badewanne. »Das ist ja eine Unverschämtheit«, sagte Brian. »Er wird sehr spät kommen.« – »Spät wohl«, antwortete George, »aber dafür sehr sauber.«

Schließlich kam auch Paul, und sie sprachen über die Zukunft der Beatles: was sie tun wollten, an was für Bedingungen sie dächten. Niemand wußte, was für Verträge in solchen Fällen geschlossen wurden. Keiner hatte jemals einen solchen Vertrag gesehen.

Sie verabredeten, sich am kommenden Mittwoch wieder zu treffen. In der Zwischenzeit suchte Brian einen befreundeten Rechtsanwalt auf, Rex Makin. Brian brauchte nicht nur einen Rat, sondern auch eine Ermutigung. »Ach ja«, bekam er dort zu hören, »wieder so eine Epstein-Idee! Wie lange wird es denn dieses Mal dauern, bis Sie das Interesse verlieren?«

Am Mittwoch trafen sie sich wieder. Nun erklärte Brian, er sei bereit, sie zu managen. Dafür wollte er 25 Prozent haben. Damit waren sie nicht einverstanden. Waren 20 Prozent nicht auch genug? Brian meinte, er brauche diese zusätzlichen 5 Prozent, denn er würde sich zunächst in gewaltige Unkosten stürzen müssen, um sie groß herausbringen zu können. Er rechne damit, daß die Sache für ihn auf Monate hinaus ein Verlustgeschäft sein würde.

Der Vertrag wurde am folgende Sonntag in der Casbah unterzeichnet. Jede Unterschrift der Beatles wurde in Anwesenheit von Alistair Taylor, Brians nächsten Mitarbeiter, geleistet. Brian selber unterschrieb nicht.

Er hat den Vertrag niemals unterschrieben. »Ich hatte ihnen erklärt, was ich mit ihnen vorhatte. Mein Wort genügte. Ich habe mich an diese Verpflichtungen gehalten. Niemand hat sich jemals daran gestoßen, daß meine Unterschrift fehlte.«

Er ist der Meinung, sein Vorschlag, sie zu managen, habe den Beatles gefallen. »Ich hatte Geld, einen Wagen und ein Plattengeschäft. Ich glaube, das hat dazu beigetragen. Und sie mochten mich. Ich mochte sie wegen ihrer mitreißenden Dynamik. Sie waren unglaublich liebenswert.«

Seine Eltern spürten, daß etwas im Gange war. Sie kamen gerade von einem einwöchigen Aufenthalt in London zurück und wurden von Brian bereits erwartet.

»Er sagte, wir sollten uns einmal diese Platte anhören«, erzählt seine Mutter. »Es war ›My Bonnie‹. Wir sollten mehr auf die Begleitung als auf den Gesang achten. Er meinte, sie würden ein großer Erfolg werden, und er würde die Burschen betreuen und managen.«

Bevor sein Vater ihn unterbrechen konnte, fügte Brian hinzu, selbstverständlich würde er es nur nebenbei tun. Er fragte aber, ob sein Vater etwas dagegen hätte, wenn er einen Teil seiner Arbeitszeit dazu nähme. Sein Vater war nicht allzu begeistert.

Brian beschloß, eine neue Firma zu gründen, die die Beatles betreuen sollte. Er nannte sie in Anlehnung an die Plattengeschäfte »NEMS Enterprises«. Das Geld für die Gründung von NEMS Enterprises mußte er sich zum Teil von seinem Bruder Clive leihen.

Die nächste Reise der Beatles nach Hamburg, ihre dritte, war bereits so gut wie abgemacht, bevor Brian auf der Bildfläche erschien. Nicht lange nach ihrer Abreise aus Hamburg kamen Peter Eckhorn vom Top Ten und mehrere andere Geschäftsführer von Nachtlokalen nach Liverpool. Die Beatles hatten Peter Eckhorn versprochen, daß sie in sein Nachtlokal zurückkehren würden. Aber als er in Liverpool eintraf, um die Einzelheiten mit ihnen zu besprechen, mußte er feststellen, daß sie nun Brian Epstein als Manager hatten.

»Brian verlangte sehr viel mehr Geld, als ich anbot«, berichtet Peter Eckhorn. »Ich versuchte es daraufhin mit Gerry and the Pacemakers. Aber auch sie konnte ich nicht mehr bekommen.«

Schließlich kehrte er mit seinem Schlagzeuger nach Hamburg zurück. Mehr war nicht zu machen gewesen. Dieser Schlagzeuger, Ringo Starr, sollte Tony Sheridan begleiten.

Später tauchten andere Nachtlokalbesitzer auf und boten höhere

Summen. Brian nahm ein Angebot von Manfred Weislieder an, der ein ganz neues Lokal in Hamburg aufmachte, den Star Club. Es sollte größer und schöner werden als alle anderen. Den Beatles bot er pro Mann 400 DM in der Woche. Das Angebot von Top Ten hatte sich nur auf etwa 300 DM belaufen.

Das waren sehr gute Bedingungen. Aber Monate bevor dies abgemacht wurde, drang Brian bereits auf bessere Bedingungen, wo immer sie in Liverpool spielten. Als er sie unter Vertrag nahm, hatte er sich zur Regel gemacht, sie niemals für weniger als 15 Pfund den Abend spielen zu lassen. Seine wichtigste Aufgabe aber sah Brian Epstein darin, die Beatles in Organisation, Erscheinung und Darbietung zu verbessern. Von Pete Best übernahm er all ihre Engagements und brachte Ordnung hinein. Er vergewisserte sich auch, daß jeder genau wußte, wann und wo er zu spielen hatte.

»Brian brachte alle unsere Angaben säuberlich zu Papier. Dadurch bekam alles einen geschäftlichen Anstrich«, erzählt John. »Bis er kam, waren wir Traumtänzer. Wir hatten keine Ahnung, was wir taten oder wohin wir uns verpflichtet hatten. Nachdem wir unsere Marschbefehle auf Papier sahen, wirkte alles offiziell.«

Brians Anweisungen wurden ordentlich getippt, für gewöhnlich auf Papier mit seinem eigenen Briefkopf. Er hielt ihnen auch von Zeit zu Zeit Standpauken: Sie sollten sich besser pflegen, die richtigen Anzüge tragen und während ihres Auftretens nicht rauchen, essen oder Kaugummi kauen.

»Brian versuchte, unser Image gründlich aufzupolieren«, berichtet John. »Er sagte, unser Äußeres wäre nicht in Ordnung. In einem guten Lokal würden wir in diesem Aufzug niemals auch nur zur Tür hereinkommen. Wir hatten uns immer so angezogen, wie es uns paßte, auf der Bühne und auch sonst. Er überredete uns dazu, auf der Bühne in ordentlichen Anzügen zu erscheinen.«

Brian brachte auch Stil in ihre Darbietungen. Bis dahin hatten sie getan, was ihnen gut dünkte. »Er sagte, wir müßten ein richtiges Programm ausarbeiten und jedesmal unsere besten Nummern spielen, nicht nur die, zu denen wir gerade Lust hatten«, erklärte Pete Best. »Es sei sinnlos, mit den Jugendlichen vorne zu lachen und unseren Spaß zu haben, während weiter hinten 700 oder 800 sitzen, die keine Ahnung haben, was sich da abspielt. Er ließ uns ein festes Programm ausarbeiten. Mit dem Herumpfuschen war's vorbei.«

Seitdem hat sich alles gewaltig geändert. Später hat John diese

Herausputzerei etwas bedauert, denn er wußte, daß damit etwas von ihrer Ursprünglichkeit verlorenging. Trotzdem machte er mit. Er wußte, daß ihm gar nichts anderes übrigblieb.

»Es war nur natürlich, daß wir uns Leuten wie Reportern von unserer besten Seite zeigten«, erzählt John, »sogar denen, die hochnäsig waren und uns merken ließen, daß sie uns einen Gefallen taten. Wir machten alles mit. Wir stimmten ganz mit ihnen überein, wie nett es von ihnen sei, mit uns zu reden. Wir hatten zwei völlig verschiedene Gesichter. Publizität zu erlangen war für uns eine Art Spiel.«

Obwohl sie unter sich über alle Leute lachten, die nichts mit ihnen zu tun haben wollten, fühlten sie sich doch von Vorurteilen verletzt.

»In dieser Zeit bekamen wir nichts weiter zu hören«, berichtet Paul, »als: ›Wo seid ihr her? Liverpool? Von dort aus werdet ihr es niemals schaffen. Zu weit weg. Ihr müßt in London sein, um es zu schaffen. Von Liverpool aus ist es noch keinem gelungen.‹«

Doch Brian verstand es, sie für London annehmbar zu machen. »Aber ich habe sie gar nicht verändert. Ich habe nur das herausgeholt, was schon da war. Da war diese mitreißende Dynamik: Auf der Bühne hatten sie ein undefinierbares Etwas. Es wurde jedoch durch Rauchen und Essen und Palavern mit den ersten Reihen verdorben.«

Brian hatte natürlich auch die Eltern der Beatles aufgesucht, als er beschloß, ihr Manager zu werden. Sie waren von seinem gewandten Auftreten und offensichtlichen Reichtum beeindruckt. Er war etwas ganz anderes als alle früheren Freunde ihrer Söhne.

Nur Mimi scheint etwas gezögert zu haben, obwohl Brian gerade sie am meisten hätte beeindrucken müssen. Aber sie ließ sich eben von nichts beeindrucken, was in irgendeinem Zusammenhang mit Beatgruppen stand.

»Ich hatte da so meine Befürchtungen, als ich das erstemal von Brian Epstein hörte. Ich hatte nichts gegen ihn persönlich, bestimmt nicht. Aber er war so wohlhabend. Für ihn schien es nur mal etwas Neues zu sein. Es war ihm in Wirklichkeit gleichgültig, ob sie untergingen oder hochkamen. Wenn sie es nicht geschafft hätten, ihn hätte es kaltgelassen. Er war von ihnen nicht abhängig. Ich fand Brian immer sehr nett. Aber das waren die Sorgen, die ich hatte, als er auftauchte. Ich dachte, da haben wir den Salat. Er wird in zwei Monaten genug von ihnen haben und wieder etwas anderes machen.«

Decca und Pete Best

Fast von Anfang an bediente sich Brian Epstein seiner geschäftlichen Verbindungen zu Plattenfirmen. So gelang es ihm, vom Leiter der Abteilung »Künstler und Repertoire« der Firma Decca die Zusicherung zu erhalten, Liverpool einen Besuch abzustatten.

Mike Smith erschien tatsächlich gegen Ende Dezember 1961 und war sehr beeindruckt. Ihm gefiel der Sound der Beatles. Er versprach, sie nach London kommen zu lassen, um eine Probeaufnahme in den Decca-Studios zu machen.

Die Probe wurde für den 1. Januar 1962 festgesetzt. Brian fuhr aus diesem Anlaß mit dem Zug nach London. Die Beatles – John, Paul, George und Pete Best – wurden von ihrem Reisemanager, Neil Aspinall, im Wagen hingefahren.

»Wir kamen gegen zehn Uhr abends nach London und stiegen in unserem Hotel ab. Dann gingen wir aus, um etwas zu trinken. Wir versuchten auch, in einem Lokal etwas zu essen zu bekommen. Da stand: sechs Shilling für Suppe. Wir sagten, das ist wohl ein Scherz. Der Kerl sagte, wir müßten gehen. So mußten wir also gehen. Wir marschierten dann zum Trafalgar Square und sahen all die Silvester-Betrunkenen in den Brunnen fallen. Danach trafen wir zwei Kerle auf der Shaftesbury Avenue, die blau waren, aber das wußten wir nicht. Sie hatten etwas Marihuana bei sich, und das hatten wir noch niemals probiert. Wir waren reichlich unerfahren. Als sie hörten, daß wir einen Lieferwagen hatten, fragten sie, ob sie es dort rauchen könnten. Wir sagten nein, nein, nein! Wir hatten eine Mordsangst.«

Brian kam am nächsten Morgen als erster ins Decca-Studio, auf die Minute pünktlich. »Die Leute von Decca hatten sich verspätet. Ich war ziemlich verärgert. Nicht weil wir so darauf versessen waren, unsere Songs auf Band aufzunehmen, sondern weil wir das Gefühl hatten, als Leute behandelt zu werden, bei denen es nicht darauf ankam.«

Schließlich wurde ihnen gesagt, nun seien sie an der Reihe. Sie fingen an. George sang mit sehr zaghafter Stimme »The Sheik of Araby«. Paul sang nicht weniger nervös: »Red Sails in the Sunset« und »Like Dreamers Do«. Sie versuchten es gar nicht erst mit einer ihrer eigenen Kompositionen, obwohl sie genug hatten, die sie hätten vortragen können. Brian aber hatte ihnen geraten, sich an das Übliche zu halten.

»Sie waren ziemlich verängstigt«, erzählt Neil. »Paul brachte überhaupt nichts richtig heraus. Er war viel zu nervös. Seine Stimme begann überzuschnappen. Sie alle störte das Rotlicht. Ich fragte, ob es ausgemacht werden kann. Aber man sagte uns, vielleicht kommen dann Leute herein. Na und? fragten wir. Wir wußten nicht, was das alles zu bedeuten hatte.«

Gegen zwei Uhr waren die Bandaufnahmen beendet. Alle machten einen sehr zufriedenen Eindruck.

»Mike Smith sagte, die Bänder wären toll«, erzählt Pete Best. »Wir glaubten, wir hätten es geschafft. Brian ging mit uns allen an diesem Abend in irgendein Lokal im Swiss Cottage zum Essen. Er bestellte Wein. Aber aus unerklärlichen Gründen kam er niemals auf unseren Tisch.«

Die Wochen verstrichen. Nichts geschah. Sie spielten weiterhin in der Merseyside, warteten aber die ganze Zeit auf eine positive Nachricht von Decca. Schließlich erhielt Brian auf sein Drängen hin von Dick Rowe, Mike Smiths Chef bei Decca, folgenden Bescheid: Man habe sich entschlossen, die Beatles nicht auf Platten aufzunehmen. »Er sagte mir, der Sound habe ihnen nicht gefallen. Gitarrengruppen kämen aus der Mode. Ich entgegnete, nach meiner Überzeugung würden die Jungs noch größer herauskommen als Elvis Presley.«

Danach begann eine lange, entmutigende Wanderung durch alle größeren Plattenfirmen. PYE, COLUMBIA, HMV und EMI wiesen sie ab. Kleinere Gesellschaften sagten ebenfalls nein.

»Ich hörte als letzter davon, daß Decca uns abgelehnt hatte«, erzählt Pete Best. »John, Paul und George hatten es lange vor mir erfahren. Eines Tages rutschte es ihnen ganz einfach heraus, sie hatten es schon seit Wochen gewußt. Warum habt ihr es mir denn nicht gesagt? Sie antworteten, sie wollten mich nicht entmutigen.«

Die anderen wurden zwischen Mutlosigkeit und unbegründetem Optimismus hin und her gerissen: Am Ende würde sich schon noch etwas ergeben.

»Wir hatten ein paar kleine Auseinandersetzungen mit Brian«, erzählt John. »Wir sagten immer, er tue nichts für uns, wir machten die ganze Arbeit. Wir haben es wirklich nur so dahingesagt. Wir wußten ja, wie sehr er sich anstrengte.«

»Wir warteten damals immer am Lime-Street-Bahnhof auf Brian, um zu hören, was er uns Neues zu sagen hatte«, berichtet Paul. »Er rief uns vorher an, und wir dachten, vielleicht hat er etwas für uns. Mit seiner Aktentasche voller Papiere stieg er aus dem Zug. Wir gingen einen Kaffee trinken, um uns anzuhören, wie PYE oder Philips, oder wer auch immer, uns wieder abgewiesen hatte.«

Alistair Taylor berichtet, Brian sei nach diesem Abklappern der Firmen oft den Tränen nahe gewesen. »Er machte Dampf, soviel er nur konnte. Aber da gab es noch Tausende anderer Gruppen, die ebenfalls drängelten, was das Zeug hielt. Er kam nicht zum Zug.«

Im Dezember 1961 veranstaltete »Mersey Beat« eine Umfrage nach der beliebtesten Gruppe. Jede Gruppe stimmte natürlich für sich selbst. Am Ende gingen aber doch die Beatles als klare Sieger hervor.

Brian schlachtete diesen Sieg bis zum äußersten aus. Zu einer Veranstaltung am 24. März 1962 kündigte er sie folgendermaßen an: MERSEY-BEAT-TEST-SIEGER! POLYDOR-PLATTEN-STARS! KURZ VOR IHRER EUROPA-TOURNEE!

Die Europatournee, mit der hier Reklame gemacht wurde, war natürlich ihr dritter Besuch in Hamburg. Eine Woche später, im April 1962, fuhren sie los.

Diesmal sollten sie im Star Club auftreten, dem größten Hamburger Lokal dieser Art. Astrid, die um Stu trauerte, kam zunächst nicht zu ihren Abenden. Aber die Beatles gaben sich die größte Mühe, sie wieder an Land zu ziehen. Sie machten ihr Geschenke und versuchten, sie aufzuheitern.

In der Zwischenzeit unternahm Brian einen letzten Versuch, jemanden für die Beatles zu interessieren. Er beschloß, noch einmal Geld in die Sache zu investieren.

Er war bei allen Plattenfirmen stets mit seinen Bändern erschienen. Nun gelangte er zu dem Schluß, daß er mehr erreichen konnte, wenn er die Bänder auf eine Platte umspielen ließ. Sein Vater ärgerte sich allerdings immer mehr darüber, daß er so viel Zeit für die Beatles vergeudete. »Ich erklärte meinem Vater, ich wolle die Bänder zum letzten Großangriff – Sieg oder Niederlage – mit nach London nehmen. Er war einverstanden unter der Bedingung, daß ich nur ein paar Tage darauf verwandte.«

Brian suchte die HMV-Schallplattenzentrale in der Oxford Street auf. Sie ist nichts weiter als ein Laden, allerdings sehr groß, ein Teil des EMI-Konzerns. Brian sprach dort mit einem Bekannten über die Möglichkeit, die Bänder auf eine Platte zu überspielen.

»Der Techniker, der das Band überspielte, erklärte, das sei gar nicht so übel. Er wolle mal mit dem Musikverleger reden, mit Syd Coleman. Coleman war dann ebenfalls sehr begeistert und

124

sagte, er würde die Sachen gern herausbringen. Dazu müsse er mit einem seiner Freunde bei Parlophone, George Martin, sprechen.«

Daraufhin wurde für den nächsten Tag eine Zusammenkunft mit George Martin bei EMI vereinbart. Parlophone war eine Tochtergesellschaft von EMI, die die Beatles bereits abgewiesen hatte.

»George Martin hörte sich die Platte an und sagte, ihm gefielen Pauls Stimme und Georges Gitarrenspiel. Das waren seine beiden einzigen Bemerkungen. John sang ›Hello Little Girl‹, was er sehr mochte, und Paul sang ›Till There Was You‹.«

George Martin erörterte die ganze Sache sehr bedächtig, sehr ruhig und erklärte zum Schluß, es sei sehr »interessant«. Er glaubte, daß er sie zu einer Probeaufnahme bitten werde. Das war im Mai 1962. Die Beatles waren noch immer in Hamburg. Brian stürzte aus dem EMI-Gebäude und schickte ihnen sofort ein Telegramm mit der guten Nachricht.

»Wir lagen noch alle im Bett«, erzählt Pete Best. »Wer gerade als erster aufgestanden war, holte die Post. An diesem Tag war George als erster auf und kam mit dem Telegramm: ›Meine Glückwünsche, Jungs. EMI bittet um Probeaufnahme. Bitte neues Material proben.‹ Wir kamen uns ganz toll vor. John und Paul begannen sofort zu komponieren – und dabei kam ›Love Me Do‹ heraus. Brian kam herüber, um mit uns zu sprechen und einen neuen Vertrag auszuhandeln – ich glaube, wir bekamen jetzt 85 Pfund in der Woche. Er meinte, ›Love Me Do‹ sei für die Probeaufnahme gut geeignet.«

Klaus berichtet, er sei von Brian Epstein, als dieser nach Hamburg kam, enttäuscht gewesen. »Mir gefiel nicht, wie er aussah. Er war sehr schüchtern, ganz und gar nicht der Draufgänger, den ich mir vorgestellt hatte. Ich war ein wenig niedergeschlagen. Eines Tages fuhr ich mit Paul und George an die See. George sprach über Geld. Er meinte, daß er eines Tages eine Menge verdienen würde. Dann würde er ein Haus mit Swimming-pool kaufen und seinem Vater einen eigenen Bus schenken, da er Busfahrer sei.«

Anfang Juni 1962 kamen sie aus Hamburg zurück. Am 6. Juni spielten sie George Martin vor. Zu ihren Nummern gehörten einige Originalkompositionen: »Love Me Do«, »PS I Love You«, »Ask Me Why« und »Hello Little Girl«. Aber die Sachen, auf die es vor allem ankam, waren Songs wie »Besame Mucho«. George Martin hörte ihnen aufmerksam zu und sagte: »Sehr hübsch.« Sie gefielen ihm. Es sei nett, die Jungs endlich persönlich zu sehen, nachdem er von Brian so viel über sie gehört habe. Sehr nett. Er würde sie benachrichtigen.

Das war alles. Sie waren nicht enttäuscht, o nein. Aber sie hatten doch eine eindeutigere Reaktion erwartet. Am nächsten Tag kehrten sie nach Liverpool zurück. Dort erwartete sie eine hektische Folge von Nachtvorstellungen, die Brian während ihres Aufenthalts in Hamburg abgeschlossen hatte.

Die ganze Zeit über bemühte sich Brian, ihnen Engagements über die Merseyside hinaus zu verschaffen. Er hatte aber dabei nicht viel Glück. Im Verlauf des Sommers gelang es ihm, ihnen einen Auftritt in Peterborough zu sichern. Aber es war ein völliger Reinfall. Niemand kannte sie, niemand mochte sie dort. »Das Publikum saß auf den Händen«, erzählte Arthur Howes, der Agent, der sie vermittelt hatte.

Die ganze Zeit über warteten sie gespannt auf eine Nachricht von George Martin. Er hatte gesagt, er würde sie wissen lassen, wann sie zu einer richtigen Aufnahme kommen könnten.

Ende Juli hörte Brian endlich von George Martin: Sie sollten einen Vertrag mit Parlophone abschließen. Er wolle sich überlegen, was für Songs sie bringen könnten. Brian war ebenso begeistert wie John, Paul und George.

Pete Best sagten sie noch nichts davon.

»Am 15. August spielten wir im Cavern«, erzählt Pete Best. »Am nächsten Abend sollten wir nach Chester fahren, und ich sollte John mitnehmen. Als wir das Cavern verließen, fragte ich John, wann ich ihn abholen sollte. Er antwortete, ach nein, er würde schon allein hinkommen. Ich fragte, was ist denn los? Aber er war schon weg. Er wirkte verängstigt. Dann rief Brian an und bat mich, zusammen mit Neil am nächsten Morgen in sein Büro zu kommen. Neil fuhr mich hin. Brian sah sehr verstört aus, gar nicht so fröhlich wie sonst. Er zeigte immer seine Stimmungen. Ganz offensichtlich war wieder etwas los. Er druckste eine Zeitlang herum. Schließlich erklärte er: ›Ich habe eine schlechte Nachricht für dich. Die Jungs wollen dich draußen haben und Ringo hereinnehmen.‹ Das schlug ein wie eine Bombe: Ich war wie vor den Kopf geschlagen. Zwei Minuten lang konnte ich nichts herausbringen.

Ich begann ihn zu fragen, warum. Er konnte mir aber keine bestimmten Gründe angeben. Er sagte, George Martin sei über mein Spiel nicht allzu glücklich. Er sagte, die Jungs meinten, ich passe nicht herein. Aber es schien nichts Bestimmtes vorzuliegen.

Schließlich sagte ich, wenn es so ist, dann ist es eben so. Ich ging hinaus und erzählte alles Neil, der draußen wartete. Ich muß kreidebleich gewesen sein. Ich sagte ihm, nach zwei Jahren zusammen mit ihnen hätten sie mich nun hinausgeschmissen. Ich wüßte nicht, warum. Ich könnte keine klare Antwort erhalten.

Brian kam dann ebenfalls heraus und redete mit uns beiden. Er fragte mich, ob ich bis Ende der Woche bleiben wollte und noch am Donnerstag und Freitag spielen könnte, bis Ringo käme. Ich sagte ja. Dann strich ich nur umher und trank ein paar Glas Bier. Ich erzählte niemand, was geschehen war. Ich weiß nicht, wie es bekannt wurde. Ich habe niemand etwas davon erzählt.«

Pete Bests Fans, die allerdings weniger zahlreich waren als die von Paul McCartney, waren wütend. Ihr Idol war gerade in dem Moment ausgebootet worden, als die Beatles berühmt zu werden begannen. Sie zogen durch die Straßen, stellten sich mit Plakaten vor NEMS, belagerten das Cavern und organisierten Sprechchöre. Sie griffen John, Paul und George an. Aber ihr Feind Nummer eins war Brian Epstein.

»Der Hinauswurf von Pete Best hat mich in eine üble Lage gebracht. Es war die erste wirkliche Schwierigkeit, der ich gegenüberstand. Über Nacht wurde ich zum bestgehaßten Mann in der Beat-Welt. Zwei Abende lang wagte ich es nicht, mich in der Nähe des Cavern zu zeigen, weil die Menge dort herumstand und brüllte: ›Pete für immer, Ringo nimmer!‹ oder ›Pete ist der Beste.‹ Ich konnte aber nicht lange wegbleiben. Daher stellte Ray McFall eine Leibwache für mich auf.«

Die Fans von Pete Best versuchten, über die Beatles herzufallen, sie zu verprügeln oder ihnen das Gesicht zu zerkratzen, während die Anhänger von John, Paul und George sich bemühten, sie abzuwehren. Bei all diesen Schlägereien wurde viele Mädchen verletzt. Aber von den Beatles bekam nur George etwas ab. Er lief eine Zeitlang mit einem blauen Auge herum.

Brian berichtete: »Ich wußte, wie populär Pete war. Er sah unglaublich gut aus und hatte eine große Anhängerschaft. Ich war immer gut mit ihm ausgekommen. Tatsächlich war er der erste, den ich näher kennenlernte. Mit ihm konnte man am ehesten warm werden. Er war am unkompliziertesten. Ich war sehr bestürzt, als die drei eines Abends zu mir kamen und erklärten, sie wollten ihn nicht mehr haben. Pete sollte 'raus und Ringo 'rein. Das hatte schon lange geschwelt. Aber ich hatte gehofft, daß es nicht dazu kommen würde.«

Weil Brian diese Sache so sehr gegen den Strich ging, brachte er andere Gründe vor, zum Beispiel, daß George Martin sein Schlagzeug nicht gefiele. Das stimmte wohl zur Hälfte, war aber doch nicht der eigentliche Grund für den Hinauswurf.

»Ich bot Pete an, ihn in einer anderen Gruppe unterzubringen. Ich war ein wenig verärgert, als er am Abend nicht in Chester auftauchte, obwohl er es versprochen hatte. Ich hatte ihn erwartet. Ich war mir nicht darüber klar, daß es ihm unerträglich war, den anderen noch einmal zu begegnen.«

»Wie hätte ich das gekonnt?« fragt Pete. »Welchen Sinn hatte es, da sie mich doch nicht mehr haben wollten? Ich hockte einfach zwei Wochen zu Hause herum. Ich wußte nicht, was tun. Ständig kamen irgendwelche Bienen an die Tür. Sie lagerten im Garten und riefen nach mir.«

Neil ist der Meinung, daß George die größte Schuld an der Sache trägt. Er glaubt, daß John und Pete eigentlich recht gute Freunde waren. Auch Paul hätte niemals etwas Derartiges getan. Neil sagt, sie alle hätten sich zwar damit einverstanden erklärt, aber George sei es gewesen, der Pete endgültig abserviert hat. George war es auch, der Ringo am meisten bewunderte. Georges blaues Auge, so behauptet Neil, beweise diese Vermutung.

Aber der Hauptgrund dafür, daß sie Pete so lange behielten, ist darin zu suchen, daß ihr großes Problem seit vielen Jahren der Schlagzeuger war: Sie wollten einfach irgendeinen Schlagzeuger haben, weil sein Fehlen ihre Entwicklung behinderte. Als dann einer des Weges kam, der auch nur einigermaßen etwas taugte, hielten sie ihn fest.

Pete hat niemals wirklich gemerkt, daß er mit den anderen nicht völlig übereinstimmte. Stu dagegen war von Anfang an bewußt gewesen, warum die anderen ständig auf ihm herumhackten. Für Pete hätte es also keine solche Überraschung zu sein brauchen.

Aber um Petes Laufbahn willen, ohne Rücksicht darauf, was später aus den Beatles wurde, hätte doch die Art und Weise, wie er an die Luft gesetzt wurde, etwas anständiger und sauberer sein können. Man hätte ihm eine andere Anstellung besorgen können, bevor man mit dieser Neuigkeit herausrückte.

Natürlich ist es einfach, heute gute Ratschläge zu erteilen. Doch damals wußte niemand, was für einen Erfolg die Beatles haben würden und was Pete damit entging. Die Beatles selber hatten offenbar ein etwas schlechtes Gewissen. Aber sie sagen, es wäre ein gemeinsamer Beschluß gewesen. Sie hätten niemals das Gefühl gehabt, daß Pete einer von ihnen sei. So war es nur eine Frage der Zeit, daß er den Laufpaß erhielt.

»Wir waren Feiglinge, als wir ihn hinaussetzten«, meint John.
»Wir ließen es Brian tun. Aber wenn wir es Pete ins Gesicht
gesagt hätten, wäre es noch viel gemeiner gewesen. Wenn wir es
ihm gesagt hätten, wäre das Ganze wahrscheinlich zu einer bösen
Schlägerei ausgeartet.«
Pete ging. Wie sich später herausstellte, bedeutete es für ihn
einen Abstieg.
Aber für die Beatles nahm die Geschichte eine glückliche Wen-
dung. Ringo Starr stieß zu ihnen.

Ringo

Richard Starkey, Ringo genannt, ist der älteste der Beatles. Ringos Mutter, Elsie Gleave, heiratete seinen Vater, Richard Starkey,
im Jahr 1936. Sie lernten einander kennen, als sie beide in der
gleichen Bäckerei in Liverpool arbeiteten. Ringos Mutter ist
klein, untersetzt und blond und hat heute große Ähnlichkeit mit
Mrs. Harrison.
Als sie heirateten, zogen sie zu den Eltern von Ringos Vater im
Dingle. Nach Scotland Road ist der Dingle als die übelste
Gegend von Liverpool bekannt. Er liegt im Zentrum, nicht weit
von den Hafenanlagen entfernt, und ist viel ungesünder als die
etwas luftigeren neuen Vororte, wo John, Paul und George
aufwuchsen.
»Im Dingle gibt es eine Menge Mietskasernen«, erzählt Ringo.
»Eine Menge Menschen in kleinen Löchern, die alle herauswol-
len. Man brauchte bloß zu sagen, man sei aus dem Dingle, und
schon bekam man von anderen Leute zu hören, ach ja, bestimmt
ein schwieriger Fall, was in den meisten Fällen gar nicht
stimmte.«
Elsie und Richard Starkey zogen kurz vor Ringos Geburt in ein
kleines Haus. Es lag in der Madryn Street inmitten einer trost-
losen Reihe zweistöckiger Flachdachhäuser, war aber größer als
die meisten anderen, hatte drei Zimmer oben und drei unten,
während die üblichen nur zwei Zimmer oben und zwei unten
hatten.
»Wir sind nie etwas anderes als ganz gewöhnliche, arme Arbeiter
gewesen auf beiden Seiten der Familie, bei Vater und Mutter«,
erzählt Ringo, »obwohl sich in der Familie hartnäckig das
Gerücht hält, meine Großmutter mütterlicherseits sei recht wohlhabend gewesen. Sie hatte ein verchromtes Geländer um ihr

129

Ringos Vater,
Richard Starkey

Haus. Na ja, auf jeden Fall glänzte es sehr. Vielleicht habe ich mir das auch nur eingebildet. Sie wissen schon, wie das ist: Man träumt von diesem und jenem, oder die Mutter erzählt einem so oft von einer Sache, bis man schließlich glaubt, sie tatsächlich gesehen zu haben. Aber die Großmutter war in Wirklichkeit sehr arm. Sie hatte vierzehn Kinder.«

Ringo wurde am frühen Morgen des 7. Juli 1940 geboren. Seine Mutter war damals sechsundzwanzig, sein Vater achtundzwanzig. Sie tauften ihr erstes und einziges Kind auf den Namen Richard. Es gehört zur Tradition in der Arbeiterklasse, den ersten Sohn stets nach dem Vater zu nennen. Sie riefen ihn auch Ritchie, ebenso wie sein Vater gerufen wurde. So heißen sie übrigens beide noch heute in ihren Familien.

Mrs. Starkey, Ringos Mutter, erinnert sich daran, wie sie damals im Bett lag und sich von der Entbindung erholte. Dabei hat sie die ersten Sirenen des Krieges gehört. Die Bombenangriffe auf Liverpool hatten begonnen.

Als Ritchie gerade drei geworden war, trennten sich seine Eltern. Ritchie hat seinen Vater seitdem nur dreimal wiedergesehen.

Im Gegensatz zu Johns Eltern vollzog sich hier aber alles ohne dramatische oder hysterische Begleiterscheinungen. Es scheint in aller Ruhe geregelt worden zu sein. Elsie nahm das Kind. Sie ließen sich in aller Form scheiden. Ringo und seine Mutter blieben zunächst in der Madryn Street, aber bald konnte die Mutter die Miete nicht mehr bezahlen. Sie zogen um die Ecke in den Admiral Grove. Dieses Haus hatte nur vier Räume, und die Miete betrug 10 Shilling in der Woche.

Ringos früheste Erinnerungen gehen auf diesen Umzug zurück. Er glaubt, daß er damals fünf Jahre alt gewesen sein muß. »Ich kann mich nur daran erinnern, wie ich auf der hinteren Klappe des Wagens saß, der unsere Sachen zum Admiral Grove brachte.« Er hat keine Erinnerungen mehr daran, wie seine Eltern auseinandergingen. Er traf seinen Vater noch zweimal in sehr jungen Jahren und einmal später, als Teenager.

»Einmal besuchte er mich im Krankenhaus mit einem kleinen Notizbuch und fragte mich, was ich mir wünsche. Dann sah ich ihn einmal später bei meiner Großmama Starkey. Er wollte mir Geld schenken. Aber ich wollte überhaupt nicht mit ihm reden. Ich nehme an, daß meine Mutter mich damals mit all dem vollstopfte, was er ihr angetan hatte. Aber wahrscheinlich wäre es gerade umgekehrt gewesen, wenn ich bei meinem Vater gelebt hätte.«

Es ist wahrscheinlich, daß Ringo seinen Vater nach der Trennung der Eltern häufiger sah, als seine Erinnerung wahrhaben will. Er hat nämlich sehr viel Zeit bei seiner Großmutter Starkey verbracht. Es verging einige Zeit, bevor sein Vater, der noch immer in einer Bäckerei arbeitete, aus Liverpool wegzog und wieder heiratete.

Seine Mutter kann sich nicht entsinnen, daß Ringo durch die Trennung irgendwie aus dem Gleichgewicht gebracht wurde oder später auch nur fragte, was eigentlich geschehen sei.

»Manchmal wünschte er sich, wir wären mehr als nur wir beide. Wenn es regnete, sah er zum Fenster hinaus und sagte: ›Wenn ich nur Brüder und Schwestern hätte. Wenn es regnet, kann ich mit niemandem reden.‹«

Mit vier Jahren ging Ritchie in die Sonntagsschule, mit fünf kam er auf die Volksschule St. Silas, nur dreihundert Meter von zu Hause entfernt. Ringos Vater zahlte ihr nach der Trennung 30 Shilling wöchentlich Unterhaltsgeld, aber das war zum Leben zu wenig, und so mußte sie sich nach einer Arbeit umsehen. Vor ihrer Ehe hatte sie schon verschiedene Tätigkeiten ausgeübt und auch als Kellnerin gearbeitet. So kehrte sie, bevor Ringo in die Schule kam, in diesen Beruf zurück. Sie arbeitete an den Vormittagen und während der Mittagszeit. Ringo ließ sie bei Großmama Starkey oder bei Nachbarn.

Mit sechs Jahren bekam Ritchie eine Blinddarmentzündung. Der Blinddarm brach durch, und in der Folge kam es zu einer Bauchfellentzündung. Er mußte zweimal operiert werden.

»Ich erinnere mich, wie mir schlecht wurde und wie ich auf einer Bahre aus dem Haus zum Krankenwagen getragen wurde. Im Krankenhaus war so eine Schwester, die anfing, auf meinem Bauch herumzuschlagen. So fühlte es sich jedenfalls an. Wahrscheinlich hat sie ihn nur abgetastet. Ich wurde zur Operation hineingefahren und bat um eine Tasse Tee. Sie sagten, nicht vor der Operation, aber ich würde eine kriegen, wenn ich wieder zu mir käme. Ich versank in eine Bewußtlosigkeit, aus der ich zehn Wochen lang nicht wieder aufwachte.«

Alles in allem war er über ein Jahr lang im Krankenhaus. Einmal befand er sich bereits auf dem Weg der Besserung, fiel aber aus seinem Bett heraus, als er sich während eines Geburtstagsfestes nach einem Geschenk ausstreckte.

Eltern durften ihre Kinder nicht besuchen. Man dachte, es könne sie allzusehr aufregen. Aber Ritchie war eine Zeitlang so krank, daß man seine Mutter einmal spät in der Nacht, nachdem sie mit ihrer Arbeit fertig war, zu ihm hereinschauen ließ.

Mit sieben kehrte er in die Schule zurück. Im Unterricht war er niemals besonders hell gewesen. Aber nach diesem Jahr im Krankenhaus kam er überhaupt nicht mehr mit. Er konnte weder lesen noch schreiben. Seiner Ansicht nach hätte er ohne Marie McGuire niemals etwas gelernt. Ihre und Ritchies Mutter waren ihr Leben lang befreundet gewesen. Wenn sie miteinander ausgingen, ließen sie Ritchie in Maries Obhut zurück.

»Ich habe ihn sehr herumkommandiert«, sagt Marie. »Ich war ja vier Jahre älter. Er gehörte so sehr zu unserer Familie, daß Leute bei uns anklopften und sagten: ›Euer Ritchie hat wieder was ausgefressen.‹ Wenn er bei uns aß, und es gab Labskaus, mußte ich immer die Zwiebeln für ihn herausfischen. Zwiebeln haßt er. Ich habe ihn deswegen verwünscht.

Als er aus dem Krankenhaus kam, habe ich angefangen, ihm Lesen und Schreiben beizubringen. Dumm war er nicht, nur hatte er eben eine Menge versäumt. Zweimal in der Woche gab ich ihm Unterricht, und seine Mutter zahlte mir dafür ein Taschengeld. Auch an den Samstagabenden sorgte ich für ihn bei uns zu Hause,

Der siebenjährige Ringo mit seiner Mutter Elsie

wenn unsere Mütter ausgegangen waren. Sie ließen uns Limonade und Süßigkeiten da. Einmal zog er sein Hemd aus, und ich bemalte seinen ganzen Rücken mit Farbe. Einmal brachte er auch seine Freundin mit, die mich kennenlernen sollte. Er behauptete, sie hieße Jellatine.
Zu Weihnachten kaufte er mir immer eine Flasche Parfüm von Woolworth. Aber kaum hatte er sie mir geschenkt, da sollte ich sie auch schon leeren, damit er die hübsche Flasche zurückbekam. Ich habe ihn stets gemocht. Er war immer so glücklich und unbe-

schwert, genau wie seine Mutter. Er hatte schöne, große, blaue Augen. Niemals ist mir aufgefallen, daß er eine große Nase hatte. Erst als die Zeitung später darauf hinwies, merkte ich es.«

Marie war viele Jahre hindurch Ringos beste Freundin. Aber er verbrachte auch viel Zeit bei seinen beiden Großmüttern, wenn seine Mutter bei der Arbeit war.

»Großmutter Gleave, die Mutter meiner Mutter, wohnte allein. Aber sie hatte einen Bekannten, Mr. Lester, der sie oft besuchte und ihr auf der Mundharmonika vorspielte. Beide waren etwa sechzig. ›Oha‹, sagten wir immer, ›wir wissen, was du vorhast, wenn du ihr im Dunkeln auf der Mundharmonika vorspielst.‹ Aber sie wollte ihn nicht heiraten. Am Ende blieb Mr. Lester weg und heiratete eine andere.

Sehr gern ging ich zu Großvater Starkey, wenn er gerade eine Menge Geld beim Pferderennen verloren hatte. Da regte er sich furchtbar auf. Das waren zwei großartige Menschen. Sie hatten heftige Auseinandersetzungen. Er war Heizer unten am Hafen, ein richtiger saugrober Hafenarbeiter. Aber er verstand es, mir herrliche Dinge zu basteln. Einmal hat er mir eine große Lokomotive gemacht, mit richtigem Feuer drinnen. Es gab einen großen Auflauf, als wir damit auf unserer Straße spielten. Ich habe immer Äpfel drin gebraten.«

Ringo hat keine Erinnerungen an die Volksschule von St. Silas. Er entsinnt sich nur, daß er schwänzte oder auf dem Spielplatz andere Kinder überfiel und ihnen ihre Pennies abnahm. »Wir stahlen auch Kleinigkeiten bei Woolworth. Nichts weiter als dummes Plastikzeug, das wir in unseren Taschen verschwinden lassen konnten.« Einmal vermißte seine Tante Nancy eine Perlenkette. Man erwischte Ritchie, als er sie vor einer Kneipe in der Park Street für 6 Shilling zum Verkauf anbot.

Als Ritchie gerade elf Jahre geworden war, machte seine Mutter die Bekanntschaft eines Malers und Dekorateurs namens Harry Graves. Er war aus London, aus Romford. Wegen einer Krankheit hatte ihm sein Arzt Luftwechsel empfohlen. Aus unerklärlichen Gründen hatte er beschlossen, es mit der Luft von Liverpool zu versuchen. Er weiß heute noch nicht, warum. Elsie lernte er durch gemeinsame Freunde, die Maguires, kennen. Mit Ritchie kam er von Anfang an gut aus.

»Ich erklärte Ritchie, daß Harry mich heiraten wolle. Hätte er nein gesagt, hätte ich es nicht getan. Aber er erklärte: ›Heirate du nur, Mam. Ich werde ja nicht immer klein sein. Du wirst doch nicht wie Großmama enden wollen.‹«

Ringos Mutter Elsie und Harry Graves, sein Stiefvater

Harry Graves und Elsie Starkey heirateten am 17. April 1953, als Ritchie kurz vor seinem dreizehnten Geburtstag stand. Danach ging sie nicht mehr arbeiten. Harry erzählt, er und Ritchie hätten niemals miteinander gestritten. Elsie meint dazu, daß es ganz schrecklich gewesen sei: Wenn sie ihrem Mann berichtete, Ritchie sei frech zu ihr gewesen, lächelte er nur. Unternommen hat er nie etwas.

Mit dreizehn machte Ritchie seine zweite schwere Krankheit durch. Er bekam eine Erkältung, eine Rippenfellentzündung, die auf die Lunge übergriff. Er mußte ins Krankenhaus.

Um Ritchie aufzuheitern und ihn an etwas zu interessieren, schrieb ihn Harry als förderndes Mitglied beim Fußballklub Arsenal ein. Auch hier weiß er selbst nicht mehr genau, warum er das tat. Harry hielt nämlich nicht viel von Arsenal. Er war und ist noch immer ein fanatischer Anhänger von West Ham. »Aber Arsenal hatte zu dieser Zeit einen gewissen Nimbus. Ich dachte, dem Jungen würde es Spaß machen.«

Ringo hat an Harry nur schöne Erinnerungen. »Er brachte mir eine Menge amerikanischer Comics mit. Er war großartig. Immer habe ich seine Partei ergriffen, wenn er und meine Mama Streit hatten. Ich fand sie herrschsüchtig, und Harry tat mir leid. Von Harry habe ich gelernt, freundlich zu sein. Grobheit und Gewalt sind ganz und gar unnötig.«

Diesmal war Ringo fast zwei Jahre im Krankenhaus, vom dreizehnten bis zum fünfzehnten Lebensjahr. »Ich bekam viele Sachen, um mich zu beschäftigen. Auch ein Strickzeug war dabei. Ich baute auch eine große Insel aus Papiermaché und einen Bauernhof voller Tiere.«

Mit fünfzehn wurde er aus dem Krankenhaus entlassen. Das bedeutete, daß er die Schule offiziell hinter sich hatte, obwohl er kaum zur Schule gegangen war. Er mußte sich eine Bestätigung ausstellen lassen, die er als Zeugnis bei der Arbeitssuche vorweisen konnte. Wie er erzählt, konnte sich niemand von der Schulleitung an ihn erinnern. Er war zu lange fort gewesen.

Ritchie kehrte nach Hause zurück, wo er noch eine Weile bleiben mußte, bis seine Gesundheit völlig wiederhergestellt war. Seine Mutter machte sich wegen seiner beruflichen Zukunft große Sorgen. Sie wußte, daß er nicht kräftig genug war, um schwere Arbeit zu leisten. Außerdem hatte er keine Schulbildung, um höheren Ansprüchen genügen zu können. Schließlich fand er durch Vermittlung des Arbeitsamtes eine Stellung als Botenjunge bei den British Railways für 50 Shilling in der Woche.

»Ich wollte mir meine Uniform abholen«, sagte Ritchie. »Aber sie gaben mir nur eine Mütze. Was für eine lausige Stellung, dachte ich. Zwanzig Jahre muß man dabeisein, um die komplette Uniform zu bekommen. Nach sechs Wochen hatte ich genug. Natürlich nicht nur, weil ich keine Uniform bekam. Man muß auch noch eine ärztliche Untersuchung über sich ergehen lassen, und ich fiel durch. Dann war ich sechs Wochen Barkellner auf einem Schiff zwischen Liverpool und North Wales. Einmal besuchte ich eine Party, die die ganze Nacht dauerte, betrank mich und ging dann direkt zur Arbeit. Ich gab dem Chef eine freche Antwort, und der sagte nur: ›Du kannst dir deine Papiere holen, mein Junge!‹«

Danach bekam Ringo durch Freunde von Harry eine Anstellung. »Ich wurde Schreiner. Aber zwei Monate lang tat ich nichts weiter, als mit dem Rad herumzufahren und Aufträge entgegenzunehmen. Inzwischen war ich siebzehn geworden. Es hing mir zum Hals heraus, daß ich meine Lehrzeit als Schreiner nicht anfangen konnte. Ich habe also mit den Leuten gesprochen, und sie sagten, für Schreiner gäbe es zur Zeit keine freien Lehrstellen. Ob ich denn nicht Schlosser werden wollte?

Da sagte ich O. K. Es war ein Handwerk, und alle sagten, wenn du ein Handwerk kannst, bist du O. K.«

Aber ansonsten hielt niemand Ringo unbedingt für O. K. Er war klein, sah schwach und unterernährt aus und hatte eine äußerst dürftige Schulbildung.

Die beiden langwierigen Krankheiten müssen eine nachhaltige Wirkung auf ihn ausgeübt haben. Sie haben es ihm sehr schwer gemacht, sich in der Schule, am Arbeitsplatz und ganz allgemein im Leben einzufügen. Heute kann er sich nicht des Namens eines einzigen seiner Lehrer entsinnen. Er erinnert sich jedoch an die beiden Schwestern, die ihn pflegten.

Aber er selber weiß nichts davon, daß er unglücklich war. Er findet, daß er eine schöne Kindheit erlebt hat.

Es war ein Witz, daß niemand sich seiner erinnern konnte, als er damals in seine Schule zurückkehrte, um sich ein Zeugnis zu holen. Ein paar Jahre später allerdings stellte man an eben dieser Schule an einem Tag der offenen Tür ein Pult ins Freie, an dem Ringo Starr gesessen haben sollte. Die Leute durften einen Sixpence dafür zahlen, an diesem Pult zu sitzen und sich fotografieren zu lassen ...

Ringo und die Beatles

Als Kind zeigte Ringo keinerlei musikalisches Interesse. Er lernte auch kein Instrument spielen. »Im Krankenhaus hatten wir ein Stationsorchester: Da waren vier Kinder mit Becken und zwei mit Triangeln. Ich wollte nur die Trommel spielen.«

Als er als Schlosserlehrling zu arbeiten anfing, setzte gerade der Skiffle-Rummel ein. Er war Mitbegründer einer Gruppe, die sich Eddie Clayton Skiffle nannte und während der Mittagspause den anderen Lehrlingen vorspielte.

Sein erstes Schlagzeug kaufte ihm sein Vater, als er daheim in Romford war. Es war gebraucht und kostete zehn Pfund. Dann wollte er ein neues, das hundert Pfund kostete. Wegen der Anzahlung von fünfzig Pfund ging er zu seinem Großvater.

»Wenn Großvater ihm auch nur einen Shilling verweigerte, führte er einen Kriegstanz auf«, erzählt seine Mutter. »Diesmal kam sein Opa zu mir. ›Weißt du, was dein verdammter Wackler von mir verlangt hat?‹ Er nannte ihn immer ›Wackler‹. Aber er gab ihm doch das Geld. Ritchie zahlte es getreulich zurück, ein Pfund die Woche von seinem Lohn.«

Seine Mutter machte sich Sorgen, weil die Gruppe zuviel von seiner Zeit in Anspruch nahm. Im Riverdale Technical College sollte er nämlich Kurse besuchen, um etwas von der versäumten Schule nachzuholen.

Aber Harry, sein Stiefvater, fand die Skiffle-Gruppe gar nicht so schlecht, denn nun hatte der Junge etwas, das ihn ausfüllte. Eines Abends lernte Harry in einer Kneipe einen Mann kennen, der sich als Mitglied einer Band vorstellte. Der Mann erklärte sich bereit, Ringo unter die Arme zu greifen, und Harry traf eine Verabredung für ihn. Ringo ging hin und kam wütend zurück. Man hatte von ihm verlangt, daß er sich eine riesige Trommel auf den Bauch schnallte und dann zum Takt eines Militärmarsches – bang, bang – durch die Straßen marschierte.

Nicht daß er in der Eddie-Clayton-Gruppe sehr viel besser dran war. Mühsam arbeitete sich Ringo hoch, ähnlich wie die Beatles über Skiffle-Wettbewerbe, Parties und kleine Tanzlokale. Schließlich landete er in Rory Storms Gruppe. Als ihnen eine Saison bei Butlin angeboten wurde, mußte sich Ringo entscheiden, ob er seinen Arbeitsplatz aufgeben wollte. Er war zwanzig und hatte noch ein Jahr Lehrzeit vor sich.

Rory hatte sich mit seinen Leuten inzwischen zur führenden Gruppe in Liverpool entwickelt. Dieses Angebot eines Engagements von dreizehn Wochen war ihre große Chance. Sie beschlossen, ihre Namen zu ändern. »Rory Storm hatte seinen Namen bereits zweimal geändert. Eigentlich hieß er Alan Caldwell, dann wurde er Jet Storme und schließlich Rory Storm.«

Während des Engagements bei Butlin wurde aus Richard Starkey Ringo Starr. Schon vorher hatte man ihn gelegentlich »Rings« genannt. Seinen ersten Ring hatte er anläßlich seines 16. Geburtstages von seiner Mutter bekommen. Als sein Großvater Starkey starb, erhielt er einen zweiten, einen breiten Goldreif, den er noch heute trägt. Mit zwanzig trug er vier Ringe. Sein Nachname wurde in Starr abgekürzt, weil sich das besser ankündigen ließ. Und aus Rings wurde Ringo, da dies vor einem einsilbigen Nachnamen besser klang.

Nach Liverpool zurückgekehrt, feierte Ringo in der elterlichen Wohnung am Admiral Grove mit einer rauschenden Party seinen einundzwanzigsten Geburtstag. Alle Spitzengruppen der damaligen Zeit fanden sich ein, darunter Gerry and the Pacemakers, die Big Three und Cilla Black. Die Beatles kamen nicht. Ringo kannte sie noch gar nicht. Sie waren aus einem anderen Viertel Liverpools und nichts weiter als eine der vielen um Erfolg ringenden Gruppen.

Der Erfolg von Rory Storms Gruppe bei Butlin führte zu anderen Engagements. Die Gruppe unternahm eine Tournee durch die US-Fliegerhorste in Frankreich. Ringo sagt, es sei furchtbar gewesen: »Die Franzosen mögen die Briten nicht. Zumindest aber mochte ich sie nicht.«

Rorys Gruppe hatte einen solchen Erfolg, daß sie das erste Angebot aus Hamburg zunächst gar nicht annehmen konnte. Später kamen Rory und seine Leute dann herüber und gesellten sich im Kaiserkeller zu den Beatles. Dort trafen sie sich zum erstenmal. Ringo erinnert sich schwach daran, die Beatles zuvor einmal in Liverpool gesehen zu haben.

Ringo sprang in Hamburg ein paarmal bei den Beatles ein und saß zwischen den Nummern viel mit ihnen zusammen. Er kehrte damals mit Rory nach Liverpool zurück, ging aber dann auf eigene Faust wieder nach Hamburg, wo er Tom Sheridan begleitete. Während dieses Aufenthalts in Hamburg trug er sich ernsthaft mit dem Gedanken, dort zu bleiben. Man bot ihm eine eigene Wohnung, einen Wagen und dreißig Pfund die Woche an, wenn er sich auf ein Jahr verpflichtete. Aber er beschloß doch, nach Liverpool zurückzukehren und sich Rory Storm für eine weitere Saison bei Butlin anzuschließen. Das war der Augenblick,

139

in dem er aufgefordert wurde, den Beatles beizutreten. Am Telefon erklärte ihm John, er müsse nur seine Haare herunterkämmen; seine Koteletten dürfe er behalten.

Ringo mußte sich viel Geschrei und Drohbriefe von Pete Bests Fans gefallen lassen. »Die Zähne liebten Pete. Ich – ich war nur ein magerer, bärtiger Typ. Auch Brian wollte mich im Grunde nicht haben. Er fand, ich sei keine Persönlichkeit. Und warum einen häßlichen Vogel nehmen, wenn man schon einen gutaussehenden hat?«

Ringo aber fügte sich dann doch rein menschlich und als Schlagzeuger gut bei den Beatles ein. Sie stiegen rasch zur unumstrittenen Spitzengruppe in Liverpool auf. Sie hatten einen Gentleman-Manager und endlich auch Beziehungen zu London. Aber ihr Erfolg begann andrerseits, einige alte Bindungen zu zerstören, die Ringo besonders geschätzt hatte.

»Es gab so viele Gruppen in Liverpool, daß wir oft einfach nur füreinander spielten. Es war eine Gemeischaft für sich, die aus lauter Gruppen bestand. Alle gingen in die gleichen Lokale und spielten füreinander. Es war alles furchtbar nett. Als dann aber die Plattenfirmen erschienen und anfingen, Gruppen unter Vertrag zu nehmen, ging es nicht mehr ganz so freundlich zu. Einige schafften es, aber andere eben nicht.

Das sprengte die ganze Gemeinschaft. Manche fingen sogar an, sich zu hassen. Ich ging nicht mehr in die alten Lokale. Aber diese erste Zeit in Liverpool gehört zu den schönsten Augenblicken meines Lebens. Wie zu meinem 21. Geburtstag waren sie alle da.«

Nun warteten die Beatles darauf, von George Martin einen festen Termin für den Start ihrer Aufnahmen zu erhalten. In der Zwischenzeit wurden in Liverpool aber andere Dinge entschieden. Brian war endlich zu der Erkenntnis gelangt, daß es einfach zuviel war, zwei Plattengeschäfte zu führen und eine Beatgruppe zu betreuen. Das hatte ja sein Vater seit langem gesagt. Also beschloß er, die zeitraubende Arbeit im Geschäft in Whitechapel aufzugeben, und holte Peter Brown als Geschäftsführer aus der Charlotte Street herüber. Er konzentrierte sich auf NEMS Enterprises und schaute nur von Zeit zu Zeit herein, um festzustellen, wie sich Peter zurechtfand.

Brian hatte niemals Streitigkeiten mit den Beatles. Nur ein Zwischenfall mit Paul kam einer härteren Auseinandersetzung ziemlich nah. Eines Abends wollten die anderen Beatles Paul abholen. Aber er saß im Bad und weigerte sich, herauszukommen.

»Ich rief ihnen zu, sie sollten warten, ich brauchte nur ein paar Minuten. Als ich herauskam, waren sie alle zusammen mit Brian weggefahren. Da sagte ich, unbeherrschter Idiot, der ich bin: ›Leckt mich doch alle am Arsch!‹ Wenn diese Ärsche nicht auf mich warten können, dann werde ich Arsch ihnen auch nicht nachlaufen. So setzte ich mich hin und sah mir das Fernsehprogramm an.«

Der eigentliche Grund war, daß sich Paul in den Kopf gesetzt hatte, er müsse einmal revoltieren. »Ich war immer der Übereifrige gewesen, derjenige, der stets hinter allem her war, mit den Managern palaverte und Ansagen machte. Vielleicht war das anfänglich alles ein bißchen Angabe. Vielleicht war ich darin aber auch besser als die anderen. Jedenfalls schien immer ich es tun zu müssen.«

Eine Auseinandersetzung zwischen Paul und Brian war die Folge. Es war jedoch nichts Ernsthaftes. Paul spielte schon bald wieder den Eifrigen.

Er und John waren noch immer begeistert dabei, Songs zu schreiben und ständig neue »Lennon-McCartney-Originale« hervorzubringen. Mimi jedoch war nach wie vor der Ansicht, das Ganze sei überhaupt nicht ernst zu nehmen: »Ich erwartete immer, daß John eines Tages nach Hause kommt und sagt, daß er bei der Gruppe nicht mehr mitmacht. ›Es langweilt mich zu Tode.‹ Ich begriff als letzte, daß sie Erfolg hatten. Kleine Mädchen kamen an die Haustür und fragten, ob John daheim sei. Ich fragte, warum? Sie antworteten, sie wollten John nur sehen. Ich konnte das nicht verstehen. Es waren so kleine Mädchen. Ich wußte, daß er nur eine einzige ernsthafte Freundin hatte, nämlich Cyn.

Im Sommer 1962 merkte Cyn, daß sie schwanger war. »Ich wußte nicht, ob John heiraten wollte. Ich wollte ihn nicht an mich ketten.«

»Mich traf fast der Schlag«, erzählt John. »Aber ich sagte ja. Wir werden heiraten müssen. Ich lehnte mich nicht dagegen auf.«

Sie heirateten am 23. August 1962. »Einen Tag vorher ging ich zu Mimi und erzählte es ihr. Ich sagte: ›Cyn erwartet ein Baby; wir heiraten morgen. Willst du dabeisein?‹ Aber Mimi stöhnte nur.«

Bei der Hochzeit waren keine Eltern anwesend. Das erinnert an die Hochzeit seiner eigenen Eltern vierundzwanzig Jahre früher. Es war die gleiche Situation. John, Paul und George trugen schwarze Anzüge. »Die ganze Zeit über ging draußen ein Preßluftbohrer«, erzählt John. »Ich konnte nicht ein Wort von dem verstehen, was der Kerl sagte. Dann gingen wir in ein Lokal auf der anderen Straßenseite und aßen Brathähnchen. An Geschenke kann ich mich nicht erinnern. So was wollten wir nicht. Es war fast ein Witz.«

Sie versuchten, die Heirat den Beatle-Fans zu verheimlichen. Aber eine der Klatschtanten aus dem Cavern sah sie aus dem Standesamt herauskommen. Nun ließ sich die Neuigkeit nicht mehr verheimlichen, obwohl sie es weiterhin leugneten. »Ich dachte, das ist der Abschied von der Gruppe, diese Heirat. Alle sagten es. Wir taten unser Bestes, es geheimzuhalten. Keiner von uns brachte jemals ein Mädchen ins Cavern mit. Wir glaubten, wir würden dadurch Anhänger verlieren, was sich letzten Endes aber als Blödsinn herausstellte. Es berührte mich trotzdem peinlich, verheiratet zu sein, als Verheirateter herumzulaufen. Es war so, als ginge man mit zwei verschiedenen Socken und offenem Hosenschlitz herum.«

Auch Cynthia war dafür, ihre Heirat geheimzuhalten. »Es war schon schlimm genug, daß John ständig erkannt wurde und alle hinter ihm her waren. Ich wollte vermeiden, daß auch mir das passiert.«

Inzwischen gab es bereits eine gewaltige Zahl weiblicher Beatle-Fans. Sie folgten ihnen überallhin und brachen beim geringsten Anlaß in hysterisches Geschrei aus. Und doch hatte außerhalb von Liverpool noch niemand von den Beatles gehört. Sogar in Liverpool selbst war alles ohne großen Publicity-Rummel, ohne großen Aufwand vor sich gegangen. Die Fans hatte ihre Beatles von ganz allein entdeckt.

Maureen Cox gehörte zu diesen Fans. Sie und eine Freundin rannten Ringo eines Tages auf der Straße nach, kurz nachdem er sich den Beatles angeschlossen hatte. Er stieg gerade aus seinem Wagen. Die kleine graue Strähne über der Stirn verriet ihn. Maureen holte sich ein Autogramm von ihm und schrieb seine Wagennummer in ihr Übungsheft. Sie hatte vor kurzem die Schule verlassen, arbeitete als Friseuse und war unterwegs zu einem Abendkurs.

Heute ist Maureen Cox Ringos Frau. Paul war es jedoch, den sie als ersten küßte. Das ist ihr heute noch ein bißchen peinlich. Sie saß eines Abends mit einer Freundin im Cavern. Da wettete die Freundin mit ihr, sie würde es nicht wagen, hinzugehen und Paul zu küssen. »Ich sagte aber, du bist diejenige, die Angst davor hat. Sie erwiderte, ich hätte Angst. So kämpfte ich mich nur um der

Wette willen bis zur Garderobe der Gruppe vor und küßte Paul, als er herauskam. Meine Freundin war so verärgert und eifersüchtig, daß sie in Tränen ausbrach. Aber in Wirklichkeit war es doch Ritchie, den ich am liebsten mochte. Paul küßte ich nur zum Fez. So wartete ich, bis auch Ritchie herauskam, und küßte ihn ebenfalls.«

Ringo kann sich nicht mehr daran erinnern, von Maureen geküßt worden zu sein oder ihr ein Autogramm gegeben zu haben. »Das gehörte damals einfach mit dazu, geküßt zu werden. Erst hatte es damit angefangen, sich ein Autogramm von einem Beatle zu holen. Dann mußte man sich auch anfassen und küssen lassen. Man versuchte, in die Garderobe zu kommen, und plötzlich hatte man ein Mädchen am Hals.«

Aber drei Wochen später forderte er im Cavern Maureen zum Tanzen auf. Hinterher brachte er sie nach Hause. Aber er mußte auch ihre Freundin auf dem Heimweg begleiten. So ging es einige Wochen weiter. Maureen erzählt, sie wollte ihrer Freundin nicht gern sagen, daß sie ihr im Wege war. »Ich hatte ein bißchen Angst davor.«

Von da an versäumte Maureen selten einen Auftritt im Cavern. Das geschah, nachdem ihr bewußt geworden war, wie fanatisch viele Fans waren. »Den ganzen Tag trieben sie sich um das Cavern herum, nur um die Beatles zu sehen. Wenn die Fans aus der Mittagsvorstellung herauskamen, standen sie den ganzen Nachmittag draußen herum und stellten sich schon wieder für den Abend an. Ritchie und die Jungs kamen einmal zufällig um Mitternacht vorbei: Da standen sie schon für den nächsten Tag Schlange. Sie kauften ihnen ein paar Kuchen. Sie waren völlig erledigt.

Es kam den Fans darauf an, so weit wie nur möglich nach vorn zu kommen, so daß sie die Beatles sehen und selber von ihnen gesehen werden konnten. Ich habe mich immer erst zwei oder drei Stunden vor der Öffnung des Cavern angestellt. Oft hatte ich Angst. Zwischen den Mädchen kam es zu Schlägereien und hysterischen Auseinandersetzungen. Sobald die Türen geöffnet wurden, stürmten die ersten hinein und rannten sich gegenseitig über den Haufen.

Sie behielten ihre Rollkragenpullover und ihre Jeans an, solange die ersten Gruppen auftraten. Als dann die Zeit für den Auftritt der Beatles heranrückte, gingen sie, wenn es sich zum Beispiel um eine Bande von vier handelte, mit ihren kleinen Köfferchen abwechselnd auf die Toilette, um sich umzuziehen und zurechtzumachen. Wenn dann die Beatles auftraten, sahen sie alle so toll aus, als wären sie gerade erst hereingekommen.

Es war zum Teil Sex, zum Teil die Musik. Darin lag die Attraktion. Offensichtlich hatten sie es darauf abgesehen, aufzufallen und einen von den Beatles kennenzulernen. Aber nein, in Wirklichkeit lief alles nur darauf hinaus, mit dabeizusein. Es war fürchterlich, dieses wilde Gekreische, wenn sie auftraten. Sie drehten einfach durch.«

Wenn Maureen mit Ringo ausging, mußte sie sich völlig im Hintergrund halten.

»Sonst wäre ich vielleicht umgebracht worden. Die anderen Mädchen waren alles andere als freundlich. Am liebsten hätten sie mir ein Messer in den Rücken gestoßen. Es gehörte mit zum Image der Beatles, daß sie nicht verheiratet waren. Damit glaubte jedes Mädchen, eine Chance zu haben. Keiner von ihnen durfte eine feste Freundin haben. Ein paar kamen natürlich schließlich darauf. Sie erschienen regelmäßig beim Friseur, bei dem ich arbeitete. Das ließ sich nicht verhindern. Ich mußte sie frisieren. Dann drohten sie mir: ›Wenn du dich wieder mit diesem Ringo Starr triffst, bist du dran.‹ Draußen rempelten sie mich an. Ich bekam auch Telefonanrufe, in denen mir gedroht wurde – ›Mein Bruder wird es dir schon beibringen‹, sagten sie immer.

Einmal spielten sie im Locarno. Kurz vor dem Ende sagte mir Ritchie, ich solle hinausgehen, mich in den Wagen setzen und auf ihn warten, damit niemand mich sähe. Ich saß im Wagen, als ein Mädchen ankam. Es mußte mir gefolgt sein.

Sie fragte: ›Gehst du mit Ringo?‹ Ich antwortete: ›Nein, nein, ich nicht. Er ist nur mit meinem Bruder befreundet.‹ – ›Du lügst!‹ rief sie. ›Ich habe dich gerade mit ihm reden sehen.‹ Ich hatte vergessen, das Fenster hinaufzudrehen. Bevor ich etwas tun konnte, hatte sie mit der Hand durchs Fenster gegriffen und zerkratzte mir das Gesicht. Dann begann sie zu kreischen und mir eine Auswahl besonders ›hübscher‹ Ausdrücke an den Kopf zu werfen. Ich dachte, jetzt ist es soweit. Jetzt bekomme ich ein Messer zwischen die Rippen. Ich konnte das Fenster gerade noch hinaufdrehen. Hätte ich es nicht getan, hätte sie die Tür aufgerissen und mich umgebracht.«

Zweiter Teil London und die ganze Welt

George Martin und Dick James

George Martin scheint in seinem Geschmack und seiner gesell-
schaftlichen Stellung um Lichtjahre von den Beatles entfernt zu
sein. Er ist groß, sieht gut aus, benimmt sich vollendet und spricht
mit geschliffenem BBC-Akzent. Aber seiner Herkunft nach ist er
zumindest ebenso bescheiden und kleinbürgerlich wie die Beatles.
George wurde 1926 geboren, hatte als Kind keine musikalische
Ausbildung, begann aber Klavier nach dem Gehör zu spielen.
Mit sechzehn leitete er bereits seine eigene Tanzkapelle in der
Schule.
Nach dem Krieg stand er 1947 ohne Stellung da. Aber jemand,
der ihn während des Krieges hatte Klavier spielen hören, riet
ihm, sich doch beim Guildhall-Konservatorium einzuschreiben.
Dort blieb er drei Jahre und wählte die Oboe als zweites Instru-
ment. Nach dem Examen spielte er eine Weile als Oboist in
Orchestern, die Sonntagnachmittagskonzerte in Londoner Parks
gaben. Aber schließlich verlor er diese Stellung, weil er nicht gut
genug war.
Gegen Ende des Jahres 1950 wurde ihm eine gute Position bei
Parlophone angeboten, eine von EMI's Tochtergesellschaften.
Allerdings wußte er damals nicht einmal, was EMI (Electrical
Musical Industries) bedeutet. Sein Gehalt war sehr bescheiden.
Um es aufzubessern, spielte er weiterhin gelegentlich bei den
Sonntagnachmittagskonzerten.
Zu Anfang der fünfziger Jahre waren Langspielplatten noch
etwas ganz Neues, obwohl wir heute oft glauben, es hätte sie
schon immer gegeben. »EMI stieg erst sehr spät in dieses Geschäft
ein, nicht vor 1954. Ich weiß nicht, warum wir so lange gebraucht
haben. Decca hatte sie damals bereits seit zwei Jahren. Das
bedeutete, daß wir viel Boden verloren hatten.«
Zu Anfang der fünfziger Jahre war die Schallplattenproduktion
in England ein routinemäßiges Geschäft, das in traditionellen
Bahnen verlief. Es war genauso aufregend, wie wenn man eine
Monatszeitschrift herausgab. Jeden Monat brachte eine Firma
wie Parlophone zehn neue Platten auf den Markt, die schon zwei
Monate im voraus geplant waren. Diese zehn standen untereinander stets in einem bestimmten Verhältnis: Zwei brachten klassische Musik, zwei Jazz, zwei Tanzmusik – Tanzmusik im Stil

von Victor Sylvester –, zwei männliche Stimmen und zwei weibliche. Eine Kategorie wie Pop gab es noch nicht. »Niemals redeten wir von Pop, nur von klassischer Musik, Jazz, Tanz und Gesang.«

Ganz allmählich gelang es George Martin, sich sein eigenes kleines Terrain zu schaffen, indem er eine Reihe von Platten mit humorvoller Unterhaltung herausbrachte. Alle Leute im Plattengeschäft sagten, sie würden sich niemals verkaufen lassen. Eine der ersten Platten war Peter Ustinovs »Mock Mozart and Phoney Folklore«. Er brachte auch Peter Sellers, Flanders und Swann heraus.

Dann kamen Skiffle und Rock auf und krempelten die Popmusikwelt der Teenager total um. Britische Stars und Gruppen fingen endlich an, Platten zu machen, die Knüller waren, obwohl sie sich mit den amerikanischen Platten nicht vergleichen ließen. Die arme alte Parlophone aber setzte weiter auf die alten Hüte.

»Alle schienen eine Gruppe oder einen Sänger aufgegabelt zu haben, nur nicht Parlophone. Ich machte meine Runde durch die Londoner Espressobars und schaute mich nach Talenten um.«

Die Chance, Timmy Hicks alias Tommy Steele für sich zu verpflichten, nahm er nicht wahr, weil er glaubte, er sei nichts weiter als eine Nachahmung von Elvis Presley.

»Ich beneidete HMV und Columbia mit ihren amerikanischen Stars und andere Firmen mit britischen Stars wie Cliff Richard. In gewisser Weise ist es kinderleicht, sobald man einen Sänger oder eine Gruppe hat, von denen man weiß, daß sie beim Publikum beliebt sind. Da braucht man nichts weiter mehr zu tun, als einen neuen Song für sie zu finden.«

Während Skiffle und Rock einen riesigen neuen Teenagermarkt erschlossen, während das Schallplattengeschäft florierte, fiel Parlophone weiter zurück.

Im Mai 1962 wartete Parlophone, ohne daß Brian Epstein und die Beatles etwas davon ahnten, verzweifelt auf ihr Erscheinen: Der große George Martin, von dem sie jedes Räuspern und jedes Wort zu analysieren versuchten, war alles andere als groß.

Judy Lockhart-Smith, damals George Martins Sekretärin und jetzt seine Frau, erinnert sich, daß sie von Brian Epstein sehr beeindruckt war. Auch George war von ihm angetan. »Aber was er mir vorspielte, fand ich nicht gerade umwerfend. Ich hielt nicht sehr viel von den Songs oder den Sängern. Ich mußte jedoch gestehen, daß sie einen interessanten Sound hatten. Ich sagte, ich wolle eine Probe mit ihnen durchführen.«

Brian zog begeistert ab. Aber für George waren die Beatles noch nichts weiter als eine weitere Gruppe, die gern ins Plattengeschäft einsteigen wollte.

»Ursprünglich dachte ich nur daran, sie als begleitende Gruppe für einen bekannten Sänger zu verwenden, für Cliff Richard und die Shadows etwa. Ich suchte verzweifelt nach einem zweiten Cliff. Das war es, was ich mir dachte, als ich mit der Möglichkeit spielte, einer von ihnen könnte Starsänger sein. Als ich sie kennenlernte, wurde mir jedoch bald klar, daß das niemals klappen würde.«

George traf am 6. Juni 1962 zum erstenmal mit ihnen zusammen und ließ sie vorspielen.

»Ich fand sie recht interessant. Ich war gern mit ihnen zusammen. Das war schon irgendwie komisch, weil sie so unbedeutend waren – und ich so bedeutend. Eigentlich hätte es mir ganz gleichgültig sein können, ob sie mich mochten oder nicht. Aber ich freute mich, daß sie mich zu mögen schienen.«

George suchte sich drei oder vier Nummern aus Brians Liste aus, darunter »Love Me Do« und »PS I Love You«. George glaubt, es sei nur eine frühe Version von »Love Me Do« gewesen, denn den Song selbst fand er nicht gerade umwerfend. Aber ihm gefielen ihr Sound und ihre Eigenart. »Ich war von ihnen als Menschen beeindruckt. Ich dachte, ich kann nichts verlieren, wenn ich sie unter Vertrag nehme. Allerdings hatte ich noch keine Ahnung, was ich mit ihnen anfangen und welche Stücke ich mit ihnen aufnehmen sollte.«

Schließlich ließ er sie am 11. September 1962 nach London kommen, um ihre erste englische Platte zu machen: »Love Me Do« war der Haupttitel, auf der anderen Seite »PS I Love You«.

»Am Ende entschied ich mich doch für ›Love Me Do‹. Es war das Beste von ihrer ganzen Sammlung. Johns Harmonika gab der Nummer ihren besonderen Reiz.«

George Martin hatte erfahren, daß Pete Best nicht mehr mit dabei war und sie sich einen neuen Schlagzeuger geholt hatten. Aber er wollte kein Risiko eingehen, und so beschloß er, sich einen wirklich erfahrenen Schlagzeuger zu besorgen, der für alle Fälle in Reserve stehen sollte. Es war Andy White. Er teilte dies Brian mit, doch Ringo erfuhr nichts davon.

Bevor sie mit der Aufnahme begannen, erklärte ihnen George Martin, wie die Sache vor sich gehen sollte. »Sagen Sie mir, wenn Ihnen irgend etwas nicht gefällt«, schloß er.

»Zunächst einmal«, frotzelte George Harrison, »gefällt mir Ihr

Schlips nicht.« Das war natürlich nicht ernst gemeint. Aber George Martin nahm den Scherz nicht so harmlos auf. Es war nämlich ein funkelnagelneuer Schlips, auf den er sehr stolz war, schwarz mit roten Pferden. Doch alle lachten, und die Aufnahme begann.

Für Ringo war es die erste Plattenaufnahme. Er war alles andere als zuversichtlich. Er wäre noch unsicherer gewesen, hätte er von Anfang an gewußt, daß noch ein Schlagzeuger da war und wartete.

Sie begannen mit ihrer ersten Nummer, »Love Me Do«, die sie insgesamt 17mal spielten, bevor George Martin zufrieden war.

»Ringo stufte ich nicht sehr hoch ein«, erzählt George Martin. »Er konnte keinen Wirbel schlagen – und kann es noch immer nicht, obwohl er sich seitdem erheblich verbessert hat. Andy war der Schlagzeuger, den ich brauchte. Ringo war nur an Tanzlokale gewöhnt. Es war offensichtlich doch am besten, jemanden mit Erfahrung zu nehmen.«

»Ich war nervös. Das Studio machte mich unsicher«, gesteht Ringo. »Als wir später zurückkamen, um die andere Seite zu bespielen, mußte ich feststellen, daß sich George Martin einen anderen Schlagzeuger besorgt hatte, der an meiner Stelle saß. Das war furchtbar. Die Beatles hatten mich zu sich geholt. Aber nun sah es so aus, als sei ich gerade gut genug, um mit ihnen in Tanzlokalen aufzutreten, aber nicht gut genug für Platten.

Sie begannen mit ›PS I Love You‹. Der andere Kerl saß am Schlagzeug. Mir gab man die Maracas. Ich dachte, jetzt ist's aus. Jetzt machen sie es mit mir genauso wie mit Pete Best. Dann beschlossen sie, auch die andere Seite noch einmal aufzunehmen, die, bei der ich ursprünglich das Schlagzeug gespielt hatte. Diesmal gab man mir das Tamburin.

Ich war völlig niedergeschlagen. Zum Kotzen! Was für ein fauler Zauber ist doch dieses ganze Plattengeschäft, dachte ich. Genau das, was ich immer darüber gehört hatte. Man holt andere Musiker, um in den Studios bei den eigenen Platten einzuspringen. Wenn man mich für die Plattenaufnahmen nicht braucht, konnte ich mich ja verdrücken.

Aber niemand sagte etwas. Was konnten denn die anderen sagen oder ich? Wir waren nichts weiter als junge Burschen, die herumgeschubst wurden. Sie verstehen schon, was ich meine. Die anderen waren die großen Maxen, diese Londoner Plattenfirma und so weiter. Wir taten einfach, was man uns befahl.

Als die Platte herauskam, war mein Name zwar bei ›PS I Love

148

You‹ mit angeführt. Aber ich spielte nur die Maracas, und der andere Kerl saß an der Schießbude. Zum Glück für mich beschlossen sie, bei der ersten Version von ›Love Me Do‹ zu bleiben, bei der ich das Schlagzeug bedient hatte. Das war also okay.«

»Love Me Do«, ihre erste Platte, kam am 4. Oktober 1962 heraus. Inzwischen waren sie nach Liverpool zurückgekehrt, machten die Runde durch die Tanzlokale der Stadt und warteten darauf, daß sich alle Welt auf ihre Platte stürzen würde. Aber nichts dergleichen geschah.

Die Fans der Beatles in Liverpool kauften die Platte treu und brav in großer Zahl. Aber selbstverständlich vermag der Verkauf in einer Provinzstadt die Popularitätskurve nicht sehr zu beeinflussen. Auch schrieben sie in Massen an alle Disc-Jockeys. Zum erstenmal wurde die Platte von Radio Luxemburg gespielt.

»Als ich das erste Mal ›Love Me Do‹ im Radio hörte«, erzählt George, »lief mir ein Schauer über den Rücken. An einigen Stellen hörte ich mir ganz besonders die Technik der ersten Gitarre an. Ich dachte, ich höre nicht recht; aber das Wichtigste in unserem Leben war damals, unter die ersten zwanzig zu kommen.«

Schließlich kletterten sie in der Bestsellerliste im »New Record Mirror« auf die 49. Stelle hinauf. In der nächsten Woche tauchte die Platte in einer anderen Pop-Zeitung auf, im »New Musical Express«, wo sie bereits an die 27. Stelle kam. Dort blieb sie einige Zeit.

Aufgrund ihrer Platte gelang es Brian, ihnen einen ersten Auftritt im Fernsehen zu verschaffen, allerdings nur im nordenglischen Regionalprogramm. Dann aber mußten sie nach Hamburg zurückkehren, zu einem neuen Gastspiel im Star Club, zu dem sie sich vor der Plattenaufnahme verpflichtet hatten. Sie glaubten, daß ihre Platte, wenn sie nicht mehr im Land seien und daher auch nicht im Radio oder im Fernsehen auftreten könnten, ganz abrutschen würde. Sie reisten zu ihrem vierten Besuch in Hamburg ab. Ihre Platte kroch jedoch langsam nach oben. Das war für sie jedesmal ein Vorwand für wilde Feste. Der höchste Platz, den »Love Me Do« jemals erreichte, war die Nummer 17.

George Martin war mit »Love Me Do« zwar zufrieden, aber doch nicht allzu begeistert. Wenn sie hochkommen wollten, brauchten sie einen wirklichen Hit. Endlich fand er eine Nummer, die etliches zu versprechen schien: »How Do You Do It?« Er schickte sie an die Beatles. Aber denen gefiel sie nicht. George Martin entgegnete, ihm gefiele sie. Er sei der Chef und verlange, daß sie eine

Aufnahme davon machten. Also blieb ihnen nichts weiter übrig. Sie taten es, blieben aber bei ihrer Ablehnung und bestanden darauf, daß die Platte nicht produziert würde.

Das war für eine Gruppe von so jungen, unerfahrenen Provinzlern, die noch nicht einmal Noten lesen oder schreiben konnten, ein Zeichen von gewaltigem Eigensinn. Mochte es nun Tapferkeit oder einfach Naivität sein: dem gutunterrichteten, mächtigen George Martin wollten sie Vorschriften machen.

»Ich sagte ihnen, daß ihnen damit ein sicherer Hit entginge. Es sei ihr eigenes Begräbnis. Aber wenn sie schon so dickköpfig waren, sollten sie doch selber etwas Besseres machen. Sie waren schon damals sehr von sich eingenommen. In dieser Hinsicht haben sie sich kein bißchen geändert. Sie produzierten tatsächlich etwas Besseres: ›Please Please Me‹. Diese Nummer warf mich um.«

Die zweite englische Platte der Beatles mit »Please Please Me« wurde am 26. November 1962 aufgenommen. Aber erst im Januar 1963 kam sie heraus. Zur Aufnahme kehrten sie aus Hamburg zurück und reisten dann wieder ab. Diesmal war es nur für ein paar Wochen. Es war ihr fünftes und letztes Auftreten in den Hamburger Lokalen.

Am Ende des Jahres führte der »New Musical Express« seine übliche Popularitätsabstimmung durch. Unter den Gesangsgruppen rückten die Springfields mit 21 843 Stimmen auf den ersten Platz. Die Beatles waren mit 3906 Stimmen, wahrscheinlich alle aus Liverpool, ganz, ganz unten. Aber immerhin waren sie mit dabei. Sie existierten, obwohl noch wenig darauf hindeutete, daß sie genau die Gruppe waren, die George Martin und Parlophone so dringend brauchten.

Dick James ist der einzige Mann aus dem traditionellen Showgeschäft, der jemals, beruflich oder als Freund, in den Kreis der Beatles eingedrungen ist. Er lernte sie kurz nach George Martin kennen, und wie dieser hielt er damals verzweifelt Ausschau nach einer erfolgreichen Gruppe.

Dick James hat schon immer seine Finger in diesem Geschäft gehabt. Er entstammt dem jüdischen Milieu in London, in dem man mit allen Agenten und Bandleadern der Zukunft aufwächst, mit den Jungen, die einem stets helfen werden. Er ist von Natur sehr frohsinnig, wahrscheinlich der glücklichste Mensch in dem ganzen Kreis. Als er die Beatles kennenlernte, war er ein ganz auf sich gestellter Musikverleger. Jetzt leitet er ein großes

Musikunternehmen. Er ist Millionär. Aber das verdankt er nicht etwa nur den Beatles, sondern seiner eigenen harten Arbeit.

Er wurde als Richard Leon Vapnick 1920 im Londoner East End geboren. Sein Vater, ein Metzger, war 1910 aus Polen eingewandert. Mit siebzehn war Richard Berufssänger. Nach dem Krieg schloß er sich Geraldo an, der ihn sofort in Dick James umtaufte. Danach trat er viele Jahre lang mit den meisten großen Orchestern jener Zeit auf. Schließlich wurde er Solosänger.

»Ich kam niemals an die Spitze. Niemand wurde hysterisch, wenn ich auftrat.«

Aber er verdiente gut. Er machte auch eine Menge Platten. Nichts Umwerfendes. Eine Weile arbeitete er mit Decca zusammen, brachte aber der Firma nicht viel Geld ein. 1952 landete er bei Parlophone. Dort war ein intelligent aussehender junger Mann mit Namen George Martin, der bereit war, sich mit populären Sängern die größte Mühe zu geben. Aber trotz einiger Erfolge wußte Dick James, daß es für ihn als Sänger keine große Zukunft gab, da er eine ganz andere Richtung pflegte als die neu aufkommenden Gruppen und Solisten, die sich Rock und Skiffle zugewandt hatten. »Ich fühlte, daß eine Revolution bevorstand. Aber ich war zur falschen Zeit am falschen Ort.«

Im September 1961 eröffnete er in zwei Zimmern seinen eigenen Musikverlag. Im Sommer 1962 waren die Geschäfte in Gang gekommen, jedoch hatte er noch keine Hits entdeckt.

Eines Tages suchte ihn der Sohn eines Freundes mit einem Stück auf, das er keinem anderen Musikverleger hatte verkaufen können. Dieser Song hieß »How Do You Do It«. Damit eilte er zu George Martin, seinem alten Freund bei Parlophone. Jetzt wird ein wenig klarer, warum George Martin gar so scharf darauf war, daß die Beatles eine Aufnahme von diesem Song machten.

»Ich erklärte George, es sei fabelhaft. Er meinte, es könnte was für seine neue Gruppe sein – aus Liverpool. ›Liverpool?‹ fragte ich. ›Mach keine Witze! Was kommt denn schon aus Liverpool?‹«

Der aufgeregte Dick war felsenfest davon überzeugt, endlich den Hit zu haben, auf den er so lange gewartet hatte. Aber noch im November 1962 rief George Dick an, um ihm zu sagen, die Beatles hätten selbst etwas komponiert, »Please Please Me«. Wie er sagte, war es ausgezeichnet.

Damit schien jedenfalls Dick James aus dem Rennen zu sein. Aber George Martin fuhr fort, Brian Epstein sei eben bei ihm im Büro. Er kenne niemanden in London. Vielleicht könne Dick ihm behilflich sein. Dick James erklärte sich bereit. Er fragte auch, ob er nicht »Please Please Me« verlegen könne, denn George habe doch gesagt, es sei so ausgezeichnet.

Brian hatte bereits eine Verabredung mit einem anderen Verleger getroffen. Aber er versicherte Dick James, er würde ihn hinterher aufsuchen, um festzustellen, was er davon hielte. »Ich saß am nächsten Vormittag um halb elf in meinem Büro, als Brian hereinkam, eine halbe Stunde früher als verabredet. Er erzählte, er sei bei diesem anderen Musikverleger gewesen. Fünfundzwanzig Minuten habe er gewartet, aber nur ein Bürolehrling habe sich gezeigt. Nun könne ich die erste Option haben. Er spielte mir das Stück vor, und ich sagte, es sei der aufregendste Song, den ich seit Jahren gehört hätte. Ob ich ihn haben könnte?«

Brian Epstein, dieser Neuling aus Liverpool, war trotz allem nicht mehr ganz so unerfahren. Er erklärte, wenn Dick James den Beatles etwas Publizität verschaffen könnte, sollte er das Stück haben. Dick James, wenn auch sehr viel unbedeutender, als Brian Epstein damals vermutete, griff zum Telefon und rief einen seiner alten Kontaktleute an. Es war Philip Jones, der einiges von James Sachen bei Radio Luxemburg untergebracht hatte.

»Ich machte die Sache gleich am Telefon perfekt. Ich spielte Philip ›Please Please Me‹ vor, und er sagte, ihm gefiele es. Er würde es in eine Show einbauen.«

Damit hatte Dick James innerhalb von fünf Minuten das erste Auftreten der Beatles im Londoner Fernsehen arrangiert. Brian Epstein war natürlich sehr beeindruckt. Beim nachfolgenden Essen wurde Dick James zum Musikverleger der Beatles. Ein Musikverleger kann recht gute Geschäfte machen, wenn er die richtigen Komponisten hat, die für ihn schreiben. Alle Copyright-Einnahmen werden je zur Hälfte zwischen Verleger und Komponist geteilt. Durch die Begegnung mit den Beatles stand Dick James nun am Anfang eines steilen Aufstiegs.

Unterwegs

Das Jahr 1963 begann für die Beatles mit einer Platte, die herausgekommen war, und einer anderen, die demnächst erscheinen sollte. Sie hatten George Martin und Dick James gefunden und sollten nun im Londoner Fernsehen auftreten. Aber sie waren noch immer völlig unbekannt. Es fiel Brian Epstein sehr schwer, ihnen Publizität zu verschaffen.

Er versuchte es noch immer mit George Harrison vom Liverpooler »Echo«, aber ohne Erfolg. Er schrieb auch erneut an Disker, den Plattenkritiker des »Echo«. Er hatte sich bereits 1962 mit einem Schreiben an Disker gewandt und war überrascht gewesen, als Antwort einen Brief von Decca in London zu erhalten, und zwar von einem Mann namens Tony Barrow.

Tony Barrow nannte sich schon seit 1953 »Disker«. Damals war er siebzehn Jahre alt und ging noch zur Schule. Auch während seines Studiums und als Angestellter bei Decca schrieb er unter diesem Namen für das »Echo«. Noch heute ist er Disker, obwohl er der Pressechef der Beatles ist. Als »Love Me Do« herauskam, schrieb er in seiner Disker-Kolumne über die Beatles.

Nachdem eine Platte seiner Gruppe erschienen war, kam Brian öfter nach London. Dort traf er sich mit Tony Barrow und fragte ihn, was man tun müsse, um bekannt zu werden.

»Brian hatte keine Ahnung, wie man eine Platte lanciert, und so brachte ich ihn mit der Fachpresse in Verbindung. Dann erklärte er, er habe keinen Pressechef.« Barrow machte ihn mit Andrew Oldham bekannt, der dann einer von Epsteins Mitarbeitern und später der Manager der Rolling Stones wurde.

Tony Barrow trennte sich schließlich von Decca und trat am 1. Mai 1963 in Brians Londoner Büro ein, um hauptberuflich für NEMS zu arbeiten. Sechs Monate lang schickte er unentwegt Berichte an die Presse. Die meisten davon blieben unbeachtet.

In den Musikzeitschriften wurde aber über alle neuen Platten berichtet, insbesondere über »Please Please Me«, das am 12. Januar herauskam. Am 16. Februar erreichte diese Nummer den ersten Platz in der Hitliste. Das wurde natürlich ausführlich kommentiert. Aber die großen Zeitungen hielten sich zurück.

»Niemals gelang es mir, einen der Aktualitätenreporter oder Nachrichtenredakteure für die Beatles zu interessieren«, sagt Tony Barrow. »Erst im Oktober 1963 ging es richtig los. Nur zu gern würde ich sagen, daß meine hervorragenden Werbetexte die Beatles aufgebaut haben. Aber das stimmt nicht. Die Presse hat sehr, sehr lange gebraucht, um einzusteigen. Überall gerieten die Jugendlichen wegen der Beatles in Ekstase, nicht nur in Liverpool. Aber niemand schien es zu bemerken. Mit ihrer zweiten Platte hatten sie sich an die Spitze der Hitparade gesetzt. Aber die großen Zeitungen ließ das kalt.«

Die einfache Erklärung dafür ist wohl, daß die britische Presse den Knüller gar nicht erkannt hat. Etwas Derartiges hatte sich in Großbritannien noch niemals ereignet.

Obwohl die Beatles draußen im Land nicht beachtet wurden, erhielten sie doch endlich zumindest in Liverpool eine gute Presse. Am 5. Januar 1963 widmete Disker ihrer bevorstehenden zweiten Platte »Please Please Me« eine lange Besprechung – ohne allerdings zu erwähnen, daß er nebenher als Pressechef die Beatles »verkaufen« mußte.

Auch der berühmte George Harrison wollte nun den Anschluß nicht verpassen. Aber in seiner Kolumne fragte er noch immer, ob diese Nummer der Beatles nicht eine Eintagsfliege sei.

Einige Monate später jedoch war George nicht mehr zu halten: Er begann damit zu prahlen, daß er den gleichen Namen trüge wie der berühmte George Harrison. Er erklärte, er hätte massenhaft Geburtstagskarten erhalten, die an »George Harrison, Liverpool« adressiert gewesen seien. Man bat ihn sogar um Haarlocken. Auf solche Anfragen entgegnete er, er wünschte sich nur, er hätte genug Haare für sich selber; zum Verschenken sei bei ihm wahrlich nichts übrig.

Leute in Liverpool, die Lennon, McCartney, Harrison und Starkey hießen, wurden nun ebenfalls belästigt. Fremde Mädchen riefen sie die ganze Nacht hindurch an.

Aber der große Erfolg, der sich dadurch zeigte, daß sie in der Hitliste standen, lag nicht darin, daß nun das »Liverpool Echo« über sie schrieb, sondern daß sie für eine Tournee durch das ganze Land eingeladen wurden. In dieser Phase der Entwicklung war es von entscheidender Bedeutung, an einer solchen Tournee teilzunehmen. Die Beatles mußten aus der Enge der Merseyside ausbrechen und sich dem Publikum im ganzen Land stellen. Es galt festzustellen, ob sie auf Fremde ebenso wirkten wie auf die Fans in Liverpool, mit denen sie aufgewachsen waren. Eine große Tournee war auch das sicherste Mittel, eine Platte durchzusetzen.

Bei der ersten Tournee im Februar 1963 standen die Beatles noch im Schatten von Helen Shapiro. Sie war der Knüller der Show. Schon als junger Teenager hatte sie es zum singenden Star gebracht.

Arthur Howes war der Promoter. Er konnte bereits große Erfolge auf seinem Gebiet vorweisen. So hatte er alle Tourneen Cliff Richards aufgezogen. Dadurch, daß er schon sehr früh auf die Beatles stieß, lange bevor sie an der Spitze standen, konnte er – mit einer Ausnahme – alle ihre Tourneen in Großbritannien managen.

Brian hatte schon seit langem versucht, mit Arthur Howes in

Verbindung zu treten. Es imponierte ihm, daß er die Tourneen Cliff Richards organisiert hatte. Als er seine Privatadresse erhielt, war er überrascht, daß Arthur in Peterborough lebte. Das war 1962, als er noch die Schallplattenfirmen abklapperte.

Arthur berichtet: »An einem Samstagnachmittag klingelte bei mir zu Hause in Peterborough das Telefon. Jemand, der sich Brian Epstein nannte, rief mich aus Liverpool an. Er erklärte mir, er habe eine großartige Gruppe, ob ich die nicht irgendwo einbauen könnte. Er nannte mir ihren Namen ›Beatles‹, und ich mußte lachen. Ach, mein Gott, da haben wir's wieder, dachte ich, noch so eine Gruppe mit einem läppischen Namen. Ich habe aber noch nie eine Gruppe abgewiesen, bevor ich sie mir nicht angehört hatte. Ich erklärte ihm, in Peterborough liefe eine Show, bei der sie mitmachen könnten.«

Er zahlte ihnen kein Honorar, vergütete ihnen aber ihre Unkosten. Dieser Abend im Embassy in Peterborough war ihr erster Auftritt in einem Theater außerhalb der Merseyside. Es wurde ein völliger Reinfall, ein Abend, an dem das Publikum »auf seinen Händen saß«.

Aber Arthur Howes gefielen die Beatles. Er verpflichtete sie für ein anderes Theater in der Nähe von Peterborough. Wieder ein Mißerfolg. Trotz allem nahm Arthur Howes sie unter Vertrag. Das hatte an sich nicht viel zu bedeuten. Aber auf diese Weise konnte er die Beatles verpflichten, wenn er sie haben wollte. »Ich mochte sie noch immer, rein menschlich. Und in Brian sah ich den großen Geschäftsmann. Ich war von ihm wirklich sehr beeindruckt.«

Als sie dann Anfang 1963 etwas vorzuweisen hatten, griff er auf seinen Vertrag mit ihnen zurück. Er beschloß, sie in seine Helen-Shapiro-Tournee einzubauen. Sie waren noch immer nicht Nummer eins, als sie im Februar 1963 aufbrachen. Sie waren noch nichts weiter als eine Gruppe, die das Programm füllte. »Was mich betrifft, so brauchten sie sechs Monate, um es zu schaffen. Mich interessiert immer nur die Kasse. Wenn sie nichts taugen, gibt es auch keine Einnahmen. Romantische Gefühle kann sich kein Veranstalter leisten: Unser Bier ist harte Arbeit.«

»Die Tournee war für uns eine Erlösung«, sagt John, »allein das Gefühl, aus Liverpool herauszukommen und Neuland zu erobern. Wir fühlten uns verbraucht und verkrampft. Immer wieder liefen wir davon. Wenn wir von irgendeinem Platz die Schnauze voll hatten, beschlossen wir sofort, abzuhauen, wenn

155

etwas Neues in Sicht war. Das Hamburger Milieu war für uns passé. Das alles wollten wir hinter uns bringen. Die letzten beiden Male kotzte uns der Aufenthalt in Hamburg geradezu an.«

»Für uns war das eine große Sache«, erzählt Ringo, »Helen Shapiro begleiten und in richtigen Theatern auftreten. Einmal waren wir in Liverpool im Empire, als Brian eine Show aufzog, nur um uns weiterzuhelfen. Wir waren die dritten im Programm. Irgend so ein Cockneymanager von einem der angeblichen Stars legte sich mit uns an. Er wollte überhaupt nicht, daß wir in der Show mitmachten. Aber so eine richtige Theatertournee war schon prima. Von so manchem, wie zum Beispiel vom Schminken, hatten wir keine Ahnung, weil wir niemals richtig aufgetreten waren. Es dauerte lange, bis wir es auch probierten. Ich glaube, ich sah mir einmal Frank Ifield an. Seine Augen wirkten phantastisch. Wir dachten, probieren wir's doch auch. Wir stolzierten herum wie die Indianer, über und über mit dem Zeug beschmiert.«

Zu Beginn der Helen-Shapiro-Tournee erregten sie kein Aufsehen. Erst später, als ihre zweite Platte zum Top-Hit wurde, kamen sie an.

John kann sich daran erinnern, daß es in Glasgow ziemliches Geschrei gab. Er sagt, die Schotten hätten immer so geschrien. Die Leute dort mochten noch immer Rock and Roll. Und die Beatles waren damals praktisch eine Rock-and-Roll-Gruppe: »Twist and Shout«, das sie damals in ihre Vorstellung einbauten, war vielleicht der extremste, der wildeste Rock-and-Roll-Stil, den sie jemals gesungen haben.

John kann sich von keiner Tournee, die sie gemacht haben, an irgendeine Stadt, irgendeinen Ort erinnern. »Wir wußten niemals, wo wir gerade waren. Es war immer alles das gleiche.«

Ringos einzige Erinnerung an diese erste Helen-Shapiro-Tournee beschränkt sich darauf, daß er bei einem Ball hinausgeworfen wurde. »Ich glaube, es war in Carlisle. In dem Hotel, in dem wir wohnten, war ein Jägerball. Wir dachten, schauen wir einmal hinein. Eine Menge doofer Typen war da, alle stockbesoffen. Sie warfen uns 'raus, weil wir wie Schläger aussahen.«

Als »Please Please Me« zur Nummer eins wurde, wurden sie allmählich bei den Pop-Fans besser bekannt. Gegen Ende der Tournee erhielten sie soviel Beifall wie der Star Helen Shapiro, was zu einem etwas gespannten Verhältnis führte.

Nach der Tournee schickte Arthur Howes sie sofort auf eine neue.

Die Hülle der Platte »Please Please Me«, die im Januar 1963 herauskam; sie kam als erste Beatleplatte an die Spitze der Bestsellerliste.

Jetzt hatten sie ja eine Nummer eins der Hitliste hinter sich. Die Tournee begann im März 1963. Die Stars der Show waren Chris Montez und Tommy Roe. Die Beatles standen als dritte auf dem Programm.

Sie wurden immer besser aufgenommen. Nun wurden sie in der Pop-Welt bekannt. Sie wurden aufgefordert, für andere Leute Songs zu schreiben. Sie schrieben einen für Helen Shapiro.

Cliff Richards neuer Song »Summer Holiday« verdrängte schon bald »Please Please Me« als Nummer eins. Aber Gerry and the Pacemakers kamen kurz darauf mit »How Do You Do It« an die Spitze, mit einer Nummer, die die Beatles abgelehnt hatten. Im März 1963 war der »Liverpool Sound« ein Begriff, dessen sich die Leute im Pop-Geschäft bedienten. Sie bezeichneten damit eine gewisse Klangfarbe.

Der Erfolg von »Please Please Me« führte im April 1963 zu ihrer ersten Langspielplatte, die den gleichen Namen trug. Sie enthielt beide Seiten ihrer ersten beiden Platten, dazu noch »Twist and Shout«, »A Taste of Honey« und andere. Die Platte blieb sechs Monate lang auf der Bestsellerliste.

Im April 1963 brachten sie auch ihre dritte Einzelplatte heraus, »From Me To You«. Sie wurde ebenso wie »Please Please Me« Nummer eins; sie erhielten dafür eine silberne Schallplatte.

Brian nahm noch immer andere Liverpooler Künstler unter Vertrag, z. B. Billy Kramer. Er gab ihm eine neue Gruppe zur Begleitung, die Dakotas aus Manchester. John und Paul schrieben einen Song für ihn, »Do You Want To Know A Secret«. Er wurde Nummer eins.

Bereits im April 1963, als ihre dritte Platte, »From Me To You«, herauskam, fing man an, ihre Platten zu vergleichen. Man sagte bereits, sie hätten nachgelassen. Disc-Jockey Keith Fordyce schrieb: »Das Singen und das Zusammenspiel sind gut. Es hat viel Brillanz. Der Text ist die übliche, gängige Ware. Aber ich halte die Melodie für bei weitem nicht so gut wie bei den letzten beiden Platten dieser Gruppe.«

John und Paul hatten diesen Song während der Helen-Shapiro-Tournee im Zug komponiert. Sie schrieben einfache, unkomplizierte Texte, wie sie es immer getan hatten. Sie suchten leicht verständliche Wörter für die Titel, mit denen sich ihre Zuhörer identifizieren konnten.

Im Mai verpflichteten sie sich erneut zu einer Tournee durch das ganze Land, diesmal mit Roy Orbison. Das war ihre einzige Tournee in Großbritannien, die nicht Arthur Howes veranstaltete. Er hatte damals keine Tournee vorgesehen. Aber Brian war der Ansicht, sie sollten weiterhin auf der Achse bleiben und ihren Plattenruhm absahnen.

Vor ihrer Abreise verbrachten sie einen kurzen Urlaub auf

Teneriffa. Sie wohnten im Ferienhaus von Klaus' Vater. Mit Klaus standen sie noch immer in Verbindung. Auf diesem Urlaub wäre Paul fast ums Leben gekommen, denn er war zu weit hinausgeschwommen und wurde von der Strömung von Land abgetrieben.

Wann immer es ihnen während der Tourneen oder in den Pausen dazwischen möglich war, kehrten sie alle nach Liverpool zurück. »Wir gaben mächtig an«, erzählt Ringo. »Eine Gruppe von Professionellen, Sie verstehen schon. Die meisten Gruppen mußten sich noch immer mit kleinen Jobs begnügen.«

Trotz ihres Erfolges fühlte sich John in Liverpool unsicher und irgendwie befangen.

»Wir konnten es ja nicht sagen: Aber im Grunde kehrten wir nicht gern nach Liverpool zurück. Lokalhelden zu sein, das machte uns nervös. Wenn wir dort eine Show machten, wimmelte es immer von Leuten, die wir kannten. Wir fühlten uns fehl am Platz in unseren adretten Anzügen, so sauber gewaschen. Wir machten uns Sorgen, unsere Freunde könnten annehmen, wir hätten uns verkauft. Das hatten wir in gewisser Weise ja auch getan.«

Während ihrer dritten Tournee mit Roy Orbison im Mai 1963 lösten sie Tumulte aus, jedoch nicht so, daß sie von der Presse des ganzen Landes aufgegriffen worden wären. Es war ihre erste Tournee als Stars der Show, und allmählich weckten sie überall eine ähnliche Reaktion wie früher im Cavern in Liverpool.

Obwohl Brian sie mehr auf das Show-Geschäft hin dressiert und aufpoliert hatte, alberten sie noch immer auf der Bühne herum, sangen sentimentale Lieder, wenn etwas schiefging, und begannen mit einer komischen Einführung.

Bei dieser Tournee mit Roy Orbison gab es erstmals einen schwarzen Markt für Eintrittskarten. Sie wurden auf der Bühne mit Gummibärchen beworfen, nachdem George so unvernünftig gewesen war zu sagen, daß er sie mochte. Im Theater, in ihrem Hotel und überall, wohin sie gingen, wurden sie von Menschenmengen bedrängt.

Für Neil Aspinall, ihren Reisemanager, war die Sache nicht mehr so einfach, sobald die Tourneen begannen. In Liverpool war es nicht so schwierig gewesen, denn dort kehrte man immer wieder an die gleichen Orte zurück. Jetzt aber gab es jeden Tag eine neue Straße, ein neues Hotel, ein neues Theater und neue Probleme.

»Bei jeder Tournee gab es Ärger mit den Mikrophonen«, erzählt

John. »In keinem Theater bekamen wir es jemals so, wie wir es haben wollten. Selbst wenn wir vorher am Nachmittag probten und den Leuten sagten, wie es sein sollte, klappte es noch immer nicht richtig. Sie befanden sich entweder in einer falschen Stellung, oder sie waren nicht laut genug. Die Leute stellten sie einfach so auf wie sonst für ihre Amateurabende. Vielleicht hatten wir den Tick, sie könnten unsere Musik nicht ernst nehmen. Das machte uns rasend. Brian saß im Kontrollraum, und wir brüllten es ihm zu. Dann signalisierte er uns zurück, daß sie es nicht besser hinkriegten.«

Am meisten aber brüllten sie Neil an. Es gehörte mit zu seinen Aufgaben, sie und ihre Ausrüstung rechtzeitig überall hinzubringen und ihnen bei der Aufstellung zu helfen. Als die Fans damit anfingen, sie zu bedrängen, sie physisch in Gefahr zu bringen, und dabei auch noch versuchten, Stücke der Ausrüstung zu klauen, wurde es für Neil immer schwieriger, ja unmöglich, alles in der Hand zu behalten.

»Während einer fünfwöchigen Tournee verlor ich einmal mehr als fünfunddreißig Pfund. Niemand wird es mir glauben, aber es stimmt. Fünf Wochen lang konnte ich weder essen noch schlafen. Es blieb einfach keine Zeit dafür.«

So wurde Malcolm Evans eingestellt, der Rausschmeißer vom Cavern. Er trat Neil als Reisemanager zur Seite und blieb während all ihrer Tourneen bei ihnen. Beide sind sie heute noch mit ihnen zusammen. Sie wurden ihre vertrautesten Gefährten und Freunde.

Neil ist hager, hoch intelligent, tüchtig. Ohne viel Worte zu verlieren, setzt er seine fest umrissenen Ansichten durch. Er ist keineswegs ein Jasager. Ein wenig ähnelt er George. Malcolm ist groß, kräftig, offenherzig, gutmütig und unbekümmert. Neil gab seinen Beruf als Buchhalter auf, um sich den Beatles anzuschließen. Malcolms einstige Stellung war weniger großartig. Aber er hatte sich dabei wohl gefühlt.

Malcolm hatte schon seit elf Jahren als Fernmeldetechniker gearbeitet, als die Beatles erschienen und sein Leben änderten. Damals war er verheiratet, hatte ein Kind und zahlte die Hypothek auf ein kleines Haus ab. Außerdem war er der stolze Besitzer eines Wagens und hatte ein gutes Gehalt von fünfzehn Pfund in der Woche. Er war völlig gesichert, mit bezahltem Urlaub und Pensionsberechtigung. Es sah aus, als habe er für sein Leben ausgesorgt.

Als er eines Tages im Jahr 1962 aus dem Postamt trat, beschloß er, nicht den Pier Head entlangzugehen, wo er sonst seine Mittagspause verbrachte. »Ich sah diese kleine Straße, die Matthew Street, die mir niemals zuvor aufgefallen war. Ich ging sie entlang und kam zu diesem Lokal, dem Cavern Club. Niemals zuvor bin ich im Innern eines Klubs gewesen. Ich hörte von unten Musik. Sie klang wie echter Rock, ein bißchen wie Elvis. So zahlte ich meinen Shilling und ging hinein.« Danach ging er so oft hin, daß man ihn fragte, ob er nicht Rausschmeißer werden wollte. Er sollte den Eingang bewachen und hatte auf diese Weise freien Eintritt.

Er hatte etwa drei Monate lang in seiner Freizeit den Rausschmeißer gespielt, als Brian ihn im Sommer 1963 bat, doch den Postdienst aufzugeben und ihr zweiter Reisemanager zu werden. Während all der Tourneejahre bestand seine Aufgabe darin, den Lieferwagen, in dem sich die gesamte Ausrüstung befand, zum Ort ihres nächsten Auftritts zu fahren, sie dort aufzubauen und rechtzeitig vor ihrem Auftritt zu überprüfen. Hinterher räumte er alles wieder weg. Neil hatte sich um das persönliche Wohlergehen der Beatles zu kümmern.

Malcolm schätzt, daß er während seiner ersten Woche bei den Beatles sechsmal an die Luft gesetzt wurde. »Nie zuvor hatte ich ein Schlagzeug aus der Nähe gesehen. Ich hatte keinen blassen Dunst. Neil half mir während der ersten paar Tage. Aber am ersten Tag, an dem ich allein 'ran mußte, war der Ofen aus. Da war eine riesige Bühne, und ich ratlos mittendrauf. Ich wußte nicht, wo ich alles aufbauen sollte. Ich haute den Schlagzeuger einer anderen Gruppe an, mir zu helfen. Ich wußte aber nicht, daß jeder Schlagzeuger seine Schießbude in bestimmte Höhe montiert haben will. Er zauberte es dann auf seine Kragennummer hin, aber Ringo konnte damit nichts anfangen.

Das Schlimmste aber passierte im Finsbury Empire in London, als mir Johns Gitarre wegkam. Noch dazu war es eine, die er schon seit Jahren hatte. Sie verschwand ganz einfach. ›Wo ist mein Jumbo‹, fragte er. Ich wußte es nicht. Es ist mir heute noch ein Rätsel. An jenem Tag habe ich was einstecken müssen.

Es war großartig, all diesen Menschen zu begegnen, die ich im Fernsehen gesehen hatte. Ich hatte wirklich einen Starfimmel. Eigentlich habe ich ihn heute noch. Bald wurde mir natürlich klar, daß viele Leute nur deshalb nett zu mir waren, um an die Beatles heranzukommen. Bald konnte ich diese Typen eine Meile gegen den Wind riechen.«

»Das war eine Schau«, erzählt Neil. »Hinaustreten und die

Instrumente aufbauen. Mordspopulär war er. Während sie ihm zujubelten und zuriefen, redete er mit ihnen und machte Witze. Wenn es dann erst einmal losging, brauchte er sie nicht mit physischer Kraft abzuwehren.«

»Meine Ansichten über diese Knaben änderten sich bald«, erzählt Malcolm. »Bis dahin hielt ich sie für vier schöne Menschenkinder. Für mich waren sie geradezu Götter. Bald kam ich aber darauf, daß sie nichts weiter als ganz gewöhnliche Burschen waren, nicht etwa aus Platin. Damit mußte ich mich erst einmal abfinden.«

Das Schlimmste bei all diesen Tourneen, das sagen beide, spielte sich vor einer Show in der Garderobe ab: Drinnen drängten sich die Reporter, die Polizisten und das Theaterpersonal. Draußen stürmten die Fans herein. »Ich mußte mich einfach um alles kümmern«, sagt Neil, »bis wir dann einen Pressesekretär hatten. Dabei sollte ich ständig etwas zu essen heranschaffen.

Wenn es zu lärmend zuging, wenn jemand lästig wurde, rief John oder einer der anderen: ›Krüppel, Neil!‹ Das bedeutete: ›Schaff mir den Knaben vom Halse!‹ Ursprünglich hatte es wirklich ›Krüppel‹ bedeutet. Aber mit der Zeit bezog es sich auf jeden, der im Wege war.

Immer hatten wir eine Menge Krüppel, schon von den ersten Tourneen an. Wenn wir ins Theater kamen, saßen sie in der Garderobe. Die Theaterleitung ließ es zu, wohl in der Annahme, wir sähen sie gern, da es hieß, wir wären so reizende Burschen. Es war entsetzlich. Man konnte sich nicht bewegen. Was sollten wir tun? Sie konnten sich ja selber kaum rühren, und so mußten Mal und ich sie für gewöhnlich hinaustragen.

Je größer die Zahl der Beatles-Fans wurde, desto mehr nahm das alles überhand. Das Image der Beatles war aus irgendwelchen Gründen auf gut und schön angelegt. Die Leute glaubten, wir wollten sie sehen und seien enttäuscht, wenn sie nicht da sind.«

Manche glaubten sogar, die Gegenwart der Beatles könne sie auf wunderbare, magische Weise heilen. Das war eine Seite der Schwärmerei, von der niemals etwas in die Zeitungen gelangte. Bilder von Krüppeln, die aus ihrer Garderobe hinausgetragen wurden, das wäre einfach zuviel gewesen.

Bei diesen ersten Tourneen, auf denen sie kreuz und quer durchs Land fuhren, kam es bereits zu recht beachtlichen Tumulten. Aber sie waren doch noch durch und durch eine Liverpool-Gruppe, die es zwischen den einzelnen Tourneen in die alten Merseysidegefilde zog. Erst am 23. August 1963 traten sie zum endgültig letzten Mal im Cavern auf.

John war zur Geburt seines Sohnes Julian – nach seiner Mutter so genannt – in Liverpool. Als er Cyn im Krankenhaus besuchte, mußte er sich verkleiden, um nicht erkannt zu werden. Das war noch im April 1963. In Liverpool waren sie in aller Munde, woanders noch immer unbekannt. »Ein paar Leute erkannten mich. ›Da ist einer von ihnen!‹ hörte ich jemand rufen. Da mußte ich die Beine in die Hand nehmen.«

Ein paar Tage nach der Geburt machte John mit Brian Urlaub in Spanien. Cyn zog aus der kleinen Wohnung im Zentrum von Liverpool zu Mimi in die Menlove Avenue. »Wenn ich Julian in seinem Kinderwagen in Woolton herumfuhr, traten die Leute auf mich zu und fragten: ›Sind Sie Cynthia Lennon?‹ Ich sagte nein.«

Im Juni 1963, an Pauls 21. Geburtstag, war Liverpool noch immer das Beatles-Hauptquartier. Natürlich wußten alle Fans Bescheid, so daß Paul seine Geburtstagsparty nicht bei sich zu Hause in der Forthline Avenue geben konnte. Sie fand bei seiner Tante Jinny statt.

Es wurde eine lärmende Orgie mit viel Alkohol. Alle berühmten Gruppen spielten: die Foremost, die ebenfalls von Brian unter Vertrag genommen waren, und die Scaffold, eine Liverpooler Gruppe, die sich aus Roger McGough, einem Liverpooler Dichter, John Gorman, einem Schauspieler und Boutiquenbesitzer, und Michael McGear zusammensetzte. Das war der ehemalige Michael McCartney, Pauls Bruder also.

Michael arbeitete noch immer als Friseur. Aber er hatte angefangen, in seiner freien Zeit mit den Scaffold aufzutreten. Nachdem Paul in Liverpool berühmt geworden war, hatte Michael seinen Namen geändert. Keiner sollte auf den Gedanken kommen, er wollte vom Namen McCartney profitieren. Er lehnte es auch ab, zu singen.

Auf dieser Party geriet John mit Bob Wooler in eine Schlägerei mit dem Mann, der noch immer Disc-Jockey in Cavern war und vor Brian so viel für sie getan hatte, um ihnen zu Engagements zu verhelfen.

»Ich schlug ihn zusammen«, sagte John. »Ich habe ihm seine verdammten Rippen gebrochen. Ich war damals blau. Er hat mich einen Schwulen genannt. Hinterher hat er mir einen Prozeß gemacht, weil ich ihn verdroschen hatte. Ich zahlte zweihundert Pfund, um die Sache aus der Welt zu schaffen. Das war wahrscheinlich die letzte richtige Schlägerei, in die ich geraten bin.«

In so mancher Hinsicht war es das Ende einer Ära. Es war der

Anfang vom Ende in bezug auf Johns heftige, aggressive und herausfordernde Einstellung dem Leben und seinen Mitmenschen gegenüber. Und es war der Anfang vom Ende ihrer ganzen Liverpool-Phase, da ihre Tourneen nun endlich das ganze Land aufhorchen ließen.

Nach London zurückgekehrt, machten sie ihre vierte Einzelplatte. »She Loves You«. Das war der Beginn von Yeah Yeah und ihrer Berühmtheit im ganzen Land. Liverpool war nun nur noch der Ort, aus dem sie stammten.

Die Beatlemanie

Im Oktober 1963, als der Christine-Keeler-Profumo-Skandal eben abebbte, brach die Beatlemanie, das Beatlefieber über die Britischen Inseln herein.

Drei Jahre blieb es dabei, und in dieser Zeit breitete sich dieses Fieber weiter aus und packte die ganze Welt. Drei Jahre lang wurde unaufhörlich gekreischt und yeah yeah geschrien. Eine endlose Folge hysterischer Teenager aus allen Schichten und von jeder Hautfarbe brüllte völlig außer sich drauflos. Niemand vermochte mehr bei dem allgemeinen Toben zu hören, was auf der Bühne vor sich ging. Jeder einzelne dieser jungen Menschen war seelisch, geistig oder sexuell hochgradig erregt. Sie hatten Schaum vor dem Mund, brachen in Tränen aus und stürzten wie eine Hammelherde in Richtung Beatles vor oder fielen reihenweise in Ohnmacht.

Die ganzen drei Jahre hindurch ereignete sich das stets irgendwo auf der Welt. Jedes Land erlebte dieses Schauspiel der Massenhysterie, Szenen, die man zuvor niemals für möglich gehalten hätte, die man wahrscheinlich niemals wieder erleben wird. Wenn man heute darüber schreibt, kommt einem alles völlig unwirklich vor.

Es ist unmöglich, die Beatlemanie zu übertreiben. Ihrem ganzen Wesen nach war sie selbst eine Übertreibung. Wer das nicht glauben will, findet im Archiv jeder größeren Zeitung auf der Welt kilometerweise Texte und Bilder, in denen genau über das berichtet wird, was geschah, als die Beatles ihren Teil der Erde heimsuchten.

Als dieser Koller 1967 sein Ende fand und nur noch Erschöpfung oder Langeweile zurückblieb, konnte man sich schwerlich vorstellen, daß es überhaupt so etwas gegeben hatte. Hatten denn

164

wirklich alle so verrückt sein können? Es waren ja nicht nur Teenager gewesen, sondern Menschen aller Altersstufen und aller Intelligenzschichten waren den Beatles erlegen, wenn auch vielleicht nicht alle so hysterisch reagiert hatten.

Führende Persönlichkeiten und berühmte Leute, die häufig zunächst gewarnt und kritisiert hatten, bemühten sich bald nach Kräften, sich bei jeder passenden und unpassenden Gelegenheit auf die Beatles zu beziehen, um zu zeigen, daß sie nicht weltfremd waren und erkannt hatten, welches Massenphänomen sich hier ereignete.

Jäh und dramatisch setzte die Beatlemanie im Oktober 1963 in England ein. Selbst Brian Epstein erklärte, darauf sei er nicht vorbereitet gewesen. Mit Erfolg hatte er gerechnet, denn den hatten sie bereits, nicht aber mit einer solchen Hysterie.

»She Loves You«, das Ende August erschienen war, stieg, dem Beispiel der beiden vorherigen Einzelnummern folgend, ebenfalls auf und wurde Nummer eins. Bereits im Juni, noch bevor sie einen Titel besaß, hatten Tausende von Fans die nächste Einzelplatte der Beatles bestellt. Am Tag vor dem Verkaufsbeginn lagen schon 500 000 Vorbestellungen vor.

Bis zum September hatten die Beatles eine einzigartige Stellung in Großbritannien erreicht. Ihre Langspielplatte »Please Please Me« war Verkaufsschlager, ebenso ihre 45er Platte »Twist and Shout«. Und sie hatten reißenden Absatz mit der Einzelplatte »She Loves You«.

Aber erst am Abend des 13. Oktober 1963 hörten die Beatles auf, lediglich eine interessante Popmusikgruppe zu sein. Sie verwandelten sich in eine Sensationsnachricht auf der ersten Seite der großen Zeitungen.

Das war die Nacht, in der sie die Hauptnummer einer Show im Londoner Palladium waren, die vom Fernsehen übertragen wurde. Rund 15 Millionen Zuschauer sahen sie an diesem Abend auf dem Bildschirm. Die Argyll Street, in der das Palladium liegt, war vom frühen Morgen an von Fans belagert. Der Bühneneingang war von Anhängern blockiert, und es gab ganze Berge von Geschenken und Telegrammen. Im Innern war es fast unmöglich zu proben; denn draußen auf den Straßen schrien die Jugendlichen ohne Pause.

Weitere Fernsehteams erschienen, um die Szene aufzunehmen. Die völlig überrumpelte Polizei wurde der Menge nicht mehr Herr. So beschloß man, den Wagen, der die Beatles aus dem

Theater bringen sollte, vor dem Haupteingang vorfahren zu lassen, da jedermann annahm, sie würden das Palladium durch den Bühnenausgang verlassen. Ihr Wagen war nun ein von einem Chauffeur gefahrener Austin Princess. Neils alten Lieferwagen hatte man längst abgeschafft.

Die Polizei glaubte, etwas besonders Kluges zu tun, als sie den Wagen ein Stück vom Haupteingang wegfuhr, um ihn den Blicken der Menge zu entziehen. Das führte aber dazu, daß die Beatles, von Neil begleitet, zunächst einmal verzweifelt nach dem Wagen Ausschau halten mußten, um dann die fünfzig Meter im Sturmschritt zurückzulegen. Dabei wären sie von der Menge fast umgebracht worden.

Auf der ersten Seite aller Zeitungen fand man am nächsten Tag lange Berichte und große Bilder von den Szenen, die sich während des hysterischen Auflaufs abgespielt hatten. Wie gut oder schlecht die Beatles waren, wurde mit keinem Wort erwähnt; interessant war lediglich das von ihnen verursachte Chaos.

»Von diesem Tag an«, erzählt Tony Barrow, ihr Pressesekretär, »wurde alles anders. Meine Arbeit war nie mehr die gleiche wie früher. Sechs Monate hatte ich damit verbracht, Zeitungen anzurufen und ein Nein zu hören. Jetzt war jeder Reporter hinter mir her.«

Von da ab bestand seine Aufgabe darin, zusammen mit Brian und anderen Pressesekretären, die später noch eingestellt wurden, jene Journalisten auszusuchen, die die Beatles interviewen durften. Seine Arbeit beschränkte sich nun einfach darauf, ein Informationsorgan, gleichsam der »Beatles-Sprecher«, zu sein. Der Pressechef der Königin ist vor allem ein Informationsbeamter. Niemals ruft er andere Leute an. Er ist da, um Fragen zu beantworten oder in den meisten Fällen sie nicht zu beantworten. Die Pressesekretäre der Beatles – schließlich gab es einen, der mit auf Tournee ging, und einen, Tony Barrow, der in London blieb – übten von da ab die gleiche Funktion aus.

Am Mittwoch nach der Aufführung im Palladium wurden sie als Teilnehmer an der Royal Variety Performance genannt. Diese Veranstaltung ist in den Augen der meisten Leute im englischen Show-Geschäft das größte Ereignis des Jahres. Auch Marlene Dietrich sollte dabei auftreten.

Die Beatles waren, als dies bekannt wurde, gerade in Liverpool, wo sie im Southport Ballroom auftreten sollten. Alle großen Zeitungen schickten ihre Reporter und Fotografen hin, um die Reaktion der Beatles auf diese Nachricht festzuhalten. Offensichtlich hofften sie auf spöttische Bemerkungen über die königliche Familie, aber zu Brians Erleichterung blieben sie aus.

Die Royal Variety Show war für den 4. November angesetzt. Zuvor machten sie noch eine Tournee durch Großbritannien und zum erstenmal eine ins Ausland, nach Schweden.

In Großbritannien führte jede Aufführung zu den gleichen hysterischen Massenszenen. Tag für Tag brachten die Zeitungen fast Wort für Wort die gleichen Berichte darüber, nur der Name der Stadt war ein anderer.

Sogar in kleineren Städten wie Carlisle, wo sie zu Anfang des Jahres Ärger im Hotel gehabt hatten, erregten sie gewaltiges Aufsehen. In der Nacht des 24. Oktober warteten 600 Teenager bis zum Morgen. Sie standen Schlange, um am nächsten Tag Eintrittskarten zu kaufen. Die meisten von ihnen hatten Schlafsäcke mitgebracht. Einige von ihnen warteten insgesamt 36 Stunden lang. Als schließlich die Kasse geöffnet wurde und die Schlange vorrückte, wurden die Schaufenster eingedrückt. Neun Menschen mußten ins Krankenhaus gebracht werden. In größeren Städten gab es Hunderte von Verletzten. Ihre Schweden-Tournee war eine unmittelbare Folge ihres erstaunlichen Plattenabsatzes.

»She Loves You« erreichte in Großbritannien bald die Millionengrenze. Sie erhielten die goldene Schallplatte dafür. Die Nummer verkaufte sich auch auf dem Kontinent sehr gut, was britischen Popstars bisher nur selten gelungen war.

Die Tournee dauerte fünf Tage, vom 24. bis 29. Oktober. Bei ihrem Auftreten in Stockholm wurde die Bühne von 40 Polizisten mit Gummiknüppeln abgeriegelt, um die Jugendlichen daran zu hindern, sie zu stürmen. Draußen waren noch mehr Polizisten mit Hunden aufmarschiert, die sich bemühten, die Fans, die keine Karten bekommen konnten, unter Kontrolle zu halten. Aber am Ende gelang es den Fans doch, die Polizeikette zu durchbrechen und auf die Bühne zu stürzen. George wurde zu Boden geworfen, aber die Polizei stellte die Ordnung wieder her, bevor er niedergetrampelt wurde.

Die schwedischen Fans ahmten bald Frisur und Kleidung der Beatles nach, wie die britischen es schon seit einiger Zeit taten. In Schweden wurde ihre Haartracht als »Hamletfrisur« bezeichnet.

Die Beatles selber setzen den Beginn der Beatlemanie rund eine Woche später an als Tony Barrow. Erst am 31. Oktober wurde ihnen bei ihrer Ankunft auf dem Londoner Flughafen bewußt, wie populär sie geworden waren. Selbstverständlich hatten auch sie die chaotischen Zustände vor dem Palladium bemerkt, aber an

Tumulte waren sie schon seit ihrer Zeit in Cavern gewöhnt. Es war bereits eine Routinesache, sie bei ihren Tourneen in die Theater hinein- und wieder hinauszuschmuggeln. Stets versuchten sie, nicht in Tumulte hineingezogen zu werden, denn angesichts der allgemeinen Hysterie wurde es für sie immer gefährlicher, sich ihren Fans zu stellen. Aber als sie auf dem Londoner Flugplatz ankamen, gingen ihnen die Augen auf. Es war seit den Empfängen im Cavern ihr erster triumphaler Einzug. Tausende von schreienden Fans hielten den Flughafen seit Stunden blockiert. In dem Chaos, das ihre Ankunft begleitete, blieb auch der Wagen des Premierministers, Sir Alec Douglas-Home, stecken. Miss Welt, die zur gleichen Zeit auf dem Flughafen eintraf, fand kaum Beachtung. Diese Flugplatzszenen wurden während der nächsten drei Jahre für sie zu gewohnten Bildern.

Die Royal Variety Performance fand am 4. November im Prince of Wales Theatre statt. Die Zuhörerschaft war nicht so groß wie im Palladium, aber theoretisch erlesener, da die Plätze etwa das Vierfache des Normalen kosteten. Es war eine Wohltätigkeitsveranstaltung, zu der sich alle möglichen Leute aus dem Showgeschäft drängten in der Hoffnung, einen flüchtigen Blick auf die Mitglieder der königlichen Familie werfen zu können. Dieses Mal waren es die Königinmutter, Prinzessin Margaret und Lord Snowdon. Wie es heißt, ist dies ein schwieriges Publikum. Es gehört mit zur widerwärtigen Tradition dieses Publikums, erst einmal festzustellen, wie eine Vorführung in der königlichen Loge aufgenommen wird, bevor es ebenfalls klatscht oder lacht.

Musikalisch warteten die Beatles mit ihren üblichen Nummern auf, wobei sie allein durch die Ankündigung von »She Loves You« hysterische Ausbrüche auslösten. Es folgten »Till There Was You« und »Twist and Shout«.

Bei der einen Nummer bat John die Zuhörer »auf den billigen Plätzen«, im Takt zu klatschen. Dann nickte er zur königlichen Loge hinauf und fügte hinzu: »Die dort oben brauchen nur mit ihrem Schmuck zu klimpern.« Dieser Witz erschien am nächsten Tag in allen Zeitungen auf der ersten Seite. Man fand den versteckten Seitenhieb wunderbar. Überhaupt nahm man den Beatles ihre kleinen Frechheiten nicht mehr übel, galten sie doch als »nette junge Männer«.

Die Presseberichte über ihren Auftritt waren von da an immer die gleichen. Im Parlament gab es Anfragen wegen der Tausende zusätzlicher Polizisten im ganzen Land, die wegen der Beatles Überstunden machen mußten und dabei mancherlei Gefahren

Das offizielle Fan-Foto der Beatles im Jahr 1963

ausgesetzt wurden. Ein Parlamentsmitglied schlug vor, die Polizei sollte sich zurückziehen und abwarten, was geschähe. Glücklicherweise nahm niemand diesen Vorschlag ernst.
Am 1. November begann eine neue Tournee, die diesmal nur noch als »Beatles Show« angekündigt wurde. Es war nun kein anderer Star mehr nötig, um das Publikum aufzulockern.
Hersteller im ganzen Land bemühten sich inzwischen um die Genehmigung, das Wort »Beatle« auf ihren Erzeugnissen zu verwenden. Beatlejacken – die kragenlosen, für gewöhnlich aus Cord, wie Stu sie in Hamburg zum erstenmal getragen hatte – gab es bereits im September 1963 überall zu kaufen.
Dann tauchten Beatleperücken auf. Eine Fabrik in Bethnal Green arbeitete Tag und Nacht, um der Nachfrage Herr zu werden. Sie hatte Bestellungen vom Eton College und aus dem Buckingham Palace – allerdings nicht von der Königin selber, sondern von einem Angehörigen des Personals.

Die meisten jungen Burschen ließen ihr Haar nun auf Beatle-länge wachsen. Vom November an waren die Zeitungen voll von Meldungen über Schuljungen, die wegen ihrer langen Haare nach Hause geschickt wurden, und von Lehrlingen, die man die Fabriken nicht betreten ließ.

Am 2. November erschien im »Daily Telegraph« der erste Leit-artikel, in dem die Beatlehysterie kritisiert wurde. Darin hieß es, diese Massenhysterie befalle lediglich leere Köpfe, wie es schon bei Hitler gewesen sei. Der »Daily Mirror« ergriff hingegen die Partei der Beatles: »Man muß schon ein richtiger, versauerter Spießer sein, um die verdrehten, lärmenden, fröhlichen, netten Beatles nicht zu mögen.«

Der »Daily Mirror« war auch die erste Zeitung, die einen lang-weiligen Psychologen bemühte, um zu erklären, was sich da ereignete. Diese Masche verhalf langweiligen Psychologen auf der ganzen Welt, vor allem in Amerika, während der nächsten drei Jahre zu leichten Einnahmen. Der fragliche Psychologe erklärte, die Beatles führten zu einer »Befreiung des Geschlechts-triebs«. Späterhin wurden Ärzte als Zeugen dafür zitiert, Mäd-chen hätten während der Konzerte der Beatles einen Orgasmus erlebt.

In Plymouth mußten am 14. November Wasserwerfer auffahren, um die schreienden Jugendlichen unter Kontrolle zu halten. In Portsmouth brach eine größere Panik aus, weil Paul einen leich-ten Grippeanfall hatte und sie ein Konzert ausfallen lassen mußten. Jede Zeitung gab stündliche Bulletins über seinen Zustand heraus. In Birmingham gelang es den Beatles am 11. November, der Menge als Polizisten verkleidet zu entkommen.

Die Verkaufsziffern von EMI schossen steil empor. Als bekannt wurde, daß Decca und alle anderen Firmen sie abgewiesen hat-ten, wurde dies mit der Ablehnung von »Vom Winde verweht« durch die 20th Century Fox verglichen.

Ende November erschien ihre fünfte Einzelplatte: »I Want To Hold Your Hand«. Sie kam sofort auf den ersten Platz der Bestsellerlisten. Allein in Großbritannien wurde eine Million Platten vorbestellt.

Ihre zweite Langspielplatte erschien ein paar Tage vorher: »With the Beatles«. Die Plattenhülle wies die strenge, aber sehr künstlerische Aufnahme ihrer vier Köpfe und Schultern in schwarzen Rollkragenpullovern auf. Ihre Gesichter waren, wie Astrid es in Hamburg gemacht hatte, so geschickt beleuchtet, daß die eine Hälfte im Schatten blieb. Als diese Langspielplatte

Anfang November angekündigt wurde, liefen sofort 250 000 Vorbestellungen ein. Das hatte es bis dahin noch bei keiner Langspielplatte der Welt gegeben. Elvis Presleys Rekord lag bei 200 000 Vorbestellungen für sein »Blue Hawaii«.

Anfang Dezember hatten sie sieben von ihren Platten unter den Top Twenty, in der Hitliste der ersten zwanzig.

Ein Filmvertrag wurde angekündigt. Walter Shenson und George Ornstein erklärten, sie würden in Zusammenarbeit mit United Artists die Beatles als Stars in ihrem ersten Film herausbringen. Brian Epstein hatte seine Hände in diesem Geschäft und achtete darauf, daß die Beatles eine hohe Umsatzbeteiligung erhielten. Auch für die Tourneen handelte er sehr günstige Bedingungen aus, da jetzt ihr Name genügte, um überall ein volles Haus zu garantieren. Die Tournee der Beatles, die im November begonnen hatte, wurde diesmal »von Arthur Howes, nach Vereinbarung mit Brian Epstein, präsentiert«. Er sorgte dafür, daß sie an all den riesigen Gewinnen, die erzielt wurden, beteiligt waren und jedesmal ihren Anteil zurücklegten.

Im Oktober hatte Brian sein Büro nach London verlegt, wo bereits Tony Barrow und eine wachsende Schar von Sekretärinnen und sonstige Mitarbeiter für ihn tätig waren.

Auch der Fan-Klub wuchs lawinenartig, so daß es bald ganz unmöglich wurde, die Tausende von Bewerbungsformularen zu bearbeiten, die hereinströmten. In den Zeitungen beklagten sich unaufhörlich arme Fans, daß ihre Briefe monatelang nicht beantwortet würden. Aber die Flut war einfach zu groß. Gegen Ende des Jahres 1963 hatte der offizielle Fan-Klub fast 80 000 zahlende Mitglieder; zu Beginn des Jahres waren es nur wenige Tausende gewesen.

Zur Weihnachtszeit veranstalteten die Beatles zusammen mit anderen Künstlern aus Brian Epsteins Stall – Cilla Black, Billy J. Kramer und Tommy Quickley and the Foremost – eine Weihnachtsshow. Sie begann in Bradford, ging dann nach Liverpool und kam schließlich nach London. Dort war es auch, wo Malcolm Johns Lieblingsgitarre abhanden kam.

Sie hatten jetzt eine große intellektuelle Anhängerschaft. Die anspruchsvolleren Zeitungen gaben ihnen ebensoviel Raum wie die populären. Sie waren in aller Munde und in jeder Zeitung. Witze wurden über sie gemacht, und es gab eine Menge Karikaturen von ihnen.

Brian war anfänglich etwas in Sorge, daß sein Name und seine Person zu populär werden könnten. Aber schließlich konnte er nichts dagegen tun. Er sah ein, daß es ihm vieles erheblich erleichterte, wenn sein Name fast ebenso bekannt wurde wie der der Beatles. »Ich machte mir Sorgen, daß wir alle allzusehr exponiert werden. Auf den ersten Blick war die endlose Diskussion in den Zeitungen über die Gewohnheiten, die Kleidung und die Ansichten der Beatles etwas Aufregendes. Zu Beginn gefiel es ihnen und mir auch. Es war gut für unser Geschäft. Aber schließlich wurde es für mich zu einem Alptraum. Wie ließ es sich erreichen, daß die Öffentlichkeit nicht überfüttert wurde und das Interesse nicht erlahmte? Wir mußten ihre Auftritte und ihre Pressekonferenzen so dosieren, daß eine Übersättigung vermieden wurde. Es gelang uns mit Mühe und Not. Gerade dadurch sind andere Künstler zugrunde gerichtet worden.«

Wenn man nach den Zeitungen und den Berichten im Fernsehen urteilte, war allerdings damals von einer »Dosierung« nichts zu merken. Jeden Tag brachte jede Zeitung etwas über die Beatles. Innerhalb einer Woche druckten fünf große Zeitungen ihre Lebensgeschichte in Fortsetzungen, und das meiste davon war altem Pressematerial entnommen. Jeder, der auch nur entfernt etwas mit den Beatles zu tun hatte, konnte in die Zeitung kommen.

Manche Leute behaupteten, Brian Epstein sei der Zauberer, der sie mit Geschick aufgebaut und gemacht hätte. Brian hat dem stets widersprochen.

»In dem ganzen von uns für die Presse zur Verfügung gestellten Material«, erklärt Tony Barrow, »und in allen unseren Pressekonferenzen hat Brian nur auf das hingewiesen, was gut an ihnen war. Niemals hat er nichtexistierende gute Seiten erfunden. Die Beatles waren vier unbekannte Burschen, wie man sie in jedem Gemeindesaal einer Kirche finden könnte. Das war die eigentliche Ursache ihrer Übereinstimmung mit dem Publikum. Darin lag ihre Anziehungskraft. Von Anfang an identifizierten sich die Leute mit ihnen. Brian hat das erkannt und niemals versucht, es zu vertuschen.«

Brians Verdienst bestand darin, einen reibungslos funktionierenden Apparat geschaffen zu haben. Er organisierte ihr Leben sehr genau und sorgte dafür, daß alle Verpflichtungen eingehalten wurden.

Die große Attraktion jedoch waren die Beatles selber: Jeder Reporter wußte, daß jedes Interview anders und stets lustig sein würde. Ringo erwies sich nun als ebenso humorvoll wie die übrigen. Er wurde einmal gefragt, warum er so viele Ringe an den Fingern trüge. Er antwortete, weil er sie sich nicht alle durch die Nase ziehen könne. Heute erklärt John: »Bei Pressekonferenzen waren wir komisch, weil doch alles nur ein Spaß war. Sie stellten einem scherzhafte Fragen, und so gab man ihnen scherzhafte Antworten. Aber im Grunde waren wir gar nicht wirklich komisch. Es war nur der Humor wie in der fünften Klasse, Dinge, über die man in der Schule lacht. Sie waren ekelhaft. Wenn ernsthafte Fragen zu unserer Musik gestellt wurden, nahmen wir sie ernst. Obwohl man es uns wohl nicht anmerkte, waren wir stets sehr nervös. Unser Image war nur ein winziger Teil von uns. Es wurde von der Presse und von uns aufgebaut. Es mußte falsch sein, weil man anderen gar nicht verständlich machen kann, wie man wirklich ist. Zeitungen stellen immer alles falsch dar. Selbst wenn einzelne Elemente der Wahrheit entsprachen, war alles bereits überholt. Die neuen Images begannen erst dann zu stimmen, wenn wir sie gerade hinter uns ließen.«

In nur zwölf Monaten, vom Erscheinen der ersten Platte an, waren sie zu einem festen Bestandteil des britischen Lebensstils geworden. Nun gab es außer ihnen niemanden mehr bei der Hitparade, es sei denn, man rechnete noch andere Gruppen aus Liverpool hinzu, die alle von Brian Epstein betreut wurden und deren Plattenaufnahmen alle in George Martins Händen lagen.

Der »New Musical Express« machte in seinen Tabellen zum Jahresende die Beatles zur Spitzengruppe der Welt. Sie erzielten 14 666 Stimmen. Ihnen folgte eine amerikanische Gruppe, die Everly Brothers, mit 3232 Stimmen.

Die beiden meistverkauften Einzelplatten des Jahres waren »She Loves You« mit 1 300 000 und »I Want To Hold Your Hand« mit 1 250 000. Cliff Richard mit »Bachelor Boy« lag weit dahinter auf dem dritten Platz.

Der Musikkritiker der »Times«, William Mann, widmete ihrer Musik eine lange, ernsthafte Besprechung, in der er schrieb, John Lennon und Paul McCartney wären »die überragenden englischen Komponisten des Jahres 1963«.

»Ich glaube, ich lade sie mal zum Wochenende ein, nur um festzustellen, was das für Burschen sind«, sagte Viscount Montgomery.

Am 29. Dezember erklärte Richard Buckle in der »Sunday Times«, in einer Besprechung von Johns und Pauls Musik zum Ballett »Mods and Rockers«, sie wären »die größten Komponisten seit Beethoven«.

USA

Sandy Stewart ist eine ganz durchschnittliche amerikanische Beatle-Anhängerin, nicht albern, nicht dumm, ganz einfach ein nettes, verständiges Mädchen. Anfang 1964 wohnte sie mit ihren Eltern in einer wohlhabenden Kleinstadt in New Hampshire. Sie war fünfzehn Jahre alt und ging in die neunte Klasse der Mittelschule.

»Eines Tages fuhr ich mit meiner Mutter im Wagen zum Supermarkt. Damals hatten wir einen Rolls, aber das ist unwichtig. Das Autoradio spielte ›I Want To Hold Your Hand‹. Da hörte ich die Beatles zum erstenmal. Mir verschlug es den Atem. Was für eine seltsame Musik! Es warf mich einfach um. Keine Melodie hatte mich jemals so gepackt.

Viele der Mädchen in der Schule hatten es ebenfalls gehört und empfanden genauso. Ich entsinne mich, wie ich mit zwei Freundinnen die Straße entlangging und wir über die Beatles sprachen. Wir stellten übereinstimmend fest, daß sie alle auf ihren Fotos häßlich aussahen, besonders in ihren Jacken ohne Aufschlag. Die Musik war phantastisch, aber wir fanden, daß sie scheußlich aussahen.

Allmählich änderten sich jedoch unsere Ansichten. Ich begann mich erstmals ernsthaft für Popmusik zu interessieren. Ich wußte über alles Bescheid, was die Beatles betraf. Ich las alles über sie. Ich ließ mir das Haar lang wachsen, weil ich gelesen hatte, daß sie Mädchen mit langen Haaren mochten.

Am Anfang liebte ich Paul am meisten. Er war so schön. Ich konnte es nicht genau erklären. Ich empfand ihn nur als unglaublich schön.

Aus irgendeinem Grund mochte ich George nicht. Ich zeichnete ihm die Fangzähne eines Vampirs ins Gesicht, weil ich ihn nicht leiden konnte. Wahrscheinlich waren die Beatles Ventile für Liebe und Haß. Mit der Zeit mochte ich dann George doch ein bißchen mehr.

Dann begann ich mich für John zu begeistern. Er schien so intelligent und witzig zu sein. Er wirkte sehr sexy. Ihn liebte ich schließlich leidenschaftlich.

Zum Schluß war ich ihm restlos verfallen. Die ganze Zeit habe ich von ihm geträumt. In der Schule besprachen wir unsere Träume miteinander. Wir erzählten uns, was wir mit unserem Lieblingsbeatle trieben. Ich wußte, daß ich, wenn ich deprimiert war, anfangen konnte, von John zu träumen – einfach indem ich mich hinlegte und an ihn dachte. Dann schlief ich ein. Diese Träume waren wunderschön. Wir taten vieles miteinander, John und ich. Er schlief mit mir, und ich erzählte es am nächsten Tag meinen Freundinnen. Nicht alle Träume waren sexueller Natur, aber viele waren es. Sie waren so wirklich.

Unaufhörlich redete ich von ihnen und dachte an sie. Mein Vater erklärte mir stets, ich werde schon über sie hinwegkommen. Da schrie ich: ›Niemals, niemals, niemals!‹

Allerdings war eines seltsam. Obwohl ich John so sehr liebte, hielt es mich doch nicht davon ab, hinter anderen Jungen in der Schule herzulaufen. Das war irgendwie etwas anderes. Aber John blieb doch der wichtigste Mensch in meinen Leben.

Ich las alle Fan-Zeitschriften und hörte unaufhörlich ›Murray the K‹ zu. Er war der Disc-Jockey, eine Art Experte für die Beatles.

John brachte mich so sehr zur Verzweiflung, daß ich einen Brief an Cynthia schrieb. Es war ein sehr netter Brief. Ich erklärte ihr nur, es täte mir sehr leid, aber ich liebte ihren Mann. Eine Antwort habe ich nie erhalten.

Ich kaufte alle ihre Platten und hatte ihre Fotos an den Wänden im Schlafzimmer. Als ich ein Foto von ihnen mit den Gesichtern halb im Schatten sah, gingen alle meine Freundinnen und ich in die Stadt und ließen uns ebenso fotografieren.

Wenn im Leben absolut nichts mehr schön war, ging ich auf mein Zimmer. Da hatte ich die Beatles, insbesondere meinen geliebten John. Sie alle gaben mir etwas, das ich verzweifelt brauchte. Diese reiche Gesellschaft, in der ich in New Hampshire lebte, gab mir gar nichts. Ich mochte die Schule nicht, mein Zuhause nicht. Sie gaben mir nichts, wofür es sich lohnte zu leben, wenn alles dunkel und deprimierend war.

Als ich hörte, daß sie in der Carnegie Hall in New York auftreten sollten, wollte ich mit zwei Schulfreundinnen hinfahren und sie ansehen. Wir bettelten und bettelten, da wir nicht allein nach New York durften. Das darf kein Teenagermädchen aus Familien wie den unseren. Wir sagten, wir wünschten uns dies als besonderes Geburtstagsgeschenk, oder wir würden weglaufen . . .«

Dieses Konzert in der Carnegie Hall sollte von Sid Bernstein veranstaltet werden, einem kleinen, dicken Mann, der an der Columbia-Universität studiert hatte. Er hatte sein Studium aufgegeben, um Veranstalter auf dem Unterhaltungssektor zu werden. Er hatte sich schon früher einmal als Veranstalter versucht, jedoch ohne Erfolg, und war dann Vertreter von General Artists Corporation geworden, einer der größen Agenturen in Amerika.

Zehn Jahre lang hatte er regelmäßig Abendkurse besucht und sich auf das englische Regierungssystem spezialisiert. »Ich erinnere mich, mir eine Vorlesung von Ihrem Harold Laski angehört zu haben. Er war einer der besten Redner, die ich jemals gehört habe. Selbstverständlich nach Churchill.«

Sein Interesse am englischen Regierungssystem brachte ihn dazu, englische Zeitungen zu lesen. Mitte des Jahres 1963 weckte etwas seine Aufmerksamkeit. »Ich las immer mehr über die Beatles. Bei GAC sollte ich mich auf Teenager-Musik spezialisieren, und doch hatte ich noch niemals von ihnen gehört. Niemand aus der Fachwelt kümmert sich um das, was in England vorging.«

Er abonnierte alle englischen Pop-Zeitungen und beschloß, Brian Epstein anzurufen. Nach vielen Schwierigkeiten bekam er seine Privatnummer in Liverpool.

Er stellte sich vor, aber Brian hatte noch niemals von ihm gehört. Er fragte ihn, ob er seine Beatles gern in der Carnegie Hall auftreten lassen wollte, obwohl er noch gar nicht über die Carnegie Hall verfügte. »Brian fragte, wann, und ich sagte, wie wär's mit dem 12. Februar. Ich hatte diesen Tag gewählt, weil es Lincolns Geburtstag war und die Carnegie Hall an diesem Tag mit Sicherheit frei war. Ich bot ihm 6500 Dollar für zwei Vorstellungen.«

Brian sagte nicht sofort zu. Er brauchte etwas Zeit, um sich darüber schlüssig zu werden, aber die Daten sagten ihm zu, da er bereits zwei Ed-Sullivan-Shows für den 9. und 16. Februar festgelegt hatte.

Für Sid Bernstein war es ein unerhörter Glücksfall, sich als erster New Yorker Veranstalter eingeschaltet zu haben. Er verließ die Agentur und baute die Sache auf eigene Faust mit einem Partner zusammen aus. Mit einer Ausnahme veranstaltete er alle ihre New Yorker Shows.

Aber das Engagement in New York war nicht allein Sid Bernstein zu verdanken: Seit dem Sommer 1963 hatte Brian schon daran gearbeitet, die Beatles in Amerika zu lancieren; allerdings war er nicht sicher, ob die Sache klappen würde. In den Staaten waren sie nämlich anfänglich ein Mißerfolg. Während der ersten Hälfte des Jahres 1963 kamen zwei ihrer Platten in den Staaten heraus, beide bei verschiedenen Firmen. Keine setzte sich durch.

Sobald ihr Erfolg in Großbritannien gesichert war, reiste Brian im November 1963 zusammen mit Billy J. Kramer nach New York.

»Ich wollte in Erfahrung bringen, wieso das Größte, was man jemals im britischen Pop erlebt hatte, in Amerika nicht ankam. Es war wie während der ersten Londoner Zeit im Jahr 1962. Ich drehte wieder meine Runden bei Plattenfirmen und Fernsehleuten.«

Auf dieser Reise traf er seinen alten Freund Geoffrey Ellis wieder, der neben ihm in Liverpool gewohnt hatte, dann nach Oxford gegangen und schließlich in der New Yorker Versicherungsbranche gelandet war.

»Ich hatte gerüchteweise gehört, daß Brian etwas mit einer Beatgruppe zu tun hatte, glaubte es aber nicht. Es klang so unsinnig. Das war doch nichts, worauf sich unser kleiner, schüchterner Brian einlassen würde. Ich ging mit Brian und Billy den Broadway entlang. Wir kamen zum Times Square, und Billy wollte eines der scheußlichen Hemden kaufen, die es in den scheußlichen Geschäften dort gibt. Brian erklärte, nein, das dürfe er nicht tun. Er sagte: ›Das paßt nicht zu dir, Billy.‹ Da wurde mir zum erstenmal bewußt, daß es Brian ernst mit alldem war und er sich verändert hatte.«

Brian schloß mit der Plattenfirma Capitol einen Vertrag, daß die Beatles-Aufnahmen von ihr auf den Markt gebracht werden sollten, nachdem die beiden anderen amerikanischen Firmen keinen Erfolg gehabt hatten. Es gelang ihm, zu Ed Sullivan vorzudringen, dessen Fernsehshow die größte ihrer Art in den Vereinigten Staaten ist. Seine Talentsucher hatten ihm bereits von den Erfolgen der Beatles in Großbritannien berichtet. Nach langen Diskussionen erklärte sich Ed Sullivan bereit, die Beatles für zwei seiner Shows zu verpflichten.

Brian bestand darauf, daß sie in beiden Shows die Hauptnummer sein sollten. »Dagegen wehrte sich Ed Sullivan ein wenig. Er erkannte zwar die kommende Bedeutung der Beatles, widersprach jedoch meiner Ansicht, sie würden eine Bombensensation werden. Schließlich willigte er ein. Sein Produzent erzählte mir jedoch später, Sullivan habe gesagt, es sei einfach lächerlich, eine britische Gruppe an die erste Stelle in einem Programm zu setzen.«

Die Beatles waren wegen der Aussicht, in Amerika aufzutreten, ziemlich aufgeregt. George war schon Anfang 1963 zu einem kurzen Urlaub dort gewesen. Er sagte, die Eingeborenen wären ganz menschlich. Er glaubte, man könnte mit ihnen auskommen. Er hatte seine Schwester Louise besucht, die inzwischen einen Amerikaner geheiratet hatte und von Liverpool nach St. Louis übersiedelt war. Wie ihre Mutter war sie eine begeisterte Beatle-Anhängerin. Sie rief ihre örtlichen Radiostationen an und verlangte, sie sollten die Platten der Beatles spielen.

John machte sich jedoch Sorgen, weil es britischen Gruppen oder Sängern bis dahin in Amerika noch niemals gelungen war, sich durchzusetzen.

»Cliff ging hinüber und war ein toter Mann. Er war auf dem Programm von Frankie Avalon der vierzehnte.«

Im Januar 1964 stand »I Want To Hold Your Hand« als Nummer 83 auf der Hitliste in den Vereinigten Staaten. In Großbritannien war es nach zwei Monaten schließlich von seinem ersten Platz verdrängt worden, und zwar durch Dave Clark Five mit »Glad All Over«, was viele für eine neue Sensation hielten.

Die Londoner Zeitungen schlachteten dieses Ereignis weidlich aus und waren offensichtlich ganz froh, daß es nach all den Liverpooler Erfolgen zur Abwechslung wieder mal ein Londoner Pop-Ereignis gab. Der »Daily Express« brachte eine Schlagzeile auf der ersten Seite, die lautete: »Der Tottenham-Sound hat die Beatles zermalmt.«

Eine Zeitlang machten sich die Beatles Sorgen. »Wir konnten gar nicht anders«, erzählt John. »Alle sagten zu uns, jetzt kommt Dave Clark hoch, jetzt seid ihr erledigt. Es machte uns Sorgen, aber doch nur vorübergehend. So wie wir uns auch in Liverpool Sorgen gemacht hatten, Gerry könnte uns bei der Abstimmung im ›Mersey-Beat‹ schlagen.«

Vor ihrem amerikanischen Abenteuer hatte Brian ihre zweite Reise auf den Kontinent gebucht. Sie sollten drei Wochen in Frankreich sein und in Paris im Olympia auftreten. Am 15. Januar starteten sie.

Mehrere tausend Fans verabschiedeten die drei Beatles am Londoner Flughafen. Ringo war durch Nebel in Liverpool aufgehalten worden und kam erst später nach. Bevor das Flugzeug vom Londoner Flughafen startete, hielt er ein Plakat mit den Buchstaben TLES neben das Zeichen BEA auf dem Flugzeugrumpf. Zu ihrer Frankreichreise brachte Osbert Lancaster im »Daily Express« eine Karikatur Napoleons mit einer Beatlefrisur.

Das erste Auftreten im Olympia wurde kein Erfolg. Es war nach Beatlemaßstäben ein recht kümmerlicher Empfang. Es kam zu einem Handgemenge, in das Fotografen, französische Polizisten

Bei ihren Auftritten unter freiem Himmel brachen die Beatles in den USA alle Besucherrekorde. Unser Bild zeigt sie 1964 in Seattle.
(Foto Express)

und Brian Sommerville verwickelt waren. Sommerville war der neue Pressesekretär der Beatles, der jetzt für die Öffentlichkeitsarbeit auf den Reisen verantwortlich war. Sie erhielten nur sehr wenig Applaus, und John antwortete höflich mit: »Merci beaucoup.«

BBC-Interviewer in Paris: »Wie wichtig ist es für Sie, hier Erfolg zu haben?«

PAUL: »Es ist wichtig, überall Erfolg zu haben.«

BBC: Die Franzosen haben sich über die Beatles noch kein Urteil gebildet. Was halten Sie von ihnen?«

JOHN: »Oh, wir mögen die Beatles. Sie sind toll.«

In Amerika stieg »I Want To Hold Your Hand« in der zweiten Woche auf den 42. Platz. Norman Weiss von GAC in New York

179

suchte Brian auf, brachte den Vertrag für die Carnegie Hall zum Abschluß und legte vertraglich fest, daß die Beatles von nun an in Amerika von GAC vertreten wurden.

In London brachte die »Daily Mail« einen Bericht über die Beatles, in dem es hieß: »Wenn Paris und die Beatles eine Affäre miteinander haben sollten, so läuft sie nur sehr sacht an. Entweder waren die Champs-Elysées nicht in der Stimmung für Massenversammlungen, oder die Beatlemanie ist, ebenso wie Großbritanniens Beitritt zum Gemeinsamen Markt, ein Problem, das die Franzosen lieber noch eine Weile vor sich herschieben.«

Sie befanden sich in ihren Zimmern im Hotel George V. in Paris, als die Nachricht eintraf, daß »I Want To Hold Your Hand« Nummer eins in Amerika geworden war. George Martin, der herübergekommen war, um mit ihnen eine deutschsprachige Version aufzunehmen, befand sich gerade bei ihnen. Zur Feier leisteten sie sich ein großes Festessen. Brian ließ sich beim Essen mit einem Nachttopf auf dem Kopf fotografieren.

Amerikanische Reporter und Fernseh-Interviewer trafen nun in Scharen ein. »She Loves You«, das in der amerikanischen Hit-Parade irgendwo ganz unten herumkroch, begann plötzlich hinter »I Want To Hold Your Hand« hochzuklettern. In den Listen der Langspielplatten stand »Please Please Me« gerade im Begriff, sich an die Spitze zu setzen.

Die amerikanische Presse, die ebenso wie zuvor die englische erst spät einstieg, wollte es nun ganz genau wissen.

»Erzählen Sie uns von Ihrer Frisur«, bat ein amerikanischer Reporter.

»Wir kamen aus einem Schwimmbad in Liverpool«, antwortete George. »Und es gefiel uns, wie wir aussahen.«

Die Zeitschrift »Life« brachte einen sechs Seiten langen Bericht über die Beatles. Um diese kostenlose Reklame in der Presse und den Erfolg ihrer Platten auszuschlachten, überredete Brian die Plattenfirma Capitol dazu, 50 000 Dollar für einen »Blitz-Werbefeldzug« auszugeben. In den Vereinigten Staaten wurden 5 Millionen Plakate »Die Beatles kommen« angebracht, und jeder Disc-Jockey erhielt ein Exemplar von jeder Beatleplatte, die in Großbritannien erschienen war. Es wurden eine Million Exemplare eines vierseitigen Informationsblatts über die Beatles gedruckt, und die führenden Männer der Firma wurden mit Beatleperücken fotografiert.

»Eine Menge Injektionsspritzen sind da verpaßt worden«, meint Voyle Gilmore, der Vizepräsident von Capitol. »Aber alle

Injektionen der Welt schaffen es nicht, ein mieses Erzeugnis zu verkaufen.«

Die Ed-Sullivan-Show konnte der Nachfrage für Eintrittskarten nicht nachkommen – 50 000 bewarben sich um 728 Plätze. Sid Bernstein hätte Karten für die Carnegie Hall zum doppelten Preis verkaufen können. »Nicht einmal Mrs. Nelson Rockefeller bekam eine Eintrittskarte. Ich mußte ihr die meine geben.«

Brian wurde noch eine zweite Veranstaltung in New York angeboten, diesmal im Madison Square Garden; die Gage sollte doppelt so hoch sein wie in der Carnegie Hall, aber es war zu spät, um sie noch einbauen zu können.

Nachdem die Beatles am 7. Februar 1964 vom Londoner Flughafen abgeflogen waren, begann die Radiostation wMCA in New York mit der ersten in einer Reihe von Ansagen: »Es ist jetzt 6.30 Uhr Beatle-Zeit. Sie haben London vor dreißig Minuten verlassen. Sie befinden sich jetzt mit Kurs auf New York über dem Atlantik. Die Temperatur beträgt 32 Grad Beatle.«

Im Flugzeug waren die Beatles nervös. Sie hatten keine Einzelheiten über die Werbekampagne erfahren, die nun im Gange war. Aber sie hatten Berichte von Leuten gelesen, die sie kritisierten und sie als häßlich bezeichneten.

Cyn befand sich mit John im Flugzeug. Dies war das erste und einzige Mal, daß sie die Beatles auf einer Tournee begleitete. George Harrisons Namensvetter vom »Liverpool Echo« war ebenfalls dabei. Als er seinerzeit von London nach Liverpool übersiedelte, hatte er geglaubt, für alle Zeiten in der Provinz festgenagelt zu sein. Jetzt aber begab er sich auf die erste von vier Reisen quer durch Amerika und begleitete eine Gruppe, über die zu schreiben er früher einmal abgelehnt hatte. Wie er berichtet, stellten sie sich die Frage, was für ein Empfang ihnen wohl zuteil werden würde. »Alle erklärten sie mir: ›Amerika hat alles, George, warum sollte es also uns haben wollen?‹«

George Harrison, der Beatle, erzählt, ihm sei nicht ganz wohl gewesen, denn er hatte einen Anflug von Grippe. »Auch machte ich mir Sorgen um mein Haar. Ich hatte es gewaschen, aber nach dem Trocknen stand es etwas hoch.«

»Dieses erste Mal war uns allen ein bißchen komisch zumute«, erzählt Ringo. »Das erging uns immer so vor etwas Großem, obwohl wir es uns niemals anmerken ließen. Vor dem Auftreten im Palladium hatten wir uns ebenfalls elend gefühlt. Die Reise in die Staaten war ein bedeutsamer Schritt. Warum sollten wir dort populär sein, nur weil wir es in England waren?«

Neil und Malcolm waren im Flugzeug damit beschäftigt, Fotos, die an Fans verteilt werden sollten, mit gefälschten Beatle-Unterschriften zu versehen. Auch Brian hatte zu tun. Mehrere britische Geschäftsleute, denen es nicht gelungen war, ihn in London auch nur eine Sekunde zu sprechen, waren zu dem Schluß gelangt, daß tausend Meter über dem Atlantik der richtige Ort sei, um ihn zu stellen. Sie fragten an, ob er sich zugunsten ihrer Erzeugnisse äußern wollte. Alle diese Bitten wurden höflich abgelehnt.

Alle Zweifel zerstoben jedoch in dem Augenblick, als sie um 13 Uhr 35 auf dem Kennedy-Flughafen landeten. Mehr als 10 000 tobende Teenager blockierten den Flughafen. Alle sangen sie »We Love You Beatles, Oh Yes We Do«, den Song der amerikanischen Beatlefans.

Capitol setzte noch immer seinen Werbefeldzug fort und händigte jedem Fluggast, der aus dem Flugzeug stieg, eine »Beatle-Ausstattung« aus, die aus Perücke, Foto mit Autogramm und einem Ansteckknopf mit der Aufschrift »I Like The Beatles« bestand.

Schließlich wurden sie in den Presseraum des Flughafens geführt und sahen sich der größten Pressekonferenz gegenüber, die sie jemals erlebt hatten. John rief allen zu, sie sollten den Mund halten, und alle klatschten begeistert.

»Wollen Sie uns etwas vorsingen?«

»Zuerst brauchen wir Geld«, antwortete John.

»Wie erklären Sie sich Ihren Erfolg?«

»Wir haben einen Pressesekretär.«

»Welchen Ehrgeiz haben Sie?«

»Nach Amerika zu kommen.«

»Gedenken Sie, sich die Haare schneiden zu lassen?«

»Das haben wir gestern erledigt.«

»Gedenken Sie etwas mit nach Hause zu nehmen?«

»Das Rockefeller Centre.«

»Rebellieren auch Sie gegen die ältere Generation?«

»Das ist eine gemeine Lüge.«

»Was halten Sie von der Bewegung in Detroit, die die Beatles auslöschen will?«

»Wir haben einen Feldzug in Gang gesetzt, um Detroit auszulöschen.«

»Was halten Sie von Beethoven?«

»Ich liebe ihn«, antwortete Ringo. »Vor allem seine Gedichte.«

Vor dem Plaza Hotel herrschte ein Chaos. Das Plaza ist stolz auf seine unauffällige Exklusivität und hatte die Berufe der fünf englischen »Geschäftsleute«, die einige Monate zuvor Zimmer bestellt hatten, nicht überprüft. Als der Geschäftsführer des Plaza sein Hotel von Tausenden tobender Jugendlicher umstellt sah, wandte er sich in seiner Not und Verzweiflung per Funk an alle anderen New Yorker Hotels mit der Frage, ob ihm niemand die Beatles abnehmen wolle.

Die Beatles waren nicht im mindesten dankbar dafür, daß sie schließlich doch im Plaza untergebracht wurden. »Was hat Sie veranlaßt, sich das Plaza auszusuchen?« fragte ein Reporter George. »Ich habe nichts ausgesucht. Das hat unser Manager getan. Ich kann Ihnen lediglich sagen, daß das Essen hier miserabel ist.«

Zu dieser Zeit lag George krank im Bett, und es sah so aus, als ob er bei der Ed-Sullivan-Show nicht auftreten könne. Neil sprang bei der Probe für ihn ein, aber George schluckte so viele Tabletten, daß er es schließlich doch noch schaffte. Das Gekreisch widerhallte per Fernsehen und Rundfunk in ganz Amerika: Die Show hatte ein Rekordpublikum von 73 Millionen.

In New York wurde während der Show nicht eine einzige Radkappe von einem Auto gestohlen, in ganz Amerika kein schwereres Verbrechen von einem Teenager verübt.

Elvis Presley schickte ihnen ein Glückwunschtelegramm. Am nächsten Morgen erklärte die »Herald Tribune«, die Beatles bestünden »zu 75 Prozent aus Reklame, zu 20 Prozent aus Haarschnitt und zu 5 Prozent aus fröhlichen Klageliedern«. Die »Daily News« schrieb: »Presleys Verrenkungen und sein Katzengeheule waren nichts weiter als lauwarmer Löwenzahntee, verglichen mit diesem hundertprozentigen Elixier, das die Beatles servieren.«

Jede Zeitung widmete ihnen lange Besprechungen. Die Analysen waren ausführlich und kompliziert. Eine zweite Mammut-Pressekonferenz wurde abgehalten. »Haben Sie schon die weibliche Hauptrolle Ihres Films besetzt?« – »Wir bemühen uns um die Königin«, antwortete George. »Sie ist ein Verkaufsschlager.«

Billy Graham erklärte, er habe gegen seinen strengen Grundsatz verstoßen und am Sabbat das Fernsehen eingeschaltet, nur um sie anzuschauen. »Sie sind eine Übergangserscheinung«, meinte er, »ein Symptom der heutigen allgemeinen Unsicherheit und Verwirrung.« Dann fuhren sie mit dem Zug nach Washington weiter.

»Was in den Staaten geschah, war genauso wie in Großbritan-

183

nien«, sagt Ringo, »nur zehnmal gewaltiger, und so ist es wohl doch nicht wie in Großbritannien gewesen. Bei unserer Ankunft in Washington erwartete uns eine Menschenmenge von 20 000. Zu Hause waren wir nur an 2 000 gewöhnt.«

Im Coliseum, wo sie in Washington – erstmals auf amerikanischem Boden – auftraten, finden normalerweise Boxveranstaltungen oder Baseballspiele statt. Die Beatles standen auf einer Drehbühne, so daß jeder im Publikum sie sehen konnte. Es bedeutete aber auch, daß sie die ganze Zeit über von allen Seiten her mit Gummibärchen bombardiert wurden.

»Es war furchtbar«, erzählt George. »Es tat weh. In Amerika haben sie keine weichen Gummibärchen, sondern harte Gummibohnen, die sind wie Kugeln. Irgendeine Zeitung hatte den alten Spaß ausgegraben, den wir schon ganz vergessen hatten, daß nämlich John einmal gesagt hatte, ich hätte alle seine Gummibärchen aufgegessen. Wohin wir auch kamen, wurde ich damit beworfen.«

Sir Alec Douglas-Home, der britische Premierminister, sollte am gleichen Tag in Washington eintreffen. Er verschob seine Ankunft auf den nächsten Tag, um dem Beatlechaos zu entgehen.

An diesem Abend nahmen sie ihre erste und letzte Einladung in eine Botschaft an. Sie hatten bereits früher ein Abendessen mit Lady Dixon, der Gemahlin des britischen Botschafters in Paris, abgelehnt.

»Wir haben immer versucht, uns vor solchen blöden Sachen zu drücken«, berichtet George. »Aber diesmal mußten wir dran glauben. Da fanden sich immer haufenweise Snobs ein, die in Wirklichkeit Typen wie uns nicht ausstehen können. Aber sie wollen uns sehen, weil wir reich und berühmt sind. Nichts weiter als verlogene Heuchelei. Sie wollten nichts weiter als Publizität für die Botschaft herausschinden.«

Die Berichte über das, was sich bei dieser Party in der Botschaft wirklich zugetragen hat, gehen in den Einzelheiten auseinander. Aber die Sache fing zunächst ganz harmlos an.

»Hallo, John«, sagte Sir David Ormsby-Gore (jetzt Lord Harlech) bei ihrem Eintreffen.

»Ich bin nicht John«, antwortete John. »Ich bin Charlie. Das da ist John.«

»Hallo, John«, sagte der Botschafter zu George.

»Ich bin nicht John«, erwiderte George. »Ich bin Frank. Der da ist John.«

»Du lieber Himmel«, stieß der Botschafter hervor.

Mehrere ältere Damen mit Gläsern in den Händen näherten sich den Beatles und baten um Autogramme. Diensteifrige jüngere Beamte begannen sie herumzuschubsen und bestanden darauf, daß sie sich mit den Leuten unterhielten und Autogramme gaben. »Unterschreiben Sie hier«, sagte einer zu John, der es ablehnte. »Sie werden hier unterschreiben, ob Sie wollen oder nicht.« Dann trat eine junge Dame auf Ringo zu, holte eine Nagelschere aus ihrer Handtasche und begann, Locken aus seinem Haar herauszuschneiden. John ging schon früh weg, aber die anderen blieben bis zum Ende. Der Botschafter und seine Frau erklärten, daß es ihnen leid tue.

Nicht einmal Brian mit seinem Charme vermochte die Gemüter zu besänftigen. »Sowohl der Botschafter als auch seine Frau waren außerordentlich nett«, erzählte er später. »Aber die Beatles fanden diesen Empfang scheußlich. Seitdem haben sie jede derartige Einladung abgelehnt.«

Sir Alec Douglas-Home traf schließlich zu seiner Besprechung mit Präsident Johnson ein. »Ihre Vorhut hat mir gefallen«, meinte der Präsident. »Aber finden Sie nicht, daß sie sich die Haare schneiden lassen sollten?«

Die Beatles fuhren zu ihrem Konzert in der Carnegie Hall nach New York zurück. Wie üblich, wurden sie von Presse, Fernsehen und Fans bedrängt. Gerissene US-Geschäftsleute waren in voller Stärke angerückt, um sich Verträge für Beatle-Erzeugnisse zu sichern. Es wurde damals geschätzt, daß 1964 Beatle-Erzeugnisse im Wert von 50 Millionen Dollar in den Staaten verkauft werden könnten. Mehrere nichtautorisierte Bandaufnahmen von Interviews, von deren Aufnahme niemand etwas ahnte, wurden als Langspielplatten herausgebracht und unter dem Namen der Beatles – sehr zu Brians Ärger – angepriesen.

Jedes der beiden Konzerte in der Carnegie Hall hatte mehr als 6 000 Besucher angelockt. Sid Bernstein mußte David Niven und Shirley MacLaine abweisen. Hysterisches Geschrei begrüßte und begleitete die beiden Auftritte der Beatles, wie die Zeitungen am nächsten Tag berichteten. Dabei dauerte jeder nur fünfundzwanzig Minuten.

Sandi Stewart, die fünfzehnjährige Beatle-Anhängerin aus New Hampshire, hatte es doch noch geschafft. Aber sie fand das Geschrei gar nicht so gewaltig. Sie sagt, bei späteren Konzerten sei es viel toller gewesen.

»Dieses erste Konzert war gar nicht so wild. Ich will damit sagen, es wurde gar nicht soviel geschrien, nicht zu vergleichen mit späteren Konzerten, bei denen es richtig wild zuging. Ich erinnere mich, daß ich mich bei diesem ersten Konzert sehr über George geärgert habe, vielleicht mag ich ihn deshalb nicht. Er stand immer so vor Ringo, daß wir diesen nicht sehen konnten. Wir riefen ihm zu, auf die Seite zu gehen und uns Ringo sehen zu lassen.

Man glaubt ja wirklich, daß sie einen sehen können, nur einen ganz allein, wenn sie dort oben auf der Bühne stehen. Deswegen schreit man auch, damit sie einen bemerken. Ich hatte die ganze Zeit das Gefühl, daß John mich sehen konnte. Es war wie mein Traum: Nur ich und John zusammen und sonst niemand.

Selbst wenn man schreit, kann man noch immer hören. Alle Reporter behaupten stets in den Zeitungen, man kann bei all dem Lärm nichts hören. Aber das können wir, selbst wenn wir schreien. Sie bewegten sich so sexy, daß wir noch mehr tobten.

Sie wirkten auf mich wahnsinnig sexy. Es war ein Ventil. Aber ich glaube nicht, daß viele Mädchen sexuell erregt wurden, jedenfalls nicht bei Konzerten. Ich selber auch nicht.«

Die Beatles flogen dann von New York nach Miami. Der Pilot trug eine Beatle-Perücke. Dort begegneten sie Cassius Clay, der sagte, er sei der Größte, aber sie seien die Schönsten.

Es ging auf den 25. Februar zu, Georges 21. Geburtstag. Obwohl Sandi Stewart George nicht so sehr mochte, beschloß sie doch, ihm ein Geschenk zu schicken. »Wir hatten herausgefunden, daß er in Miami im Hotel Deauville wohnte. Wir schickten ihm ein eingeschriebenes Päckchen und hielten uns für sehr schlau, da er dafür eine Quittung unterschreiben mußte und wir auf diese Weise sein Autogramm erhalten würden. Aber wir bekamen es nicht. Es machte mir nichts aus, denn schließlich liebte ich ja John. Ich schenkte ihm drei Jahre meines Lebens.«

In England und wieder in den USA

Daheim in Liverpool erhielten die Schulen, die sie einst besucht hatten, seltsame Anfragen. Teenagers aus der ganzen Welt baten um alte Pulte, an denen die Beatles gesessen hatten, oder um alte Mützen oder Übungshefte. Bald waren Dutzende von mit Autogrammen versehenen Übungsheften im Umlauf, weit mehr, als sie jemals besessen hatten.

»Wir erhielten überaus komische Briefe von Mädchen, vorwiegend aus Amerika«, erzählt Mr. Pobjoy von Quarry Bank. »Sie fragten, ob unsere Jungen ihnen schreiben wollten. Ich fand sie zum Schreien komisch. Ebensosehr zu ihrer wie zu meiner Belustigung las ich sie den Jungen nach dem Morgengebet in der Aula vor. Die Jungen fanden die Sache so lustig, daß sie lange glaubten, ich hätte die Briefe nur erfunden. Ich nehme aber an, daß eine ganze Reihe von ihnen am Ende doch diesen unglücklichen Mädchen geschrieben hat.«

Viele amerikanische Fans wandten sich auch an die Eltern der Beatles. Manche von ihnen erschienen sogar vor ihrer Haustür, nachdem sie ihre Eltern auf einer Europareise gezwungen hatten, in London oder Liverpool Station zu machen.

»Für gewöhnlich lud ich alle, die von weither kamen, zu einer Tasse Tee ein«, erzählt Jim McCartney. »Wenn sie annahmen, erklärte ich, dort ist die Küche. Sie gingen hinein und begannen zu kreischen und zu schreien, weil sie die Küche nach Fotografien erkannten. Sie wußten mehr von mir als ich selber. Fans würden ausgezeichnete Detektive abgeben.«

An Georges 21. Geburtstag fand Mrs. Harrison in ihrem Haus nicht mehr genügend Platz für all die Glückwunschkarten und Geschenke. Die Post mußte zum Transport mehrere Paketwagen einsetzen.

Elsie und Harry, Ringos Eltern, sahen sich ebenso wie die anderen in ihrem Haus umzingelt und mußten sich regelrecht verbarrikadieren, während Fans Stücke der Tür stahlen oder die Wände mit Kreide beschrieben.

»Wie berühmt sie waren«, berichtet Elsie, »wurde mir erstmals bewußt, als wir eines Morgens nach dem Aufwachen eine Busladung Fans vorfanden, die an unsere Haustür klopften. Es war Sonntagmorgen sieben Uhr. Sie waren während der Nacht von London hergefahren. Nun, was sollte ich tun? Ich holte sie alle herein und bot ihnen Tee und Kekse an. Ich fand es fabelhaft. Diesen ganzen Weg nur wegen unseres Ritchie. Sie haben nichts gegessen. Sie packten alles ein, um es als Andenken mitzunehmen.

Sie kletterten auch über die Gartenmauer hinter dem Haus oder schliefen tagelang auf der Straße. Die meisten von ihnen waren völlig erschöpft. Aber sie waren viel zu erregt, um sich auszuruhen oder zu essen. Sie fragten, wo sein Stuhl sei. Ich antwortete, setzt euch nur auf alle, meine Lieben, er hat überall gesessen. Immer wollten sie hinaufgehen und auch sein Bett sehen. Wenn ich sie dann in sein Schlafzimmer ließ, legten sie sich darauf und stöhnten.«

Cyn und Julian waren inzwischen bei Mimi ausgezogen und hatten ihr eigenes Heim. Sie gingen der Presse noch immer nach Möglichkeit aus dem Weg. »Eine Bande von Reportern folgte mir tagelang überallhin, nachdem sie herausgefunden hatte, wer ich bin. Als ich eines Tages meine Mutter in Hoylake besuchte, trieben sie mich in die Enge. Da war ein Reporter, der mir durch den ganzen Ort folgte und mich in einem Laden belagerte. Es gelang mir, durch eine Hintertür hinauszukommen. Ich versteckte mich eine halbe Stunde lang in einem benachbarten Obstgeschäft, bis er gegangen war.«

Als die Beatles aus Amerika zurückkehrten, gab es die üblichen hysterischen Begrüßungsszenen. Der Premierminister, Sir Alec Douglas-Home, bezeichnete sie als »unsere besten Exportartikel« und »einen nützlichen Beitrag zu unserer Zahlungsbilanz«. Mr. Wilson, Führer der Labour Party und Abgeordneter aus Liverpool, hatte nichts für diesen heimtückischen Versuch übrig, aus den Liverpooler Jungens Kapital zu schlagen. »Die Tories wollen die Beatles zu ihrer Geheimwaffe machen«, erklärte er.

Ein römisch-katholischer Bischof bezeichnete sie als »Gefahr«, aber Prinz Philip nannte sie nette Kerle. Mit John unterhielt er sich über Bücher. Schließlich kamen sie auch mit Mr. Wilson zusammen und nannten ihn »Mr. Dobson«.

Johns erstes Buch erschien im März. Es trug den Titel: »In His Own Write«. Der Titel ging auf einen Vorschlag von Paul zurück, und man könnte ihn mit »In seiner eigenen Schreibe« wiedergeben. Im Englischen steckt ein Wortspiel dahinter, das die Bedeutung hat: »Von Seinen Eigenen Gnaden« – nur muß man sich dabei über die Gesetze der Rechtschreibung hinwegsetzen. Die meisten literarischen Experten und Verleger erklärten, es sei ein Bravourstück, das danebengehen würde. Wie könne denn der Spieler einer Beatgruppe überhaupt etwas Gutes schreiben? Das Buch erreichte aber die Spitze der Bestsellerliste. Im »Times Literary Supplement« hieß es dazu: »Es verdient die Aufmerksamkeit eines jeden, der um die Verarmung der englischen Sprache und der Phantasie der Briten bangt.« John wurde als Ehrengast zu Foyles literarischem Frühstück eingeladen. Er hielt keine Rede und mußte dafür ein paar Buhrufe einstecken. Brian Epstein sprach an seiner Stelle.

Am 24. März kam ihre sechste Einzelplatte auf den Markt: »Can't Buy Me Love«. Sie kam sofort an den ersten Platz, in Großbritannien ebenso wie in den Vereinigten Staaten. In beiden Ländern waren 3 Millionen Platten vorbestellt worden –

ein Weltrekord. Wenig später nahmen ihre Platten in der amerikanischen Hit-Parade die Plätze eins bis sechs ein.

Ringo wurde zum Vizepräsidenten der Universität Leeds gewählt und damit einem ehemaligen Lordoberrichter vorgezogen. Bei Madame Tussaud wurden Wachsfiguren der vier Beatles ausgestellt. Im »New Statesman« erschien ein Artikel von Paul Johnson mit dem Titel »Die Bedrohung durch das Beatletum«. Ein Autor im »Sunday Telegraph« erklärte, die Gruppe werde eines Tages auseinanderbrechen, weil sie schließlich doch alle heiraten würden, und »die Aussichten, daß vier durch Zufall zusammengeführte Frauen einander mögen oder auch nur fähig sind, miteinander auszukommen, sind sehr gering«.

Im März begannen sie mit Richard Lester ihren ersten Film zu drehen. Erst kurz vor seiner Fertigstellung erhielt er den Titel »A Hard Day's Night«. Es war Ringos Einfall.

Paul hatte sich inzwischen mit Jane Asher, der Tochter eines Arztes aus der Wimpole Street, angefreundet. Am ersten Tag der Dreharbeiten lernte George Pattie Boyd kennen. Ebenso wie Jane Asher entstammt sie dem südenglischen Mittelstand und unterscheidet sich dadurch erheblich von den Frauen der beiden anderen Beatles.

Pattie arbeitete als Fotomodell, vor allem für Zeitschriften. Aber sie war auch schon in einer Werbesendung im Fernsehen aufgetreten, die großen Erfolg hatte. So kam es, daß sie zu einer Probeaufnahme für eine Rolle im Film der Beatles aufgefordert wurde, obwohl sie eigentlich keine Schauspielerin war.

»Als ich ihnen zum erstenmal begegnete, sagten sie hallo. Ich konnte es nicht fassen. Sie waren ganz so, wie ich sie mir vorgestellt hatte. Sie waren wie ihre eigenen Bilder, die zum Leben erweckt wurden. George begrüßte mich kaum. Aber die anderen traten auf uns zu und unterhielten sich mit uns.

Als wir mit der Dreharbeit begannen, spürte ich, daß George mich ansah, und es machte mich ein wenig verlegen. Ringo schien mir der Netteste und Zugänglichste von ihnen zu sein, und auch Paul war sehr nett. Aber vor John fürchtete ich mich. Nach diesem ersten Drehtag bat ich alle um ein Autogramm – alle mit Ausnahme von John. Vor ihm hatte ich zu große Angst.

Als ich George um sein Autogramm bat, fragte ich, ob er auch zwei für meine beiden Schwestern geben würde. Er schrieb seinen Namen hin und setzte noch für jede Unterschrift zwei Küsse hinzu, aber unter die meine setzte er sieben Küsse. Da dachte ich, daß er mich vielleicht ein wenig gern hatte.«

Das war offensichtlich der Fall, denn von da an gingen sie fast jeden Abend aus. »Ich stellte ihn meiner Mama vor. Dann nahm er mich eines Tages mit, um mir dieses Haus in Esher zu zeigen, für das er sich interessierte. Ich fand es herrlich. Das nächste Wochenende war Ostern. Ich reiste zusammen mit George, John und Cynthia in einem Privatflugzeug zum Wochenende nach Irland. Es war ein strenges Geheimnis, von dem nur sehr wenige wußten. Aber es sickerte doch durch, und im Hotel erwarteten uns ganze Scharen von Presseleuten.

Das war meine erste Erfahrung mit solchen Dingen. Der Geschäftsführer zapfte ihre Telefone an, und wir konnten mit anhören, wie sie das abscheulichste Zeug in die Fleet Street durchgaben. Als wir hinausgingen, folgten sie uns alle mit ihren Kameras.

Es war unmöglich hinauszukommen. Schließlich mußten sich Cyn und ich als Stubenmädchen verkleiden. Man führte uns hinten hinaus, legte uns in einen Wäschekorb, und wir wurden in einem Wäschereiwagen zum Flugplatz gefahren.«

Es war nur natürlich, daß man ihr bei all der Publizität und all diesem Interesse für Klatsch sogar noch mehr Angebote als Modell machte. »Ich nahm viele an – diejenigen, die mir Spaß machten. Aber George sagte, ich sollte es nicht tun. Er mochte das nicht. Sie wollten mich nur aus ganz anderen Gründen haben.«

Da sie erst so spät in diesen Rummel hineinkam, ließ sie sich mehr als die anderen von Menschenmengen und Journalisten beunruhigen. Sie war auch sehr verängstigt durch Drohbriefe und physische Angriffe, denen alle Freundinnen und Frauen der Beatles von seiten weiblicher Fans ausgesetzt waren. »Die Briefe regten mich sehr auf. Sie waren wirklich gemein. Es wurden ganz scheußliche Sachen darin gesagt, insbesondere in denen aus den Staaten. Alle sagten sie, eigentlich seien sie Georges Freundin. Ich solle ihn lieber in Ruhe lassen.«

Zusammen zogen sie in Georges neues Haus in Esher. »Wir lebten etwa ein Jahr zusammen, bevor wir heirateten. Meine Mutter wußte davon, erwähnte es aber niemals.«

Im Sommer 1964 gingen die Beatles wieder auf Tournee, zuerst auf dem Kontinent, wobei sie mit Dänemark anfingen. In Amsterdam drängten sich etwa 100 000 Menschen in den Straßen, um sie zu sehen. Mädchen sprangen in Kanäle, um in ihre Nähe zu kommen. Dann ging es nach Hongkong, weiter nach Australien und schließlich nach Neuseeland.

Obwohl mit den Tourneen in Amerika die größte Publizität

verbunden war und immer sein wird – weil sie die Amerikaner auf dem Gebiet schlugen, auf dem die Amerikaner stets die führende Rolle gespielt hatten –, fand sich doch in Adelaide im Juni 1964 die größte Zuschauermenge ein, die es je gegeben hat. Diese Menge verstopfte die Straßen der Stadt, nur um die Ankunft der Beatles mitzuerleben. Alle Zeitungen gaben für dieses Ereignis eine Zahl von mehr als 300 000 Menschen an. Eine solche Menschenmenge ist niemals zuvor auf die Straße gegangen, um sie zu sehen, nicht in New York und nicht in Liverpool.

In London wurde am 6. Juli der Film »A Hard Day's Night« in Anwesenheit von Prinzessin Margaret und Lord Snowdon uraufgeführt. Die Langspielplatte zum Film erschien im nächsten Monat.

Am 19. August 1964 reisten sie zu ihrer ersten großen Amerikatournee ab. Die Reise im Februar war kurz gewesen, eine Fahrt von nur zwei Wochen mit wenigen Konzerten und Fernsehshows. Die Reise im August und September umfaßte alles in allem 32 Tage. Es war die längste, größte und anstrengendste Tournee, die sie jemals gemacht haben. Sie reisten insgesamt 22 441 Meilen, wobei sie 60 Stunden und 25 Minuten in der Luft waren. Sie besuchten 24 Städte in den USA und in Kanada. Sie gaben 30 Vorstellungen und eine Wohltätigkeitsveranstaltung.

»Wir hätten noch sehr viel mehr Geld machen können«, erklärt Norman Weiss, ihr amerikanischer Agent von GAC, der ein volles halbes Jahr auf die Vorausplanung verwandte. Man hätte leicht den dreifachen Preis verlangen können, und es wäre trotzdem ausverkauft gewesen. Aber Brian meinte, es sei für die Fans unzumutbar. Wir hatten in allen unseren Verträgen die Preise festgesetzt. Wir diktierten alle Verträge, setzten selber die Bedingungen fest. Jeder Veranstalter erklärte sich einverstanden und war noch dankbar, sie auf die Bühne stellen zu können. Niemand hat je solche Zuschauermengen angezogen wie die Beatles, weder vorher noch nachher.«

Überall wurden Rekorde gebrochen, aber die Beatles selber empfanden das alles allmählich als sinnlos. Sogar die Fragen blieben stets die gleichen, was nämlich ihrer Meinung nach ihren Erfolg bewirkt habe und wann die Gruppe platzen werde. Angesichts dieser endlosen Wiederholungen war ihnen oft zum Heulen zumute.

Sie flohen in ein entlegenes Städtchen, um sich einen Tag lang auszuruhen. Die Einheimischen ließen sie freundlicherweise in

Ruhe. Aber als sie ihr Flugzeug bestiegen, um wieder abzufliegen, sahen sie den Sheriff und andere Honoratioren der Stadt über die Rollbahn auf sie zukommen. Derek Taylor, der Pressesekretär der Beatles, wurde hinausgeschickt, um festzustellen, was sie wollten. Sie erklärten, sie wünschten sich Autogramme und wollten zusammen mit den Beatles fotografiert werden. Das sei doch was wenigste, was die Beatles für sie tun könnten, nachdem man sie so freundlich in Ruhe gelassen hätte.

»Ich kehrte ins Flugzeug zurück, um die Jungs zu fragen«, erzählt Derek. »Paul saß am Fenster und blickte auf die Männer hinaus. Er lächelte sie honigsüß an und nickte heftig mit dem Kopf. Aber zu mir sagte er: ›Geh schnell hinaus. Sag ihnen, *wir* möchten ja gern herauskommen und mit ihnen reden. Aber *du* läßt uns nicht, weil wir zu müde sind. Los!‹«

Sogar George Harrison vom »Liverpool Echo« stumpfte allem gegenüber ab. »Aber niemals werde ich dieses Großmaul aus Kansas City vergessen, das während unseres Aufenthaltes in San Francisco über Brian hereinbrach. Kansas City gehörte nicht mit zur Tournee. Das Großmaul war ein Millionär, der Vorstand eines dortigen Footballklubs oder etwas Ähnliches. Er erklärte, er hätte Kansas City versprochen, die Beatles einzukaufen.

Brian sagte nein. Man könnte Kansas City nicht einbauen. Dieser Kerl aber meinte, daß vielleicht 100 000 Dollar die Einstellung der Beatles ändern könnten. Brian antwortete, er wird die Jungs fragen. Sie saßen alle beim Kartenspiel und blickten kaum auf. Brian erzählte ihnen von dem Angebot. Sie erwiderten, das ist dein Bier, Brian, und spielten weiter.

Brian kehrte zurück und sagte dem Mann, es tue ihm außerordentlich leid, aber sie könnten keinen Tag frei machen. Der Geldsack jedoch entgegnete, er habe Kansas City die Beatles versprochen, und ohne sie könne er nicht zurückkehren. Er zerriß den Scheck über 100 000 Dollar. Dann schrieb er einen neuen über 150 000 Dollar aus. Das war das höchste Honorar, das man jemals in Amerika einem Künstler angeboten hat. Er bot ihnen 50 000 Pfund für 35 Minuten.

Brian roch sofort diesen phantastischen Prestigegewinn. Damit hatten sie, was das Honorar anbelangt, alle amerikanischen Künstler geschlagen. Er sagte zu. Die Beatles sahen nicht einmal auf, als Brian ihnen berichtete.

So zog der Kerl also nach Hause ab und war überglücklich. Aber er wußte, daß er unmöglich Geld bei dieser Sache verdienen konnte. Das Gelände war nicht groß genug, um auch nur annä-

hernd das wieder hereinzuholen, was er hatte blechen müssen.
Aber er hatte Kansas City gegenüber sein Versprechen gehalten.«

Die Kopfkissenbezüge, auf denen sie in ihrem Hotel in Kansas
City geschlafen hatten, wurden später an zwei Geschäftsleute aus
Chicago für 375 Pfund verkauft. Sie zerschnitten sie in 160 000
Quadrate von einem Zoll Seitenlänge, befestigten sie an Urkunden, aus denen hervorging, von wessen Bett sie stammten, und
verkauften sie für einen Dollar das Stück. Ein New Yorker Syndikat wollte Brian die Beatles für 3 715 000 Pfund abkaufen,
aber er lehnte ab.

Während all des Schreiens, Kreischens und Tobens auf ihren alle
Rekorde brechenden Tourneen in Großbritannien und Amerika
verkrochen sich die Beatles irgendwo im Innern eines riesigen
Apparates, der sie immer wieder um die Welt führte. Sie waren
dort wie auf einer öden Insel, von allem Leben und von der
Wirklichkeit hermetisch abgeschlossen.

Sie saßen vor jeder Vorstellung gefangen in ihrer Garderobe.
Dann kam, von Scharen von Polizisten und Leibwächtern
bewacht, der stürmische Ausbruch zurück ins Hotel. Dort blieben
sie, von der Außenwelt abgeschlossen, bis die nächste Veranstaltung an der Reihe war. Niemals gingen sie auf die Straße hinaus,
niemals in ein Restaurant, niemals spazieren. Neil und Malcolm
versorgten sie, brachten ihnen Sandwiches, Zigaretten und
Drinks. Aus Neid, und manchmal auch aus Angst, ohne Schutz
dazustehen, wollten sie sogar Malcolm und Neil nicht ausgehen
lassen. So hockten sie alle in ihren Hotelzimmern herum, rauchten, spielten Karten, klimperten auf ihren Gitarren und ließen
die Stunden verstreichen. Tausend oder zehntausend oder hunderttausend für den Auftritt an einem Abend zu verdienen, das
war im Grunde gleichgültig. Reich, mächtig und berühmt genug
zu sein, um an jeder Tür Einlaß zu finden, das war eigentlich
völlig wertlos. Sie saßen im goldenen Käfig.

Natürlich war all das lange Zeit hindurch auch aufregend. Wie
lange hatten sie darauf gewartet: Sieben Jahre hatten sie miteinander gespielt und nichts erreicht. Das bedeutete zumindest,
daß sie körperlich und seelisch alle diese Abendvorstellungen
verkraften konnten. Diese Auftritte waren bei weitem nicht so
anstrengend wie die in den Hamburger Nachtlokalen, wo sie
wirklich pausenlos am Ball sein mußten.

Obwohl John, Paul und George von all dieser Publizität nicht
überwältigt oder berührt wurden, betrachteten sie sich doch als

193

gut. Sie wußten, daß ihre Musik etwas taugte, und es ärgerte sie, wenn man sie nicht ernst nahm. Da sie wußten, was sie zu leisten vermochten, kam ihnen auch nicht einen Augenblick der Gedanke, daß sie eines Tages einfach wieder in der Versenkung verschwinden würden. Sie wußten, daß sie es endlich geschafft hatten. Sie sahen keinen Grund, warum sie nicht durchhalten sollten. Darin liegt wahrscheinlich auch eine Erklärung für ihre Haltung den Journalisten gegenüber. Sie empfanden keine Dankbarkeit und sahen keinen Anlaß zur Bescheidenheit. Es machte ihnen nichts aus, unhöflich zu sein.

Nur Ringo rieb sich in gewisser Weise noch immer die Augen: Alles war so plötzlich über ihn hereingebrochen. Er hatte sich ihnen angeschlossen, und schon war es losgegangen. Irgendwie konnte er es immer noch nicht fassen.

»Keiner von uns hat sich jemals um so etwas wie die Zukunft Sorgen gemacht. Ich habe immer etwas riskiert und habe verdammtes Glück gehabt: Ich hatte Glück, als ich meine Lehrstelle bekam. Ich hatte weiter Glück, als ich sie aufgab und doch niemals arbeitslos war. Immer hatte ich ein paar Mäuse in der Tasche. Aber ich habe immer geglaubt, daß dies alles eines Tages unweigerlich zu einem Ende kommen müßte.«

Lange Zeit machte es ihnen Spaß, neue Songs zu schreiben, sie vor einem Publikum auszuprobieren und zu vervollkommnen, bevor sie die Schallplattenaufnahme machten. Die Tourneen jedoch schienen niemals ein Ende zu nehmen. Schließlich waren sie alle abgestumpft.

»Auf den Tourneen gab es gute Abende und schlechte Abende«, erzählt Ringo. »Aber im Grunde waren sie alle gleich. Das einzig Dufte daran waren die Hotels am Abend, Marihuana zu rauchen und solche Sachen.«

Das Ende der Tourneen

Während der beiden nächsten Jahre, 1965 und 1966, war ihr Leben ausschließlich von Tourneen beherrscht, was in Wirklichkeit bedeutete: Sie hatten überhaupt kein Privatleben mehr.

Im Durchschnitt schafften sie drei lange Tourneen im Jahr – eine in Großbritannien, eine in Amerika und noch eine im Ausland, wobei sie mehrere Länder einbezogen. Sie brachten jährlich etwa drei Einzelplatten und eine Langspielplatte auf den Markt. Sie hatten auch die Absicht, einen Film im Jahr zu

Auf Tournee. Von 1963 bis 1966 sah man in der englischen Presse häufig Fotos der Beatles auf dem Londoner Flughafen. Dieses 1965 aufgenommene Foto zeigt sie vor ihrem Abflug nach den Bahamas.

(Foto Express)

machen, aber nach ihrem zweiten Film »Help« im Jahr 1965 hörten sie damit auf. Erst gegen Ende dieser zweijährigen Schinderei fingen sie an, ihrem Leben und ihrer Arbeit einen neuen Rhythmus zu geben.

Die Einzelheiten ihrer Tourneen liegen in Tausenden von Zeitungsarchiven begraben. Die Beatles können sich bestimmt nicht mehr an sie erinnern. Wie immer entsinnen sie sich nur noch der lustigen Seiten. Dazu gehört gewiß auch ihr MBE:

Am 12. Juni 1965 wurde bekanntgegeben, die Beatles sollten zu Mitgliedern des Ordens des Britischen Empire ernannt werden. Sofort setzte eine Flut von Protesten ein – von Mitgliedern des Oberhauses bis hin zu greisen Luftschutzwarten aus der Kriegszeit, die der Ansicht waren, damit werde ihr Orden entwertet. Ein pensionierter Oberst erklärte, er dächte jetzt nicht mehr daran, die Labour Party mit einem Vermächtnis von 11 000 Pfund oder mit seinen 12 Militärorden zu bedenken. Aus allen Teilen der Welt wurden MBE-Orden zurückgeschickt.

Brian war von dieser Ehrung sehr erfreut. Später erklärte er, niemals habe er daran gezweifelt, daß die Beatles die Orden annehmen würden. John dagegen behauptet, er habe ernsthaft daran gedacht, nein zu sagen. Heute hängt sein MBE am Fernsehgerät in Mimis Bungalow.

»Wir fanden die Verleihung des MBE ebenso komisch wie alle anderen Leute auch. Warum? Wofür? Wir konnten es nicht glauben. Das war eine Rolle, die wir nicht spielen wollten.

Wir kamen zusammen und waren uns darüber einig, daß es albern sei. Was meint ihr, sagten wir alle, lassen wir's doch bleiben. Aber dann schien es ganz einfach mit zu dem Spiel zu gehören, das zu spielen wir uns vorgenommen hatten. Es war dabei nichts zu verlieren, bis auf den Teil des eigenen Ich, der sagte, ich kann es nicht glauben. Wir erklärten uns einverstanden, einfach, um die Leute noch mehr zu ärgern, die sich sowieso schon über uns ärgerten. Wir wollten die Leute verarschen, die noch an so etwas glauben.

Als wir im Palast warteten, grinsten wir uns eins. Wir krümmten uns. Das Ganze war so unglaublich komisch. Da war dieser Knilch von der Garde, der uns vorschrieb, wie wir gehen sollen, wie viele Schritte, wie wir uns zu verbeugen haben, wenn wir der Königin gegenüberstehen. Wir wußten doch, daß sie nichts weiter war als eine Frau, und doch haben wir alles mitgemacht. Wir hatten uns damit einverstanden erklärt.

Ich bin wirklich der Meinung, daß die Königin an all das glaubt.

Das offizielle Fan-Foto von 1965

Das muß sie einfach. Ich glaube aber nicht, daß John Lennon, Beatle, sich von irgend jemand anderem unterscheidet. Ich muß es ja eigentlich wissen. Ich bin nichts weiter als ein junger Kerl. Aber ich bin überzeugt davon, daß die Königin glauben muß, sie sei anders.

Immer habe ich all diese gesellschaftlichen Dinge gehaßt, all die scheußlichen Veranstaltungen und Vorstellungen, zu denen wir gehen mußten. Das war alles so verlogen. Man konnte durch all die Leute dort hindurchschauen. Ich verachtete sie. Vielleicht war es teilweise Klassenbewußtsein. Nein, doch nicht: Es war, weil sie alle wirklich so falsch waren.«

Einige der Tourneen 1965 bis 1966 müssen, wenn auch nur kurz, erwähnt werden, vor allem die beiden anderen amerikanischen. Ihre dritte Amerikatournee begann am 13. August 1965. Es wurde beschlossen, sie nur halb so lang zu machen wie die vorherige, die doch zu anstrengend gewesen war. Sie dauerte siebzehn Tage. Die Beatles waren für eine Million Pfund versichert. Sie verdienten nun sogar noch mehr Geld als bei der vorherigen Reise, obwohl sie nur halb so lang war.

Genau ein Jahr später, im August 1966, unternahmen sie ihre vierte und letzte Amerikatournee. Auch sie war kurz, aber sie warf noch mehr Geld ab als alle anderen. Nat Weiss, der die Leitung von Nemperor Artists übernommen hatte, half bei der Organisationsarbeit. Fünfzehn Jahre lang hatte er als Scheidungsanwalt in New York praktiziert, als er Brian Epstein kennenlernte und sich durch ihn für Popmusik zu interessieren begann. Im Juni 1966 beschloß Brian, alle kleineren NEMS-Unternehmungen in Amerika unter einen Hut zu bringen: Nemperor erhielt seinen Namen von der Telegrammanschrift VON NEMS.

Auf dieser Tournee traf Johns Bemerkung über Jesus Christus Amerika wie ein Schlag. Ursprünglich hatte er, und das lag einige Monate zurück, in einem Interview mit Maureen Cleave für den »Evening Standard« erklärt, die Beatles »sind jetzt populärer als Christus«. Niemand hatte etwas eingewandt oder es in der Öffentlichkeit gerügt. Aber als der Satz aus dem Zusammenhang gerissen wiedergegeben wurde und die Runde durch Amerika machte, weckte er einen Sturm der Entrüstung.

»Ein Freund rief mich an und berichtete, daß man in Nashville, Tennessee, Beatleplatten verbrannt hatte«, erzählt Nat Weiss. »Ich rief Brian an und erklärte ihm, ich hielte es für so ernst, daß er sofort nach New York kommen solle.«

Brian machte sich große Sorgen, da sich bereits der Ku-Klux-Klan einmischte, und in den bibelfrommen Bundesstaaten wurden allenthalben Beatlefiguren verbrannt. Er dachte daran, mehrere Vorstellungen abzusagen, obwohl ihn das eine Million Dollar gekostet hätte. »Ich wollte auf keinen Fall das Risiko eingehen, daß die Jungs zu Schaden kämen, was immer es kosten mochte.« Aber die Veranstalter, die Bürgermeister und die Polizei erklärten, es würde von seiten der Fans noch weit größere Tumulte geben, wenn Konzerte abgesagt würden. John gab einen kurzen Widerruf heraus und sagte, er habe es nicht so gemeint. Die Tournee konnte laufen. Und ausgerechnet in den bibelfrommen Staaten hatten sie am meisten Erfolg.

Ihre anderen Auslandstourneen während dieser Jahre umfaßten Frankreich, Italien, Spanien und Deutschland mit einem rauschenden Empfang in Hamburg. Von Deutschland aus flogen sie im Juli 1966 zu ihrer einzigen Tournee in Japan. Die japanischen Beatle-Fans erwiesen sich als die besten Pop-Kenner der Welt. Für sie druckte man bessere Programmhefte als je sonstwo. Sie enthielten unter anderem genaue Informationen, den Titel jedes Stücks, das sie bis dahin jemals gesungen hatten, und seinen Platz in den Hitlisten. In London hatte man sich mit den Programmheften nie solche Mühe gemacht. Brian bewahrte ein Exemplar in seinem Schreibtisch als »Nachschlagewerk« auf. Von Japan aus kehrten sie über Manila zurück. Hinterher verwünschten sie den Abstecher zu den Philippinen. Während dieses Besuches ereignete sich der erste und einzige gewalttätige Zwischenfall in ihrer ganzen Laufbahn. Wenn sie in Großbritannien und Amerika die ganze Zeit über fast umgebracht worden wären, so war das auf ein Übermaß an Zuneigung zurückzuführen. In Manila dagegen wurden sie von der Menge und der Polizei umhergestoßen und zusammengeschlagen, weil sie sich angeblich eine Unhöflichkeit gegenüber der Frau des Präsidenten hatten zuschulden kommen lassen. Die First Lady hatte erwartet, sie würden, nachdem sie sie eingeladen hatte, im Palast erscheinen. Die Beatles hingegen behaupteten, sie wären niemals eingeladen worden. Die Präsidentengattin war zutiefst gekränkt.

In Großbritannien hatte die Beatlemanie kaum nachgelassen. Die Telefonzentrale im Krankenhaus des University College war blockiert, als Ringo die Mandeln herausgenommen wurden. Es wurden stündlich Bulletins ausgegeben. Tausende von Fans baten in Briefen um seine herausoperierten Mandeln. Ringo gab bekannt, niemand würde sie bekommen. Sie wurden verbrannt.

Im Oktober 1965 bereisten die Königin und Prinz Philip Kanada. Eines der Ereignisse auf dieser Reise, das von der britischen Presse mit am größten aufgemacht wurde, war die Nachricht, Prinz Philip habe sich dahingehend geäußert, mit den Beatles »gehe es bergab«. Das führte überall zu Schlagzeilen. Der »London Evening Standard« veranstaltete eine Umfrage, um festzustellen, ob es zutraf – von sieben Befragten erklärten fünf, es träfe nicht zu. Ein paar Tage später erhielt Brian Epstein ein persönliches Telegramm von Prinz Philip, in dem dieser erklärte, in Wirklichkeit habe er gesagt: »Ich glaube, die Beatles sind auf Reisen.«

Daraus geht hervor, daß berühmte Persönlichkeiten noch immer zu den Beatles Stellung nahmen und sehr beunruhigt waren, wenn sie falsch zitiert wurden. Aber darüber hinaus zeigt es, daß nun doch so etwas wie eine Art von Wunschdenken existierte. Alle waren überzeugt, daß die Beatles auf dem absteigenden Ast waren. Es war ganz unmöglich, daß sie dieses Tempo durchhielten.

Aber sie entwickelten sich weiterhin prächtig. Wieder warfen sie eine Platte auf den Markt, die sofort zur Nummer eins aufstieg. Als im Dezember 1965 »Day Tripper« erschien und sich gleich an die Spitze setzte, war es ihre zehnte Platte in ununterbrochener Folge, die es auf den britischen Hitlisten zur Nummer eins gebracht hatte.

Im gleichen Monat brachen sie zu einer Tournee durch Großbritannien auf, die, obwohl damals niemand davon sprach, ihre letzte werden sollte. Danach gaben sie am 1. Mai 1966 ein Konzert, das letzte, bei dem die Beatles in Großbritannien persönlich auftraten.

Schließlich gelangte eine ihrer Einzelplatten nicht mehr sofort an die erste Stelle. Das war »Paperback Writer« im Juni 1966. Noch überraschender war, daß auch die weit besseren »Penny Lane« und »Strawberry Fields« im Februar 1967 nicht mehr den ersten Platz errangen. Vielleicht war es inzwischen ihren Anhängern bewußt geworden, daß sie die Beatles niemals mehr persönlich auftreten sehen würden.

Ihr letztes Auftreten überhaupt fand am Ende ihrer amerikanischen Tournee am 29. August 1966 statt.

»Während dieser letzten Show in San Francisco«, erzählt Nat Weiss, »war Brian sehr traurig und fast melancholisch. Es war das erste Mal, daß ich ihn melancholisch sah. Plötzlich sagte er, was tue ich jetzt? Was wird aus meinem Leben? Das wär's. Soll ich jetzt wieder in die Schule gehen und etwas anderes lernen? Offensichtlich war er sehr niedergeschlagen. Dann riß er sich zusammen und sagte, nein, er werde weitermachen und etwas unternehmen.«

Als sie nach England zurückkehrten, wurde weder verneint noch bestätigt, daß sie die Tourneen aufgeben wollten. Das führte zu einiger Verwirrung. Es verbreiteten sich Gerüchte, daß sie sich trennen wollten.

Der Fan-Klub und »Beatles Monthly« wurden mit Briefen von Anhängern überschüttet. Mrs. Harrison, Georges Mutter, hatte es so satt, ewig die gleiche Frage zu beantworten, daß sie mehrere hundert Kopien eines Briefes anfertigen ließ, in dem sie erklärte, sie würden sich nicht trennen. Sie wären sehr damit beschäftigt, eine Langspielplatte zu machen, was sie bis nach Weihnachten in Atem halten würde. »Meiner Ansicht nach beweist dies, daß sie keinerlei Absichten hegen, sich voneinander zu trennen. Mit den besten Wünschen, Louise Harrison. (Mrs.)«

Schon vor einiger Zeit hatten die Beatles beschlossen, die Tourneen aufzugeben, aber wegen ihrer vertraglichen Verpflichtungen war es schwierig, damit herauszurücken. Arthur Howes zum Beispiel hatte auf eine weitere britische Tournee gehofft. Es gab keinen festen Vertrag mit Arthur Howes, von dem sie sich hätten lösen müssen, sondern er erwartete ganz einfach, daß sie noch eine Weile bei der Sache bleiben würden.

»Auf diesem Gebiet«, so sagt er, »gebe ich einem Künstler fünf Jahre. So ist es eigentlich immer. Nach fünf Jahren ist ihre Generation herangewachsen. Dann kommen neue Künstler mit einer neuen Zuhörerschaft. Bei den Beatles ist es anders. Die Beatles werden ewig leben. Sie brauchen sich keine Sorgen zu machen. Aber ich machte sie mir, als sie 1965 mit den Tourneen aufhörten. Sie gingen nicht einmal drei Jahre auf Tournee.

Das Größte jedoch, was die Beatles geschafft haben, ist die Erschließung des amerikanischen Marktes für die britischen Künstler. Niemals ist es jemand vor den Beatles gelungen, hier einzudringen. Sie allein haben es geschafft. Ich habe viele amerikanische Stars herübergeholt, aber niemand war je mit Erfolg hinübergegangen. Die Leute drüben waren einfach nicht daran interessiert. Indem sie die Staaten eroberten, haben die Beatles eine schöne Stange Geld für Großbritannien verdient.«

Nachdem es Arthur Howes und verschiedenen anderen erst einmal klargeworden war, daß die Tourneen zu Ende waren, ließen die Beatles es öffentlich bekanntgeben. Als einen der

Gründe gaben sie an, ihre Musik habe sich durch die Verwendung großer Orchester und elektronischer Effekte so sehr entwickelt, daß sie sie nicht mehr auf einer Bühne vorführen könnten.

Das ist weitgehend richtig. Aber der eigentliche Grund liegt wohl darin, daß sie schon seit langem haßten, was sie taten. Sie mochten nicht mehr in der Welt herumziehen und in einem Glaskasten auftreten. Es war ihnen zuwider, weiterhin auf einer Bühne zu erscheinen. Sie empfanden es als eine Farce, als Hohn.

Neil und Malcolm, ihre Reisemanager, fürchteten die dabei auftretenden Spannungen, die Ängste und das ganze Chaos.

»Konzerte unter freiem Himmel in den Vereinigten Staaten waren etwas Furchtbares«, erzählt Malcolm. »Einmal waren wir auf einem Baseballfeld. Da standen sie nun, ganz auf sich allein gestellt, mitten auf dem Spielfeld, und rings um sie her 30 000 Jugendliche, die schrien und darauf warteten, sie zu hören. Ich sagte zum Veranstalter, wo ist der Stromanschluß, Chef? Er antwortete, was? Sie spielen doch Gitarre, oder etwa nicht? Ihm war noch nicht klargeworden, daß sie elektrische Gitarren benutzten. Wir standen immer entsetzliche Ängste aus, ob wir rechtzeitig die Elektriker zum Verlegen der Kabel bekommen würden.

Wenn es nach Regen aussah, hatte ich bei Veranstaltungen unter freiem Himmel stets eine Mordsangst. Wenn die Drähte naß geworden wären, wäre alles in die Luft gejagt worden. Aber wenn sie die Show abgebrochen hätten, dann hätten die Jugendlichen sie niedergetrampelt.«

»Wir gingen dazu über, immer erst in der letzten Minute zu erscheinen«, berichtet Neil. »Wenn wir zu früh loszogen, wurden sie nach Verlassen der Garderobe einfach von der Menge eingekeilt. Aber wenn sie wie verrückt liefen, weil sie eigentlich schon auf der Bühne hätten stehen sollen, dann gingen ihnen die Leute aus dem Weg und ließen sie durch. So haben wir es auch bei unserer ersten Ed-Sullivan-Show in New York gemacht. Ed schwitzte wie ein Schwein. Er war überzeugt, wir würden zu spät kommen.«

»Die Tourneen waren manchmal gefährlich«, sagt Ringo, »aber wir dachten niemals daran. Einmal fing ein Flugzeug in Texas Feuer, und alle hatten Angst. Eines Tages flogen wir von Liverpool nach London mit einem offenen Fenster. Wir waren ein bißchen beunruhigt, als uns unser Tod in einem Flugzeug in den Vereinigten Staaten vorausgesagt wurde.«

Eine Frau war es, die auch Präsident Kennedys Tod vorausgesagt hatte. Einige der anderen Künstler weigerten sich, in das Flug-

zeug der Beatles zu steigen. Malcolm schrieb einen Abschieds-
brief an Lil, seine Frau. Er war überzeugt, sterben zu müssen.
»Im Cow Palace in den Vereinigten Staaten sind wir einmal nur
knapp davongekommen. Die Menge drängte vor und stieg auf
den Wagen, in dem wir sitzen sollten. Sie kletterten aufs Dach
und drückten es ein. Wir hätten tot sein können, saßen aber
sicher mit sieben Matrosen in einem Unfallwagen. So wurden wir
damals durchgeschmuggelt.
Es war ein einziges Gedränge. Erst mit der Polizei, dann mit den
Leuten vom Theater und dann mit denen vom Hotel. Immer
glaubten wir, endlich unsere Ruhe zu haben, wenn wir in unsere
Hotelzimmer kamen. Aber wir mußten uns auch des Hotelperso-
nals erwehren, das Autogramme haben wollte. Man sah ihnen
an, daß sie dachten: Warum nicht? Was ist denn mit euch los? Ihr
habt doch heute höchstens eine halbe Stunde gearbeitet! Aber
wahrscheinlich hatten wir seit der letzten halben Stunde bereits
wieder 2 000 Meilen hinter uns gebracht und seit zwei Wochen
nicht mehr richtig gegessen und geschlafen.
Die amerikanische Polizei konnte genauso schlimm sein wie alle
anderen auch, wenn es um Autogramme ging. Einmal habe ich
einen dabei erwischt, wie er unsere Taschen durchsucht hat.«
George erzählt, daß sie schon bei ihrer ersten amerikanischen
Tournee alle anfingen, einen Widerwillen gegen die Sache zu
haben. Selbst die Verkürzung der Tourneen machte sie nicht
erfreulicher.
»Es war, als habe sich der Kreis geschlossen. In Hamburg hatten
wir bis zu acht Stunden hintereinander gespielt. Es hatte uns
Spaß gemacht. Wir lernten einander kennen und stellten fest,
wozu wir imstande waren. In jener Zeit herrschte eine tolle
Ausgelassenheit. Was wir taten, war wirklich wild.
Dann in Liverpool waren es zwar weniger Stunden, aber es
machte noch immer Freude. Wir gehörten zu unserem Publikum.
Wir lebten unser Leben mit den anderen zusammen. Niemals
probten wir eine Nummer. Am Ende mußten wir es zwar mehr
ausfeilen, aber das Cavern war phantastisch. Alles war spontan.
Immer gab es etwas zu lachen und zu albern. Es war alles so
persönlich.
Dann kamen die Tourneen. Auch sie waren anfänglich großartig.
Wir zeigten eine kürzere, noch mehr ausgefeilte Nummer und
arbeiteten an neuen Songs. Aber es leierte sich aus. Wir verfielen
in einen sturen Trott, während wir in die Welt reisten. Jeden
Tag hatten wir zwar ein anderes Publikum, aber wir taten immer

das gleiche. Darin lag keine Befriedigung mehr. Niemand konnte etwas hören. Es war nichts weiter als ein übler, gewaltiger Tumult. Als Musiker wurden wir immer schlechter. Jeden Tag spielten wir den gleichen alten Mist. Nein, darin lag überhaupt keine Befriedigung mehr.«

»Es verdarb unsere Spieltechnik«, sagt Ringo. »Im Lärm der Massen ging ganz einfach alles unter. Am Ende spielte ich nur noch den Off-Beat, nicht mehr den durchgehenden Grundschlag. Die halbe Zeit konnte ich mich selber bei all dem Lärm nicht mehr hören, nicht einmal über die Verstärkeranlage.

In den Sälen stellte man uns oft so idiotisch auf, daß wir viel zu weit voneinander entfernt waren. Auf der Bühne spielten wir die Sachen immer schneller als auf den Platten, in der Hauptsache deshalb, weil wir nicht zu hören vermochten, was wir taten. Manchmal kam ich mit einem falschen Einsatz, einfach weil ich keine Ahnung hatte, wo wir waren. Die Hälfte der Zeit machten wir nur noch Mundbewegungen zu den Songs, insbesondere wenn wir heiser waren.

Am Ende hatte keiner mehr Freude an den Tourneen. Das kann man auch nicht wirklich. Sobald man etwas stur mechanisch wiedergeben muß, wird nichts daraus. Man muß geben, um zu empfangen. An manchen Abenden hatten wir das Gefühl, es sei entsetzlich gewesen. Wir gaben überhaupt nichts. Damals fanden wir, wir sollten aufgeben, bevor es anfing, auch anderen nicht mehr zu gefallen.«

»Wenn wir für eine Weile Abstand bekamen«, berichtet John, »war es wie Schulferien. Man brauchte eine Zeitlang nicht zu arbeiten und erinnerte sich nur an die lustigen Zeiten. So freute man sich schon wieder darauf. Bis man zurückkehrte und gleich wieder die Schnauze voll hatte. Es ist wie beim Militär, so wie man es sich vorstellt. Eine große Eintönigkeit, durch die man hindurch muß. Ein einziges großes Durcheinander. Ich kann mich an nicht eine von den Tourneen erinnern. Wir haben für alle Zeiten genug von solchen Auftritten. Ich kann mir keinen einzigen Grund denken, jemals wieder auf Tournee zu gehen.«

Paul erklärt, sie würden in einer Show auf der Bühne auftreten, wenn ihnen etwas einfiele, eine Show, die völlig anders wäre. Aber niemandem fällt etwas Neues ein.

In gewisser Weise war es ein mutiger Schritt, das aufzugeben, womit sie sich ihren Namen gemacht hatten. Nur sehr wenige Menschen, besonders im Showgeschäft, haben in dem Augenblick aufgegeben, in dem sie am meisten bewundert wurden. Sehr oft sagen Leute, sie hätten die Absicht, dem Publikum den Rücken zu kehren, bevor das Publikum ihnen den Rücken kehrt. Aber für gewöhnlich tun sie es zu spät.

Die Beatles haben nicht gezögert. Sie sahen, daß ein Kapitel abgeschlossen war. Als naive, einfache Menschen taten sie es, ohne zu wissen, wie das nächste Kapitel aussehen sollte. Sie wußten nur, daß es ohne die Langeweile der Tourneen und die Mühsal der Beatlemanie sein würde.

Brian Epsteins Tod

Als die Beatles ihre Tourneen einstellten, fand ein Kapitel seinen Abschluß. Das war Brian schon damals in San Francisco bewußt geworden. Aber Brian war entschlossen, weiterzumachen, etwas anderes zu unternehmen. Das hatte er Nat Weiss gegenüber erklärt. Er hat es dann auch getan – eine Zeitlang.

NEMS Enterprises hatte sich zu einem riesigen Unternehmen entwickelt, das außer den Beatles noch manche andere Künstler managte – so Cilla Black, Gerry and the Pacemakers und viele andere. Brians Leute schalteten sich in das Agenturgeschäft ein, übernahmen ein Theater – The Saville –, setzten dabei aber die Tätigkeit als Manager von Künstlern fort und bauten sie sogar aus.

Obwohl Epsteins Personal seit der Liverpooler Zeit erheblich angewachsen war, waren die entscheidenden Leute doch noch immer alte Freunde und Bekannte aus Liverpool. Alistair Taylor, mit dem er einst hinter dem Ladentisch bei NEMS gestanden und der den Originalvertrag mit den Beatles unterzeichnet hatte, kehrte, nachdem er vorübergehend bei der Plattenfirma PYE gearbeitet hatte, 1963 wieder in die Firma zurück.

Noch wichtiger: Seine beiden ältesten Freunde aus Liverpool, Geoffrey Ellis und Peter Brown, traten ebenfalls bei NEMS in London ein.

Geoffrey Ellis, der ehemalige Student aus Oxford und spätere Versicherungsmann in New York, hatte Brian bei seinen Reisen nach Amerika oft gesehen und ließ sich schließlich dazu überreden, zu NEMS in London zu kommen. Seine juristischen Kenntnisse waren in der Rechtsabteilung von unschätzbarem Wert. Er trat im Oktober 1965 als leitender Angestellter bei NEMS ein und wurde im nächsten Jahr Direktor.

Peter Brown verließ NEMS in Liverpool erst Mitte 1965. Bis

dahin hatte er mit dem Beatle-Geschäft nichts zu tun gehabt, denn er hatte lediglich das Schallplattengeschäft in Whitechapel weitergeführt, das Brian seinerzeit aufgegeben hatte. Aber im Juni 1965 beschloß Harry Epstein, Brians Vater, die meisten seiner Geschäfte zu verkaufen. Inzwischen war es klargeworden, daß sich sein Sohn und Erbe dem Showgeschäft, jedoch nicht den anderen Geschäften verschrieben hatte. Er erhielt ein günstiges Angebot und verkaufte. Allerdings blieb Clive, sein zweiter Sohn, geschäftsführender Direktor.

Auch Peter Brown blieb noch eine Weile, stand sich aber nicht besonders gut mit den neuen Eigentümern. Da bot ihm Brian eine Stellung bei NEMS Enterprises in London an. »Anfänglich machte ich mir Sorgen, ob nicht eine erneute enge Zusammenarbeit mit Brian – ebenso wie früher – wieder zu Auseinandersetzungen führen würde. Aber alles ging sehr gut.« Er wurde Brians persönlicher Mitarbeiter.

Anfang 1967 kaufte Brian ein Landhaus in Sussex, das Peter für ihn ausfindig gemacht hatte. Es war ein großes, historisch interessantes Herrenhaus in Kingsley Hill bei Heathfield. Es kostete 25 000 Pfund.

Er stellte auch eine Privatsekretärin ein, Joanne Newfield. Sie arbeitete in einem Büro oben in seinem Londoner Haus in der Chapel Street, Belgravia. Das war notwendig, weil er einen großen Teil seiner Arbeit zu Hause erledigte. Aber im Gegensatz zu Peter Brown lebte sie nicht im Haus. Peter wohnte neun Monate dort, beschloß dann aber auszuziehen und besorgte sich im Juli 1967 eine eigene Wohnung.

So etwa sah Brian Epsteins Leben im Sommer 1967 aus: Er war 32, wohlhabend, sah gut aus, war charmant, allgemein beliebt und fröhlich. Er war ein Begriff, hatte eine Spürnase für Talente und wurde von allen mit dem Erfolg der Beatles identifiziert. Er managte auch viele andere Künstler und hatte zahlreiche andere Interessen, insbesondere das Saville-Theater. Seine dortigen Experimente fanden in der Presse ein starkes Echo.

Soweit die Öffentlichkeit Einblick hatte, war er glücklich und mit seinem Dasein zufrieden. Nach der »Financial Times« wurde er im Sommer 1967 auf sieben Millionen Pfund geschätzt. Ob diese Zahl stimmt oder nicht: Brian war reich genug, um für den Rest seines Lebens aller finanziellen Sorgen enthoben zu sein.

Mrs. Queenie Epstein, Brians Mutter, traf am 14. August 1967 in London ein, um zehn Tage bei ihrem ältesten Sohn in seinem

Haus in Belgravia zu verbringen. Am 24. August kehrte sie nach Liverpool zurück.

Bei ihrem Eintreffen war sie sehr niedergeschlagen. Ihr Mann war einen Monat zuvor gestorben. Brian hatte sich alle Mühe gegeben, ihr den Aufenthalt so schön und angenehm wie nur möglich zu machen. Er besorgte ihr eine Wohnung in Knightsbridge, da sie beschlossen hatte, von Liverpool nach London zu ziehen. Er wollte sie so nah wie möglich bei sich haben.

Brian änderte seiner Mutter zuliebe seine Lebensgewohnheiten. Anstatt spät aufzustehen und spät ins Bett zu gehen, brachte er es über sich, jeden Morgen, wenn seine Mutter sein Schlafzimmer betrat, um die Vorhänge zurückzuziehen, schon wach zu sein. Etwa um zehn Uhr frühstückten sie dann gemeinsam in seinem Schlafzimmer. Dann verabschiedete er sich von ihr, um ausgeruht und verhältnismäßig früh in sein Büro zu kommen. Auch das hatte er schon seit langem nicht mehr getan.

Während der zehn Tage, die der Aufenthalt seiner Mutter dauerte, ging er jeden Morgen in sein Büro und arbeitete dort den ganzen Tag. Dann kam er zu normaler Büroschlußzeit nach Hause und aß zusammen mit seiner Mutter. Danach sahen sie sich gemeinsam das Farbfernsehen an, tranken noch eine Tasse Schokolade und gingen lange vor Mitternacht schlafen.

Joanne Newfield und Peter Brown erklärten übereinstimmend, daß ihm das alles nicht sonderlich schwerfiel. Zwar hätte er sich lieber so verhalten wie früher, aber er wußte, daß er damit seiner Mutter eine Freude bereitete. Er liebte sie und wußte, daß sie ihn liebte. Sie sollte ihren Aufenthalt richtig genießen.

»Ich besuchte sie am fünften Tag ihres Aufenthalts, am Nachmittag des 18. August. Wir tranken Tee und sprachen von Brians Kindheit. Offenbar standen sie in einem sehr vertrauten, liebevollen Verhältnis zueinander.

Brian begleitete mich hinaus. Er erzählte von seiner bevorstehenden Reise nach den USA und Kanada. Er sollte in einer großen Fernsehshow als Showmaster auftreten, und ganz offensichtlich freute er sich darauf. Wir verabredeten, daß ich nach seiner Rückkehr das Wochenende mit ihm in Sussex verbringen sollte.«

Seine Mutter reiste am folgenden Donnerstag nach Liverpool zurück. Am Donnerstagabend ging er nach fast zwei Wochen zum erstenmal wieder aus. Aber es war nichts weiter als ein geruhsames Abendessen in Gesellschaft von Simon Napier-Bell bei Carrier, einem Restaurant in Islington. Am meisten freute er sich nun auf das lange Wochenende, das Bankwochenende im August, das er in seinem Haus auf dem Lande verbringen wollte. Er lud Simon Napier-Bell ein, aber dieser lehnte ab, weil er geschäftlich nach Irland reisen mußte.

»Brian fuhr am Freitag gegen 3.30 Uhr ab«, berichtet Joanne. »Er strahlte und war glücklich. Er wünschte mir noch ein schönes Wochenende. Am Dienstag würden wir uns dann wiedersehen. Ich blickte ihm nach, wie er in seinem offenen Bentley davonfuhr und mir zuwinkte.«

Sie wußte, daß seine beiden vertrautesten Freunde und Mitarbeiter, Peter Brown und Geoffrey Ellis, ebenfalls zu einem Wochenende mit Brian nach Sussex fahren sollten. Von Peter erfuhr sie im Lauf des Nachmittags, daß er erst sehr viel später als beabsichtigt aufbrechen konnte. Daher war ihr klar, daß Brian ein paar Stunden lang allein sein würde. Sie hoffte nur, Peter würde noch rechtzeitig zum Abendessen kommen.

»Ich kam pünktlich«, erzählt Peter Brown. »Wir aßen ganz ausgezeichnet, nur wir drei, tranken eine Flasche Wein zum Essen und hinterher ein paar Glas Portwein.

Ich hatte eigentlich noch ein paar andere Leute mitbringen sollen. Aber im letzten Augenblick waren sie doch nicht gekommen. Für Brian war das eine große Enttäuschung. Es war seit geräumer Zeit sein erstes freies Wochenende, und er hatte sich sehr darauf gefreut, ein paar neue Leute kennenzulernen. Es lag ihm wirklich nicht so sehr viel daran, es nur mit seinen ältesten Freunden zu verbringen. Sie kannte er ohnehin gut genug.«

Brian wählte ein paar Londoner Nummern und versuchte, einige Leute an die Strippe zu bekommen. Aber es war der Abend vor dem langen Bankwochenende im August. Niemand war zu erreichen. Gegen zehn Uhr beschloß Brian, nach London zurückzukehren.

Das war an sich kein so seltsamer Entschluß, wie es auf den ersten Blick aussehen könnte. Es war typisch für ihn, plötzlich anderen Sinnes zu werden und sich zu vorgerückter Stunde für etwas ganz anderes zu entscheiden. Es kam häufig vor, daß er mitten in einer seiner eigenen Parties wegging, bei Parties, die er wochenlang vorbereitet hatte. In Brians Augen würde das Wochenende in Sussex, auf das er sich schon so lange gefreut hatte, langweilig werden. London erschien ihm als der einzige Ort, an dem er etwas Aufregendes erleben könnte.

»Ich ging mit ihm bis zum Wagen«, erzählt Peter Brown. »Ich sagte zu ihm, es ist ein Blödsinn, zu einer solchen Zeit nach London zu fahren. Er antwortete mir, darum brauche ich mir keine

Sorgen zu machen. Ihm werde schon nichts passieren. Er war nach dem kräftigen Essen ein wenig betrunken, aber nicht sehr. Er sagte, mach dir keine Sorgen. Er würde am Morgen, noch bevor ich auf sei, wieder zurück sein.«

Nicht lange nach Brians Abfahrt traf eine Schar von Besuchern, die endlich doch auf seine Anrufe reagiert hatten, in einem Taxi aus London ein. Aber es war schon zu spät. Brian war weg. Allerdings spielte Peter Brown noch mit dem Gedanken, er würde vielleicht ein wenig durch die Umgebung fahren und bald wieder zurückkehren. Als er jedoch bis 12.30 Uhr nicht zurückgekehrt war, rief er in der Chapel Street an, um ihm zu sagen, er solle zurückkommen. Am Telefon meldete sich Antonio. Er und Maria, seine Frau, waren Brians Butler und Wirtschafterin in der Chapel Street. Beide waren Spanier. »Antonio sagte, Brian sei zu Hause«, berichtet Peter. »Ich bat ihn, Brian über die Sprechanlage in seinem Schlafzimmer anzurufen und ihm zu sagen, ich sei am Telefon. Aber er erhielt keine Antwort. Da nahm ich an, er habe sich schon schlafen gelegt.«

Peter Brown und Geoffrey Ellis standen am nächsten Morgen erst spät auf. Brian war nicht wiederaufgetaucht. Sie erwarteten es auch gar nicht. Sie wollten ihn auch nicht anrufen; denn sie nahmen an, daß er noch schlief. Aber Brian rief seinerseits Peter am Samstagnachmittag gegen fünf Uhr an.

»Er entschuldigte sich sehr, weil er am Morgen nicht zurückgekommen war, wie er versprochen hatte. Er erklärte, er habe den ganzen Tag geschlafen und fühle sich noch immer benommen. Mir fiel auf, wie undeutlich er sprach. Ich sagte ihm, er solle lieber doch nicht zurückfahren. Wenn er den Zug nach Lewes nähme, würde ich ihn dort abholen. Er gab mir recht, das sei das Beste. Aber er war noch immer zu benommen, um aufzubrechen. Er war nach dem Aufwachen immer so schläfrig, wenn er ein Schlafmittel genommen hatte. Er erklärte, er werde später wieder anrufen, wenn er einen klareren Kopf habe, damit ich wüßte, wann er dort weggehe. Dabei beließen wir es.« Aber Brian rief nicht mehr an.

Als er am Sonntag um die Mittagszeit noch immer nicht aufgestanden war, begannen sich Antonio und Maria Sorgen um ihn zu machen. Es war nicht ungewöhnlich, daß er bis zum Mittagessen schlief. Aber soviel sie wußten, hatte er seit seiner Rückkehr am Freitagabend aus Sussex sein Schlafzimmer überhaupt nicht mehr verlassen. Sein Bentley stand das ganze Wochenende über an der gleichen Stelle. Das war ihnen aufgefallen. Auch hatten sie ihn nicht umhergehen hören, außer während der Frühstückszeit am Samstag. Wenn er danach aufgestanden oder weggegangen wäre, hätten sie es bemerken müssen.

Um 13.30 Uhr versuchten sie, Peter Brown in Sussex anzurufen, um ihm ihre Befürchtungen mitzuteilen. Peter jedoch war weggegangen und saß in einer Kneipe. So riefen sie Joanne in Edgware an.

»Maria sprach mit mir. Ihre Stimme klang sehr aufgeregt. Sie sagte, Brian sei nun schon so lange in seinem Schlafzimmer, und das sei sehr ungewöhnlich. Ich machte mir große Sorgen und rief Peter an, konnte ihn aber nicht erreichen. So telefonierte ich mit Alistair Taylor und sagte es ihm. Ich erklärte ihm, ich führe jetzt zu Brians Wohnung und würde ihn dort erwarten. Ich versuchte auch, Brians Arzt zu erreichen, aber er war in Spanien. Dann holte ich meinen Wagen.«

Peter und Geoffrey kehrten kurz vor drei Uhr aus der Kneipe zurück. Die Wirtschafterin sagte ihnen Bescheid.

»Ich rief in der Chapel Street an«, erzählt Peter, »und sprach mit Antonio, der mir sagte, sie seien wegen Brian sehr beunruhigt. Er berichtete, Joanne und Alistair wären auf dem Weg zu ihnen. Ich erklärte ihm, es läge doch gar kein Anlaß zur Beunruhigung vor, sie hätten alle nur den Kopf verloren. Ich sagte ihm auch, wenn er noch könnte, sollte er Alistair davon abhalten, zu kommen. Er würde alles nur aufbauschen und dramatisieren.«

Als Joanne in der Chapel Street ankam, traf sie Antonio und Maria trotz Peters beruhigenden Worten noch immer sehr erregt an. Sie stellte auch fest, daß die Außentür zu Brians Schlafzimmer verschlossen war, was ungewöhnlich war; auch war die Sprechanlage abgestellt. Sie rief Peter an. Er erwiderte, es sei noch immer kein Anlaß zur Aufregung, aber vielleicht sollte sie seinen – Peters – Arzt anrufen und ihn bitten, auf jeden Fall einmal herüberzukommen.

Als der Arzt kam und feststellte, daß die Doppeltüren verschlossen waren, riefen sie noch einmal Peter Brown an. Er sagte ihnen daraufhin, wie sie sie gewaltsam öffnen könnten. Der Arzt beschloß, es selber zu tun. Er gab Joanne seine Brille zum Halten. Peter blieb am Telefon, um gleich zu hören, was sie drinnen festgestellt hätten.

»Der Arzt und ich gingen hinein«, berichtet Joanne. »Im Zimmer war es dunkel, und ich sah Brian auf dem Bett liegen. Er lag auf der Seite, seinen Rücken uns zugekehrt. Der Arzt schob mich aus dem Zimmer. Ich trat hinaus und erklärte Maria und Antonio, es sei alles in Ordnung, Brian schlafe nur. Dann kam John, der Arzt, ganz bleich und verstört wieder heraus und sagte, Brian sei tot. Er griff nach dem Hörer, um es Peter mitzuteilen.«

»Er brachte kein Wort heraus«, berichtet Peter. »Da wußte ich, was geschehen war.«

Peter setzte sich sofort in seinen Wagen und fuhr nach London. Eine Stunde nachdem der Leichnam gefunden worden war, rief der »Daily Express« an und fragte, ob es zuträfe, daß Brian Epstein tot sei. Die Antwort lautete, es träfe nicht zu.

Am nächsten Tag stand es auf der ersten Seite aller Zeitungen. Der Nachruf in der »Times« zog sich auf dem oberen Teil der Seite über drei Spalten hin. Der Mann auf der Straße schien der Ansicht zu sein, es handle sich um Selbstmord. Stets war es für diejenigen, die niemals Reichtum, Ruhm oder Macht kennengelernt hatten, ein Trost, glauben zu dürfen, daß die Menschen, die das alles haben, nicht wirklich glücklich sind ...

Brian Epstein war kein wirklich glücklicher Mensch. Aber dieses Gefühl des Unglücklichseins war weder durch die Beatles noch durch seinen Erfolg verursacht. Es war Teil einer Krankheit, die viele Jahre zurückreichte.

»In Liverpool hatte er immer wieder lange Perioden der Niedergeschlagenheit«, erzählt Peter Brown. »Nicht so schlimm und nicht so lang wie später, aber es gab sie. Ich glaube, wären ihm die Beatles nicht über den Weg gelaufen, hätte sehr viel früher etwas Furchtbares geschehen können.«

Die Ursachen und die Anfänge jenes seelischen Zustandes, in dem er sich zur Zeit seines Todes befand, haben ihn sein ganzes Leben hindurch begleitet. Aber erst im Jahr 1967 spitzten sich viele Dinge zu.

»Wenn er niedergeschlagen war«, erzählt Joanne, »genügte eine Kleinigkeit, um ihm den Rest zu geben. Zum Beispiel das eine Mal, als er mit Nat Weiss in Verbindung zu treten versuchte, der aus New York nach London gekommen war. Er ging ins Hotel Grosvenor House hinüber, um ihn aufzusuchen, konnte ihn aber nicht finden. Wütend kam er zurück und versuchte, das Hotel anzurufen. Ich weiß nicht warum, aber ich gab ihm die falsche Nummer, und so erreichte er nichts. Als ich meinen Fehler entdeckte, war er rasend.«

Peter Brown behauptet, seine Schwierigkeiten hätten zum Teil ihre Ursache darin gehabt, daß er ein Perfektionist war. Wenn irgend etwas schiefging, wenn andere Leute ihn störten oder bereits fertige Pläne umwarfen, konnte ihn das völlig aus der Fassung bringen. Er selber war in allem peinlich genau und ging ganz systematisch vor. Seine ersten Anweisungen an die Beatles, in denen er ihnen genau erklärte, in welchem Saal sie sich einzufinden hätten, daß sie auf der Bühne nicht fluchen sollten, waren Musterbeispiele seiner Pedanterie.

In dem Maße, in dem NEMS wuchs und er immer mehr Arbeit auf andere übertragen mußte, war es ganz unvermeidlich, daß vieles, was geschah, nicht genau seinen Vorstellungen entsprach – dies um so mehr, als es seine Gewohnheit war, Leute aus einer plötzlichen Stimmung heraus einzustellen, aber nicht ihres Könnens oder ihrer Erfahrung wegen. Stets versuchte er jedoch, die Künstler, die ihm etwas bedeuteten, ganz für sich zu behalten. Den Beatles gegenüber war er geradezu von krankhafter Eifersucht erfüllt und sah es höchst ungern, wenn Sekretärinnen sich allzugut mit ihnen verstanden. Erst in den letzten Monaten vor seinem Tod ließ er Peter Brown, seinen nächsten Mitarbeiter, persönlich mit ihnen verhandeln. Seit Anfang des Jahres 1967 hatte er den größten Teil seiner täglichen Pflichten in der Leitung von NEMS, mit Ausnahme der Beatles, abgetreten. Nicht lange nachdem die Beatles ihre Tourneen aufgegeben hatten, zog er sich aus NEMS zurück. Abgesehen vom Saville-Theater, das niemals ein finanzieller Erfolg war, konnte nichts an die Stelle seiner Zuneigung zu den Beatles treten. Aber er sah sich noch immer nach etwas um. Es war der alte schöpferische Drang, der bei ihm wieder durchschlug. Doch es gibt nichts Qualvolleres als unerfüllten Schöpferdrang. Es gibt nichts Schlimmeres als eine Sehnsucht, deren Befriedigung kaum möglich ist. Genau das ist Brian zugestoßen, sowohl in seinen Liebesangelegenheiten als auch in den meisten anderen Dingen, an denen er Freude hatte.

Einmal erhielt er wieder die Chance, schöpferisch tätig zu sein. Das war, als John Fernald, ehemaliger Leiter der Schauspielschule, der Brian als Schüler aufgenommen hatte und den Brian späterhin im Saville anstellte, während der Proben für das Stück »A Smashing Day« erkrankte und Brian für ihn einsprang.

»Die ganze Zeit über war er krank, denn er selber genas gerade erst von einer Gelbsucht. Aber er stürzte sich mit ganzer Seele in diese Proben«, erzählt Joanne. »Ich glaube, ich habe ihn in all den drei Jahren, in denen ich für ihn arbeitete, noch nie so glücklich gesehen. Die ganze Nacht blieb er mit dem Ensemble auf, wartete auf die Kritiken und genoß jede einzelne Minute.« Das Stück wurde bald abgesetzt.

Dieser Drang, schöpferisch tätig zu sein, hat niemals ein anderes Ventil gefunden. Er wußte nicht, wonach er suchte. Nichts stellte sich von selber ein, so wie es bei den Beatles der Fall war. Statt dessen drängte ihn alles mehr und mehr ausschließlich in die Tätigkeit eines Geschäftsmanns. Das war auch einer der Gründe dafür, daß er sich so sehr von NEMS fernhielt.

»Im Grunde war er nicht gern Geschäftsmann«, erzählt Joanne. »Er mochte auch keine geschäftlichen Besprechungen. Er wollte so gern schöpferisch tätig sein. Immer wieder sagte er äußerst wichtige Sitzungen ab. Zuweilen mußte ich erklären, er sei krank oder habe eine wichtige Besprechung. Der eigentliche Grund war der, daß er noch immer im Bett lag, weil er die ganze Nacht, von Schlaflosigkeit gequält, wach gelegen hatte. Es war furchtbar. Er legte mir Zettel hin, auf denen stand, von welchen Besprechungen ich ihn befreien sollte.«

Aber es gab einige Dinge, die ihm großes Vergnügen bereiteten. So liebte er Kingsley Hill, sein Haus in Sussex. Auch für Stierkämpfe konnte er sich begeistern. Das rührte noch von seinen ersten Ferien in Spanien her. Einmal finanzierte er einen Stierkampf, und kurz vor seinem Tod hat er noch das Geld für einen Stierkampf-Film aufgebracht.

Anderes, dem er sich zuwandte, gehört mehr in den Bereich gelegentlicher Launen, Rauschgifte und Spielen etwa. LSD nahm er ein paarmal, als er von den Beatles erfahren hatte, welche Wirkungen es auf sie ausübte. Aber es geschah doch nur sehr selten. Er scheint es etwa zur gleichen Zeit aufgegeben zu haben wie die Beatles – und das war lange vor seinem Tod.

Er hatte Anfälle von Spielleidenschaft. Das Spielen machte ihm Spaß, und er hatte Erfolg. »Oft fand ich am Morgen eine Notiz vor«, erzählt Joanne, »zusammen mit einem Haufen Geld, vielleicht 300 Pfund, die er in der vergangenen Nacht gewonnen hatte. Auf dem Zettel stand, ich solle sein Glück auf die Bank bringen.«

Peter Brown, der ihn oft dabei begleitete, berichtet, er sei deshalb ein guter Spieler gewesen, weil er genau wußte, wann er aufhören mußte. »Das lag daran, daß er sich nie mitreißen ließ. Der ganze Sinn dieses Spielens bestand darin, irgendwo spät in der Nacht hinzugehen und mit Menschen zusammenzukommen.«

Abgesehen von den Beatles und Cilla Black setzten sich keine seiner Künstler auf die Dauer als große Stars durch. Viele von ihnen verschwanden bald völlig von der Bühne. Es ist nur natürlich, daß nicht wenige unter ihnen ihm seine übermäßige

213

Aufmerksamkeit den Beatles gegenüber übelnahmen. Denn später, als er sich aus NEMS zurückzog, tat er ihrer Ansicht nach nichts für sie. Brian bedauerte dies genauso wie alle anderen. Es machte ihn sehr schuldbewußt. »Tatsächlich glaubte er an so viele unter ihnen«, erzählt Joanne. »Er glaubte es ganz aufrichtig. Er versprach ihnen große Dinge und meinte es völlig ehrlich. Voller Hoffnung gingen sie wieder weg. Nach einigen Monaten kehrten sie dann zurück und warfen ihm vor, er habe sie im Stich gelassen.«

Aber den einzigen ernsthafteren Streit mit einem seiner Künstler hatte er seltsamerweise mit keinem von denen, die nicht vorwärtskamen, sondern ausgerechnet mit Cilla Black, seinem erfolgreichsten Einzelstar.

Schon seit längerer Zeit war sie der Ansicht, daß sich Brian ihr nicht mehr so sehr widmete wie früher und wie sie es ihrer Meinung nach verdiente. Zu Beginn des Sommers 1967 kam sie zu dem Schluß, nun sei es genug. Brian war irgendwohin weggefahren und hatte sie sich selbst überlassen. Ihm schienen nur die Beatles am Herzen zu liegen. Also gut, da konnte sie ja gehen.

Da Brian nicht da war, bekam Peter Brown als erster ihren Entschluß zu hören. Er wußte, wie tief es Brian treffen würde. Er hatte Angst, es ihm zu sagen. So bat er Brians Arzt um seinen Rat. Der erklärte ihm, er solle recht behutsam vorgehen.

»Brian versuchte, sich mit Cilla zu verabreden. Aber es gelang ihm nur, sie telefonisch zu sprechen. Es gab einen fürchterlichen Streit. Er warf ihr eine Menge gemeiner Ausdrücke an den Kopf. Beide knallten sie den Hörer auf die Gabel. Das führte zu einer der größten Depressionen, die Brian je durchgemacht hatte.«

Aber er überstand diesen Anfall von Niedergeschlagenheit und konnte endlich Cilla dazu bringen, ihn in der Chapel Street aufzusuchen. Nach mehrstündigen Diskussionen, Auseinandersetzungen und einem Kompromiß wurde alles wieder zusammengeflickt. Sie standen nun freundschaftlicher zueinander als jemals zuvor. So blieb es auch bis zu seinem Tod.

Mit den Beatles dagegen hat es niemals Streit gegeben. Er mochte sie alle, und darin gab es keine Schwankungen. Und sie mochten ihn. Aber nach Beendigung der Tourneen blieb der herzliche Kontakt aus.

Zwar sahen sie einander immer noch häufig. Jede geschäftliche Entscheidung lief nach wie vor durch seine Hände. Aber Ende 1966, als die Tourneen aufhörten, hatten sie mit sich selber genug zu tun. Sie mußten sich klar darüber werden, was für ein Leben sie führen, was sie mit sich selber anstellen wollten und welchen Sinn das Ganze haben sollte. Das war die Zeit, in der Rauschgift und Religion ihr Leben zu beeinflussen begannen. Mehrere Monate lang wurden sie fast zu Einsiedlern.

Brian ging seinen eigenen Weg, einen Weg, der sich in vieler Hinsicht völlig von dem ihren unterschied. Wäre er nicht ihr Manager geworden, hätten sie sich wahrscheinlich niemals angefreundet. Sie unterschieden sich nach Alter, gesellschaftlicher Stellung und Herkunft. Sie hatten völlig andere Ansichten und vor allem ganz andersartige Freuden. Aber fünf Jahre lang war sein Leben völlig mit seiner Arbeit für sie ausgefüllt gewesen. Als das zu Ende war, hatten die Beatles einander und ihre Frauen. Nur Brian blieb allein, von sich selber besessen, und machte sich Sorgen um seine Sorgen. Es waren Sorgen, über die nachzudenken er in den letzten fünf Jahren nicht viel Zeit gefunden hatte.

Die Beatles hatten keine Ahnung, wie er in seinem letzten Jahr lebte und wie er in zunehmendem Maße von Pillen abhängig geworden war, während seine Sorgen – echte und eingebildete – immer mehr anwuchsen und Gewalt über ihn gewannen. Sie waren ganz verwundert, als sie lange Zeit nach seinem Tod erfuhren, daß er viele Monate hindurch kaum jemals im Büro erschienen war und selten bei Tag aufgestanden und das Haus verlassen hatte. Auch von seinen persönlichen Angelegenheiten ahnten sie nichts.

Sie hatten zwar davon gehört, daß er zu Anfang des Jahres 1967 ein wenig unter Depressionen gelitten hatte, aber sie hatten geglaubt, daß er es überwunden hatte. Wenn er mit ihnen zusammenkam, war er immer fröhlich. Seine größte Freude bestand darin, mit ihnen zusammen zu sein. Er war begeistert, wenn er etwas für sie tun konnte.

»1966 hatte er Pattie und mich zu einem einwöchigen Urlaub nach Südfrankreich eingeladen«, erzählt George. »Bei unserer Ankunft hatte er jede Kleinigkeit schon geplant, jede Mahlzeit, jeden Besuch und jeden Ort, den wir aufsuchen sollten. Die ganze Woche war geplant. Eines Tages kam auch ein Privatflugzeug, das er bestellt hatte und das uns zu einem Stierkampf bringen sollte.

So war er immer. Es lag ihm so viel daran, anderen Leuten eine Freude zu machen, daß er alles ausarbeitete, bis hin zur letzten Kleinigkeit.« Wenn er zu einem Essen einlud, gab er sich alle

Mühe, festzustellen, welche Lieblingszigaretten der einzelne hatte. Er legte sie dann neben das Gedeck.

Pattie erzählt, sie habe einmal von Joanne von den vielen Pillen gehört, die Brian nahm. »Ich fragte, warum denn nicht sie oder Peter ihn davon abhielten. Aber sie erklärte, das könne sie nicht. Ich sagte zu George, er soll doch mal mit Brian reden, aber er meinte, das würde nichts nützen.«

Anfänglich hatte sich Brian am stärksten zu John hingezogen gefühlt, schon in den allerersten Tagen im Cavern. John war auch der einzige, mit dem er jemals einen Urlaub allein verbracht hat. Das war damals, als sie zusammen nach Spanien reisten und Cyn in Liverpool zurückließen.

Sein Verhältnis zu Paul war das schwierigste und komplizierteste. Zumindest empfand Brian es so. Er war der Meinung, er müsse Paul gegenüber kompensieren. Er hat es selber einmal eingestanden: »Ich glaube, Paul denkt, ich stehe John näher als ihm. Das stimmt aber in Wirklichkeit nicht. Das war früher einmal so, aber jetzt habe ich sie alle gleich gern.« Paul machte er immer besonders großzügige Geschenke. Die Beatles schenkten ihm niemals etwas.

»Paul war der einzige, der ihm ab und zu kleinere Sorgen machte«, erzählte Joanne, »wenn er anrief, um sich über etwas zu beschweren oder um etwas zu bitten. Die anderen mochten genau das gleiche erbitten, aber stets bemühte er sich am meisten darum, Paul zufriedenzustellen. Wenn er mit Paul am Telefon gesprochen hatte, war er manchmal ganz verwirrt. Bei den anderen war das nie der Fall.«

Das lag wahrscheinlich daran, daß sich Paul 1967 zum erstenmal für geschäftliche Angelegenheiten zu interessieren begann. Früher war George der einzige, der Brian über die Verträge ausfragte oder wissen wollte, wieviel sie bekämen und ob man nicht mehr herausholen könnte. Aber als bei George das Interesse für Religion erwachte, hörte er völlig auf, sich um materielle Dinge zu kümmern.

Brian war immer an allem interessiert. Aber hin und wieder war er nicht mit der Art einverstanden, wie sie etwas anfaßten. Dazu gehörte auch die in jeder Hinsicht – juristisch, wirtschaftlich und künstlerisch – komplizierte Hülle für »Sergeant Pepper«.

Als er im Frühjahr 1967 New York besuchte, hatte Brian, wie Nat Weiss berichtet, eine Vorahnung seines baldigen Todes. Auf dem Kennedy-Flughafen war er überzeugt, sein Flugzeug werde über dem Atlantik abstürzen. Kurz vor dem Start schrieb er eine

Nachricht auf einen Zettel, den Nat Weiss den Beatles als seinen letzten Wunsch übergeben sollte. Auf diesem Zettel, den Nat Weiss noch heute besitzt, steht: »Braune Papierhüllen für ›Sergeant Pepper‹.«

Da er nicht abstürzte, haben die Beatles niemals erfahren, wie sehr er gegen ihre »Sergeant-Pepper«-Hülle war, ebenso wie ihnen vieles aus seinem letzten Jahr verborgen blieb.

Am 8. September 1967 erklärte ein Untersuchungsrichter in Westminster Brian Epsteins Tod als Folge eines Unfalls. Es läge kein Selbstmord vor. Er sei an der kumulativen Wirkung des in einer Droge enthaltenen Bromids gestorben, die er schon seit geraumer Zeit genommen habe. Der Bromidspiegel in seinem Körper sei zwar nur von »geringer tödlicher Wirkung« gewesen. Aber er habe wiederholt »in unvorsichtiger Weise eine Überdosis zu sich genommen«, die eine kumulative Wirkung besessen und ausgereicht habe, den Tod herbeizuführen.

Die Autopsie ergab, daß er keine einmalige Überdosis zu sich genommen hatte, sondern nur viele bedenklich große Einzelmengen. Dem Gericht gegenüber wurde erklärt, daß er ständig Drogen in Form von Schlaftabletten zu sich nahm, weil er unter Schlaflosigkeit litt.

In seinem Körper wurden außerdem Spuren eines Medikaments gefunden, das Depressionen entgegenwirkt, sowie Barbitursäurederivate. Die Polizei berichtete, man habe in seiner Wohnung 17 Fläschchen mit verschiedenen Tabletten gefunden, 7 neben seinem Bett, 8 im Schlafzimmer und 2 in einer Aktentasche.

Medizinische Sachverständige sind der Ansicht, daß die Menge von Bromid, die er einnahm, ihn schläfrig machen mußte und ihn auch dazu führen konnte, unvorsichtig und unüberlegt zu handeln. Sein Tod sei auf eine zufällige Überdosis zurückzuführen.

Es besteht nicht der geringste Grund, dieses Untersuchungsergebnis anzuzweifeln. Der medizinische Befund bewies überzeugend, daß er drei Tage hintereinander Medikamente zu sich genommen hatte. Beim Selbstmord wird für gewöhnlich eine einzige starke Dosis eingenommen.

Es ist höchst unwahrscheinlich, daß er bewußt Selbstmord begehen wollte, besonders nicht zu diesem Zeitpunkt, nachdem seine Mutter durch den Tod seines Vaters kurz zuvor einen schweren Verlust erlitten hatte. Soweit bekannt, gab es keinerlei Streitigkeiten und auch keine besonderen Gründe für seelische Depressionen. Es handelte sich nur um eine durch eine Reihe von Umständen sich steigernde Depression, da das von ihm so ersehnte Wochenende nichtssagend und langweilig verlaufen war.

Der Gedenkgottesdienst für Brian Epstein wurde am 17. Oktober 1967 in der Neuen Synagoge von London abgehalten.

Es war die passende Umgebung, nur ein paar Schritte von den EMI-Studios entfernt, wo alle Beatleplatten bis zu Brians Tod aufgenommen worden waren. Nur um die Ecke herum lag auch Pauls Haus in der Cavendish Avenue.

Nicht weit entfernt war die Untergrundbahnstation St. John's Wood, wo die Pauls Wohnung nächsten Telefonzellen stehen. Brian hat diese Zellen zweimal in seinem Leben betreten. Das erste Mal im Jahr 1962, als er aus den EMI-Studios eilte, um den Beatles in Hamburg die gute Nachricht bezüglich ihrer Schallplatte zu telegrafieren. Das zweite Mal geschah es fünf Jahre später, kurz vor seinem Tod. Er war zu Pauls Haus gegangen, konnte aber nicht hineingelangen. Paul war den ganzen Tag über von Fans belästigt worden und ging nicht mehr an die Tür. Brian mußte also eine Telefonzelle aufsuchen, um Paul anzurufen und ihm zu sagen, daß er es sei. Brian hat dieser Geschichte symbolische Bedeutung zugemessen.

Als George von Brians Tod hörte, hat es ihn, wie er sagt, wie ein altmodischer Film berührt. »Wissen Sie, wo man die letzte Seite eines Kapitels aufschlägt, um damit zu zeigen, daß man an sein Ende gelangt ist, bevor man zum nächsten übergeht. So war auch Brians Tod. Das Ende eines Kapitels.«

Die Beatles als Gruppe
Von Rauschgift zu Maharischi

Als die Tourneen ihr Ende gefunden hatten, ahnten sie noch nicht, was ihnen der nächste Abschnitt bringen würde. Zehn Jahre lang, von 1956 bis 1966, hatten sie nicht nur ein gemeinsames Leben gelebt, sondern gemeinsam das gleiche Leben. Sie waren noch immer die besten Freunde und wollten weiterhin gemeinsam Plattenaufnahmen machen. Aber sie waren der Ansicht, daß es für sie rein menschlich an der Zeit war, eine eigene Persönlichkeit zu entwickeln.

George löste sich als erster von den anderen. Einen Monat nach Beendigung der Tourneen, also im September 1966, reiste er mit seiner Frau nach Indien. Zum erstenmal war bei ihm ein ernsthaftes Interesse erwacht, das die anderen nicht mit ihm teilten.

John nahm eine Filmrolle in »How I Won The War« an. Er hatte Richard Lester schon immer gemocht, obwohl ihm die Arbeit an ihren beiden Beatle-Filmen keinen besonderen Spaß gemacht hatte. Er sagte, er sei sich wie ein Statist vorgekommen. Aber er glaubte noch immer, daß ihn die Schauspielerei vielleicht befriedigen konnte.

Ringo war der »häuslichste« von ihnen allen. Paul war der einzige, der sich ausgeschlossen fühlte. Er beneidete George. Er wünschte sich, so etwas wie indische Musik zu haben, mit der er sich beschäftigen könnte. Er malte ein bißchen und dekorierte Möbelstücke, jedoch ohne großes Interesse. Er bemühte sich ernsthaft, über Gott nachzudenken. Aber es kam nichts dabei heraus. So beschloß er, die Musik für einen Film zu komponieren, »The Family Way«, um festzustellen, ob es ihm Spaß machte, Filmmusik zu schreiben. Das war nicht der Fall. Danach brach er zu einer langen Reise durch Afrika auf.

Georges leidenschaftliches Interesse wurde immer größer. John dagegen mußte bald feststellen, daß er weder die Tätigkeit eines Schauspielers noch die Schauspieler selbst mochte. So suchten er und Paul wieder nach etwas Neuem. Sie hatten nicht die Absicht, sich nun als fünfundzwanzigjährige Millionäre zur Ruhe zu setzen. Es war ihnen soviel an schulmäßiger Ausbildung und an Kenntnissen entgangen, die sie möglicherweise durch eine Universität hätten erwerben können, daß sie nicht wußten, wo sie anfangen sollten. Materiell und seelisch waren sie hundert Jahre alt. In dieser Situation griffen sie zu Rauschgiften. Durch Rauschgifte wurden sie sich auf eigene Faust über sich selber klar.

Seit ihrer Hamburger Zeit hatten sie verschiedene Aufputschmittel genommen. Sie hatten gelegentlich Marihuana-Zigaretten geraucht, so wie andere Leute starke Alkoholika trinken. Keiner von ihnen trinkt, es sei denn hin und wieder etwas Wein zum Essen.

Ein Freund machte sie 1965 mit LSD bekannt. »Es war, als ob ich nie zuvor richtig geschmeckt, gesprochen, gesehen, gedacht oder gehört hätte«, berichtet George. »Zum erstenmal in meinem Leben vergaß ich mein Ich.«

Die Vorliebe für Rauschgift setzte ihrer Musik kein Ende. Nachdem sie alle wieder beieinander waren und festgestellt hatten, daß Tätigkeiten wie die Schauspielerei ihnen nicht zusagten, begannen sie mit der Arbeit an ihrer bis dahin anspruchsvollsten Platte, die in vieler Hinsicht ihr Interesse an Rauschgift erkennen läßt. Das war »Sergeant Pepper's Lonely Hearts Club Band«.

Sie hatten alle wieder angefangen zu arbeiten. In dieser Zeit kam ihnen auch die Idee für einen Fernsehfilm. Ein Jahr lang hatten sie nun ihren dritten Film immer wieder hinausgeschoben und gleichzeitig alles andere, woran ihnen nichts lag, so die Tourneen und das öffentliche Auftreten, abgesagt. Viele Drehbücher waren geschrieben und dann verworfen worden. Langsam freundeten sie sich mit dem Gedanken an, selbst ein Drehbuch zu schreiben.

Paul grübelte im April über dieser Idee, als er von einem Besuch bei Jane anläßlich ihres 21. Geburtstags in den Staaten zurückkehrte, wo sie eine Tournee mit dem Old Vic machte. Er dachte, sie sollten alle einen Bus besteigen und dann sehen, was geschähe. Und »geheimnisvoll«, da niemand wissen würde, wohin sie fuhren oder was sie unternahmen. Weiter kam er damals nicht. Die anderen waren damit einverstanden. Aber fast ein halbes Jahr lang befaßten sie sich nicht mehr mit der Sache.

Inzwischen hatte sich George tief in indische Musik versenkt, was man in »Sergeant Pepper« heraushören kann. Aber er beschäftigte sich auch gründlich mit indischer Religion. Pattie, seine Frau, nahm an allem teil. Sie war es, die als erste Kontakt mit Maharischi aufnahm.

Wie sie erzählt, war ihr Interesse an Religion zufällig während ihrer Indienreise im September 1966 erwacht. Diese Reise hatten sie lediglich unternommen, um indische Musik kennenzulernen, was wiederum auf einen Zufall zurückging. Im Film »Help« kommt eine Szene vor, in der zahllose ungewöhnliche Instrumente zu sehen sind. George, vom Filmen gelangweilt, hatte sich die Zeit damit vertrieben, auf einem dieser Instrumente herumzuklimpern. Es war eine indische Sitar gewesen. In Indien lernte George bei Ravi Shanker Sitar spielen. Er kam mit Ravis Guru zusammen, einem Mann namens Tat Baba, der ihm das Gesetz des Karma erklärte. »Diese Begegnungen gaben mir mehr als je etwas zuvor, mehr auch als das Rauschgift.«

Nach Hause zurückgekehrt, begannen George und Pattie Bücher über religiöse Fragen zu lesen. Sie fingen mit Aldous Huxley an und wandten sich dann den fernöstlichen Religionen zu. Im Februar 1967 schloß Pattie sich der Spiritual Regeneration Movement an. George interessierte sich zwar auch dafür, fühlte sich aber noch nicht innerlich bereit. »Ich hatte versucht, mir durch Lektüre selber das Meditieren beizubringen, aber es gelang mir nur halbwegs«, berichtet Pattie. »Eines Tages erzählte mir eine

220

Freundin von transzendentaler Meditation. Ich ging mit ihr zu einem Vortrag in der Caxton Hall. Maharischi selber war nicht da. Nur jemand anders, der über seine Arbeit sprach. Ich trat der Bewegung bei, fand aber den Vortrag sehr langweilig. Ich besorgte mir jedoch die gesamte Literatur der Bewegung, so daß ich genau über die Sommerkonferenz in Bangor Bescheid wußte.«

Inzwischen sprach George nicht nur mit seinen Freunden über die Bücher, die er gelesen hatte, sondern suchte auch verzweifelt nach einem Menschen, nach einem weisen Mann, der ihm alles genau erklärte und ihm den richtigen Weg wies. Er zog sich sogar in einen entlegenen Teil Cornwalls zurück und bestieg einen hohen Berg, aber nichts geschah. Er lernte noch viele andere indische und westliche Religionslehrer kennen, aber niemand schien ihm der richtige zu sein – bis Maharischi kam.

Es ist wichtig, darauf hinzuweisen, daß sie alle schon lange vor ihrer Begegnung mit Maharischi gute Kenntnisse besaßen. Er bekehrte sie nicht, er nahm sich ihrer nicht an, zeigte ihnen keinen Weg. Er sagte ihnen auch nicht einmal viel, was sie nicht schon wußten. Maharischi trat nur zufällig zu einem Zeitpunkt in ihr Leben, als sie nach ihm suchten.

Ihre geistig-seelische Suche hielt sie nicht von ihrer normalen Arbeit als Beatles ab. Im Juli 1967 machten sie einen Song »All You Need Is Love« für ein weltweites Fernsehprogramm »Unsere Welt«. Von mehr als 150 Millionen Menschen wurden sie gesehen.

Ihre geistige Erweckung hatte eine konkrete Auswirkung. Im August 1967 gaben sie das Rauschgift auf. Indem sie aktiv nachdachten, lasen und über geistige Dinge diskutierten, gelangten sie zu der Erkenntnis, daß künstliche Reizmittel wie Rauschgift keine wirkliche Lösung darstellten. Es war besser, ohne sie auszukommen. Sie bereuen es nicht, Rauschgift genommen zu haben. Sie betrachten es als eine Phase ihres Experimentierens. Sie sagen, damals sei es für sie nützlich gewesen. Aber jetzt sei es nicht mehr erforderlich. Daß sie kein Rauschgift mehr nahmen, stand jedoch in keinerlei Zusammenhang mit Maharischi. Sie taten es von sich aus. Er bestärkte sie lediglich darin und half ihnen, sich über die Gründe für ihren Entschluß klarer zu werden.

Es war schon seltsam, daß sie auf die zahlreichen Warnungen von Leitartiklern und Ärzten, nachdem Paul und dann Brian zugegeben hatten, LSD zu nehmen, nicht im mindesten reagierten. Aber ihre geistige Erweckung hatte gewirkt.

Mitte August 1967 wurde überraschend in mehreren Zeitungen bekanntgegeben, Maharischi sei in London und würde einen öffentlichen Vortrag halten. »Es scheint sich um einen plötzlichen Entschluß gehandelt zu haben«, sagt Pattie. »Es stand nirgends in unseren Programmen, daß er in London ist oder auch nur zu unserer Versammlung nach Bangor kommen wird. Als ich davon erfuhr, erklärte ich George: ›Hör zu, da müssen wir hingehen.‹«

Inzwischen aber hatte George schon von anderer Seite erfahren, daß Maharischi in der Stadt weilte. Er setzte sich mit den anderen Beatles in Verbindung und schlug vor, gemeinsam zu diesem Vortrag ins Hilton-Hotel zu gehen.

Das war am Donnerstagabend, dem 24. August 1967. Danach lud Maharischi sie ein, sich am Samstag zur Sommerkonferenz seiner Bewegung in Bangor einzufinden. Sie sagten zu.

Sie erzählten Brian Epstein von Maharischi und seiner transzendentalen Meditationsbewegung und davon, wie beeindruckt sie alle davon waren. Brian antwortete, er sei ebenfalls daran interessiert. Vielleicht würde er im späteren Verlauf der Tagung, die zehn Tage dauern sollte, hinkommen. Aber im Augenblick reizte es ihn mehr, mit ein paar neuen Freunden ein interessantes Wochenende auf seinem Landsitz zu verbringen.

Die Nachricht sickerte durch, daß die Beatles nach Bangor zu Maharischi fuhren. Das Erlebnis, von dem sie angenommen hatten, es würde eine persönliche geistige Erfahrung werden, entwickelte sich zu einem Volksfest. Es war fast so, als seien die Tage ihrer Tourneen wieder angebrochen.

Auf der Euston Station drängten sich Tausende von Neugierigen und die Presse, um die Beatles mit dem Zug abreisen zu sehen, den der »Daily Mirror« am nächsten Tag als den »mystischen Sonderzug« bezeichnete, obwohl er nichts anderes war als der übliche Schnellzug nach Bangor in Nordwales.

Es herrschte ein solches Gedränge, daß Cynthia Lennon auf dem Bahnsteig zurückbleiben mußte, weil es ihr nicht gelang, sich durch die Menge bis zu John vorzukämpfen. Ein Polizist hielt sie mit Gewalt zurück: Er hielt sie für einen Beatle-Fan.

Im Zug saßen dichtgedrängt in einem Abteil erster Klasse John, Paul, George, Pattie und Ringo, dazu Mick Jagger, ein Rolling Stone, Marianne Faithfull und Jennie Boyd, Patties Schwester. Ringo kam erst später. Maureen, seine Frau, hatte gerade ihr zweites Baby bekommen und lag noch im Krankenhaus. Es war zunächst nicht sicher, ob er überhaupt kommen würde. »Ich habe Maureen im Krankenhaus angerufen. Sie hat gesagt, ich soll fahren. Ich kann mir das doch nicht entgehen lassen.« Der Entschluß, hinzufahren, war sehr plötzlich gefaßt worden. Brian Epstein wußte davon, hatte aber nichts mit der ganzen Sache zu tun. Sogar ihre ständigen Begleiter Malcolm und Neil hatten sie nicht mitgebracht. Fünf Jahre lang hatten sie kaum einen Schritt getan, ohne daß sich Brian Epstein oder sonst jemand um sie kümmerte. »Es ist so, als ginge man ohne Hose irgendwohin«, meint John.

Mehrere Stunden saßen sie zusammengepfercht in ihrem Abteil. Nicht einmal auf die Toilette wagten sie sich, aus Angst, von der Menge erdrückt zu werden. Sie hatten keine Ahnung, was aus ihrem Gepäck geworden war. Keiner hatte Bargeld bei sich. Die Beatles tragen, ähnlich wie die königliche Familie, grundsätzlich kein Geld in der Tasche. Sie fragten sich, was Maharischi ihnen wohl sagen würde. John erklärte, vielleicht hätte er nur eine andere Version dessen zu bieten, was sie bereits wüßten, lediglich mit einem anderen Etikett. »Ihr wißt schon, so wie manche Platten bei EMI sind und manche bei Decca.« George entgegnete sehr ernst, das glaube er nicht. Er war überzeugt, diesmal an den richtigen Mann zu kommen. Mick Jagger war sehr still und nachdenklich. John meinte, er hoffe, nicht mehr als Beatle arbeiten zu müssen, wenn Maharischi ihm sagte, er solle sich für den Rest seines Lebens in eine Höhle in Indien zurückziehen. »Aber bestimmt wird er das nicht tun. Er wird höchstens sagen, verschwinde und schreib ›Lucy In The Sky With Diamonds‹.«

In einem anderen Abteil saß Maharischi mit gekreuzten Beinen auf einem weißen Laken, das seine Jünger für ihn ausgebreitet hatten. Wenn er lachte – und das war fast die ganze Zeit der Fall –, hüpfte er auf und ab. Er gestand, niemals in seinem Leben Musik von den Beatles gehört zu haben. Man hatte ihm erzählt, wie berühmt sie waren. Das gelte auch für Mick Jagger. Jedoch verwirrte es ihn sehr zu hören, daß er ein »Rolling Stone« sei. Er konnte sich darunter nichts vorstellen.

Die Beatles suchten ihn schließlich in seinem Abteil auf. Er lachte sehr viel und unterhielt sich angeregt mit ihnen. Er veranschaulichte seine Worte, indem er eine Blume in die Hand nahm und sagte, alles sei nur Lebenskraft. Die Blütenblätter seien genauso eine Täuschung wie das physische Leben.

Er erklärte, die transzendentale Meditation, die er sie in Bangor lehren werde, sei nichts weiter als eine Methode, um schnell und leicht in einen durchgeistigten Zustand zu gelangen. Seien seine Meditationen erst einmal erlernt, brauche man sich ihnen jeden

Morgen nur eine halbe Stunde lang hinzugeben. Das genüge für den ganzen Tag. Er sagte, es sei wie eine Bank. Man brauche kein Geld mit sich herumzutragen, wenn man eine Bank habe, denn dann könne man von Zeit zu Zeit hingehen, um sich zu holen, was man brauche.

»Und was ist, wenn man nicht genug kriegen kann?« fragte John. »Wenn man noch eine halbe Stunde Meditation nach dem Mittagessen einlegt und sich nach dem Tee noch eine halbe Stunde leistet?«

Alle lachten. Die Beatles legten eine Teepause ein, während die Mädchen und Mick Jagger bei Maharischi an die Reihe kamen. Der Kellner im Speisewagen sperrte einen Teil des Wagens durch einen Strick für sie ab, aber ein paar Leuten gelang es trotzdem durchzubrechen, um sich Autogramme zu holen.

»Warum fahren Sie denn nach Bangor?« fragten zwei junge Burschen. Sie konnten nicht glauben, daß jemand nach Bangor fahren wollte, am allerwenigsten die Beatles. »Werden Sie dort auftreten?«

»Richtig«, antwortete Ringo. »Am Molenkopf um 8.30 Uhr. Bis dann.«

Am Bahnhof von Flint erwähnte Ringo, Flint sei der weiteste Ort, zu dem er je mit dem Fahrrad von Dingle aus gefahren sei. In Bangor war die Hölle los. Die Beatles überlegten, ob sie bis zum nächsten Bahnhof durchfahren und von dort aus ein Taxi nehmen sollten. Aber Maharischi meinte, wenn sie neben ihm blieben, würde ihnen nichts zustoßen.

Auf dem Bahnsteig stand ziemlich verlassen und verwirrt inmitten der tobenden Jugendlichen ein Häuflein von Anhängern Maharischis, die ihn begrüßen wollten. Es waren freundliche Damen mittleren Alters, von denen jede ein Blümchen umklammert hielt, das sie Maharischi überreichen wollten. Sie wurden von der Menge, die nach den Beatles schrie, unsanft beiseite gestoßen.

Bangor an der Nordküste von Wales ist eine Kleinstadt mit einer großen pädagogischen Hochschule. Dort sollte die Tagung abgehalten werden. Mehr als 300 Grübler waren bereits dort eingetroffen. Von der Ankunft der Beatles hatten sie keine Ahnung.

Maharischi selber schienen all der Tumult und die Aufregung Spaß zu machen. Er war den Presse- und Fernsehleuten gegenüber äußerst freundlich und zuvorkommend. Er erklärte sich bereit, eine Pressekonferenz abzuhalten, sobald er die Tagungsteilnehmer begrüßt hatte.

Maharischis Philosophie besagt ganz einfach, daß das Leben aus geistigen und aus materiellen Werten besteht. Er ist nicht dafür, daß man der Welt entsagt und ein vergeistigter Eremit wird. Aber andererseits ist es nach seiner Auffassung unmöglich, ein erfülltes Leben zu führen oder das Materielle voll auszukosten, ohne sich des Geistigen bewußt zu sein. In gewisser Weise ist dies eine einfache Mischung von östlicher Mystik und westlichem Materialismus. Man braucht nicht auf materielle Annehmlichkeiten und innerhalb vernünftiger Grenzen nicht einmal auf die Freuden des Fleisches zu verzichten, um sein Jünger zu werden. Doch man muß seine Methoden geistiger Bewußtwerdung erlernen. Das hilft einem, über die Grenzen des eigenen Ich hinauszugelangen, ohne das normale Leben hinter sich zu lassen.

Bei seiner geschlossenen Versammlung fragte er seine 300 Anhänger, welche Fortschritte sie in ihren Meditationen machten. Ein Mann fragte ihn, ob es möglich sei, während der Meditation noch immer Autos zu hören.

Die folgende Pressekonferenz war verworren und unbefriedigend. Die Presse, vorwiegend durch Lokalreporter großer Zeitungen vertreten, hatte keine Ahnung, worum es eigentlich ging. Diese Reporter waren der Ansicht, die Beatles wären auf einen Reklametrick aus. Sie konnten es nicht glauben, daß sie es mit Maharischi ernst meinten, wer immer er sei. Sie stellten aggressive Fragen, als wollten sie die Beatles zu dem Geständnis bringen, daß für sie das alles nur ein Jux war. Von den Tagungsteilnehmern wurden die Beatles mit stürmischem Beifall bedacht, als sie unmißverständlich erklärten, daß es ihnen entgegen den Vermutungen der Presse wirklich sehr ernst damit war.

Bis Sonntagmittag waren sie alle in die Lehren eingeweiht. Sie ruhten sich eben von ihren geistigen Anstrengungen aus, als sie die Nachricht von Brian Epsteins Tod erreichte. Maharischi suchte sie auf, um ihnen zu helfen und sie zu trösten, sie aufzumuntern und ihnen zu erklären, wie wenig der Tod bedeutet. Dann kehrten sie alle im Wagen nach London zurück, ohne das Ende der Tagung abzuwarten.

Ursprünglich hatten sie im September 1967 nach Indien fahren wollen, um mit Maharischi wieder zusammenzutreffen, aber aus verschiedenen Gründen – so die Magical Mystery Tour – wurde die Reise bis 1968 verschoben.

Sie und NEMS waren von der Art und Weise betroffen, in der verschiedene Gremien aus dem Boden schossen, die von sich behaupteten, Öffentlichkeitsarbeit für Maharischi zu betreiben.

Sie versuchten, die Beatles zu einer Pressekonferenz zu bewegen. Sie sprachen sogar davon, Presse- und Fernsehrechte zu verkaufen, um die Reise der Beatles nach Indien zu finanzieren, und ein offizielles Pressebüro einzurichten, lange bevor sich die Beatles darüber schlüssig geworden waren, wann sie reisen wollten.

Bei NEMS erschien ein indischer Regierungsvertreter und erklärte, er habe sie für den Besuch von sechs indischen Staaten vorbereitet. Er werde auch alles Erforderliche veranlassen, damit sie von Frau Gandhi, der indischen Ministerpräsidentin, empfangen würden. Das war aber das letzte, was sich die Beatles gewünscht hatten. Ihre religiösen Bestrebungen sollten nicht an die Öffentlichkeit gezerrt werden.

Es hat immer gewisse Leute gegeben, häufig sogar Regierungen, die versucht haben, die Anwesenheit der Beatles oder ihre Interessen zum eigenen Vorteil auszunutzen. So geschah es 1967 auch in Griechenland. Sie trugen sich mit dem Gedanken, eine griechische Insel zu kaufen. Sie hatten sie bei einer Mittelmeerreise gesehen und sogar das Geld zusammengebracht, was damals wegen der Devisenbestimmungen recht schwierig war. Aber sie erhielten eine Sondergenehmigung des Finanzministeriums; Mr. Callaghan persönlich, der damalige Finanzminister, ermöglichte es ihnen, das Geld auszuführen.

Man war übereingekommen, daß sie, da sie dem Land so viele Millionen an Devisen eingebracht hatten, sich eine Insel als Zufluchtsort kaufen dürften. Auch über den Preis hatte man sich geeinigt. Daß damals gerade eine Militärjunta die Herrschaft in Griechenland übernommen hatte, war ihnen gleichgültig. Während ihrer Griechenlandreise wurden sie von einem Beamten zu einem Besuch in einem sehr stillen, kleinen Dorf eingeladen. Als sie hinkamen, trafen sie ganze Scharen von Reportern und Fernsehleuten an. Das war von einer amtlichen Stelle für Touristik eingefädelt worden, um mit den Beatles Reklame zu machen. Andere Regierungsbeamte baten sie, nach Athen zu kommen. Daraufhin beschlossen sie, ihre griechischen Pläne aufzugeben.

Es scheint zunächst nicht recht glaubhaft zu sein, daß Regierungen es darauf anlegen, die Mitglieder einer Beatlegruppe zu umwerben. Aber viele sind der Ansicht, die Labourregierung habe es ebenfalls getan, als sie ihnen den MBE verlieh. Und schon vorher hatte man sie immer wieder zu offiziellen Veranstaltungen einer Botschaft oder der Regierung eingeladen. Die meisten Regierungen sehen in den Beatles eine Gelegenheit, sich mit der Jugend zu identifizieren und ihre jungen Wähler anzusprechen.

Aber das ganze Theater, das um Maharischi gemacht wurde, vermochte nicht, sie ihm abspenstig zu machen. Das meiste davon hatte ohnehin nichts mit Maharischi zu tun, obwohl sein verständlicher Eifer, seine Lehre zu verbreiten, ihn dazu verleitete, sich von Presseleuten und Werbemanagern zu manchem überreden zu lassen. Die Beatles waren gern bereit, seine Bewegung zu fördern. George und John traten deshalb sogar in David Frosts Fernsehshow auf.

1967, das Jahr des LSD und Maharischis, sollte sich als ihr bis dahin schöpferischstes Jahr erweisen. Während der ersten sechs Monate schrieben und nahmen sie mehr Songs auf – sechzehn im ganzen – als während der ersten sechs Monate des Jahres 1963. Damit schafften sie ebensoviel wie im *ganzen* Jahre 1966. Das zeigt, wieviel sie durch den Verzicht auf die Tourneen gewonnen hatten.

Gegen Ende des Jahres, im November 1967, machten sie noch eine Einzelplatte »Hello, Goodbye«, und im Dezember folgte »Magical Mystery Tour«, ein einstündiger Fernseh-Farbfilm. Das Filmen kostete sie mehr Zeit als die Songs zu diesem Film.

Vom April an, als ihnen der Gedanke zu diesem Film gekommen war und sie den Titelsong aufgenommen hatten, bis zum September, als sie mit den Aufnahmen begannen, hatten sie nicht mehr daran gearbeitet. Sie waren 43 Leute, als sie in einem Bus nach Devon abreisten, und keiner von ihnen, einschließlich der Beatles, hatte eine Ahnung, was geschehen würde. Sie hatten kein Drehbuch. Die Dreharbeiten dauerten zwei Wochen lang. Meist ging es recht chaotisch zu. Sie hatten damit gerechnet, anschließend eine Woche lang in den Ateliers in Shepperton arbeiten zu können. Aber da sie sich nicht rechtzeitig angemeldet hatten, mußten sie sich mit einem Flugplatz in Kent begnügen.

Die Hauptarbeit kam dann mit dem Schneiden und Mischen des Filmmaterials. Dafür brauchten sie elf Wochen, elfmal soviel, wie sie angenommen hatten. Wie bei den Aufnahmen war auch hier Paul die treibende Kraft. Er kümmerte sich um jede Kleinigkeit. Die anderen waren zwar den größten Teil der Zeit über anwesend, aber plärrten zumeist nur mit einem betrunkenen Straßensänger herum, der in die Schneideräume hereinkam.

Bei der Arbeit an diesem Film setzten sie sich über alle Regeln und Gepflogenheiten hinweg. Sie werkelten unbekümmert drauflos, obwohl es ihnen an Kenntnissen und Erfahrungen ganz und gar mangelte. Für sie war es ein neues Ausdrucksmittel. Aber vor allem waren sie hier zum erstenmal ganz auf sich allein gestellt. Da war kein Brian Epstein, der alles in die Wege leitete, kein George Martin, der ihnen mit der Fülle seiner Erfahrungen zur Seite stand.

Zu Weihnachten 1967 wurde der Film in England vom Fernsehen gesendet. Auch in vielen europäischen Ländern, in Südamerika, Australien und Japan war er zu sehen. Das Fehlen einer Handlung und der Mangel an erfahrener Regieführung machten sich deutlich bemerkbar. Die meisten britischen Fernsehkritiker waren sehr scharf in ihrem Urteil. Der »Daily Express« bezeichnete den Film als »himmelschreienden Unsinn« und als »geschmacklosen Quatsch«. Die Publizität, die ihm vorausging, hatte vergessen lassen, daß es ein Experiment war, und möglicherweise hatte man zuviel erwartet. Es war das erste Mal seit fünf Jahren, daß die Beatles kritisiert wurden. Die meisten Kritiker nutzten diese Gelegenheit weidlich aus.

Lange bevor der Film herauskam, hatten die Beatles ihn schon wieder vergessen. Er war für sie eine Art Fingerübung. Nur Paul hoffte noch immer auf einen Erfolg. Auf jeden Fall hatten sie so viel daran verdient, daß sie glaubten, sich nun an einen abendfüllenden Film wagen zu können.

Abgesehen von diesem Fernsehfilm war es ein gutes Jahr gewesen. Besonders »Sergeant Pepper« wurde als ihr bisher größter Fortschritt betrachtet. Der Musikkritiker der »Times«, William Mann, brauchte eine Reihe von Spalten, um zu dem Schluß zu gelangen, »Sergeant Pepper« sei in seiner schöpferischen Kraft echter als jede andere Popmusik.

Das Jahr hatte damit angefangen, daß sie als Individuen zu suchen begannen, und es endete damit, daß sie erneut zu einer Gruppe zusammengeschweißt waren, auch wenn sie nun keinen Manager mehr hatten. Aber ihr Suchen bedeutete, daß es ihnen gelungen war, mehr Ordnung in ihr Denken und ihre privaten Angelegenheiten zu bringen.

Dritter Teil Yesterday

Freunde und Eltern

An den Geburtsstätten der Beatles in Liverpool sind keine Gedenktafeln angebracht, obwohl alljährlich Tausende von Fans hinwandern, um sie sich anzusehen. Von den Eltern der Beatles lebt nur noch ein Teil in Liverpool. Dafür hat Liverpool einen Exbeatle aufzuweisen, Pete Best.

Pete Best ist verheiratet, hat zwei Kinder, wohnt bei den Eltern seiner Frau und arbeitet in einer Bäckerei, wo er für 18 Pfund in der Woche Brot schneidet. Bis 1965 spielte er mit anderen Gruppen, aber dann schied er endgültig aus dem Show-Geschäft aus. Ein Jahr lang tat er gar nichts, wurde fast zum Einsiedler und wollte niemanden sehen. Großzügige Angebote von weltbekannten Illustrierten, die seine Memoiren bringen wollten, lehnte er ab. Seine Erinnerungen an Hamburg, an die Mädchen, das Trinken und die Pillen hätten sehr einträglich sein können.

»Was wäre Gutes dabei herausgekommen, abgesehen vom Geld? Es hätte doch sehr nach sauren Trauben ausgesehen. Ich wollte einfach nur versuchen, mir ein eigenes Leben zu bauen. Aber es hat lange gedauert, bis ich soweit war. Am meisten fürchte ich die Grausamkeit der Menschen. Wenn ich mit anderen zusammenkam, wußte ich, was sie sagen würden oder was sie dachten. Ich war der Kerl, der nichts getaugt hat. Dieses Wissen hat mich fertiggemacht. Die Menschen waren taktlos und sagten abscheuliche Dinge.«

Pete hatte ein wenig den Mut verloren. Er wirkte sehr müde, saß zusammengesunken im Haus seiner Mutter vor dem Fernsehgerät. Jetzt hat er endlich eine Beatlefrisur. Noch immer trägt er eine Beatlejacke und Jeans wie in ihrer Hamburger Zeit. Mrs. Best ist nicht mehr im Show-Geschäft tätig, aber ebenso energisch wie früher. Noch immer behauptet sie, daß die Beatles damals Pete Best hinausgeworfen haben, weil sie eifersüchtig auf ihn waren.

Pete sagt, er habe die ganze Zeit gewußt, daß sie etwas taugten und Erfolg haben würden. »Das war die eigentliche Enttäuschung: zu wissen, was mir da entging. Zuerst habe ich alles bereut. Als sie mir das Ding verpaßt haben, habe ich mir gewünscht, daß sie mir niemals unter die Augen gekommen wären. Dann hätte ich einen ganz gewöhnlichen Job angepackt, vielleicht Lehrer, und hätte niemals diese Sorgen durchgestanden. Aber jetzt bin ich darüber hinweg. Im Grunde bin ich froh. Ich habe viele schöne Erinnerungen und wunderbare Zeiten erlebt. Dafür bin ich dankbar. Und dann kam der Tag des Jüngsten Gerichts.«

In Hamburg wimmelte es in den Nachtlokalen noch immer von britischen Beatgruppen. Aber Klaus ist nicht mehr da. Er hat sich einer Gruppe in England angeschlossen: Manfred Mann. Seine Begeisterung für die Beatles brachte ihn dazu, ihnen nach England zu folgen und dort einer Gruppe beizutreten. Er ist noch immer sehr mit ihnen befreundet. George hat einen seiner Songs bei Klaus zu Hause komponiert. Klaus zeichnet auch ein bißchen. Er hat die Hülle für die Langspielplatte »Revolver« entworfen.
Astrid ist noch in Hamburg. Doch sie fotografiert nicht mehr. Sie sagt, die Presse hätte ihr alle Lust daran verdorben. Sie hat auch alle Angebote abgelehnt, ihre Erinnerungen an die Beatles zu verkaufen.
Zuletzt bediente sie in einer Bar in einem von Hamburgs kleinen, aber originellen Nachtlokalen. Sie ist mit Gibson Kemp verheiratet, einem in Liverpool geborenen Ex-Beatmusiker. Eine Zeitlang hat er mit Klaus in einem Trio gespielt. Astrid hat Stus Zimmer fast genauso gelassen, wie es früher war. Es ist düster und unheimlich. Noch immer brennen Kerzen.

Von 1945, als John fünf Jahre alt war, bis 1964 hatte Fred Lennon keine Verbindung mit seinem Sohn. Er gab sich nicht einmal die Mühe, ihn zu besuchen oder sich nach ihm zu erkundigen. 1964 war Fred Tellerwäscher in einem Hotel in Esher. »Eines Tages sagte die Aufwischfrau zu mir: ›Wenn das nicht dein Sohn ist, Freddy, dann freß' ich 'n Besen.‹ Sie erzählte mir, in dieser Gruppe sei ein Junge mit dem gleichen Namen wie ich und der gleichen Stimme, obwohl er nicht so gut sänge wie ich. Ich hatte nie von ihnen gehört.«
John muß auf dem Weg nach Weybridge vorbeigekommen sein, ohne zu ahnen, daß sein Vater darin als Tellerwäscher arbeitete. Sobald sich Fred sicher war, daß es sich um seinen Sohn handelte, gab er allen möglichen Zeitungen Interviews. Natürlich behauptet Fred, daß er keine Publizität suchte. Es sei rein zufällig geschehen. Es geschah auch zufällig, daß »Tit Bits« ihm 40 Pfund für seine Lebensgeschichte zahlte und er eine Schallplatte machte. Er erklärt, daß diese Gesangsplatte ihm kein Geld eingebracht

hat. »Wenn überhaupt etwas, so habe ich dabei verloren. Man veranlaßte mich, mir meine Zähne richten zu lassen. Das hat mich 109 Pfund gekostet. Ich zahle es noch immer ab, 10 Pfund im Monat.«

Zwischen ihm und John kam es zu einer kurzen Begegnung von zwanzig Minuten, dann wurde er abgeschoben. Er versuchte noch einmal, ihn zu sprechen und erschien eines Tages einfach vor seiner Haustür. Aber die Tür wurde ihm vor der Nase zugeknallt. Er ist überraschend klein, sieht aber ziemlich gut aus. Er hat dichtes graues Haar, mit dem er wie ein ehemaliger Schauspieler aussieht. Zwar ist er schon 55, wirkt aber jugendlich. »Ich kann noch immer Mädchen bekommen, bestimmt. Wenn die finden, daß ich ein toller Bursche bin, muß ich ja o.k. sein. Ich weiß, daß John das Alter haßt. Aber sagen Sie ihm: Ich bin jünger als er.«

Er beobachtet Johns Fortschritte sehr genau. »Er hat mich nur zweimal enttäuscht: das eine Mal, als er diesen MBE angenommen hat. Ich hätte das nicht getan. Mich können die Majestäten nicht mit einem Orden kaufen. Das andere Mal, als er bei Foyles' literarischem Frühstück keine Rede gehalten hat. Denen hätte ich ganz bestimmt was vorgetragen und einen Song dazugeliefert.«

Er würde gern einmal ausführlich mit John sprechen. »Nur damit er sieht, was für ein Kerl ich wirklich bin.« Und er würde auch eine Unterstützung nicht abschlagen. »Falls John sie zufällig anbieten sollte.«

Als John erfuhr, wie gut sich sein Vater an Julia und an seine Kindheit erinnerte, versöhnte er sich mit ihm. Seit Anfang 1968 wäscht Fred keine Teller mehr, sondern lebt auf Johns Kosten in einer hübschen Wohnung.

Jetzt wohnt Mimi allein mit Tim, ihrer Katze, einem zugelaufenen Tier, das John vor vielen Jahren nach Hause brachte, in einem luxuriösen Bungalow in der Nähe von Bournemouth. Das weiße, sonnige Haus liegt wunderschön dicht am Meer. Eine Treppe im Garten führt zum Wasser hinab. Es hat 15 000 Pfund gekostet.

Das Haus ist weder von vorn noch von hinten einzusehen. Nur im Sommer, wenn die Dampfer über die Poole Bay hin- und zurückfahren, kann sie ein bißchen gestört werden. Wenn die Schiffe vorbeiziehen, kann sie einen Lautsprecher an Bord verkünden hören: »Und das da mit den gestreiften Markisen ist John Lennons Haus. Und die dort sitzt, wird wohl Mimi sein.« Als sie es das erste Mal hörte, wurde sie so wütend, daß sie in den

Garten hinunterlief, auf ihrer Treppe am Wasser stehenblieb und schrie: »Halt's Maul!« Die Leute auf dem Schiff lachten nur.

Abgesehen davon verläuft ihr Leben ziemlich ungestört. Ein paar Lampen vor dem Haus wurden von Fans gestohlen. Ab und zu beobachtet sie, wie man Aufnahmen von ihr und dem Haus macht, aber nicht sehr oft. Sie sagt, daß sie ihre Telefonnummer und ihre Adresse sorgfältig geheimhält.

Das ganze Haus ist auf antik eingerichtet. Es sieht alles sehr neu aus. Aber das meiste wurde aus ihrer alten Wohnung in Liverpool herübergeschafft. Sie hatte schon dort einige hübsche Stücke, sagt sie. Als ein Reporter sie eines Tages in ihrem alten Haus in Liverpool aufsuchte, sah er sich sehr genau um und erklärte, wie hübsch alles sei: »War es nicht eine gute Idee von John, das alles für Sie zu kaufen?« Sie warf ihn sofort hinaus.

Es liegen viele Bücher herum, vor allem klassische Literatur und Biographien. Aus Romanen macht sie sich nichts. Auf ihrem Fernsehgerät hat sie Johns MBE-Orden, aber es macht ihr Sorge, manche Leute könnten dies als eine Verunglimpfung Ihrer Majestät betrachten. Eines Tages war John erschienen, hatte ihr den Orden angesteckt und gesagt, sie habe ihn mehr verdient als er. In der Diele und an den Wänden der Schlafzimmer hat sie einige goldene Schallplatten hängen, wenn auch nicht so viele wie andere Beatle-Eltern. Sie besitzt auch eine große Schmuckplatte, die John ihr einmal geschenkt hat. Auf ihr stehen die Worte eingraviert, mit denen sie ihn während seiner Jugendzeit fast täglich warnte: »Die Gitarre ist ja ganz schön und gut, du wirst aber niemals deinen Lebensunterhalt damit verdienen.«

Sie hatte zunächst keine rechte Lust, ihr Haus in Liverpool aufzugeben. »Ich war sehr glücklich dort. Es war ein sehr behagliches Haus. Ich hatte Hunderte von Pfund hineingesteckt. Aber John setzte mir ungefähr zwei Jahre lang zu. Dann sagte er o.k., bleib. Er begann von neuem, als die Eltern der anderen Beatles in ihre neuen Häuser gezogen waren. ›Du dummes kleines Würstchen‹, sagte ich zu ihm, ›es ist nicht nötig, mich aus dem Sumpf herauszuziehen.‹ Nach der Premiere des ersten Films besuchte ich ihn in London. Er kam zum Frühstück herunter und erklärte: ›O.K., ich werde für dich ein Haus suchen. Wo möchtest du es haben?‹

Ich antwortete, Bournemouth, nur um etwas zu sagen. Er griff zum Telefon und rief Anthony an, seinen Chauffeur. Er sagte ihm, er soll die Karten für Bournemouth heraussuchen. Wir würden gleich wegfahren.

Na schön, dachte ich, machen wir einen Ausflug. Als wir hinkamen, ließen wir uns bei Rumsey eine Liste von Häusern geben. Wir liefen viel herum. Ich wollte eins am Meer haben, und das gab es nicht. Da dachte ich, das ist erledigt, jetzt können wir nach Hause fahren. Dann fiel dem Mann plötzlich ein, daß gerade eins angeboten worden war.

Die Leute wohnten noch im Haus, und ich wollte nicht hineingehen, schon in Anbetracht des schäbigen Aufzugs, in dem John erschienen war. Er steckte in alten löcherigen Jeans und einer alten Wildlederjacke, die ich ihm vor Jahren gekauft hatte. Sie war ihm viel zu klein. Dazu trug er eine alberne Seglermütze.

Ich meinte, wir sollten nicht hineingehen, denn so könnten wir nicht über sie herfallen. John entgegnete mir, es sei nichts weiter als eine billige Bude, ein spießbürgerliches Heim. Wenn ich nicht vorsichtig wäre, würde ich bald ebenso verspießt sein.

Er ging hinein und sagte: ›Guten Tag, Sie haben wohl nichts dagegen, wenn ich mich ein bißchen umsehe.‹ Der Mann und seine Frau starrten ihn nur an. John sagte: ›Gefällt es dir, Mimi? Wenn es dir gefällt, nehme ich es.‹ Als ich bejahte, rief er unverzüglich seinen Wirtschaftsberater an und kaufte es.«

Im Oktober 1965 zog Mimi ein. Sie verkaufte ihr altes Haus in Liverpool für 6 000 Pfund, ein guter Preis. Es war ja auch, wie sie sagt, ein gutes Haus in einer guten Gegend.

Das Haus in Bournemouth ist noch immer auf Johns Namen eingetragen. Aber Mimi soll darin wohnen, solange sie will. John zahlt alle Rechnungen. Er hat ihr gesagt, sie solle doch ihre 6 000 Pfund einfach ausgeben. Aber sie hat ihm entgegnet, das sei albern.

»Hier ist es schön. Ich hatte schon immer mit dem Gedanken gespielt, wenn George pensioniert würde, an die Südküste zu ziehen. Seit meiner Ankunft habe ich keinen Winter mehr zu spüren bekommen. Viele Freunde habe ich nicht gewonnen. Ich habe Leute zu einem Drink eingeladen. Aber das ist so ungefähr alles. Ich habe nicht viele Freunde und Bekannte außerhalb der Familie. Ich gehe oft spazieren und lese viel. Die Tage sind wirklich zu kurz.«

Die Lebensumstände aller Eltern der Beatles wurden durch ihre Söhne völlig geändert, und alle haben ein wenig anders darauf reagiert. Nur Mimis Verhältnis zu ihrem Schützling hat sich im Grunde nicht verändert. Sie behandelt John in vieler Hinsicht noch genauso, wie sie es immer getan hat, während bei den anderen ein Anflug von Heldenverehrung, fast von Ehrerbietung

233

festzustellen ist. Mimi kritisiert noch immer an Johns Kleidung und seinem Aussehen herum, so wie sie es tat, als er noch ein junger Bursche war. Sie ermahnt ihn, nicht zuviel Geld auszugeben. »Mit Geld geht er allzu leichtfertig um. Es rinnt ihm durch die Finger. Er ist unglaublich großzügig. Immer sage ich es ihm.« Die anderen Eltern dagegen üben niemals Kritik an ihren Söhnen.

Mimi hat auch nichts für Johns Art zu reden übrig. Sie erklärt, er spricht nicht ordentlich, beendet niemals einen Satz. »Und es wird immer schlimmer mit ihm. Oft kann ich nicht verstehen, wovon er eigentlich redet. Sein Denken ist furchtbar sprunghaft.« Sie sieht ihn verhältnismäßig selten. Immer jedoch schickt er ihr lustige Briefe, wenn er auf Reisen ist, und macht eine kleine Zeichnung auf den Umschlag. Sie bewahrt sie alle sorgfältig geordnet in einem Schreibtisch auf. Wenn John sie besucht, durchstöbert er alle ihre Sachen, um festzustellen, was sie in seiner Abwesenheit getrieben hat. Sie hat auch noch immer die alten Büchlein aus seiner Kindheit, die er damals schrieb. Ab und zu liest sie in ihnen.

»Es sind genau dieselben Sachen, die er auch veröffentlicht hat. Genau dieselbe Kritzelei, wie ich sie nenne, die er schon seit Jahren gemacht hat. Ich finde, das erste Buch war besser, aber manche seiner Gedichte bringen mich noch immer zum Lachen.«

Ihre Lebensweise hat sich trotz ihrer luxuriösen Umgebung nicht im geringsten geändert. Sie würde gern alles aufgeben, ihr Haus und den ganzen Erfolg, wenn sie nur John wieder als kleinen Jungen haben könnte.

»Ich würde zwei Millionen Pfund hergeben, um wieder dort zu sein. Ich weiß, es ist sehr egoistisch. Ich denke immer an ihn als kleinen Jungen. Ich weiß, es ist dumm. Aber nichts kann die Freude ersetzen, die er mir als Kind gemacht hat.«

Offensichtlich würde sie ihn gern öfter sehen, aber sie will es sich auf keinen Fall anmerken lassen und sich nicht an ihn klammern. »Es ist nicht seine Schuld, daß ich Witwe bin. Für einen Jungen gibt es nichts Schlimmeres als das Gefühl, daß seine Mutter sich an ihn klammert. Er hat seine eigene Frau und seine eigene Familie, an die er denken muß. Er weiß, daß ich da bin. Er besucht mich, sooft er nur kann. Im Sommer hat er vier Tage auf dem Dach gesessen. Ich bin 'rauf- und 'runtergelaufen, um ihm zu trinken zu holen. Niemals zeigt er viel von seinen Gefühlen. Es fällt ihm schwer zu sagen, daß ihm etwas leid tut. Aber eines Abends hat er zu mir gesagt, daß er, selbst wenn er mich nicht jeden Tag oder jeden Monat besuchen kommt, doch irgendwann einmal am Tag an mich denkt, wo immer er auch ist. Das bedeutet mir sehr viel.«

Der glücklichste Tag im Leben Jim McCartneys, so erzählt er, war jener Tag im Jahr 1964, als Paul ihm sagte, er könne seine Arbeit aufgeben. Im Gegensatz zu manchen anderen Vätern brauchte man ihm das nicht zweimal zu sagen. Er war damals 62 und hatte noch drei Jahre vor sich, bevor er aufhören konnte. Seit seinem 14. Lebensjahr hatte er für die gleiche Baumwollfirma gearbeitet und hatte nun genug. Sein Gehalt betrug trotz all seiner Jahre und seiner Erfahrung kaum 10 Pfund die Woche. Der Rückgang im Baumwollgeschäft hatte viel Unruhe in seine letzten Jahre gebracht. Seit Jahren fürchtete er, daß man ihn zugunsten eines jüngeren Mannes entlassen würde.
Paul hat seinem Vater für 8 750 Pfund ein Einzelhaus in Wirral in Cheshire gekauft. Etwa ein Jahr später ging Jim, nachdem er fast zehn Jahre lang Witwer gewesen war, eine zweite Ehe ein.
Er war erst dreimal mit Angela zusammen gewesen, als er um ihre Hand anhielt. Sie war Witwe, mehrere Jahre jünger als er und hatte eine fünfjährige Tochter namens Ruth. Seit ihr Mann durch einen Verkehrsunfall ums Leben gekommen war, lebte sie in einem einzigen Zimmer in Kirby. »Wir waren zwei einsame Menschen.«
Offensichtlich sind sie sehr glücklich. In Ruth ist Jim richtig vernarrt. Sie ist eine höchst intelligente junge Dame, die ihre Mitschülerinnen für recht albern hält, wenn sie versuchen, etwas über ihren berühmten Stiefbruder aus ihr herauszulocken. Ihre Mutter Angie ist lebhaft, witzig und temperamentvoll. Sie führt das große Haus mit viel Umsicht und fährt Jims Wagen. Er selbst kann nicht fahren. Sie hat ihm eine zweite Jugend geschenkt. Er trägt jetzt elegante, enganliegende Rollkragenpullover, gutsitzende Hosen – vom gleichen Schnitt wie jene, um derentwillen er noch vor nicht so langer Zeit Paul Vorhaltungen machte.
Michael, Pauls Bruder, lebt noch immer zu Hause.
Weitere 8 000 Pfund wurden ins Haus gesteckt, nachdem Paul es gekauft hatte: Eine Zentralheizung wurde eingebaut, es wurde vollständig möbliert und mit einer neuen Innenausstattung versehen. Zum Haus gehört ein großes Grundstück, von dem aus man einen freien Blick auf die Mündung des Dee hat. Trotz all der neuen Einrichtungen und der neuen Installationen hat das Haus seine anheimelnde, wohnliche Atmosphäre bewahrt. Die

Menschen, die es bewohnen, fühlten sich von dem neuen Luxus nicht eingeschüchtert, sondern genießen ihn.

»Ich vermisse zwar Liverpool und einige meiner alten Freunde, aber doch nicht allzusehr. Allmählich hing es mir zum Hals heraus, wenn die Leute sagten: ›Sie müssen doch sehr stolz sein, wie fühlt man sich denn?‹ Das ist alles, was sie jemals gefragt haben – und das immer wieder. Solche Leute will ich nicht mehr sehen. Aber gute Freunde und Verwandte rufe ich häufig an und lade sie ein.«

Sein Arzt und er nennen sich beim Vornamen – Jim nennt ihn sogar bei seinem Spitznamen »Pip«. Aber das hat nichts Affektiertes, Gekünsteltes. Sobald Pip ins Haus tritt, holt er den Whisky heraus. Er hat zwei Gärtner, die stundenweise kommen. Aber um die Weinstöcke in dem großen, geheizten Treibhaus kümmert er sich selber. Er hat sich einen großen Weinkeller zugelegt und ist mit allen möglichen Getränken immer reichlich eingedeckt. In der Bibliothek stehen Bücher über Vogelkunde. Er weiß genau, welche Vögel es in seinem Garten gibt. Er ist auch ein Sachverständiger für Eichhörnchen.

Abgesehen von seinem leichten Liverpooler Akzent kann man sich kaum vorstellen, daß er sein ganzes Leben in einem städtischen Mietshaus gelebt und weniger als 10 Pfund in der Woche verdient hat, wenn man ihn heute kennenlernt, ganz besonders auf dem Rennplatz: Dort wirkt er tatsächlich so, als sei er als vornehmer Herr zur Welt gekommen.

Seine Arbeit aufgeben zu können, dieses Haus zu bekommen und wieder zu heiraten – das alles hat einen sehr glücklichen Menschen aus ihm gemacht. Aber die zweitgrößte Freude erlebte er an seinem 62. Geburtstag. Am Abend dieses Tages, am 6. Juli 1964, wurde der Film der Beatles uraufgeführt.

»Hinterher gingen wir alle ins Dorchester. Prinzessin Margaret war auch da. Ich sah, wie Paul jemandem ein Zeichen machte und ihm ein Päckchen ausgehändigt wurde. Er gab es mir und sagte: ›Bitte sehr, Dad, und viel Glück!‹

Ich öffnete es. Es war das Foto eines Pferdes. ›Sehr hübsch‹, sagte ich. Aber ich dachte, was, zum Teufel, soll ich mit dem Bild eines Pferdes anfangen?

Paul muß mein Gesicht beobachtet haben, denn er fuhr fort: ›Es ist nicht nur einfach ein Foto. Ich habe dieses verdammte Pferd gekauft. Es gehört dir, und am Samstag läuft es auf der Rennbahn von Chester.‹«

Das Pferd, Drake's Drum, ein bekannter Wallach, hat 1 050

Die McCartneys: Michael, Angela (Pauls Stiefmutter), Paul, Jim (Pauls Vater)

Pfund gekostet. Paul zahlt auch für das Training 60 Pfund monatlich. In der Rennsaison des Jahres 1966 hat es 3 000 Pfund an Geldpreisen eingebracht, darunter 1 000 Pfund in Newbury und in dem Rennen vor dem Grand National.

Jim fehlt es an nichts mehr. Wie alle Eltern der Beatles verfügt er über ein Konto, von dem er nach Belieben Geld abheben kann.

Er protzt nicht, aber er scheint das gutbürgerliche Leben noch mehr zu genießen als die anderen.

»Die Veränderung kam ein bißchen plötzlich, denn immerhin war ich ja schon 62. Ich brauchte eine Weile, um mich daran zu gewöhnen. Jetzt fühle ich mich in diesem Leben wie ein Fisch im Wasser. Ich habe mir zwar keinen Oxfordakzent zugelegt, aber ich habe meine Freude an allem. Es ist so, als wäre ich es schon immer gewohnt gewesen.«

Michael McCartney, Pauls Bruder, brauchte länger, um sich an die veränderten Verhältnisse zu gewöhnen. Paul hat sich mit seinem Bruder immer gut verstanden. Sie standen sich altersmäßig und in ihrem Geschmack sehr nahe, mehr als dies bei George und seinen Brüdern der Fall war. Dadurch wurde die Sache für Michael allerdings noch schwieriger. »Wahrscheinlich war es ganz unvermeidlich, daß ich von unserem Paul beeinflußt wurde. Er hatte immer Erfolg. Er war stets der erste, der hübscheste, der alle Mädchen bekam und schließlich den ganzen Ruhm einsteckte.«

Als Pauls Bruder ist er in Liverpool ständig um sein Autogramm gebeten worden. Er unterschreibt unentwegt mit »Michael McGear«, sehr zur Enttäuschung der Autogrammjäger. Für gewöhnlich streitet er auch jegliche Verwandtschaft ab. »Nein, mein Liebling, ich wünschte, ich wäre sein Bruder! Dann könnte ich im Geld schwimmen, meinst du nicht?«

Allmählich schafft er es, als Michael McGear etwas besser bekannt zu werden, obwohl es lange gedauert hat. Er nannte sich Michael McGear, als er 1962 der Scaffold-Gruppe beitrat. Sie hatte einen guten Start – mit einer Fernsehserie, die 27 Wochen lang lief. Danach geschah jedoch nicht mehr viel, abgesehen von einigen lokalen Auftritten, bis sie 1967 mit der Schallplatte »Thank You Very Much« unter die Top Ten kamen. Dies hat zu anderen Shows und Platten geführt. Er ist ein guter Sänger und Komponist. Aber lieber tritt er in Revuen auf.

»Ich will gar nicht berühmt werden, nur Erfolg in dem haben, was ich tue, solange ich es aus eigener Kraft mache. Ich habe immer befürchtet, so zu werden wie Sean Connerys oder Tommy Steeles Brüder, die nur versuchen, in die Fußtapfen ihrer Brüder zu treten.«

Die Harrisons wohnen im Außenbezirk von Warrington. Sie sind 1965 aus Liverpool weggezogen, als Mr. Harrison seine

Stellung als Busfahrer aufgab. Warrington ist nicht gerade die Gegend, in die Liverpooler ziehen, wenn sie es zu etwas gebracht haben. Im allgemeinen geben sie der anderen Seite des Wassers den Vorzug, der schicken Gegend von Cheshire, so wie Jim McCartney es getan hat. Warrington liegt fünfzehn Meilen von Liverpool entfernt, fast auf der halben Strecke nach Manchester. Es ist einer von Lancashires endlos sich dehnenden Industrieorten, wo auch noch an den sonnigsten Tagen das Grau die vorherrschende Farbe ist.

Die Harrisons jedoch wohnen nicht in Warrington selber, sondern in einem drei oder vier Meilen entfernten Dorf mit Namen Appleton. Ihr Haus liegt in einer abgeschiedenen ländlichen Oase, völlig von Feldern umgeben und ohne andere Häuser weit und breit. Es ist nur schwer zu finden.

Es ist ein großer L-förmiger Bungalow mit rund viereinhalb Morgen Garten, die vor kurzem noch Ackerland waren. Zwei Tage in der Woche kommt ein Gärtner, der alles in Ordnung hält. Sie nennen es einen Bungalow, aber er hat oben noch ein Zimmer. Sie bezeichnen es als Zimmer, aber es ist fast zehn Meter lang und erstreckt sich über die ganze Länge des Hauses. Sie benutzen diesen Raum für Parties oder für Filmvorführungen.

Das Haus hat George 10 000 Pfund gekostet. Mit alldem, was inzwischen hineingebaut wurde, und mit allen sonstigen Verbesserungen, zum Beispiel einem neuen, nach außen verlegten Treppenhaus und einem Wintergarten, ist es leicht seine 20 000 Pfund wert. Das gleiche Haus in Bournemouth, in Mimis Nähe, würde wahrscheinlich das Doppelte kosten.

Es ist mit ganz neuen, modernen Möbeln, dicken hellen Teppichen und bunten Nippsachen aus aller Welt ausgestattet. Die meisten dieser Geschenke wurden ihnen nicht von ihrem Sohn geschickt, sondern sind Geschenke der Fans für die Harrisons. Und im Gegensatz zu den anderen Häusern wird man hier nicht durch die Zahl der goldenen und silbernen Schallplatten geblendet, die die Beatles errungen haben. Statt dessen hängen an den Wänden Geschenke, die Harold und Louise Harrison zugeeignet wurden.

An der einen Wand hängt eine große goldene Tafel mit der Inschrift: »Harold und Louise Harrison für all die Zeit und all die Mühe, die sie Beatle-Anhängern auf der ganzen Welt gewidmet haben. United Beatles Fans. Pomona, California, 1965«.

Die anderen Beatle-Eltern halten Mrs. Harrison für ein wenig einfältig. Zumindest können sie nicht verstehen, warum sie so viel von ihrer Zeit dafür opfert, nett zu Fans zu sein, wo sie es doch gar nicht nötig hat. Mrs. Harrison ist eben ein fanatischer Fan-Fan.

Jede freie Minute am Tag opfert sie, um Fan-Briefe zu beantworten. Meist sitzt sie nachts bis zwei Uhr auf und schreibt bis zu zweihundert Briefe in der Woche, nicht etwa kurze Mitteilungen, sondern richtige Briefe, die durchschnittlich zwei Seiten lang sind. Daneben signiert und verschickt sie noch Fotos. Die Portounkosten der Harrisons sind riesig.

»Ich habe stets persönlich alle Briefe beantwortet, mit Ausnahme jener, die offensichtlich von Verrückten kommen. Handelt es sich um eine fremde Sprache, sagen wir Spanisch, lese ich den Brief sorgfältig durch und suche mir solche Wörter heraus wie ›admiro‹. So kann ich einigermaßen feststellen, worum es geht, und dann schicke ich ihnen ein unterschriebenes Foto.« Jeden Monat fährt Mrs. Harrison zur Zentrale des Fan-Klubs nach Liverpool, um sich dort eine Ladung Fotos zu holen. Es sind rund 2 000 im Monat.

»Von Anfang an bekam ich so reizende Briefe von den Fans. Wenn ich die ihren beantwortet hatte, schrieb für gewöhnlich die Mama der Fans. ›Liebe Mrs. Harrison, Sie werden niemals ermessen können, was Ihr Brief bedeutet hat. Nach Jahren des Schreibens an Fan-Klub-Adressen, hinter denen nichts steckte, und ohne jemals eine Antwort zu erhalten, kommt jetzt ein persönlicher Brief von Georges Mama! Meine Tochter war im siebten Himmel!‹ Sie verstehen also, daß ich einfach weitermachen muß.

Selbstverständlich war es eine Zeitlang völlig unmöglich, alle Briefe zu beantworten. 1963 und 1964 bekamen wir täglich 450 aus aller Welt. Zu Georges 21. Geburtstag erhielten wir 30 000 Glückwunschkarten, und Massen schreiender Fans standen vor dem Haus. Ein Polizist mußte draußen Wache halten. Er konnte es nicht fassen, daß die Jugendlichen die Türklinke küßten. ›Müssen Sie das die ganze Zeit über sich ergehen lassen?‹ fragte der Polizist. ›Ich würde verrückt.‹ Jahre hindurch hat das Postamt stets einen Sonderwagen mit unserer Post geschickt, aber jetzt ist es doch sehr viel stiller geworden. Ich finde, daß 200 Briefe in der Woche das Äußerste sind, was ich schaffen kann, wenn ich dranbleibe.«

Fans, mit denen sie korrespondiert hat, haben oft den Einfall, plötzlich zu erscheinen. Sie hatte gerade erst eine amerikanische

Familie zu Besuch gehabt, die nur gekommen war, um sie zu sehen. »Sie wollten Europa und Rom in vierzehn Tagen hinter sich bringen. England wollten sie auslassen, aber dann beschlossen sie doch, von Paris nach Manchester zu fliegen und von dort ein Taxi zu nehmen, nur um uns zu besuchen. Ein Glück, daß wir zu Hause waren.

Die Leute denken immer, wir müßten uns wegen George verändert haben. Neulich waren wir bei einer Hochzeit von Fans, und die Leute sagten zu uns: ›Wie können Sie sich noch mit Menschen unseres Schlages abgeben?‹ Sie erwarten von uns, daß wir die ganze Zeit nur Hermelin tragen.

Sie wollen ganz einfach, daß man anders ist. Ich weiß nicht, warum. Als Harry noch arbeitete, sagten die Leute ständig zu ihm: ›Erzählen Sie mir bloß nicht, daß Sie immer noch arbeiten.‹ Jetzt, da er nicht mehr arbeitet, sind sie überzeugt, daß wir anders sein müssen. Man kann es ihnen nicht recht machen.«

Mr. Harrison hörte 1965, nach 31 Jahren als Omnibusfahrer, zu arbeiten auf. »Ich fuhr den großen 500er. ›Wieviel bekommst du dafür?‹ erkundigte sich George eines Tages. ›Zehn Pfund und zwei Shilling‹, antwortete ich. Er meinte, das sei wohl für den Tag. Ich sagte: ›Nein, für eine Woche‹, und er meinte, das sei ein Saustall! ›Ich gebe dir das Dreifache nur dafür, daß du nichts tust. Das wird dein Leben um zehn Jahre verlängern.‹«

Jeden Sommer eröffnen beide Gartenfeste im ganzen Land, für gewöhnlich Veranstaltungen von katholischen Vereinen. Mrs. Harrison geht nicht mehr in die Kirche. Aber weil sie als Katholikin geboren wurde, will sie den katholischen Gemeinden nach Möglichkeit helfen.

»Im Süden sind wir bis Salisbury gekommen. Und wie hieß doch noch dieser Ort nördlich von London, Harry? Verflixt noch mal! Ich habe es vergessen. Doch, Harpenden, das war's. Man hat in der Lokalzeitung bekanntgegeben, wir würden ihr Fest eröffnen. Das ist so üblich.

Wir gehören auch zur Jury bei Schönheitskonkurrenzen. Wir haben es für spastisch Gelähmte, für Blinde und auch für Kirchen getan. Mir ist es ganz gleich, wofür es ist.

Für gewöhnlich sage ich bei meiner kurzen Eröffnungsrede, daß es mich sehr freut, dazusein, um ihnen helfen zu können. Ich sage, George und die anderen lassen schön grüßen und senden ihre besten Wünsche. Dann werden wir umlagert, während wir zwischen den Ständen hindurchgehen. Uns macht es Spaß. Wir helfen gern.«

Ringos richtiger Vater, der ebenfalls Ritchie Starkey heißt, hat Ringo, seitdem er sich von dessen Mutter getrennt hat, nur selten gesehen.

Soweit Ringo sich erinnern kann, ist er mit seinem Vater seit seiner frühen Kindheit nur noch einmal zusammengetroffen. Das war 1962, bevor er bei den Beatles eintrat; damals gehörte er noch zu Rory Stormes Gruppe.

»Er war eines Tages bei den Starkeys (den Großeltern), als ich dort vorbeikam«, erzählt Ringo. »Ich war damals nicht mehr so kindisch und hatte nichts gegen ihn. Er sagte zu mir: ›Wie ich sehe, hast du einen Wagen.‹ Ich hatte mir gerade den Zodiac gekauft. Ich antwortete: ›Hast du Lust, 'rauszukommen und ihn dir anzusehen?‹ Er bejahte. Wir gingen hinaus und sahen uns meinen Wagen an. Das war alles. Seitdem habe ich ihn nicht wiedergesehen und hatte keinen weiteren Kontakt mit ihm.«

Sein Vater zog später von Liverpool weg. Er wohnt jetzt in Crewe, wo er als Konditor arbeitet. Er hat wieder geheiratet, hat aber keine Kinder. Seitdem die Beatles berühmt wurden, hat er schon von Anfang an jeden Kontakt mit der Presse gemieden und ist niemals in der Öffentlichkeit in Erscheinung getreten. Er hat alles, was mit Ringo zusammenhing, weit von sich geschoben. Das ist höchst anerkennenswert, wenn man an Fred Lennon denkt. Wenn man ihn fragte, ob er mit Ringo verwandt sei, gab er sich als Onkel aus. Er würde jedoch seinen Sohn gern einmal wiedersehen. Es ärgert ihn, daß Ringos Stiefvater, Harry Graves, in der Presse gelegentlich als sein Vater bezeichnet wird. Wie Ringo ist er ruhig und bescheiden. Die beiden sehen sich sehr ähnlich.

Elsie, Ringos Mutter, und sein Stiefvater, Harry Graves, wohnen nun in einem Luxusbungalow – ganz wie aus einer Ausstellung »das ideale Heim« – in einem sehr vornehmen Teil von Woolton in Liverpool. Er hat 8 000 Pfund gekostet. Marie, die Freundin aus Ringos Kindheit im Dingle, hat seinen Eltern beim Suchen geholfen. Er liegt in der Nähe jenes Teiles von Woolton, wo die Epsteins früher gewohnt haben. Elsie und Harry sind die einzigen Beatle-Eltern, die noch immer in Liverpool leben.

Der Bungalow steht ein gutes Stück von der Straße entfernt auf einem Grundstück von fast 4 000 Quadratmetern, von üppigen Rasenflächen und Rosenbüschen umgeben. Es ist einer jener schicken Vororte, wo alle Häuser so aussehen, als wären sie unbewohnte Ausstellungsstücke. Im Innern ist er sehr elegant eingerichtet. Die sehr geschmackvollen Möbel hat Ringo gekauft. An den Wänden prangen drei goldene und zwei silberne Schallplatten der Beatles, alle in kostbaren Rahmen.

»Wenn man zurückblickt«, meint Elsie, »war das Aufregendste wohl unser erster Besuch im Palladium, dort im Zuschauerraum zu sitzen und all die jubelnden Londoner zu hören. Natürlich waren auch die beiden Filmpremieren nett. Und dann der große Empfang der Stadt Liverpool. Das alles war herrlich. Eines muß ich schon sagen, es ist ihm niemals zu Kopf gestiegen. Er hat sein Leben niemals geändert. Maureen ist sehr ruhig, sehr natürlich.«

»Ich glaube, mir hat ihre frühere Musik am besten gefallen«, erklärt Harry. »Die Rock-and-Roll-Sachen. Aber sie müssen sich wohl umstellen. Das müssen sie wohl. In dieser Sparte muß man das. Jetzt muß man sich ihre Melodien sehr genau anhören, öfter als einmal.«

Ringos Eltern waren die letzten, die in ein neues Haus zogen. »Ich habe immer gesagt, ich ziehe niemals mehr um. Ich habe meine Nachbarn unten im Dingle so gemocht. Selbst nachdem die Jungs berühmt geworden waren, hat sich die Einstellung unserer Nachbarn uns gegenüber niemals geändert. Niemals haben wir uns dort fehl am Platz gefühlt. Aber die Fans wurden uns einfach zuviel. Am Ende konnte ich es nicht mehr aushalten. Aber jetzt ist es nicht mehr so schlimm, vor allem hier.

Für die Jungs ist es allerdings noch immer sehr schwierig. Ich habe Ritchie hier sitzen sehen, bis es dunkel wurde, weil er Angst hatte, bei Tageslicht hinauszugehen. Er kann sich am Tag draußen nicht zeigen. Ist das nicht furchtbar? Aber man kann nun mal nicht alles haben, oder?

Ich hatte gedacht, hier würden wir weniger gestört sein. Ich habe es schon immer gehaßt, Aufsehen zu erregen, Reporter, die mich besuchen, Leute, die mich einladen, mit ihnen irgendwohin auszugehen, wo einen alle sehen. Hier ist es wirklich ruhig. Hier kennt auch niemand unsere Telefonnummer.«

Alle Eltern lehnen jeden Reklamerummel ab, auch die Harrisons. Keiner von ihnen gibt jemals ein Interview. Sie möchten ungern etwas sagen, das ihre Söhne irgendwie ärgern könnte. Vor allem Elsie und Harry.

Während die Harrisons es besonders genießen, nett zu Fans zu sein, Jim McCartney sich an all den neuen schönen Dingen in seinem Leben erfreut und Mimi ihre Traumwelt liebt, in der John noch immer als kleiner Junge herumläuft, haben sich Elsie und Harry in gewisser Weise noch gar nicht an alle diese Dinge gewöhnen können. Es ist noch immer fast so, als könnten sie es nicht glauben. Sie neigen noch immer dazu, sich alles zweimal zu überlegen, bevor sie etwas unternehmen, auch wenn sie ihr Leben herrlich finden.

Harry hat 1965 mit 51 Jahren seine Stellung als Maler und Dekorateur bei der Liverpool Corporation aufgegeben. »Wenn ich gewollt hätte, hätte ich noch 14 Jahre dabeibleiben können. Die Corporation war sehr gut. Die Leute dort waren fast so stolz auf die Jungen wie ich selbst. Natürlich mußte ich mir Späße gefallen lassen. ›Du brauchst dich wohl nicht für deine Lohntüte anzustellen, du doch nicht!‹ und ähnliches.

Ritchie redete mir lange gut zu, ich solle aufhören, aber ich wollte nicht recht. Dann sah mich eines Tages einer seiner Kameraden im Schnee auf einem 12 Meter hohen Gerüst stehen und ein Mietshaus streichen. Er hat mich gezwungen, meinen Beruf an den Nagel zu hängen.

Die Zeit vergeht etwas langsam. Ich habe alle Dekorationsarbeiten im Haus gemacht. Vielleicht mache ich es jetzt wieder oder bestelle mir jemanden, denn nun können wir es uns leisten. Ich muß mich an eine neue Lebensweise gewöhnen. Aber ich glaube, jetzt finde ich mich langsam hinein. Ich habe ja noch immer den Garten oder kleine Arbeiten im Hause.«

Am Abend sitzen sie vor dem Fernsehgerät, spielen Bingo oder gehen zum Essen und Tanzen aus. Diese Art auszugehen ist für sie etwas Neues, und sie tun es oft. Sie haben sich auch mit mehreren Geschäftsleuten in der Umgebung angefreundet, die sie zu den Tanzveranstaltungen ihrer Betriebe einladen. Im allgemeinen spricht es sich herum, wer sie sind. Dann müssen sie Autogramme geben. Harry mag es gern, Elsie nicht.

»Seltsam ist es schon, daß man nach all den Jahren plötzlich genug Geld hat. Nach all den Jahren, in denen man sich abgerackert hat. In der Eisenbahn fahren wir immer noch zweiter Klasse. Dort sitzt man genausogut.

Unsere alten Freunde fehlen uns. Wir besuchen sie oft. Manchmal gehe ich zu den Baustellen der Corporation, wenn ich gerade in der Nähe bin. Ich blicke zu den Burschen hinauf, und sie brüllen etwas zu mir herunter. ›Haltet euch nur kräftig ran, Kerls!‹ brülle ich zurück. ›Wenn's nur der Pinsel aushält!‹«

»Es ist doch alles wie im Märchen, nicht wahr?« sagt Elsie. »Viel mehr können sie nicht tun. Sie haben alles geschafft. Die letzten fünf Jahre waren wie ein Traum. Aber ich mache mir noch immer

Sorgen um ihn, um seine Gesundheit, nach allem, was er durchgemacht hat. Ich weiß, daß er ein Mann ist, der nun eigene Kinder hat. Aber noch immer mache ich mir Sorgen.«

NEMS und die Freunde der Beatles

Nach Brians Tod wurde NEMS in London umorganisiert. Bis dahin hatte sich die Firma als Agentur, Promoter und Theaterbesitzer ständig erweitert. Nun mußte darüber entschieden werden, ob man an diesem Punkt stehenbleiben und das zu sichern versuchen sollte, was man hatte. Nach Brians Tod fehlte der führende Kopf der Firma, auch wenn er persönlich während des letzten Jahres nicht mehr sehr viel getan hatte. Er war der große Talentsucher geworden. Er war es, der alles aufgebaut hatte.

Seine Mutter, Mrs. Queenie Epstein, erbte die Hauptmasse seines Vermögens, während Clive, sein jüngerer Bruder, an seiner Stelle Geschäftsführer wurde. Er war stets an NEMS Enterprises beteiligt gewesen. Von 10 000 Anteilscheinen der Firma im Wert von einem Pfund hatten Brian 7 000, Clive 2 000 und die Beatles jeder 250 besessen.

Aber Clive hatte sich hauptsächlich um die Fernsehverträge gekümmert, niemals um das Show-Geschäft. Er sieht ebenso gut aus wie Brian, hat auch viele seiner Gewohnheiten – zum Beispiel seine Art, ein wenig zur Seite zu blicken, wenn er mit einem redet. Im Gegensatz zum dunkelhaarigen Brian ist er blond. Außerdem hat er beruflich wie privat stets ein sehr viel zurückgezogeneres und weniger anstrengendes Leben geführt. Am wohlsten fühlt er sich im Kreis seiner Familie.

Robert Stigwood verließ die Firma, bald nachdem Clive sie übernommen hatte. Dadurch wurde in gewisser Weise die Frage gelöst, ob das Management ausgeweitet werden sollte. Zu eben diesem Zweck war Stigwood herangezogen worden: Er sollte seine Spürnase einsetzen, um neue Gruppen zu finden. Als er ging, nahm er die Gruppen mit, die er aufgetan hatte.

NEMS Enterprises betreut und vermittelt weiterhin Künstler. Hauptgeschäftsführer ist Vic Lewis. Einer der Direktoren ist Geoffrey Ellis, Brians alter Freund.

Noch vor Brians Tod wird auf Pauls Veranlassung die Firma Apple gegründet, die nun die Beatles betreut. Sie wird ausschließlich von den Beatles kontrolliert.

Peter Brown, der Brians vertrautester Freund und sein nächster

Mitarbeiter war, kümmert sich hauptsächlich um die Angelegenheiten der Beatles. Jedoch hat Clive Epstein bestimmt, daß sie jetzt in allen Dingen die letzte Entscheidung selbst treffen können. In dieser Hinsicht wollten weder er noch NEMS versuchen, an Brians Stelle zu treten. Und so ist es denn auch: Die Beatles vertreten sich selber. Aber Peter ist ihr Verbindungsglied zu NEMS und zur Außenwelt. Jeder, der an sie herantreten möchte, muß, wenn er nicht sofort abgewiesen wird, den Weg über Peter nehmen. Er erledigt alle Vorbereitungen und trifft alle Abmachungen, soweit sie dies wünschen. Er verfügt über einen besonderen Telefonanschluß, der nicht im Telefonbuch steht und dessen Nummer sie allein kennen: sein Beatle-Telefon.

Tony Barrow ist auch jetzt ihr erster Pressesekretär – und er schreibt auch noch immer als Disker im »Liverpool Echo«. Außerdem besitzt er eine eigene Public-Relations-Organisation – Tony Barrow International. Viel Arbeit macht er sich mit dem Fanklub, dessen Sekretärin noch immer Freda Kelly ist. Die Mitgliedschaft beim Fanklub kostet sieben Shilling Sixpence im Jahr. Dafür erhalten die Mitglieder ein vierteljährlich erscheinendes Mitteilungsblatt und ein Weihnachtsgeschenk. Dazu gibt es eine besondere Weihnachtsplatte der Beatles, die ausschließlich für den Fanklub hergestellt wird. Für gewöhnlich spielen sie ein paar kleine Sketche und singen einige sentimentale Lieder wie in den alten Zeiten des Cavern.

Die Mitgliederzahl des Fanklubs liegt jetzt bei etwas über 40 000. 1965 waren es doppelt so viele Mitglieder gewesen. Es gibt 20 regionale Sekretäre, die ehrenamtlich tätig sind, ferner 40 ausländische Zweigstellen.

Der Fanklub arbeitet mit Verlust, und so ist es immer gewesen. Allein die Kosten für die Versendung von 40 000 Mitteilungsblättern viermal im Jahr zehren fast den gesamten Mitgliedsbeitrag auf. Dazu kommen die Unkosten für den Druck – das Sergeant-Pepper-Farbfoto, das jeder erhielt, kostete 700 Pfund – und das fest angestellte Personal des Fanklubs.

Die Monatszeitschrift der Beatles hingegen wirft einen guten Reingewinn ab. Sie hat mit dem Fanklub nichts zu tun, aber die meisten Mitglieder des Klubs und viele andere kaufen sie. Sie kostet 2 Shilling im Monat. Die Auflage beträgt in Großbritannien 80 000 Exemplare.

Sie existiert seit August 1963, länger als jede andere Fanzeitschrift in England. Sie wird nicht von NEMS verlegt, sondern von einer Firma mit dem Namen »Beat Publications«, die für dieses

Recht einen bestimmten Betrag an NEMS abführt. Anstatt einen großen Gewinn aus dieser Sache herauszuschlagen, besteht NEMS darauf, daß eine hohe Qualität erhalten bleibt, daß zum Beispiel viele Farbbilder gebracht werden. Es ist ein ausgezeichnetes Blatt. In ihm erscheinen die besten Fotos der Beatles, weit besser als alle anderen, die man in Zeitungen zu sehen bekommt.

Nur sehr wenige neue Leute sind in den magischen Kreis der Beatles eingedrungen. Beruflich arbeiten sie noch immer mit den Menschen zusammen, die ihnen ihre erste Chance gaben, als sie 1962 nach London kamen.

Außerhalb von NEMS ist ihr wichtigster Ratgeber und Freund George Martin. Jedoch hat sich innerhalb von fünf Jahren seine Stellung ihnen gegenüber fast in ihr Gegenteil verkehrt. 1962 war er die Göttergestalt von Parlophone, der große Mann, der über Künstler und Schallplatten gebot und von dem alles abhing. Jetzt hängen sie von niemandem ab.

Im August 1965 verließ George nach fünfzehn langen Jahren EMI. Während dieser Zeit hat er miterlebt, wie Parlophone wieder flottgemacht wurde und die Gewinne von EMI phantastische Höhen erreichten.

»Ich habe mit den Erfolgen der Beatles niemals Geld verdient. Ich bekam weiterhin das gleiche Gehalt bei EMI, das mir aufgrund meines Vertrages zustand. Ich bin niemals auch nur im geringsten an ihren riesigen Gewinnen beteiligt gewesen. Ich bin froh darüber, denn so habe ich stets unbeeinflußt sprechen können. Niemand kann behaupten, ich sei mit den Beatles hochgekommen. Bei EMI haben jedoch alle geglaubt, ich sei durch eine ihrer vielen Firmen an ihren Gewinnen beteiligt. Und auch die Beatles haben immer angenommen, bei mir müßte alles O.K. sein, da doch EMI für mich sorgte.«

Während des ersten Jahres der Beatlemanie, 1963, war er vermutlich der einzige Mensch, der mit den Beatles zu tun hatte, ohne durch sie eine Menge Geld zu verdienen. Dick James, ihr Musikverleger, hat sich bestimmt gesundgestoßen.

1963 hat George Martin mehr Nummer-eins-Platten betreut als jeder andere Schallplattenproduzent in der jungen Geschichte der Popmusik. Die meisten seiner Platten, die 37 Wochen lang die Hitlisten anführten, waren von den Beatles bespielt. Ihm waren jedoch auch alle Hitplatten von Cilla Black, Gerry and the Pacemakers, Billy J. Kramer, Matt Monroe u. a. zu verdanken. 1964 stieg sein Gehalt auf 3 000 Pfund, aber das war Teil des

Vertrages mit EMI, der schon vor dem Auftauchen der Beatles geschlossen worden war. Damals begann er Verhandlungen wegen einer prozentualen Beteiligung einzuleiten. »Mir war es gleichgültig, wieviel, wenn ich nur irgendwie am Plattenumsatz beteiligt wurde. Ich war der Ansicht, daß derjenige, der die ganze Arbeit macht, auch Anspruch auf eine gewisse Vergütung hat. Aber EMI sah das nicht sehr gern.

Also beschloß er zu kündigen, was EMI auch nicht gerade glücklich machte, vor allem, weil er zwei Leute aus seiner Abteilung mitnahm, John Burgess und Ron Richards. Zusammen mit einem vierten, Peter Sullivan von Decca, gründeten sie ihre eigene Firma, Associated Independent Recordings, abgekürzt AIR.

Wie ihnen jedermann erklärte, nahmen sie damals ein großes Risiko auf sich. Es widersprach dem traditionellen Aufbau der Schallplattenindustrie. Bei unabhängigen Schallplattenherstellern genügt ein einziger Versager, um ihnen den Boden unter den Füßen wegzuziehen, während eine große Firma eine ganze Reihe von Nieten hinnehmen kann.

Das größte Risiko aber lag für George Martin darin, ob es ihm gelingen würde, die Beatles zu behalten. Juristisch hatten sie noch immer einen Vertrag mit EMI. Wenn George Martin nicht mehr zu EMI gehörte und selbständig arbeiten wollte, brauchte EMI ihm überhaupt keine Aufträge mehr zu geben – es sei denn, daß die Beatles ihn ausdrücklich als Mittelsmann verlangten.

»Ich habe bei meiner Kündigung die Jungs nicht um ihren Rat gefragt. Ich habe einfach das Risiko auf mich genommen und darauf spekuliert, daß sie mich noch immer haben wollten.« Und das wollten sie auch. EMI mußte sich einverstanden erklären. EMI produzierte noch immer Beatleplatten. Aber nun kümmert sich George nicht als Angestellter von EMI, sondern als freier Mitarbeiter darum. EMI muß ihm seine Dienste sehr hoch bezahlen. »Ich nehme an, daß ich heute weit mehr verdiene als der geschäftsführende Direktor von EMI.«

Jetzt hat AIR auf ihre Weise die britische Schallplattenindustrie verändert: Viele der besten und schöpferischsten Kräfte haben ihre Verträge mit den großen Firmen gelöst, um dann ihre Dienste für das Zwei- oder Dreifache dessen, was sie bis dahin bekamen, erneut anzubieten.

Anfang 1967 betreute AIR Künstler wie die Beatles, Cilly Black, Gerry and the Pacemakers, Shirley Bassey, Adam Faith, Lulu, Tom Jones, Manfred Mann und viele andere.

George Martin hat nun endlich mit 23 goldenen Schallplatten

nur noch geringe finanzielle Sorgen. Er lebt vornehm in einem Landhaus in Sussex und hat ein großes, ganz neues, luxuriöses Haus in der Stadt, in der Nähe vom Hyde Park. Er ist verheiratet und hat eine Tochter namens Lucy.

Sollten die Beatles ihre Absicht, durch Apple eigene Aufnahmestudios zu schaffen und eigene Leute dafür einzusetzen, je verwirklichen, könnte dies George Martins Stellung in gewisser Weise beeinträchtigen. Wie sich die Sache aber auch entwickeln mag, der Erfolg seiner eigenen Firma scheint solide genug zu sein. Sie hat die britischen Rechte an Playtape gekauft, eine Erfindung, die, wie er sagt, eines Tages die Schallplatte völlig verdrängen wird.

Auf musikalischem Gebiet bemüht sich George Martin, wie wir noch sehen werden, im Hintergrund zu bleiben, wenn sie ihre Platten aufnehmen. Sie sind als Komponisten und sogar als Arrangeure so sicher geworden, daß sie über den »Großen George« ihre Witze reißen.

Dick James, ihr Musikverleger, hat nur rein geschäftlich mit ihnen zu tun, was jedoch nicht besagt, daß sie ihn nicht sehr gern mögen.

Er ist Millionär, obwohl er dies nicht etwa nur den Beatles verdankt, sondern auch der Tatsache, daß er seine Firma so gut aufgezogen und viele andere Künstler herangeholt hat.

Er hat noch immer viel für die Beatles zu tun, mit Werbung und dem Verkauf ihrer Platten. Nach seiner Auffassung müssen auch die besten Platten wohlüberlegt auf den Markt gebracht werden. Seine Hauptarbeit aber besteht darin, ihre Tantiemen einzustreichen. Seine Aufgabe ist es, gute Bedingungen herauszuholen, obwohl in diesem Geschäftszweig die Höhe der Beteiligung meist von vornherein festliegt.

Die persönlichen Freunde der Beatles sind alle aus Liverpool wie sie selber. Es gibt viele Menschen, die in den verschiedenen Phasen ihres Lebens aufgetaucht sind oder mit ihnen zu tun hatten, aber nur wenige haben noch heute Verbindung zu ihnen. Alex Mordes, der Elektronikfachmann, Robert Fraser, der Galeriebesitzer, und Victor Spinetti, der Schauspieler, der in ihrem Film »Help!« mitspielte, sind noch immer mit ihnen befreundet. Aber meist brechen die Beatles die Verbindung völlig ab, sobald der ursprüngliche Kontakt sein Ende gefunden hat – zum Beispiel nach Fertigstellung eines Films oder einer Platte. Wenn sie sich für irgendeine Aufgabe nach einem neuen Mann umsehen,

neigen sie dazu, einen Kameraden aus noch weiter zurückliegen-
der Vergangenheit auszugraben – zum Beispiel Pete Shotton.

Pete Shotton war etwa vom dritten Lebensjahr an Johns bester
Freund. Auf der Quarry-Banks-Schule waren die beiden der
Schrecken der Lehrer. Aber Pete ging von der Schule weg zur
Polizei, und sie verloren die Verbindung miteinander. Nach drei
Jahren schied er aus dem Polizeidienst aus. Es wurde ihm klar,
daß dieser Beruf ganz und gar nicht zu ihm paßte. Danach ging
es ihm ziemlich schlecht; er wurde Geschäftsführer eines Cafés,
das pleite ging.

Als Pete 1965 ohne Stellung und ohne Geld dastand, begegnete
er zufällig John in Liverpool. John erklärte sich bereit, ihm bei
einem neuen Unternehmen zu helfen. »Ich machte Ferien in
Hampshire, als mir der Supermarkt auf Hayling Island in die
Augen stach. Mir gefiel er. So hat John ihn gekauft, damit ich ihn
betreibe. Er hat 20 000 Pfund gekostet.«

Für John war es natürlich ein großes Risiko, aber Pete hat den
Supermarkt fast zwei Jahre lang sehr erfolgreich geführt und
gute Gewinne erzielt. Er hat seinen Wert erhöht und ihn durch
Angliederung einer Abteilung für Herrenbekleidung vergrößert.

»Wäre John nicht gekommen, hätte ich vielleicht als Gauner
geendet. John behauptet sogar von sich selber, das hätte ihm
zustoßen können. Ich hatte überhaupt kein Geld. Ich ließ mich in
eine Menge dunkler Geschäfte ein und kam in den Lokalen mit
üblen Leuten zusammen.«

Im Herbst 1967 bat John Pete, den Supermarkt auf Hayling
Island aufzugeben. Petes Mutter übernahm die Leitung. Er sollte
nach London kommen, um dort für Apple zu arbeiten. Er eröffnete die erste Apple Boutique in der Baker Street und ist noch
immer ihr Geschäftsführer. Er ist jetzt verheiratet, hat einen
Sohn und ist mit John fast ebenso eng befreundet wie während
ihrer Schulzeit.

Terry Doran, ein anderer Freund aus Liverpool, arbeitet ebenfalls für Apple. Er leitet die Musikabteilung. Terry gehörte
ursprünglich zu Brians Liverpooler Kreis. Aber er lernte die
anderen bereits in der allerersten Zeit kennen. Als sie anfingen,
Erfolg zu haben, verhalf Brian Terry zu einer Autofirma – früher war er Autoverkäufer in Liverpool gewesen. Die Firma
nannte sich Brydor Cars (nach Brian und Doran). Unter anderem
verkaufte sie Wagen an die Beatles. Terry gab aber schließlich
den Betrieb auf.

Ein anderer Freund aus Kindertagen ist Ivan Vaughan. Er steht nicht im Dienst der Beatles, ist jedoch noch immer mit John und auch mit Paul befreundet. Er ist mit Paul zur Schule gegangen, und er hat Paul mit John und seiner Skifflergruppe der Quarrymen zusammengeführt.

Aber die den Beatles am nächsten stehenden Gefährten, stets greifbare und höchst wichtige Helfer und Kameraden, sind noch immer Neil und Malcolm. Neil (oder Nell) Aspinall war ihr erster Reisemanager. Malcolm Evans stieß erst später zu ihnen, nachdem er eine Weile im Cavern den Rausschmeißer gespielt hatte. Sie haben die Beatles als Reisemanager auf ihren großen Weltreisen begleitet.

Schon damals paßte ihnen die Bezeichnung »Reisemanager« nicht, weil sie »Mädchen für alles« spielten. Jetzt, da sie nicht mehr auf Tournee gehen, ist die Bezeichnung noch weniger angebracht. Ihr Verhältnis zu den Beatles ist sehr schwer zu erklären. Es ist fast mittelalterlich. Sie sind wie treue Vasallen. Es wird ihnen befohlen, dies oder jenes zu tun, und sie tun es pflichtbewußt und stolz. Sie sind bezahlte Gefolgsleute, verrichten niedere Dienste. Dennoch besteht zwischen den Beatles und ihnen kein Herr-Diener-Verhältnis. Sie sind ganz einfach Gefährten, die dafür bezahlt werden, daß sie Gefährten sind, wann und wo immer einem Beatle der Gedanke kommt, daß er einen Gefährten braucht.

Malcolm ist groß und kräftig, sehr ruhig und gutmütig, bedächtig und überlegt in seinem Tun. Neil ist kleiner, schlanker, intelligent und unverblümt. Ganz offensichtlich wäre er bereit, jederzeit alles an den Nagel zu hängen und einfach wegzugehen, sollte es jemals zu einer ernsten Meinungsverschiedenheit kommen. Er sagt nein, wenn er etwas nicht tun will. Allerdings erinnert er sich nur an eine einzige Meinungsverschiedenheit. Das war damals, als John ihm sagte, er sollte ihn zur Verfilmung von »How I Won the War« (deutscher Titel: »Wie ich den Krieg gewann«) nach Spanien begleiten. Am Ende gab Neil doch nach und fuhr mit. Dabei mußte er tagelang in der Nähe der Darsteller bleiben, damit John jemand hatte, mit dem er reden konnte. Beide fanden die übrigen Schauspieler zum Kotzen.

Malcolm hingegen, der auf einige Jahre einer geregelten Tätigkeit zurückblicken kann, ist sehr pflichtbewußt und führt alle Aufträge widerspruchslos aus.

»In Amerika wurde ich ständig gefragt: ›Was wirst du tun, wenn die Seifenblase platzt?‹« erzählt Neil. »Das hat mir niemals Sorgen bereitet und tut es auch heute nicht. Ich werde dann eben etwas anderes unternehmen. Das ist alles. Ich habe keine Ahnung, was ich später einmal tun werde. Darum mache ich mir niemals Sorgen.«

Als 1966 die Tourneen ihr Ende fanden, wurde das Leben für sie weniger anstrengend. Aber während der Plattenaufnahmen oder der Arbeiten für das Fernsehen oder einen Film fallen Malcolm und Neil noch immer in ihre alte Routine zurück. Sie bringen die Beatles zu den Studios, holen sie von dort ab und überzeugen sich davon, daß die technischen Anlagen in Ordnung sind.

Beide folgten sie der Beatlemode, ließen sich Schnurrbärte und lange Koteletten wachsen, als die anderen es taten, oder trugen große Halstücher. Sie sind ein fester Bestandteil der Gruppe. Sie sehen genauso aus wie die anderen und reden auch so.

Wenn die Beatles keine Aufnahmen machen, ist Malcolms und Neils Leben keinem festen Plan unterworfen, aber stets müssen sie auf Abruf zur Verfügung stehen. »Man erwartet von uns, daß wir uns wochenweise abwechseln, aber irgendwie sind wir doch immer zur Stelle.«

Wenn einer der Beatles allein irgendwohin fahren muß, wird er für gewöhnlich von Malcolm oder Neil begleitet. So ist Neil mit John zu seinen Filmaufnahmen gefahren. Malcolm ist mit Paul in die USA gereist, um Jane zu besuchen, mit Ringo zum Filmen nach Rom und im Februar 1967 mit der ganzen Gruppe nach Indien, wohin Neil später folgte.

Ein großer Teil ihrer Arbeit besteht auch darin, zwischen den Beatles und NEMS oder Dick James die Verbindung aufrechtzuerhalten. Dies ist vor allem Neils Aufgabe. Er hat dafür zu sorgen, daß der Text eines Songs richtig niedergeschrieben und an Dick James geschickt wird. Zuweilen helfen sie auch aus, indem sie Maraca, Triangel oder irgend etwas anderes spielen. Beide traten sie in dem Beatlefilm »Magical Mystery Tour« auf.

Neil ist Junggeselle und wohnt in einer großen Luxuswohnung in einem neuen Block in der Sloane Street, gegenüber dem Carlton Towers Hotel. Er verbringt einen Teil seiner Freizeit mit Malen, einem Hobby, das er von den Beatles übernommen hat. In seiner Wohnung hat er auch ein Klavier stehen, obwohl er nicht spielen kann. Ein Notenheft mit Übungsstücken steht aufgeschlagen auf dem Klavier – er ist bis zum zweiten Übungsstück gelangt. Seit 1968 ist er Direktor der Apple Corporation, der Dachorganisation der Beatles für alle Apple-Unternehmungen. Er hat ein prächtiges Büro in der Wigmore Street.

Malcolm, der verheiratet ist und zwei Kinder hat, hat lange Zeit

Die Beatles 1968

ebenfalls in Neils Wohnung gelebt, als sie alle nach London zogen. 1967 kaufte er sich ein Haus in Sunbury und zog dort mit seiner Familie ein. Er suchte sich sein Haus unter dem Gesichtspunkt aus, daß es von Johns, Ringos und Georges Wohnungen nicht zu weit entfernt lag. Er ist heute Manager der Apple Records.

Eines haben Malcolm und Neil niemals zu begreifen vermocht: das phantastische Image, das die Beatles stets besessen haben. »Das war nicht wirklich Brians Werk«, erklärt Neil. »Er hat sie eleganter gemacht, hat sie in Anzüge gesteckt und ihnen Disziplin beigebracht. Sie haben immer so gewirkt, als wären sie gut und freundlich und lieb. Aber das sind sie gar nicht in besonderem Maße, nicht mehr als andere Leute. Ich glaube, die Leute wollen sie so sehen. Die Fans haben sich ihr Image selber zurechtgebaut. Ich weiß nicht, warum. Die Fans haben es ganz einfach so gewollt.

Jetzt treten sie mehr vor das Publikum hin als die, die sie wirklich sind, bevor Brian auftauchte. Sie sind alle Individualisten, die tun und sagen, was ihnen gefällt.

Das Publikum glaubt noch immer, daß sie genauso nett sind. Aber vielleicht sind sie jetzt doch ein wenig ›exzentrisch‹. Das ist alles. Es ist schon seltsam, finden Sie nicht, wie die Leute an einem Image Gefallen finden?«

»Immer werde ich gefragt, wen von den Beatles ich am liebsten mag«, sagt Malcolm. »Für gewöhnlich antworte ich, den, der gerade nett zu mir gewesen ist.«

Die Beatles und ihre Musik

Es war eine ununterbrochene Entwicklung gewesen. Hin und wieder sah es so aus, als ob die Beatles auf der Stelle träten, aber es dauerte nicht lange, bis sie wieder in Schwung gerieten. Immer fühlen sie sich allzusehr von dem gelangweilt, was sie gerade getan haben, um jemals auf den Gedanken zu kommen, es zu wiederholen, mag es auch noch so erfolgreich gewesen sein.

Aber stets haben sie das Fortschrittliche mit dem Traditionellen verbunden, so zum Beispiel mit ihren Nummern »Eleanor Rigby« und »Yellow Submarine« oder mit »Hello Goodbye« und »I Am A Walrus«.

Es gibt viele deutlich erkennbare Stufen, wenn man nach so etwas Ausschau hält. Die erste Rock-and-Roll-Phase war nach »Can't Buy Me Love« etwa im Frühjahr 1964 beendet. Das Ende des einfachen Beatgruppenstils kam im August 1965 mit »Yesterday« und der Einführung neuer Instrumente. Die wirklich ernsthaften Experimente begannen dann im August 1966 mit dem letzten Stück von »Revolver« und fanden ihre Fortsetzung in »Sergeant Pepper«.

Selbst offensichtliche Anomalien lassen sich erklären, zum Beispiel »All You Need Is Love«. Es kam Mitte 1967 heraus, schien aber auf den ersten Blick eher in die Periode von 1963/64 zu passen. Das aber war nicht der Fall: Der Titel war satirisch gemeint. In diesem Song machten sie sich kräftig über sich selber lustig. Das ist eine Phase, die sie in ihrer Musik erst im Jahr 1967 erreicht haben.

Der Versuch, alles zu erklären und säuberlich in kleine Stücke zu zerlegen, ist eine Aufgabe für die Musikforscher. Nicht nur Mr. Mann von der Londoner »Times« hat sich in jeder Phase ihrer Karriere immer wieder rückhaltlos für sie eingesetzt. Ernst zu nehmende amerikanische Musikkritik könnte ein Buch füllen, und vermutlich ist das auch schon geschehen.

Die einfachste Art, sich darüber klarzuwerden, wie sie ihre Musik machen, besteht darin, sie in die Zeit ihrer Tourneen und die Zeit danach aufzuteilen.

Als John und Paul 1963 ernsthaft mit ihren Aufnahmen begannen, hatten sie schon sechs gemeinsame Jahre hinter sich, in denen sie Hunderte von Songs komponierten, von denen die meisten inzwischen vergessen oder verloren sind. Paul besitzt noch immer ein Schulheft mit solchen Songs. Aber das Zeug gibt nicht viel her. Der Text folgt dem einfachen Muster von »Love Me Do« und »You Know I Love You«, und die Musik besteht aus ein paar Do-Re-Mis. Nur sie vermochten damals den Kritzeleien zu entnehmen, wie die Melodie eigentlich gehen sollte. Jetzt haben sie es vergessen.

Es geschah mehr aus Eitelkeit oder bei Paul mehr aus einer hoffnungslosen Neigung zum Professionalismus, daß sie sie alle als »Lennon-McCartney-Originale« niederschrieben. Sie kannten sie ohnehin alle auswendig, nachdem sie die Nummern Hunderte von Malen im Cavern abgezogen hatten.

Nachdem erst einmal »Love Me Do« – ein sehr altes Stück aus den Skiffletagen der Quarrymen – auf Schallplatte aufgenommen worden war, hätten sie ihre übrigen alten Stücke ausschlachten können, aber das haben sie nicht getan. Sie hatten schon so viel komponiert, daß es ihnen verhältnismäßig leichtfiel, sich neue für ihre nächsten Platten auszudenken.

In jener Zeit haben Paul und John komponiert, wenn sie in Hotels oder unterwegs auf ihren Gitarren spielten. »I Want To Hold Your Hand« entstand in einem Bus in Yorkshire. Jeder brachte ein paar Akkorde und Melodiefetzen, bis sie sich auf ein Thema geeinigt hatten. Dann wurde es gemeinsam ausgearbeitet.

Sie streiten ab, daß sie sich ganz bewußt auf einfache, die Gefühle ansprechende Wörter wie Ich und Du konzentriert hätten. Das stellte sich ganz von selber ein. Ihrer Meinung nach ist der Text von »Love Me Do« genauso philosophisch oder dichterisch wie der von »Eleanor Rigby«.

Aber ihre Stücke aus jener Zeit waren simpler. Die Beatles waren damals noch einfache Burschen, die ihre Stücke komponierten, um sie tobenden Fans bei einem einmaligen Auftritt an einem einzigen Abend vorzuspielen. Ihr Ziel war eine simple, unmittelbare Reaktion.

Die Stücke wurden auf der Tournee komponiert, weiterentwickelt und ausgefeilt. Wenn sie schließlich ins Aufnahmestudio kamen, konnten sie die Nummern im Traum abziehen.

»Wir wurden dadurch, daß wir ständig auf Bühnen auftreten und das Ganze mit den gleichen alten Gitarren, dem gleichen Schlagzeug und den gleichen Bässen machen mußten, in unserer Entwicklung aufgehalten«, erklärt George. »Es blieb uns nichts anderes übrig, als uns an die alten, einfachen Instrumente zu halten. Lange Zeit wußten wir gar nicht, was wir sonst noch tun könnten. Wir waren nichts weiter als ein paar junge Burschen aus dem Norden, denen man erlaubte, in den großen EMI-Studios Musik zu machen. Es wurde alles ruck-zuck auf ein Band gefetzt, so etwa ›Love Me Do‹. Wir spielten diese Nummer auf der Bühne besser als bei den Schallplattenaufnahmen.«

Bei ihrer ersten Langspielplatte, »Please Please Me«, dauerte die Aufnahme nur einen Tag und kostete 400 Pfund. Für »Sergeant Pepper« brauchten sie vier Monate, und es kostete 25 000 Pfund. Heute, nachdem sie mit ihren Tourneen aufgehört haben, dauern ihre Aufnahmen lange und sind äußerst kompliziert.

»Jetzt, wo wir nur noch in den Studios und sonst nirgends spielen«, erzählt George, »wissen wir nie im voraus, wie die Sache läuft. Wir müssen vom Nullpunkt aufbauen, es im Studio ausdreschen. Das ist eine regelrechte Schinderei. Wenn Paul ein Stück komponiert hat, hat er es im Kopf, wenn er ins Studio kommt. Er muß uns dann erst klarmachen, was er will, und für uns ist es schwierig, es zu kapieren. Wenn wir mit einem Vorschlag kommen, ist es vielleicht nicht das, was er sich gedacht hat. Dann kapiert er nicht. So brauchen wir also viel Zeit. Niemand weiß, wie das Zeug eigentlich klingt, bis wir es aufgenommen und uns hinterher angehört haben.«

Es weiß auch niemand genau, wie sie auf ihre Melodien kommen. Sie wissen es selbst nicht oder können sich nicht erinnern. Sie ins Kreuzverhör zu nehmen ist völlig unmöglich, denn es ist bereits alles vergessen, falls es sich nicht erst vor kurzem zugetragen hat. Es gibt nur eine Möglichkeit: Man muß an Ort und Stelle sein. Nur kann man auch bei dieser Methode nicht in ihre Köpfe hineinsehen, sondern man sieht nur das, was herauskommt.

»A Little Help From My Friends«

Mitte März 1967 waren sie mit den Aufnahmen für die Langspielplatte »Sergeant Pepper« fast fertig. Nun waren sie mitten in einer Nummer für Ringo, eine Art Ringo-Song, den sie am Tag vorher begonnen hatten.

I WANNA HOLD YOUR HAND

Oh yeah I'll tell you somethin
think you'll understand
When I say that somethin
I wanna hold your hand
Repeat twice

Oh please say to me
you'll let me be your man
And please say to me
you'll let me hold your hand

And when I touch you
I feel happy inside
It's such a feelin'
that my love
- I can't hide
I can't hide

Oh yeah I got that somethin
I think you understand
When I feel that somethin
I wanna hold your hand

»I Wanna Hold Your Hand«

Um zwei Uhr nachmittags traf John in Pauls Haus in St. John's Wood ein. Sie gingen miteinander in Pauls Arbeitszimmer unter dem Dach. Es ist ein schmaler Raum, angefüllt mit stereophonischen Anlagen und Verstärkern. An der einen Wand hängt ein großes dreiteiliges Bild von Jane Asher, und daneben steht eine große Skulptur aus Silber von Paolozzi.

John begann auf der Gitarre zu klimpern, und Paul hämmerte auf dem Klavier herum. Ein paar Stunden improvisierten sie. Beide schienen sich in einer Art Trance zu befinden, bis einer etwas Brauchbares hervorbrachte und der andere es aus dem Wirrwarr von Tönen herausfischte, um es selber zu versuchen.

Die Melodie hatten sie bereits am vorigen Nachmittag gefunden, eine einschmeichelnde Weise: »A Little Help From My Friends.« Nun versuchten sie die Melodie auszufeilen und sich einen dazu passenden Text einfallen zu lassen.

»Are you afraid when you turn out the light«, sang John. Paul sang es nach und nickte zustimmend. John meinte, sie könnten diesen Grundgedanken für alle Zeilen durchhalten, wenn ihnen noch ein paar ähnliche Fragen einfielen.

»Do you believe in love at first sight«, sang John, doch dann brach er ab.

»Nein, die Silbenzahl stimmt nicht. Was meinst du? Können wir es aufteilen und eine Pause einlegen, damit wir eine Silbe mehr kriegen?«

Daraufhin sang John die Zeile nochmals und unterbrach sie in der Mitte: »Do you believe – ugh – in love at first sight.«

»Wie wäre es mit ›Do you believe in a love at first sight‹«, fiel Paul ein.

John wiederholte es, war einverstanden und fügte die nächste Zeile hinzu: »Yes, I'm certain it happens all the time.«

Beide sangen sie dann jeder für sich die zwei Zeilen und füllten die anderen mit lala aus. Abgesehen davon hatten sie nichts weiter als den Refrain: »I'll get by with a little help from my friends.« Dann sang John plötzlich: »would you believe«, was er für besser hielt.

Darauf änderten sie die Reihenfolge und sangen zuerst die beiden Zeilen: »Would you believe in a love at first sight / Yes, I'm certain it happens all the time«, bevor sie mit »Are you afraid when you turn out the light« fortfuhren, aber die vierte Zeile, die ihnen absolut nicht einfallen wollte, mußten sie noch immer mit lala füllen.

Inzwischen war es ungefähr fünf Uhr geworden. Nun erschien

Cynthia, Johns Frau, mit einer Sonnenbrille, begleitet von Terry Doran, einem ihrer (und Brian Epsteins) alten Freunde aus Liverpool. John und Paul spielten weiter. Cyn griff nach einem Taschenbuch und begann zu lesen. Terry holte sich eine astrologische Zeitschrift.

John und Paul sangen immer wieder ihre drei Zeilen, noch immer auf der Suche nach der vierten.

»Was gibt es denn für einen Reim auf *time?*« rief John. »*Yes, I'm certain it happens all the time.* Auf diese Zeile muß es sich reimen.«

»Wie wäre es denn mit *I just feel fine?*« schlug Cyn vor.

»Nein«, entgegnete John. »Das Wort *just* darfst du nie gebrauchen. Es ist sinnlos. Nichts weiter als ein Füllwort.«

John sang: »*I know it's mine*«, aber niemand beachtete es sonderlich. Auf *Are you afraid when you turn out the light* folgend, ergab es nicht viel Sinn. Jemand meint, es klinge obszön.

Terry fragte, wann ich Geburtstag hätte. Ich sagte, am 7. Januar. Paul hörte zu spielen auf, obwohl es so ausgesehen hatte, als konzentriere er sich ganz auf das Stück, und rief: »He, da hat auch unser Junge Geburtstag.« Er hörte zu, als Terry das Horoskop vorlas. Dann kehrte er ans Klavier zurück und klimperte weiter.

Mitten in seinem Klimpern begann Paul plötzlich zu spielen »Can't Buy Me Love«. John fiel ein, sang es sehr laut mit, lachte und brüllte. Dann fuhr Paul mit einem anderen Stück auf dem Klavier fort: »Tequila«. Wieder fielen beide ein, brüllten und lachten jetzt sogar noch lauter. Terry und Cyn lasen weiter.

»Weißt du noch in Deutschland?« rief John. »Da haben wir immer gebrüllt, was uns gerade einfiel.«

Wieder spielten sie das Stück. Diesmal schrie John bei jeder Pause in der Musik irgend etwas. »Schlüpfer« und »Herzog von Edinburgh« und »Tuttel« und »Hitler«.

Ebenso plötzlich, wie sie angefangen hatten, hörten sie mit ihrem Geschrei und ihrem Herumalbern auf. Sehr ruhig wandten sie sich wieder dem Stück zu, an dem sie eigentlich arbeiten sollten. »*What do you see when you turn out the light*«, sang John und versuchte, neue Wörter in die bereits vorhandene Zeile einzufügen, wobei er »*afraid*« ausließ. Dann folgte eine weitere Zeile: »*I can't tell you, but I know it's mine.*« Er nahm noch eine kleine Änderung vor, und dann paßte es.

Ja, sagte Paul, so würde es gehen. Er schrieb die vier Zeilen auf einen Bogen liniertes Papier. Jetzt hatten sie einen ganzen Vers und den Refrain. Paul stand auf und ging im Zimmer auf und ab. John trat ans Klavier.

»Wie wär's mit einem Stück fabelhaften Kuchens von Basingstoke?« fragte Paul und nahm ein Stück steinharten Kuchens von einem Regal. »Na, zur Not geht's«, meinte John. Paul verzog das Gesicht. Terry und Cynthia lasen noch immer.

Paul holte eine Sitar aus einer Ecke, setzte sich und begann sie zu stimmen, wobei er John zuzischte, er solle einen Augenblick still sein. John saß noch immer am Klavier und starrte geistesabwesend zum Fenster hinaus.

Draußen im vorderen Teil des Gartens von Pauls Haus konnte man gerade noch die Augen und Stirnen von sechs Mädchen sehen, die über die Gartenmauer hinweglugten. Dann ließen sie sich erschöpft auf den Bürgersteig auf der anderen Seite fallen. Einige Minuten später tauchten sie wieder auf und klammerten sich fest, bis ihre Kräfte nachließen. John stierte mit leerem Blick durch seine runden Brillengläser im dünnen Metallgestell. Dann begann er auf dem Klavier einen Choral zu spielen und sang dazu einen Text, den er beim Spielen improvisierte.

»Rücken an die Wand, wenn ihr Sein Antlitz sehen wollt.«

Dann schien er jäh in die Luft zu springen und begann auf dem Klavier einen kraftvollen Rugbysong zu hämmern. »Schreiben wir doch einen Rugbysong, he!« Niemand hörte ihm zu.

Paul hatte inzwischen seine Sitar gestimmt und spielte einige Akkorde, immer und immer wieder die gleichen. Schließlich stand er auf und wanderte im Zimmer umher. Nun ergriff John die Sitar, aber er kam nicht mit ihr zurecht. Paul erklärte ihm, er müsse sich mit gekreuzten Beinen auf den Boden setzen und sie in der Höhlung seines Fußes aufsitzen lassen. So mache es George; anfänglich sei es unbequem, aber nach einigen Jahrhunderten gewöhne man sich daran. John versuchte es, gab es dann aber auf und lehnte das Instrument an einen Stuhl.

»He«, sagte John zu Terry, »bist du in dem Laden gewesen?«

»Ja, und ich habe drei Jacken für dich besorgt, ebenso wie die von George.«

»Großartig«, rief John sehr erregt. »Wo sind sie denn?«

»Ich habe mit einem Scheck bezahlt, aber sie liefern erst morgen.«

»Ach«, sagte John, »hättest du denn nicht sagen können, für wen sie sind? Du hättest sagen sollen, sie sind für Godfrey Winn. Ich will sie gleich haben.«

»Morgen kommen sie auch noch rechtzeitig«, meinte Paul. »Morgen haben wir sowieso noch einige andere Sachen zu besorgen.«

Paul kehrte zu seiner Gitarre zurück und begann ein sehr langsames, schönes Lied von einem törichten alten Mann zu singen, der auf einem Hügel sitzt. John lauschte still und starrte mit leeren Blicken aus dem Fenster. Fast sah es so aus, als höre er gar nicht zu. Paul sang das Lied viele Male und ersetzte die Wörter, die ihm noch nicht eingefallen waren, durch lala. Als er schließlich fertig war, meinte John, er solle doch lieber die Worte aufschreiben, sonst würde er sie vergessen. Paul entgegnete, es sei schon O.K. Er werde sie nicht vergessen. Es war das erste Mal, daß Paul dieses Lied John vorgespielt hatte.

Es ging nun auf sieben Uhr zu, fast an der Zeit, um die Ecke herum zu den EMI-Aufnahmestudios zu gehen. Sie beschlossen, Ringo anzurufen und ihm zu sagen, sein Song sei fertig – was nicht stimmte –, und sie würden ihn an diesem Abend proben. John griff nach dem Telefon. Nachdem er lange herumgespielt hatte, war die Nummer besetzt. »Wenn ich jetzt nicht auflege, werde ich dann schließlich durchkommen?«

»Nein, du mußt auflegen«, sagte Paul.

»It's Getting Better«

An einem anderen Nachmittag – es war der erste richtige Frühlingsnachmittag – wollte Paul mit Martha, seinem Hund, ausgehen. John war noch immer nicht erschienen, um letzte Hand an »Sergeant Pepper« zu legen.

Er schob Martha in seinen Aston Martin, setzte sich neben sie und versuchte, den Motor anzulassen. Aber er sprang nicht an. Er schlug ein paarmal aufs Armaturenbrett, in der Hoffnung, das würde genügen, gab es dann jedoch auf, stieg aus dem Aston Martin und warf sich in seinen Mini Cooper. Der Motor heulte sofort auf. Sein Hausmeister stieß die großen schwarzen Tore auf, und er schoß hinaus. Damit hatte er alle Fans überrumpelt. Er war draußen, bevor ihnen klar wurde, daß er es war.

Er fuhr nach Primrose Hill, wo er den Wagen parkte und ihn unverschlossen stehen ließ. Niemals schließt er seine Wagen ab.

Martha tollte umher. Die Sonne kam heraus. Paul dachte, nun wird es Frühling. »Es wird schon besser«, sagte er zu sich (»It's getting better«).

Er meinte das Wetter. Aber bei diesen Worten mußte er lächeln, denn es war einer von Jimmy Nichols' Aussprüchen, über den sie sich in Australien immer lustig gemacht hatten.

Als Ringo einmal krank war und nicht spielen konnte, sprang Jimmy Nichols während eines Teils ihrer Australientournee für ihn ein. Jedesmal, wenn jemand Jimmy fragte, wie es ihm ginge, ob es ihm Spaß machte und ob er sich auch gut zurechtfände, antwortete er immer nur: »Es wird schon besser.«

Als John an diesem Tag um zwei Uhr kam, um ein neues Stück zu schreiben, schlug Paul vor: »Machen wir doch ein Stück mit dem Titel: ›It's getting better‹.« So gingen sie also an die Arbeit, spielten, sangen, improvisierten und blödelten herum. Als sich die Melodie klarer abzuzeichnen begann, meinte Paul: »Du mußt zugeben, es wird schon besser.«

»Hast du eben gesagt: ›Du mußt zugeben, es wird schon besser‹ – ›You've got to admit, it's getting better‹?«

Dann begann John diese Zeile zu singen. So machten sie bis zwei Uhr nachts weiter. Leute kamen, um mit Paul zu sprechen. Einige waren bestellt. Sie mußten unten warten, saßen herum und lasen oder wurden weggeschickt. Einmal unterbrachen sie die Arbeit, um etwas zu essen.

Am nächsten Abend gingen Paul und John ins Aufnahmestudio hinüber. Paul spielte das neue Stück auf dem Klavier, deutete die Begleitung mit lala an oder hämmerte im Takt zu seinen Worten mit, damit sich die anderen eine Vorstellung machen konnten. Ringo und George erklärten, ihnen gefiele es. Auch George Martin sagte das.

Die erste Phase in dem Schichttortensystem, dessen sie sich nun bei der Aufnahme ihrer Stücke bedienten, bestand darin, zunächst die Begleitung auf Tonband aufzunehmen.

Sie sprachen darüber, wie es als Ganzes klingen und was für Instrumente sie benutzen sollten. Sie plauderten auch über andere Dinge. Sobald es ihnen langweilig wurde, hörten sie auf und spielten jeder für sich auf irgendeinem Instrument, das gerade herumlag. In der Ecke des Studios stand ein elektronisches Klavier, das von einer anderen Aufnahme her zurückgeblieben war. Einer von ihnen klimperte darauf herum. Sie beschlossen, es zu verwenden.

Ringo hockte an seiner Schießbude und trommelte etwas, was er für eine gute Schlagzeugbegleitung hielt. Dabei sang ihm Paul das Lied ins Ohr. Wegen des Lärms mußte Paul Ringo ins Ohr brüllen, wenn er ihm etwas erklärte.

Nachdem sie etwa zwei Stunden lang kleinere Teilstücke ausprobiert hatten, stand die Begleitung in groben Zügen fest. George Martin und zwei Techniker des Studios, die bis dahin nur herumgesessen und gewartet hatten, begaben sich nun in ihre schalldichte, gläserne Tonregie. Dort hockten sie wieder herum und warteten darauf, daß die Beatles sich fertig machen und loslegen würden.

Neil und Malcolm bauten die Instrumente und Mikrophone in einer Ecke des Studios auf, und die vier begannen nun endlich »It's Getting Better« zu singen und zu spielen. Ringo wirkte ein wenig verloren, denn er saß abseits und für sich allein, umgeben von seinem Trommelarsenal. Die anderen drei steckten ihre Köpfe vor einem Mikrophon zusammen.

Sie spielten das Stück ungefähr zehnmal. In der schalldichten Kabine wurden nur die Instrumente aufgenommen, nicht jedoch ihre Stimmen. Von Zeit zu Zeit sagte Paul: »Noch einmal, versuchen wir es mal so 'rum«, oder: »Nehmen wir weniger Baß«, oder: »Mehr Schlagzeug.« Um Mitternacht war die Instrumentalbegleitung aufgenommen.

Am nächsten Tag fanden sich John und George in Pauls Haus ein. Ringo war nicht dabei. Sie wollten nun die Gesangspartie von »It's Getting Better« üben. Dafür wurde Ringo nicht gebraucht. Ivan Vaughan, Johns und Pauls Freund aus der Schulzeit, war ebenfalls da. Um 7.30 Uhr gingen sie zu EMI hinüber, wo George Martin wie ein geduldiger Internatsleiter auf sie wartete.

Einer der Techniker ließ die Begleitung von »It's Getting Better«, die sie in der Nacht vorher aufgenommen hatten, abspielen. Immer wieder lief das Tonband ab. George Harrison und Ivan traten in eine Ecke und unterhielten sich. Paul und John hörten aufmerksam zu. Paul gab dem Techniker Anweisungen, welche Hebel er betätigen sollte; er erklärte ihm, worauf es ihm ankäme, wie es gemacht werden sollte und welche Teile ihm am besten gefielen. George Martin hörte zu und gab, wo erforderlich, seine Ratschläge. John starrte ins Leere.

Dick James, ihr Musikverleger, erschien ebenfalls. Er trug einen Kamelhaarmantel. Er begrüßte alle, war sehr vergnügt und munter. Dann hörte er sich die Begleitmusik von »It's Getting Better« an. Sein Gesicht verriet nicht die geringste Reaktion. Nun spielten sie ihm eines ihrer anderen Stücke vor, von dem Mädchen, das von zu Hause weggeht (»She's Leaving Home«). George Martin sagte, bei diesem Stück seien ihm fast die Tränen gekommen. Dick James hörte es sich an und erklärte, ja, das sei sehr gut. Von der Sorte könne er noch mehr gebrauchen. »Wollen Sie damit sagen, daß Sie auf unser ausgefallenes Zeug nicht ste-

263

hen?« Dick James sagte, nein, nein, das habe er weiß Gott nicht
gemeint. Damit ging er.

Sie spielten »It's Getting Better« nun schon bald zum hundert-
sten Male. Aber Paul erklärte, er sei nicht glücklich damit. Sie
sollten lieber Ringo kommen lassen und alles noch einmal spielen. Einer ging weg, um Ringo anzurufen.

Nun erschien Peter Brown. Er war soeben von einer Amerika-
reise zurückgekehrt. Er gab ihnen ein paar neue amerikanische
Langspielplatten, auf die sich alle stürzten. Sie spielten ihm
»She's Leaving Home« und ein paar andere von den Sergeant-
Pepper-Songs vor, die bereits aufgenommen waren, dann das
Band mit der Begleitmusik zu »It's Getting Better«. Während
des Abspielens sprach Paul mit einem der Techniker und bat ihn,
eine etwas andere Klangmischung zu versuchen. Er tat es, und
Paul erklärte, so sei es weit besser. So würde es gehen. Nun
brauchten sie Ringo doch nicht kommen zu lassen.

»Und jetzt haben wir uns gerade einen Ringo auf Toast
bestellt!« rief John. Aber Ringo konnte doch noch rechtzeitig
Bescheid gesagt werden. Im Studio wurden alle Vorbereitungen
dafür getroffen, die Gesangsstimmen aufzunehmen. Während
Neil die Anlagen aufbaute, brachte Malcolm auf einem Tablett
Tee und Orangensaft herein.

Paul ließ seinen Tee kalt werden und beschäftigte sich mit einem
Oszillator, den er in einer Ecke gefunden hatte. Er spielte mit
den Schaltern herum und schaffte es, sechs verschiedene Geräusche zu erzeugen. Zu einem der Toningenieure sagte er, wenn es
jemand gelänge, Oszillatoren herzustellen, deren Geräusche sich
regulieren und steuern ließen, dann hätte man ein neues elektronisches Musikinstrument.

Endlich waren sie soweit. Zu dritt standen sie vor einem Mikrophon und sangen »It's Getting Better«, während oben im Kontrollraum George Martin und seine beiden Assistenten alles auf
Band aufnahmen. Die drei Beatles sangen nur, spielten jedoch
nicht. Nur über Kopfhörer konnten sie die Aufnahme der
Begleitmusik auf dem Band hören. Sie sangen einfach zu ihrer
bereits aufgenommenen Begleitung.

Im Studio selber waren nur die Stimmen der singenden Beatles
ohne Begleitinstrumente und ohne elektronische Verstärkung zu
hören. Es klang alles fad und falsch.

Etwa viermal wiederholten sie das Stück, und dann sagte John,
er fühle sich nicht wohl. Er könne etwas frische Luft vertragen.
Jemand ging weg, um die hintere Tür des Studios zu öffnen. Auf

der anderen Seite waren lautes Klopfen und Geschrei zu hören. Die Tür begann unter dem Druck einer Schar von Fans nachzugeben, denen es gelungen war, in das Gebäude einzudringen.

George Martin kam aus seiner Kabine nach unten und erklärte John, es sei besser, aufs Dach zu steigen und dort etwas Luft zu schnappen. Es sei jedenfalls besser, als hinauszugehen.

Nach einer Weile kam John zurück.

In einer Ecke des Studios saßen Malcolm, Neil und Ivan beisammen. Sie konnten die Scherze, die die anderen über Mikrophone und Kopfhörer austauschten, nicht hören. Ivan schrieb einen Brief an seine Mutter. Neil trug etwas in sein Tagebuch ein. Er hatte erst vor zwei Wochen damit angefangen. Er meinte, damit hätte er schon vor fünf Jahren beginnen sollen. Dann kam ein Mann in einem roten Hemd. Er hieß Norman, war früher einmal einer von ihren Toningenieuren gewesen und hatte jetzt eine eigene Gruppe aufgezogen, The Pink Floyd. Sehr höflich fragte er George Martin, ob seine Jungs vielleicht hereinschauen dürften, um den Beatles bei der Arbeit zuzusehen. George lächelte abweisend. Norman meinte, vielleicht könne er John fragen, ob er ihm diesen Gefallen tun wolle. George Martin erwiderte, nein, das wäre nicht richtig. Wenn er und seine Jungs erst gegen elf Uhr hereinkämen, dann könnte er möglicherweise etwas für sie tun.

Gegen elf Uhr tauchten sie tatsächlich wieder auf und wünschten allen recht schüchtern einen guten Abend. Die Beatles waren noch immer mit »It's Getting Better« beschäftigt. Man hatte das Gefühl, als sängen sie es nun zum tausendsten Male. Gegen zwei Uhr morgens hatten sie es endlich geschafft oder waren doch zumindest einigermaßen zufrieden.

»Magical Mystery Tour«

Die Melodie und den ganzen Text von »It's Getting Better« hatten sie ausgearbeitet, bevor sie ins Aufnahmestudio kamen. Aber als sie eines Abends um 7.30 Uhr ins EMI-Studio traten, um »Magical Mystery Tour« aufzunehmen, hatte sie nichts weiter parat als den Titel und ein paar Takte Musik.

Als sie hineingingen, erwartete sie die übliche Schar von Fans. Sie schrien nicht, sondern waren still und friedlich, ergebenen Untertanen ähnlich, denen bereits ihre Nähe den Atem verschlug.

Paul spielte die Anfangstakte von »Magical Mystery Tour« auf dem Klavier und zeigte den anderen, wie er es sich gedacht hatte. Er fuchtelte viel mit den Händen herum, rief: »Aufnahme! Aufnahme!« und erklärte, es sollte wie ein Werbefilm aufgezogen werden. John trug eine orangefarbene wollene Strickjacke, eine dunkelrote Hose und eine beschlagene Felltasche. Jemand rief, daß Anthony, Johns Fahrer, ihn am Telefon sprechen wolle. Sie standen alle über den Flügel gebeugt, während Paul spielte und die Anfangstakte stets von neuem wiederholte. Paul bat Malcolm zu notieren, wie sie dieses Stück aufziehen wollten. Mit sehr langsamer Schuljungenhand schrieb Malcolm den Titel auf und hielt sich für weitere Anweisungen Pauls bereit. Paul sagte Trompeten, ja, zu Anfang würden sie ein paar Trompeten nehmen, eine Art Fanfare, die das »Roll up, roll up for the Magical Mystery Tour« begleiten sollten. Malcolm sollte diese Zeile gleich notieren, da es die einzige sei, die sie bisher hätten. Paul sagte zu Malcolm, er solle auch d-a-e niederschreiben, die ersten drei Akkorde des Stückes. Malcolm kaute an seinem Bleistift und wartete auf Pauls weitere Einfälle. Aber es kam nichts mehr.

Dann wurden die Instrumente aufgebaut. Sie wollten wie üblich zuerst die Begleitmusik aufnehmen. John kam zurück und fragte Malcolm, ob er sich schon mit Terry in Verbindung gesetzt habe. Malcolm antwortete, er habe ihn nicht erreichen können. John entgegnete, es sei aber seine Aufgabe, ihn zu erreichen. Er solle so lange dranbleiben, bis er ihn hätte.

Sie brauchten ein paar Stunden, um den ersten Teil der Begleitung auszuarbeiten und auf Band aufzunehmen. Nachdem das geschehen war, ging Paul zu George Martin in die Tonregie hinauf. Paul ließ sich das Band vorspielen – immer wieder.

Während Paul dem Techniker Anweisungen gab, holte unten im Studio George einen Satz Zeichenstifte aus seiner Jackentasche und begann ein Bild zu entwerfen. Auch Ringo starrte nun ins Leere, rauchte und sah sehr unglücklich aus – der bei ihm übliche Gesichtsausdruck, wenn er nicht redete. John saß am Klavier, spielte eine Zeitlang ganz ruhig, um dann jäh aufzuspringen, als schüttle ihn ein Krampf. Gleich darauf hämmerte er wieder sentimentale Lieder herunter. Niemand beachtete ihn. Neil las in einem Stoß von Zeitungen über Okkultismus, die die anderen schon vorher durchgeblättert hatten. Malcolm war verschwunden. Endlich war Paul mit dem Sound des ersten Bandes zufrieden. Er kam wieder herunter und erklärte, jetzt könnten sie noch ein paar Sachen hinzufügen.

Nun erschien Malcolm mit einer großen braunen Papiertüte voller Socken, alle einfarbig in grellen Tönen. Er reichte John als erstem die Tüte. Dieser ergriff sie höchst erfreut. Er wählte einige orangefarbene Paare aus Frottee und reichte die Tüte weiter, damit auch die anderen sich bedienten. Am Abend zuvor hatte er im Vorbeigehen zu Malcolm gesagt: »Socken, Mal.«

Nachdem die Socken verteilt waren, fragte Paul Malcolm, ob es ihm gelungen sei, einige Plakate für richtige »Fahrten ins Blaue« – für eine »Mystery Tour« – zu finden. Malcolm erwiderte, er hätte den ganzen Tag die Bushaltestellen abgeklappert und danach Ausschau gehalten, aber nichts finden können.

Sie hatten gehofft, sich durch echte Plakate inspirieren lassen zu können. Nun mußten sie wieder mühselig passende Wörter für den Text des Liedes suchen, denn *Roll Up, Roll Up* war das einzige, was sie bisher gefunden hatten.

So wie die Geistesblitze ihnen kamen, schrieb Malcolm sie nieder. »Vorbestellung«, »Einladung«, »Die Reise des Lebens« und »Zufriedenheit garantiert«. Aber bald hatten sie genug davon. Sie beschlossen, ganz einfach irgendwelche Wörter zu singen, die ihnen gerade in den Kopf kämen, um zu sehen, was dabei zusammenkam. So machten sie es dann auch.

Als sie damit fertig waren, beschloß Paul, beim nächsten Band der Begleitung ein wenig mehr Baß zu geben. Er setzte sich die Kopfhörer auf, um zu hören, was sie bis dahin geschafft hatten, und hängte sich seine Baßgitarre um. Danach erklärte er, sie brauchten noch mehr Instrumente. Alle – Paul, Ringo, John, George, Neil und Malcolm – griffen nach irgendwelchen Instrumenten, die gerade herumlagen: Maracas, Glocken und Tamburine. Sie streiften sich die Kopfhörer über und ließen ihre Instrumente im Takt dröhnen und rasseln.

Bis um zwei Uhr hatten sie das Band mit Begleitmusik fertig und es mit einem Baß-Tonband, gewaltigem Gebrüll, zusammenhanglosen Wörtern und einigen Schlaginstrumenten überlagert. Danach geriet »Magical Mystery Tour« fast sechs Monate lang in Vergessenheit.

Man hat den Eindruck, daß es bei den Aufnahmen der Beatles stets völlig chaotisch zugeht. Ganz gewiß ist dieses Herumprobieren eine sehr kostspielige Angelegenheit, weil sie alles von Fall zu Fall improvisieren. Früher wurden ihre Stücke in einem einzigen Arbeitsgang und auf einer einzigen Spur oder höchstens auf zwei Spuren aufgenommen. Jetzt brauchen sie dazu mindestens vier, weil ihnen ständig andere Instrumente oder Klangeffekte einfallen, die man noch hinzunehmen könnte. Und wenn dann noch ein Orchester mit 40 Mann engagiert wird, wie in »A Day In The Life«, kostet die Aufnahme ein Heidengeld.

Wenn man sich jede Phase ihrer Aufnahmen anhört, sobald sie die ersten Bänder bespielt haben, fällt es einem häufig schwer zu entscheiden, was sie eigentlich noch suchen, weil alles so vollkommen klingt. Oft scheint die endgültige, komplizierte, vielschichtige Version die ursprüngliche einfache Melodie erstickt zu haben. Aber sie wissen, daß die Sache noch immer nicht stimmt, selbst wenn sie es nicht mit Worten zu erklären vermögen. Der Eifer, mit dem sie sich dieser Sache hingeben, ist eindrucksvoll. An einem einzigen Stück quälen sie sich manchmal pausenlos bis zu zehn Stunden ab.

Dabei ist zumeist Paul tonangebend. Das liegt wohl daran, daß einer dasein muß, der erklärt: Die Sache ist noch nicht gut genug. Machen wir es noch einmal. Das wissen auch die anderen. Irgendeiner aber muß die Anweisungen geben. Paul macht es am besten; denn er ist noch immer der Eifrigste von allen. Doch haben alle bei größeren Entscheidungen ein Wort mitzureden. Wenn es Johns Stück ist, dann gibt er die meisten Anweisungen. Das gleiche gilt für George. Wenn es um seine eigenen Stücke geht, nimmt George das Heft in die Hand.

Das Aufnehmen aller ihrer Stücke auf Schallplatten vollzieht sich im großen und ganzen nach der oben geschilderten Methode. Fürs Schreiben und Komponieren der Stücke jedoch gibt es keine festen Regeln. Das kann auf mancherlei Art geschehen.

»Die letzten vier Stücke einer Langspielplatte werden für gewöhnlich einfach aus dem Boden gestampft«, erklärt Paul. »Wenn wir noch vier brauchen, dann müssen wir uns ganz einfach hinsetzen und sie machen. Sie sind nicht unbedingt schlechter als die anderen, die der Phantasie entspringen. Oft sind sie sogar besser, weil wir in einer solchen Phase einer Langspielplatte genau wissen, was für Songs wir noch brauchen.«

Etwa ein Drittel ihrer Stücke wird auf diese Weise geschrieben. John und Paul könnten diese aus dem Boden gestampften Stücke allein machen, aber meistens tun sich alle vier zusammen. Sie beginnen damit um zwei Uhr nachmittags und nehmen noch einen Tag dazu, um die Sache fertigzumachen.

Ihre übrigen Stücke sind, wenn auch nur in geringem Grad, auf eine gewisse Inspiration zurückzuführen. Aber selbst wenn eine Idee plötzlich in ihnen aufsteigt, setzen sie sich nur selten hin und

arbeiten sie sofort aus. Sehr häufig speichern sie sie in irgendwelchen Winkeln ihres Bewußtseins, bis sie sie brauchen. Sogar
mitten in der Arbeit an einer Langspielplatte neigen sie dazu,
den anderen das Stück erst halb fertig vorzuspielen oder es erst
im Studio zum besten zu geben. Das ist weitgehend auf ihre
Faulheit zurückzuführen; denn sie möchten, daß die anderen
ihnen helfen.

Pauls Song »Eleanor Rigby« kam ihm in den Sinn, als er ein
Schaufenster in Bristol betrachtete und ihm der Name gefiel –
Daisy Hawkins. Während er noch in seinen Gedanken mit dem
Namen spielte, verwandelte er sich in einen Rhythmus und
schließlich in Eleanor Rigby. Und sofort fiel ihm auch die ganze
Melodie ein. Aber als schließlich die Aufnahme gemacht wurde,
war er mit dem Text immer noch nicht fertig. Über die letzte
Zeile mußten alle lange nachdenken und noch in der letzten
Minute im Studio Vorschläge machen.

Das einzige Stück, das ihrer Erinnerung nach so aufgenommen
wurde, wie es ursprünglich konzipiert war, ist Johns »Nowhere
Man«. Er ist nicht besonders stolz darauf.

»Ich saß ganz einfach da, versuchte mir einen Song auszudenken
und mußte dabei an mich selber denken, wie ich dort saß, nichts
tat und nirgendwo hinkam. Nachdem ich daran gedacht hatte,
war es leicht. Da kam alles wie von selbst. Nein, jetzt erinnere ich
mich, ich hatte sogar aufgehört, auch nur zu versuchen, an etwas
zu denken. Mir fiel einfach nichts ein. Es hing mir zum Hals
heraus, und ich wollte mich hinlegen, hatte es aufgegeben. Dann
sah ich mich selber als den ›Nowhere Man‹, der in seinem
›Nowhere Land‹ saß.«

Es gibt nur sehr wenig Inspiration, die sie aus heiterem Himmel
überkommt. Aber sehr viel steigt aus ihrer unmittelbaren Umgebung auf, aus der ehemaligen (»Penny Lane«) oder aus der
gegenwärtigen (»Lovely Rita«). Insbesondere John läßt sich oft
durch aktuelle Erlebnisse oder Begebenheiten inspirieren.

»›Mr. Kite‹ war ein solcher Glücksfall: Eines Tages, als ich auf
der Suche nach einem Song war, starrte mir plötzlich der ganze
Text ins Gesicht.

Es war ein altes Plakat, das ich bei einem Trödler gekauft hatte.
Wir waren drüben in Surrey oder irgendwo und filmten ein Stück
fürs Fernsehen, das zu ›Sergeant Pepper‹ passen sollte. Wir
machten eine Pause; ich ging in dieses Geschäft und kaufte ein
altes Plakat, auf dem eine Varietévorführung mit Mr. Kite als
Hauptattraktion angepriesen wurde.

Es hieß auch noch darauf, die Hendersons, früher bei der Pablo Fanques Fair, würden kommen. Reiten würde es geben und Pferde, und jemand würde durch ein richtiges brennendes Faß springen. Außerdem war auch noch Henry das Pferd zu sehen. Die Kapelle würde um zehn Minuten vor sechs anfangen. Alles am Bishopsgate. Ja, das war das Plakat, mit Mr. Kite gleich obenan. Ich habe kaum ein Wort hinzugefügt, nur die einzelnen Zeilen miteinander verbunden. Es wurde tatsächlich Wort für Wort wiedergegeben.

Ich war nicht sehr stolz darauf. Eine wirkliche Arbeit hatte es damit nicht gegeben. Ich übernahm ganz einfach alles, weil wir in diesem Augenblick einen neuen Song für ›Sergeant Pepper‹ brauchten.«

Fast auf gleiche Weise entstand jenes Stück, das viele für den besten Song in der »Sergeant Pepper«-Langspielplatte halten: »A Day In The Life«.

Diese Nummer wurde von der BBC in Acht und Bann getan, weil sie Anspielungen auf Rauschgift enthält. Doch sogar John ist mit ihr recht zufrieden.

Die meisten Wörter im ersten Teil, die Verse, die mit »I read the news today, oh boy« beginnen, sind echten Zeitungsnachrichten entnommen, die John an dem Tag las, an dem er das Stück schrieb.

»Als ich dieses Stück schrieb, hatte ich die ›Daily Mail‹ vor mir auf dem Klavier aufgebaut. Ich hatte die Seite mit den Kurznachrichten aufgeschlagen. Da war eine Meldung über 4000 Höhlen, die man in Blackburn, Lancashire, entdeckt hatte. Es fehlte noch immer ein Wort in jener Zeile, als wir die Aufnahme machen wollten. Ich wußte, daß die Zeile folgendermaßen heißen mußte: ›Now they know how many holes it takes to ... the Albert Hall.‹ Es wollte mir ganz einfach kein Zeitwort einfallen. Was taten die Höhlen mit der Albert Hall?

Terry war es, der das befreiende Wort sprach: ›fill‹. Damit war es geschafft. Vielleicht hatte ich die ganze Zeit über das Wort gesucht, aber es kam mir nicht auf die Zunge. Es ist nicht immer so, daß andere Menschen einem ein Wort oder eine Zeile bewußt liefern. Sie lassen nur zufällig ein Wort fallen, das man die ganze Zeit über gesucht hat.«

Der in dem Song erwähnte Film stand allerdings nicht in der Zeitung, sondern John bezog sich auf seinen eigenen Film, in dem er mitspielte – die Dreharbeiten waren gerade abgeschlossen –, und dieser Film hieß: »How I Won The War«. Er handelt von der englischen Armee, die den Krieg gewinnt. Ursprünglich war es ein Buch.

»The lucky man who made the grade«, also der Glückliche, der es bei einem Autounfall geschafft hatte, besaß eine eher indirekte Verbindung zu dem Tod eines Mannes, der mit John und allen Beatles befreundet gewesen war – Tara Brown. Michael McCartney, Pauls Bruder, war ihm besonders nahe gestanden. An dem Tag, an dem John den Song schrieb, wurde sein Tod in der Zeitung erwähnt.

»Ich habe den Unglücksfall nicht kopiert. Tara hat sich auch nicht umgebracht. Aber als ich jene Zeile schrieb, schwebte mir so etwas vor.« Tara war auch nicht Angehöriger des Oberhauses, aber er war der Sohn eines Peers, Lord Oranmore and Brown, und darüber hinaus ein Guinness-Erbe, was fast genauso zählt.

»Goodmorning, Goodmorning« wurde durch das Anhören einer Cornflakes-Reklame im Fernsehen ausgelöst. »Ich sitze oft am Klavier und arbeite an Songs, während im Hintergrund das Fernsehgerät eingeschaltet ist und leise mitläuft. Wenn ich ein bißchen niedergeschlagen bin und nicht viel zustande bringe, drängen sich die Wörter aus dem Fernsehen vor. So hörte ich dieses: Goodmorning, Goodmorning.«

Sehr häufig ist eine rhythmische Abfolge der Ausgangspunkt eines Songs. Dann werden Wörter so hinzugefügt, daß man den Rhythmus, der ursprünglich nur aus drei oder vier Noten bestand, entweder im Kopf oder auf dem Klavier weiter ausarbeiten und entwickeln kann.

Eines Tages hatte John in Wheybridge gerade einen Streifenwagen der Polizei mit heulender Sirene vorbeifahren hören. Diese Sirene erzeugt einen höheren und einen tieferen Ton, die stets von neuem wiederholt werden, einer primitiven Klage ähnlich. Der Rhythmus hatte sich in seinem Kopf festgesetzt. Er spielte ihn und fügte ihm die Wörter hinzu: *»Mis-ter, Ci-ty, p'lice-man, sit-in, pret-ty«*. Dann stellte er die Wörter ein wenig um: »Sitting pretty, like a policeman«, aber damit kam er nicht recht voran. Immerhin hatte er eine Grundlage für einen Song. Aber er hielt es nicht für nötig, ihn jetzt weiter auszuarbeiten. Er konnte das nächste Mal, wenn er einen Song brauchte, die Sache wieder herausholen. »Ich habe es irgendwo auf einen Zettel geschrieben. Immer fürchte ich, es zu vergessen, und schreibe es deshalb auf, aber ich würde es nicht vergessen.«

An diesem Tag hatte er noch ein paar andere Wörter niedergeschrieben, nichts weiter als albernes Zeug, um noch einen anderen

Rhythmus unterzubringen. »Sitting on a cornflake, waiting for the man to come.« Ich hatte fälschlicherweise »Van to come« verstanden, was ihm besser gefiel, und er erklärte, er würde sie nehmen.

Er hatte außerdem einige Takte einer anderen Melodie im Kopf. Sie war aus dem Satz »Sitting in an English country garden« hervorgegangen. Das tut er nämlich selber jeden Tag mindestens zwei Stunden: auf der Stufe vor seiner Glastür sitzen und in den Garten hinausschauen. Diesmal wiederholte er den Satz stets von neuem, während er dabei an sich selber dachte, bis er eine passende Melodie gefunden hatte.

»Ich weiß nicht, wie das alles enden wird. Vielleicht baue ich beides in einen Song ein – *sitting in an English country garden, waiting for the van to come.* Ich weiß nicht.«

Genau das ist geschehen. Er setzte alle Stücke zusammen und machte daraus »I Am The Walrus«. Aus der Begleitmusik zu diesem Song kann man den eindringlichen Rhythmus einer Polizeisirene heraushören, die damals den Song ausgelöst hatte. Das kommt sehr häufig vor: verschiedenste Elemente werden schließlich zu einem Song vereinigt.

Die meisten von Johns Kompositionen entstehen am Klavier. Stundenlang klimpert er auf ihm herum und läßt fast in einem Trancezustand seine Gedanken wandern, während seine Finger Bruchstücke von Melodien wiederholen.

Paul dagegen arbeitet seine Songs lieber auf einmal aus. Aber sehr häufig bleiben sie unvollendet. Und selbst wenn er sie beendet, läßt er sie zuweilen lange liegen. »When I'm Sixty Four« (dieses Alter zu Ehren von Pauls Vater) wurde fast ein Jahr früher geschrieben, bevor er als idealer Beitrag zu »Sergeant Pepper« erkannt wurde.

Zuweilen kommt es auch vor, daß sie, wenn sie beide einen halbfertigen Song haben, die Teile miteinander verschmelzen. Dann entsteht etwas ganz Neues. Ein typisches Beispiel dafür war »A Day In The Life«.

»Ich hatte den ersten Teil geschrieben und las ihn Paul vor. Ich sagte zu ihm: ›Jetzt brauchen wir an dieser Stelle, bevor wir zum Anfang zurückkehren, vierzehn Takte. Er antwortete, wie wäre es denn mit: ›Woke up, fell out of bed, dragged a comb across my head.‹ Das war ein Song, den er ganz für sich geschrieben hatte, ohne zu ahnen, woran ich gerade arbeitete. Ich sagte ja, das ist es.

Dann hielten wir es für gut, eine Art Verbindung einzufügen, ein anschwellendes Getöse, das zum ersten Teil zurückführen sollte. Wir wollten uns einen guten Schluß ausdenken und mußten uns darüber klarwerden, welche Art von Begleitmusik und von Instrumenten gut klingen würde. Erst ganz am Ende werden alle unsere Songs eine Einheit, und das war auch hier der Fall. Im Verlauf der Arbeit werden sie ständig weiterentwickelt.

Oft wird die Begleitmusik, die mir zunächst vorschwebt, niemals verwirklicht. Bei ›Tomorrow Never Knows‹ hatte ich mir vorgestellt, daß man im Hintergrund Tausende von Mönchen singen hört. Das ließ sich natürlich nicht machen, und so erfanden wir etwas anderes. Es war ein bißchen langweilig. Im Grunde gefiel es mir nicht. Ich hätte doch versuchen sollen, irgendwas in der Art meiner singenden Mönche zu machen. Jetzt weiß ich, daß das besser gewesen wäre.«

Es ist für John, Paul und George schwierig genug, den Sound zu erzielen, der ihnen vorschwebt. Aber für George Martin ist es noch weit schwieriger. Sie liefern ihm Tonbandstücke, die sich zuweilen miteinander verbinden lassen, oder aber sie stellen ihn vor Probleme, die – zumindest auf kurze Sicht – nicht lösbar sind. Wie sie einmal glaubten, sie könnten ohne Voranmeldung die Ateliers von Shepperton erhalten, um die »Magical Mystery Tour« zu filmen, so kommt es auch jetzt noch vor, daß sie über Nacht auf den Gedanken verfallen, sie bräuchten für den nächsten Abend eine Kapelle von vierzig Mann. Von George Martin wird dann erwartet, daß er sie herbeischafft.

George macht sich manchmal über ihren Mangel an musikalischem Wissen ein wenig lustig. »Sie verlangen zum Beispiel, daß Geigen ein mittleres C spielen, was Geigen natürlich nicht können.«

Ihre Methode, Tonbänder zu kombinieren, bis sie den Sound gefunden haben, der ihnen gefällt, billigt er. Sie macht ihm Spaß. Er hat schon immer Freude am elektronischen Spiel bei den Plattenaufnahmen gehabt. Wenn es nach ihm ginge, könnten sie auch 64 Tonbänder benutzen statt der üblichen vier, um alles unterzubringen, was ihnen noch einfällt.

»Ich habe einmal in einem Film gesehen, wie Picasso arbeitet. Er beginnt mit einer Idee. Dann überlagert er sie mit etwas anderem. Es ist zwar noch immer die gleiche Grundidee, aber er verändert sie, indem er etwas anderes darüberlegt. Zuweilen kann auch die ursprüngliche Idee völlig ausgelöscht werden.«

Kompliziert wird es, wenn es sich nicht nur darum handelt, einem bestehenden Tonband etwas hinzuzufügen, sondern Teile aus zwei verschiedenen Tonbändern herauszunehmen. »Strawberry Fields« war in technischer Hinsicht eine der schwierigsten Bastelarbeiten. Sie machten die üblichen grundlegenden Bänder. Aber als John es zu Hause abspielte, paßte es ihm nicht recht.

»Er hatte einen einschmeichelnden, träumerischen Song haben wollen. Nun klang es ihm zu hart. Er fragte, ob ich ihm eine neue Version für die Streicher ausarbeiten könnte. Also schrieb ich eine neue Partitur, die wir dann aufnahmen. Aber sie gefiel ihm immer noch nicht. Es war nicht das Richtige. Jetzt wollte er die erste Hälfte von der ersten Aufnahme und dazu die zweite Hälfte der neuen Aufnahme haben. Ich sollte sie für ihn zusammensetzen. Ich erwiderte, das sei unmöglich. Sie wären in verschiedenen Tonarten und in verschiedenen Tempi gespielt.«

Während sich George Martin bemühte, einen Weg aus diesem Dilemma zu finden, ohne die ganze Aufnahmearbeit wiederholen zu müssen, stellte er fest, daß er, wenn er das langsamere Tempo der einen Aufnahme um fünf Prozent erhöhte, diese nicht nur aufs gleiche Tempo mit der anderen brachte, sondern damit auch in die gleiche Tonart versetzte. So war es zufällig möglich, die beiden Teile ohne allzu große Schwierigkeiten zu kombinieren.

Den Beatles war es völlig gleichgültig, wenn man ihnen erklärte, dies oder jenes sei unmöglich. Es ließ sie auch kalt, wenn George ihnen erklärte, ihre neuen Einfälle seien nichts weiter als ein alter Hut. Am Ende von »She Loves You« kamen sie auf eine Idee, die sie für wirklich neu hielten. Es handelte sich darum, beim letzten *Yeh Yeh* zu einer zusätzlichen Sexte hinunterzugehen. »Ich sagte ihnen, das sei eine uralte Masche. Das habe Glen Miller schon vor zwanzig Jahren gemacht. Na und? erwiderten sie. Genau das wollen sie aber.«

George Martin unterscheidet zwei Perioden, wenn er auf seine Arbeit mit ihnen zurückblickt. »Im Anfang hatten sie mich mächtig nötig. Sie hatten keine blasse Ahnung und überließen es mir, ihren Sound zu fabrizieren, diese ohrenbetäubende Musik, die sie im Cavern gemacht hatten, die aber niemand auf einer Platte spielte. Leute wie Cliff und die Shadows waren sehr still und gedämpft.

Die zweite Periode haben wir jetzt. Jetzt wissen sie, was sie auf eine Platte setzen wollen, aber sie verlassen sich dabei auf mich, daß ich die Sache für sie arrangiere.

In der Zwischenzeit habe ich mich vom Aufseher über vier Heinis aus Liverpool zu dem entwickelt, der ich jetzt bin, zu einem

Mann, der sich an die letzten Reste von Aufnahmetechnik klammert.«

Das ist, wie er hofft, nur ein kleiner Scherz. Beide Seiten neigen dazu, sich gegenseitig hochzunehmen. Die Beatles machen sich gern über ihn lustig. Er wiederum muß immer wieder über ihre Harmlosigkeit und Naivität lächeln. Er macht sich ernsthafte Sorgen, daß sie eines Tages zu weit gehen, nicht in ihrer Musik, aber vielleicht bei Filmen, wenn sie sich weigern, auf einen Menschen mit Erfahrung – zum Beispiel ihn – zu hören. Er war auch der Meinung, daß sie bei ihrem Fernsehfilm übers Ziel hinausgeschossen hatten. Betrachtet man die Reaktion der britischen Fernsehkritiker, so hat er nicht ganz unrecht.

Er ist der Ansicht, daß Paul über das vielseitigste musikalische Talent verfügt und fähig ist, Melodien fast auf Befehl hervorzubringen. »Er kann ausgezeichnete Schlager liefern. Ich glaube, darauf ist er nicht besonders stolz. Ständig versucht er, sich zu verbessern. Besonders bemüht er sich, es mit Johns Begabung für Texte aufzunehmen. Die Begegnung mit John hat bei ihm eine lyrische Vertiefung bewirkt. Ich bezweifle, daß Paul, wäre er John nicht begegnet, ›Eleanor Rigby‹ geschrieben hätte.

Paul braucht ein Publikum, John jedoch nicht. Im Gegensatz zu Paul ist John sehr faul. Wäre Paul nicht, würde er oft aufgeben. John komponiert lediglich zu seinem eigenen Vergnügen. Er wäre damit zufrieden, seine Melodien Cyn vorzuspielen. Paul möchte gern Zuhörer haben.

Johns Auffassung von Musik ist sehr interessant. Einmal habe ich ihm Ravels *Daphnis und Cloë* vorgespielt. Er sagte damals, er könne es nicht begreifen, denn die Passagen der Melodien wären zu lang. Er erklärte, komponieren bedeute für ihn, kleine Teile niederzuschreiben, um sie dann zusammenzusetzen.«

Paul wie John besitzen eine natürliche musikalische Begabung und Originalität. Beide sind jedoch grundverschieden. Paul kann leichte, einschmeichelnde Musik machen wie zum Beispiel »Michele« und »Yesterday«. Johns Musik hingegen ist aufrüttelnder und aggressiver, wie »I Am The Walrus«. Das hängt mit ihren Charakteren zusammen. John war stets stürmisch und aggressiv und Paul sanfter und weicher, lange bevor sie anfingen, ihre Songs zu komponieren.

Die interessanteste Seite an ihnen als Komponisten ist aber die, daß sie, obwohl sie nun schon länger als zehn Jahre so eng zusammenarbeiten, noch immer stark ausgeprägte individuelle Persönlichkeiten sind. Jeder hat sich seine Eigenart bewahrt.

Man könnte sogar sagen, daß sich im Verlauf der Jahre ihre Individualität noch stärker entwickelt hat. Während ihrer Rock-and-Roll-Zeit waren ihre Songs einander noch sehr ähnlich, aber seit »Yesterday« ist ein deutlicher Unterschied feststellbar. Sie haben sich gegenseitig insofern beeinflußt, als Paul dazu angespornt wurde, sich bei seinen Texten größere Mühe zu geben; John hingegen wurde durch Pauls Eifer und Hingabe angeregt. Trotzdem sind sie noch immer sehr verschieden.

Ihre Musik ist seit den Anfängen im Jahr 1963 ständig analysiert, gepriesen und interpretiert worden. Schon damals bewunderte der Musikkritiker der »Times« ihre »pandiatonischen Trauben«. Man hat von ihnen gesagt, sie seien von allen Seiten her beeinflußt – von Negerblues bis zu ungarischen Tänzen.

Überall hat man, nachdem erst einmal bekannt wurde, daß sie Rauschgift nahmen, auch Hinweise auf Rauschgift gesehen. Sogar das »Help« in Ringos »A Little Help From My Friends« interpretierte man als Marihuana. »Lucy In The Sky With Diamonds« sollte gleichbedeutend sein mit LSD, aber es war nichts weiter als ein Zufall. Julian, Johns kleiner Sohn, hatte für John ein Bild gemalt, auf dem Lucie, ein Mädchen aus seiner Klasse, am Himmel zu sehen war.

In ihren Songs haben sie sehr wohl Kokser-Slang benutzt, aber doch nicht in solchem Umfang, wie man behauptet hat. Seltsamerweise sind hingegen einige ganz bewußt eingefügte Slang-Obszönitäten völlig unbemerkt geblieben. In »Penny Lane« zum Beispiel ist das erwähnte »Fingertörtchen« (finger pie) ein unter jungen Burschen in Liverpool eindeutig gebrauchter Ausdruck: Er bezieht sich auf Liverpools aufreißbare Zähne ...

All diese Vieldeutigkeiten machen ihnen Spaß. John hat alle Wortspielereien und den ganzen Schwall von unterbewußten Assoziationen, der ihm bei seiner Arbeit an »I Am The Walrus« unterkam, absichtlich stehengelassen. Er wollte den Leuten den Spaß an Interpretationsversuchen nicht nehmen.

Aber ob sie die größten Song-Komponisten unserer Zeit sind, wie manche behauptet haben, oder sogar besser als Schubert, interessiert sie nicht. Niemals diskutieren sie über ihre Musik, niemals versuchen sie, sie kritisch zu beurteilen oder zu werten. Wenn sie sich einmal gezwungen sehen, darüber zu reden, dann erklärt Paul einfach, daß sie immer besser werden.

»Jedesmal wollen wir ganz einfach etwas anderes machen. Nach ›Please, Please Me‹ beschlossen wir, mal was ganz anderes zu machen. Wir hatten uns einen komischen Hut aufgesetzt, und so nahmen wir ihn ab und suchten nach einem neuen, den wir uns aufsetzen konnten.

Warum sollen wir uns wieder alte Hüte aufsetzen? Das wäre doch idiotisch. Das wäre so, als wollte man sein ganzes Leben lang nur graue Anzüge tragen.

Ich glaube, das möchten doch eigentlich alle, jedesmal, wenn sie eine Arbeit vor sich haben, etwas Neues versuchen. Wir tun es, weil es für uns ein Hobby ist, das ist alles. Wir strampeln mit den Beinen in der Luft und haben dabei unseren Spaß.«

George ist der Ansicht, daß sie keinen Song herausgebracht haben, der der Rede wert wäre. (Von seinen Songs wird später die Rede sein.)

Aber hin und wieder sehnt sich George nach der guten alten Zeit. »Oft denke ich, es wäre doch nett, wieder zusammen zu spielen. Seit wir mit den Tourneen aufgehört haben, tun wir es nicht mehr. Vielleicht werden wir uns eines Tages ein Studio mieten, nur um zusammen zu spielen.«

»Die Songs sind gut«, sagt John, »aber nicht hervorragend. Es läßt mich völlig kalt, wenn ich sie im Radio höre. Niemals höre ich sie mir richtig an. Erst wenn jemand sie angreift und behauptet, sie sind ein Dreck, dann kann ich vielleicht eine gewisse Reaktion auf sie hervorbringen.«

Keiner von ihnen spielt jemals eigene Platten, höchstens dann, wenn sie die Absicht haben, eine neue Langspielplatte herauszubringen. Dann hören sie sich vielleicht die vorherige an, nur um festzustellen, wie weit sie das letzte Mal gelangt sind. Keiner von ihnen singt die eigenen Songs, weder vor der Schallplattenaufnahme noch hinterher. Wenn John oder die anderen plötzlich gemeinsam »She Loves You« anstimmen, dann klingt es, als wollten sie sich über ein sentimentales Lied lustig machen, das ein anderer geschrieben hat.

»Immer und immer wieder haben wir sie uns genau angehört, als wir sie komponierten«, sagt John. »Was fertig ist, hat keine Bedeutung mehr. Es geht mir erheblich gegen den Strich, Passagen zu hören, die mir schlecht gelungen sind. In ›Lucy In The Sky‹ sind Teile, die mir überhaupt nicht gefallen. Der Sound beim ›Mr. Kite‹ stimmt teilweise nicht. ›A Day In The Life‹ gefällt mir gut. Aber es ist noch immer nur halb so toll, wie ich es mir eigentlich vorgestellt hatte. Wahrscheinlich hätten wir mehr daran feilen müssen. Aber ich hatte keine Lust mehr dazu. Ich finde nicht, daß sich unsere alten Songs so sehr von unseren neuen unterscheiden, wie die Leute immer behaupten. Die Texte

sind anders, aber das liegt daran, daß sie anders aufgezogen sind.
Die Melodien sind ziemlich von der gleichen Art.

Ich glaube, mir ist unsere Musik deshalb so egal, weil andere
Leute sie so ernst nehmen. Es ist nett, wenn sie den Leuten
gefällt. Aber wenn sie anfangen, sie zu ›würdigen‹, große, tiefe
Dinge aus ihr herauszulesen, ein ›Anliegen‹ daraus zu machen,
dann ist das Quatsch. Es beweist, was wir immer von der meisten
sogenannten Kunst gehalten haben. Es ist alles großer Quatsch.
Wir haben all den Scheißdreck nicht leiden können, den sie über
Beethoven und das Ballett geschrieben haben, wobei sie sich selber eingeredet haben, wie bedeutsam das alles ist. Nun passiert
mit uns das gleiche. Nichts davon ist bedeutsam. Es brauchen sich
nur ein paar Leute in Bewegung zu setzen, und schon machen sie
sich was vor und glauben, es sei wichtig. Alles wird nur zu einem
einzigen Schwindel.

Wir sind natürlich auch Schwindler. Wir wissen, daß wir ihnen
eins überbraten, weil die Leute eins übergebraten bekommen
wollen. Sie haben uns die Erlaubnis dazu gegeben, ihnen eins
überzubraten. Verbraten wir das noch mit, sagen wir, dann werden sie anfangen, dran herumzurätseln. Ich bin überzeugt, das
tun alle Künstler, wenn sie sich erst einmal darüber klargeworden sind, was für ein Schwindel das ist. Ich möchte wetten, daß
Picasso sich allerhand leistet. Bestimmt hat er sich während der
letzten 80 Jahre ganz schön seine Eier abgelacht.

Es ist allerdings auch traurig. Wenn wir nicht darüber lachen,
schwindeln wir uns selber etwas vor und glauben, bedeutend zu
sein. Die Leute wollen es nicht wahrhaben, daß man etwas aus
Jux tut. Wenn wir erzählten, wir hätten, als wir ›She's Leaving
Home‹ schrieben, tatsächlich an Bananen gedacht, würde es uns
keiner abnehmen. Die wollen einem einfach nichts glauben.

Es ist deprimierend, erkennen zu müssen, daß wir doch mit dem
recht hatten, was wir all diese Jahre hindurch geglaubt haben.
Beethoven war ein Schwindler, ebenso wie wir es jetzt sind. Er
hat einfach nur ein Stück Arbeit heruntergefetzt, das war alles.

Die Sache ist die: Wissen Beethoven und Leute seines Schlages,
daß sie Schwindler sind? Oder glauben sie wirklich, bedeutend zu
sein? Weiß der Premierminister, daß er nichts weiter ist als ein
doofer Heini? Ich weiß nicht. Vielleicht läßt er sich von all dem
Getue hereinlegen. Das blöde daran ist, daß er so redet, als ob er
wirklich glaubt, er wüßte, was vorgeht, während er es doch nicht
weiß.

Die Leute glauben, die Beatles wüßten, was sie da tun. Wir

wissen es nicht. Wir ziehen es ganz einfach ab. Die Leute wollen wissen, was die tiefere Bedeutung von ›Mr. Kite‹ war. Es gibt gar keine. Ich habe es einfach gemacht. Ich habe eine Menge Wörter zusammengezimmert und dann etwas Geräusch darübergehauen. Ich habe es einfach gemacht. Als ich den Song schrieb, paßte er mir nicht. Ich habe nicht an ihn geglaubt, während ich ihn machte. Aber niemand will mir das abnehmen. Die Leute wollen nicht. Sie wollen, daß alles bedeutsam ist.«

John

John lebt in einem großen Haus im Pseudo-Tudorstil. Es liegt innerhalb eines privaten Geländes mit Häusern dieses Stils in Weybridge, Surrey. Ringo wohnt auf dem gleichen Gelände. Johns Haus hat insgesamt 60 000 Pfund gekostet. Allerdings betrug der Kaufpreis nur 20 000 Pfund. Weitere 40 000 Pfund hat er für Umbauten ausgegeben: Er hat Wände eingerissen und neue gezogen, tapeziert und gestrichen, es mit Möbeln eingerichtet, den Garten umgestaltet und ein Schwimmbecken gebaut. Er hat zuviel Geld dafür ausgegeben, aber das weiß er. »Wenn ich es verkaufen würde, bekäme ich wahrscheinlich nur die Hälfte wieder heraus, etwa 30 000 Pfund. Ich werde mir einen Popsänger suchen müssen, um es verkaufen zu können, auf jeden Fall jemand, der blöde genug ist.«

Im Garten steht ein psychedelisch bemalter Wohnwagen, dessen Muster dem seines bemalten Rolls-Royce entspricht. Das Haus liegt auf einer kleinen Anhöhe und ist von hügeligem Gelände umgeben. John hat einen festangestellten Gärtner, eine Wirtschafterin mit Namen Dot und einen Fahrer, der Anthony heißt. Keiner von ihnen lebt im Haus.

Die Eingangshalle ist dunkel und voller Bücher. Aber die Räume dahinter sind hell, groß und luxuriös eingerichtet. Da gibt es lange Plüschsofas, große weiße Teppiche, elegante Vorhänge. Alles sieht ganz neu und unbenutzt aus, wie aus einem Hollywoodfilm. Dazwischen eingestreut findet man kleinere Sachen, alte Plakate und ein paar antike Sachen. Sie sehen benutzt und persönlich aus. Offensichtlich sind sie von John selber und nicht von einem Innenarchitekten ausgesucht worden. Er hat sie eines Tages einfach irgendwo hingestellt und vergessen, als die erste Begeisterung verflogen war.

Diese Empfangsräume könnten ebensogut Gänge sein. Niemand

scheint sie jemals zu benutzen, obwohl kein Staubkörnchen zu sehen ist. Man geht nur durch sie hindurch.

Das ganze Leben spielt sich in einem einzigen kleinen Raum auf der Rückseite des Hauses ab. Die eine Wand besteht ganz aus Glas und geht auf den Garten zu den dahinter liegenden Bäumen hinaus. Neben diesem Wohnzimmer liegt die Küche. Sie ist etwa doppelt so groß.

John, Cynthia und der am 8. April 1963 geborene Julian verbringen den größten Teil ihrer Zeit in Wohnzimmer und Küche. Der sie umgebende Luxus scheint sie nicht im mindesten zu berühren. Um ihn kümmert sich Dot.

Innerhalb ihrer vier Wände versorgt Cyn selber ihre Familie und kocht für sie drei; John bereitet zuweilen den Tee zu. Auch um Julian kümmert sie sich selber. Niemals hat sie eine Kinderschwester gehabt. Allerdings muß Dot sehr oft das Babysitting übernehmen. Ihrer Obhut wurde Julian anvertraut, als John und Cyn Anfang 1968 in Indien weilten.

Manchmal macht sich Cyn Sorgen wegen der Ausgaben, die der Besitz eines so großen Hauses mit sich bringt, das man nicht einmal benutzt. Wenn John daran denkt, findet er es nur komisch.

»Alles scheint ein Vermögen zu kosten«, sagt sie. »John gibt das Geld hemmungslos aus, und das wirkt ansteckend. Ich habe stets ein schlechtes Gewissen.

Ich muß mich hin und wieder zusammenreißen, wenn mir klar wird, wieviel das eine oder andere für manche Leute bedeuten würde. Wir zahlen unheimlich viel für Essen und Trinken. Dabei sind es nur alkoholfreie Getränke, weil wir keinen Alkohol trinken; in der Hauptsache kaufen wir Brot, Tee, Zucker, Milch und Katzenfutter. Und doch kommt es auf 120 Pfund im Monat, ich weiß nicht wie.«

Sie haben fünf Katzen. Ihre Namen bedeuten Marksteine in Johns Leben. Da ist Mimi, nach seiner Tante benannt, und Nel und Mal, nach ihren Reisemanagern. Ein Kätzchen, das im Sommer 1967 in ihrem Yogisommer, geboren wurde, heißt Babidschi.

Ein großer Teil ihrer regelmäßig wiederkehrenden Rechnungen, so die für Gas und Elektrizität, werden direkt von ihrem Geschäftsführer bezahlt. Alles übrige begleicht Cyn.

»Zuweilen mache ich die Umschläge der Rechnungen auf, wenn sie kommen«, sagt John. »Wenn sie mir nicht gefallen, lege ich sie weg und vergesse sie, bis die Leute Mahnungen schicken. Hin und wieder reklamiere ich, aber sie haben nichts weiter zu sagen

Die Beatles im Kreis ihrer Familien, 1968 von Ringo Starr fotografiert. Die Lennons: John jun., Cynthia und John (Foto © Ringo Starr)

als: ›Tja, Sir, so ist es nun einmal, Sir.‹ Damit kommt man niemals weiter.«

Alle Beatles erhalten einen wöchentlichen Betrag von 50 Pfund in Fünfern, um damit private Ausgaben zu bestreiten, wie zum Beispiel ihr Personal. Selten tragen sie Bargeld mit sich herum.

»Ich habe keine Ahnung, wieviel Geld ich habe«, erzählt John. »Ich habe nicht das Gefühl, als hätte ich einen Kasten voller Geld tief im Garten vergraben. Bestenfalls kann ich mein Vermögen schätzen. Ich weiß nur, es ist nicht so viel, wie manche Leute annehmen.

Es ist alles irgendwie in Sachwerten angelegt. Ich habe meinen Wirtschaftsprüfer einmal gefragt, wieviel ich wert bin. Ich habe es auf einen Fetzen Papier geschrieben, aber ich habe ihn verloren.«

Ihr kleines Wohnzimmer ist vollgestopft mit Plakaten, kleinen Kunstgegenständen und Fotografien. An der einen Wand hängt ein Spruch:

»Milch ist unschädlich.«

Sie essen in diesem Zimmer. Dort steht ihr Fernsehapparat. Und wenn es kalt oder regnerisch ist, verbringt John den größten Teil seiner Zeit, wenn er nicht gerade an einem Song arbeitet, in diesem Zimmer zusammengerollt auf einem kleinen Sofa und faulenzt. Das Sofa ist für ihn viel zu klein. Auf einem der eleganten Sofas im anderen Zimmer hätte er es viel bequemer. Aber er zieht seine Beine an und kann stundenlang dort liegen.

Bei schönem Wetter öffnet er die gläserne Schiebetür, geht hinaus und setzt sich auf eine Treppe im Garten. Er blickt auf sein Schwimmbecken und betrachtet seinen »English country garden«.

Für gewöhnlich öffnen Anthony oder Dot den Besuchern, obwohl es auch John zuweilen tut, wenn er gerade guter Laune ist. Nur selten meldet er sich selber am Telefon. Es ist ohnehin fast unmöglich, ihn ans Telefon zu bekommen, da er einen automatischen Anrufbeantworter hat. Das allein genügt schon, um die meisten Anrufer abzuschrecken.

Seine Geheimnummer wird ständig gewechselt, wodurch gewährleistet werden soll, daß sie wirklich geheimgehalten wird. Für John ist sie ohnehin ein Geheimnis. Er kann sie niemals behalten.

Ein gewöhnlicher Abend *Chez Lennon* ist in der Tat ganz gewöhnlich. An solch einem gewöhnlichen Abend kamen zwei Vertreter an die Tür und sagten, sie wären australische Studenten, die Zeitschriften verkauften. John war zufällig an die Tür gegangen und ließ sie herein. Sie erklärten ihm, sie beteiligten sich an einem Wettbewerb, durch den festgestellt werden sollte, wer die meisten Abonnements schaffen würde. Der Preis würde ihnen helfen, ihr Studium zu finanzieren. Jedenfalls war das die Geschichte, die sie vorbrachten. John sagte, sehr schön, kommt nur herein, was soll ich jetzt tun? Sie holten eine Liste von Zeitschriften heraus und baten John, diejenigen anzustreichen, die er gern lesen würde. Er strich eine Menge an, und die beiden Verkäufer-Studenten erklärten, das mache 74 Pfund. John antwortete O. K., wartet nur, bis ich Geld gefunden habe. Er konnte aber nur das Bündel mit den 50 Pfund Haushaltsgeld finden. Das gab er ihnen. Sie sagten, das sei genug. Sie dankten ihm herzlich und verschwanden.

Cyn hatte inzwischen das Abendessen bereitet. Sie begannen mit einer Scheibe Melone, der ein Gericht aus kaltem Fleisch und Gemüse folgte. John aß kein Fleisch. Er hatte beschlossen, Vegetarier zu werden. Alle tranken dazu kalte Milch.

John hatte in einem Zahn eine locker gewordene Füllung, mit der er nun ständig spielte, wobei er beim Essen ein lutschendes Geräusch erzeugte. Er ging zum Kühlschrank in der Küche, um sich noch mehr Milch zu holen. Er trank sie eiskalt aus der Flasche. Cyn erklärte, das würde seinem Zahn nicht guttun.

Während des ganzen Essens war der Fernsehapparat eingeschaltet. Alle stellten sie ihre Stühle so hin, daß sie zuschauen konnten. Von Zeit zu Zeit schaltete Cyn oder John eine andere Station ein. Sie hatten meist nach zehn Minuten von jedem Programm genug. John starrte schweigend auf den Bildschirm. Cyn las gleichzeitig den »Daily Mirror«. Julian sah ebenfalls zu und plapperte vor sich hin. Dann stand er vom Tisch auf, legte sich auf den Teppich und begann zu zeichnen. Cyn holte ihm ein paar Farbstifte. Beide beobachteten ihn und fragten, was sein Bild darstelle. Er sagte, einen Vogelkäfig, so wie der im Garten. Er erklärte alles, was sich auf seinem Bild ereignete.

John öffnete dann die große Schiebetür, setzte sich auf eine Stufe, um etwas frische Luft zu schnappen, und blickte auf das Schwimmbecken hinaus. Das automatische Filtergerät kreiste unaufhörlich auf dem Wasser herum wie ein Raumschiff, das gerade gelandet war. Julian trat hinaus und ging zum Schwimmbecken. Er warf Ruder hinein, holte sie wieder heraus und kehrte ins Haus zurück. Cynthia räumte ab.

Dann kam Terry Doran und wurde von allen herzlich begrüßt, auch von Julian, der sich auf seinen Schoß setzte.

»Soll dich Dad zu Bett bringen?« fragte Cyn und lächelte John an, der ihr Lächeln erwiderte. »Oder soll es lieber Terry tun?« Julian erklärte, Terry sei ihm lieber. Aber sie hob selber Julian auf und brachte ihn zu Bett.

»Drehen wir uns ein paar?« sagte John zu Terry. Terry war einverstanden. John stand auf und holte einen Werkzeugkasten aus Blech. Drinnen lag etwas Tabak, in Silberpapierfolie verpackt, außerdem Zigarettenpapier. Terry rollte ein paar Zigaretten, die sie rauchten. Das war noch während der Marihuanaperiode. Heute rauchen sie kein Marihuana mehr.

Cyn kam zurück. Das Fernsehgerät lief noch immer. Alle setzten sich hin und sahen zu, wobei sie ständig die Programme wechselten, etwa bis Mitternacht. Dann machte Cyn heiße Schokolade. Terry verabschiedete sich, und John und Cyn gingen zu Bett.

John erzählt: »Ich bin froh, daß ich es mit jungen Jahren geschafft habe. Es jung zu schaffen bedeutet, daß ich nun mein ganzes Leben lang tun kann, was ich wirklich tun möchte. Es wäre schrecklich gewesen, sein ganzes Leben zu vergeuden, bevor man es endlich geschafft hätte, nur um dann festzustellen, daß es sinnlos war. Wir wußten das von vornherein. Aber wir mußten es selber feststellen.

Eine Zeitlang hatten wir immer recht bescheidene, kleine Ziele. Wir haben niemals weit vorausgeschaut. Es handelte sich immer nur um eine Folge von Zielen: eine Platte, die aufgenommen werden mußte, eine Nummer eins, die man sich holen wollte, wieder ein Platte, dann ein Film, und so weiter. Wir sahen sozusagen alles in einzelnen Phasen. Niemals haben wir an etwas Großes gedacht. Heute kann ich das. Die Schauspielerei interessiert mich nicht mehr. Für mich ist es Zeitvergeudung. Schreiben, das habe ich getan. Ich wollte ein Buch schreiben. Ich habe eins herausgebracht, damit ist das erledigt.

Ich glaube, jetzt interessiert mich hauptsächlich das Nirwana, der buddhistische Himmel. Ich weiß nicht viel darüber oder verstehe auch nicht genug davon, um es zu erklären. George weiß mehr darüber.

Das Studium der Religion hat mich zum Versuch geführt, mein Verhältnis zu anderen Menschen zu verbessern, nicht unfreundlich zu sein. Ich will damit keineswegs bewußt ein anderer Mensch werden. Oder vielleicht doch, ich weiß es nicht. Ich versuche nur, so zu sein, wie ich sein möchte und wie nach meiner Vorstellung andere sein sollten.

Wahrscheinlich hat Rauschgift mir geholfen, mich besser zu verstehen, aber doch nicht sehr. Nicht Marihuana. Das war ein ganz harmloses Zeug. LSD war die Selbsterkenntnis, die zum erstenmal einen Weg zeigte. Als ich das erste Mal LSD nahm, hatte ich plötzlich große Visionen. Aber man muß schon danach suchen, sonst kann man es unmöglich finden. Vielleicht suchte ich, ohne mir dessen bewußt zu sein. Vielleicht hätte ich es auch so gefunden. Es hätte einfach nur länger gedauert.

Als wir das erste Mal LSD nahmen, geschah es wirklich zufällig. Ich und George waren zu einem Abendessen eingeladen, und jemand gab es uns. Wir wußten damals noch nicht viel darüber.

Wir hatten schon Marihuana geraucht, aber das war alles. Von den Schrecken des LSD hatten wir noch nichts gehört. Wir wurden auch nicht überwacht, was man ja eigentlich sollte. Wir glaubten verrückt zu werden.

Aber es gibt sehr viel bessere Wege, um dorthin zu gelangen. Ich habe wirklich nichts gegen die Ideen des Christentums und seine Lebensauffassung. Ich glaube, heute würde ich diese eine Bemerkung über Jesus nicht mehr machen, daß wir populärer seien als er. Ich denke heute anders über diese Dinge. Ich finde, daß der Buddhismus einfach ist und logischer als das Christentum. Aber ich habe nichts gegen Jesus. Ich werde Julian, wenn er zur Schule kommt, alles über Jesus lernen lassen. Doch ich werde ihm auch sagen, daß es eine Menge anderer Jesusse gegeben hat. Ich werde ihm von den buddhistischen erzählen, das sind auch gute Leute.

Als ich damals die Bemerkung über Jesus machte, haben mir zahlreiche Leute Bücher über Jesus geschickt. Ich habe viele von ihnen gelesen und dabei einige Einsichten gewonnen. So habe ich festgestellt, daß die englische Staatskirche nicht sehr fromm ist. Da steckt zuviel Politik drin. Man kann nicht beides tun. Man kann nicht mächtig und rein sein. Vielleicht werde ich feststellen, daß auch die Gurus so sind, ganz von Politik erfüllt. Ich weiß es nicht. Ich weiß nur, daß ich durch dies alles bewußter lebe. Ich möchte noch mehr darüber wissen.

Ich weiß nicht, ob man arm sein muß oder nicht. Ich glaube, daß ich alles aufgeben könnte. Es zehrt sehr an meiner Kraft. Ich muß mir genau überlegen, wofür ich es aufgeben würde, wodurch ich es ersetzen würde. Am Ende gebe ich vielleicht alles Materielle auf. Aber im Augenblick möchte ich mich selber finden.«

Cyn sagte, sie habe eine Veränderung bei ihm bemerkt. Vielleicht sei er freundlicher, jedenfalls ruhiger und duldsamer. Aber immer noch sei er sehr verschlossen. »Vielleicht bin ich egoistisch«, erklärte sie. »Es ist für mich ganz einfach leichter, wenn er mit mir spricht.«

John gab zu, schon von jeher kontaktarm gewesen zu sein. Er hatte einmal ein Interview mit Anthony, seinem Fahrer, in einer Bildbeilage gelesen, in dem Anthony berichtete, er habe John anläßlich der Filmaufnahmen viele Stunden quer durch Spanien gefahren, und John habe niemals auch nur ein Wort mit ihm gesprochen. »Bis zu diesem Augenblick war mir das nicht bewußt geworden.«

Johns Rekord im Schweigen, wobei er ganz einfach nichts tat und sich niemandem mitteilte, beträgt drei Tage. »Ich bin darin Spezialist. Ich kann aufstehen und gleich damit anfangen, nichts zu tun. Ich sitze ganz einfach auf der Treppe, blicke ins Leere und denke, bis es an der Zeit ist, schlafen zu gehen.«

Er hält das nicht für Zeitverschwendung. Weit mehr hat er seine Zeit vertrödelt, gleich nachdem sie ihre Tourneen eingestellt hatten. Damals stand er niemals vor drei Uhr nachmittags auf. Jetzt versucht er wenigstens so früh aufzustehen, daß er noch etwas vom Tageslicht erwischt. Er sagt, wenn er schon nichts tut, könnte er es zumindest dann tun, wenn noch die Sonne scheint.

Selbst wenn er sich bemüht, sich zu unterhalten, fällt es Cyn oft schwer, zu verstehen, was er eigentlich meint. In letzter Zeit gibt er sich aber immer größere Mühe – eigentlich seit der Bekanntschaft mit Maharischi.

»Es fällt mir schwer, mit Leuten zu plaudern. Ein solches Gerede ist sinnlos. Hin und wieder tue ich es, eine Art Spiel, um zu sehen, ob ich es kann. Wie geht es? Wie spät ist es? Wie geht es vorwärts? Derartig sinnloses Zeug.

Die Hauptsache ist, daß es nichts mehr gibt, worüber man reden könnte. Ich *denke* die ganze Zeit wie verrückt über Gedankenaustausch nach. Doch das nun in Worte zu fassen, das wäre Zeitvergeudung.

Als Beatles sprechen wir in Code miteinander. Das haben wir schon immer getan, als auf den Tourneen so viele Fremde um uns waren. Wir haben uns niemals richtig mit anderen Leuten unterhalten. Jetzt, wo wir nicht mehr mit Fremden zusammenkommen, liegt auch gar keine Notwendigkeit für irgendeine Unterhaltung vor. Wir verstehen einander. Alles übrige ist ohne Bedeutung.

Hin und wieder veranstalten wir, obwohl wir einander gefühlsmäßig verstehen, eine Sitzung, auf der wir uns mit Worten verständigen. Dann müssen wir nämlich gewisse Dinge laut aussprechen, sonst vergessen wir, was wir untereinander ausgemacht haben.

Ich träume viel. Das gehört in die gleiche Kategorie wie nutzlose Unterhaltung. Darum sollte ich wahrscheinlich nutzlose Unterhaltung eigentlich auch nicht verdammen. Nur die üblichen Wachträume, was ich heute tun werde, soll ich aufstehen oder nicht, soll ich diesen Song schreiben oder nicht, nein, ich werde diesen Anruf nicht beantworten.

Sprechen ist ohnehin die langsamste Form der Kommunikation. Musik ist da weit besser. Wir verständigen uns mit der Außenwelt durch unsere Musik. Das Büro in Amerika sagt, sie hätten dort ›Sergeant Pepper‹ immer wieder von neuem angehört, um zu wissen, was wir in London denken.

Ich habe manchmal kleine Anfälle von Gesprächigkeit. Dann unterhalte ich mich mit Dot oder Anthony oder dem Gärtner, nur um festzustellen, ob ich es noch kann. Das überrascht sie.«

Die größte Überraschung bei John ist das Nachlassen seiner Aggressivität, das durch den Erfolg herbeigeführt wurde.

»Das dauerte sehr, sehr lange«, erzählt Ivan Vaughan. »Vor nur ein paar Jahren war die alte Feindseligkeit noch immer da: Er lehnte es ab, mit irgend jemandem zu sprechen, er war unhöflich und knallte die Türen zu. Jetzt bemüht er sich, anders zu sein, und oft sagt er zu den Leuten: ›Kommen Sie herein, nehmen Sie Platz.‹«

Pete Shotton, der heute die Apple Boutique führt, meint, daß sich alle Ecken und Kanten abgeschliffen haben.

»Das Gute, das ich immer in ihm gesehen habe, ist jetzt ganz nach oben gekommen. Nur Leute wie Schullehrer haben geglaubt, er sei durch und durch schlecht. Niemand wollte glauben, was ich damals in ihm sah.

Es ist großartig, daß er so glücklich ist. Er hat sich seine ganze Kindheit und Jugendzeit hindurch abgemüht, sich an die erste Stelle zu setzen. Immer mußte er der Anführer sein, indem er sich entweder mit jedem prügelte oder, wenn sie zu kräftig waren, sie durch Beschimpfungen oder spöttische Redensarten lächerlich machte.

Heute versucht John nicht mehr, irgend etwas zu beweisen. Er braucht nicht mehr die Nummer eins zu sein. Deswegen ist er glücklich. Man kann ihm die Veränderung sogar ansehen. Auf der Schule und auf der Kunstakademie lief er immer so herum, ganz gebückt, Augen und Kopf gesenkt, wie ein verängstigtes Kaninchen, das sich in die Enge getrieben sieht, aber stets bereit, um sich zu schlagen. Das sieht man auch auf allen alten Bildern von ihm. Jetzt kann er auf Bildern lächeln. Jetzt lernt er, weil er lernen will. In der Schule ist man gezwungen zu lernen, weil man sich der Gesellschaft einordnen soll.

Aber in mancher Hinsicht hat sich John nicht verändert. Er ist nicht überheblich oder eingebildet und ebenso großzügig wie früher. Wenn John ein Dutzend Bonbons in einer Tüte hatte und drei von uns standen um ihn herum, verteilte er sie alle, drei für jeden. Nur durch das Zusammensein mit ihm bin auch ich freigebiger geworden.«

John versteht nicht, warum der Erfolg ihn hätte überheblich

machen oder ihn in irgendeiner Hinsicht ändern sollen. Abgesehen davon, daß seiner Ansicht nach Erfolg sinnlos ist, glaubt er auch, jeder könnte es schaffen. Genauso denkt auch Paul.

Er und Paul sind der Meinung, das Wichtigste für den Erfolg sei die Willenskraft. »Jeder kann erfolgreich sein. Wenn man es sich häufig genug einredet, kann man es werden.

Wir sind nicht besser als jeder andere. Keiner ist das. Wir sind alle gleich. Wir sind ebenso gut wie Beethoven. Jeder ist im Innern gleich viel wert.

Man braucht das Verlangen und die richtigen Umstände. Aber das hat nichts mit Begabung, Ausbildung oder Erziehung zu tun. Es gibt doch Sonntagsmaler und -schriftsteller, nicht wahr? Niemand hat ihnen gesagt, wie sie es machen sollen. Sie waren überzeugt, es tun zu können. Und so haben sie es getan.

Was ist Begabung? Ich weiß es nicht. Wird man damit geboren? Entdeckt man später, daß man sie hat? Die wichtigste Begabung ist die Überzeugung, daß man etwas leisten kann. Ich und Paul haben immer gezeichnet. George wollte es nicht einmal versuchen. Er sagt, er kann nicht zeichnen. Wir haben lange gebraucht, um ihn davon zu überzeugen, daß jeder zeichnen kann. Nun zeichnet er ständig. Und er wird darin immer besser.

Wir wußten, daß ein Abschlußzeugnis kein Tor zu irgend etwas war. Wir hätten uns durch all das hindurchhackern und noch weitergehen können. Aber ich dachte nicht daran. Ich glaubte daran, daß etwas geschehen würde, durch das ich hindurch müßte. Und ich wußte, das Abschlußzeugnis war es nicht.

Bis zum 15. Lebensjahr war ich nicht anders als jeder andere kleine Knilch in diesem Alter. Dann beschloß ich, ein kleines Lied zu schreiben, und das tat ich. Aber ich wurde dadurch nicht anders. Es ist Quatsch, wenn man behauptet, ich hätte mein Talent entdeckt. Ich habe es ganz einfach angepackt. Ich habe kein Talent, es sei denn ein Talent dafür, glücklich zu sein, oder ein Talent für das Einfache.

Da will jemand dieses ganze Märchen vom Talent an die große Glocke hängen und es allen unterjubeln. Politiker haben auch kein Talent. Alles ist nur Schwindel.

Vielleicht wird mein Guru mir sagen, worin meine eigentliche Begabung liegt; in etwas anderem, und das sollte ich eigentlich tun.

Als sogenanntes Idol habe ich niemals irgendeine Verantwortung verspürt. Die Leute tun doch nichts anderes, als ihre Verantwortung auf uns abschieben, wie Paul es schon den Zeitungen gegenüber sagte, als er zugab, LSD zu nehmen. Wenn die ihn für verantwortlich hielten, hätten sie genügend Verantwortungsbewußtsein aufbringen müssen, es nicht zu drucken, falls sie glaubten, daß andere ihn nachahmen würden.

Ich habe mich dem Publikum gegenüber nur insofern verantwortlich gefühlt, als wir versuchten, so natürlich wie möglich zu sein. Wir setzten unsere freundlichen Gesichter auf, aber das war zu erwarten. Betrachtet man jedoch die Umstände, dann waren wir so natürlich, wie wir es nur sein konnten. Wir wurden ja auf der ganzen Welt in der gleichen Art von Veranstaltungen immer dasselbe gefragt, alles über die vier Pilzköpfe. Das war langweilig. Und so vielen Menschen und Bürgermeistersfrauen gegenüber freundlich zu sein. Alle diese geschmacklosen Leute, die den Geschmack bestimmen. Alle diese Menschen ohne Maßstäbe, die alle Maßstäbe setzen.

Schon von Anfang an habe ich es gehaßt, etwa die Frau des Veranstalters kennenlernen zu müssen. Immer sagten einem die Leute, man müsse all dies verlogene gesellschaftliche Getue über sich ergehen lassen. Man dürfe ganz einfach nicht man selber sein. Sie wollten es nicht verstehen, wenn man sagte, was man sagen wollte. Höchstens durfte ich Späße machen, was man ohnehin nach einer Weile von mir erwartete. In Wirklichkeit glaube ich nicht, daß die Menschen so sind. Aber warum machen sie das alles mit?

Jetzt brauche ich nirgends mehr hinzugehen, vielleicht hin und wieder in einen Nachtklub. Cyn überredet mich dazu. Neulich sind wir abends zu einer Eröffnung gegangen, zu einem alten Freund. Es wimmelte von Mißgeburten. Ich ging mit George hin. Ihm wurde in dem Augenblick, als wir vor die Tür kamen, klar, wie es sein würde, mir aber nicht. Ich sah mich nach ihm um, aber er war schon verschwunden. Er ging überhaupt nicht hinein. Aber ich war drin und hatte mich festgefahren. Es war furchtbar, einfach furchtbar.

Ich bin mir niemals dessen bewußt, ein Beatle zu sein. Niemals. Ich bin nur ich. Ich bin nicht berühmt. Andere Menschen machen mich dazu. Bis die erscheinen und sich entsprechend aufführen, habe ich es vergessen. Ach ja, deswegen benehmen sie sich so seltsam. Und dann fällt mir ein: Ich bin ein Beatle. Vor etwa einem Jahr war ich es mehr gewohnt. Damals waren wir mittendrin, zogen im Land herum und kamen ständig mit Leuten zusammen, die, wie man wußte, einen anstarren würden. Ich bin jetzt nicht mehr unterwegs, außer mit Leuten, die ich kenne. So vergesse ich es, bis ich wieder einmal irgendwo zum erstenmal hinkomme und die Leute mich anstarren.

Die Leute haben uns angestarrt, bevor wir berühmt waren. Wenn wir ganz in Leder und mit den Gitarren im Bus ins Cavern fuhren. Damals hat es uns gefallen. Es war unser bißchen Rebellion, nur um all die Annie Walkers zu ärgern, die im Kardomah saßen.

Leuten dumme Streiche zu spielen, das fehlt mir. Ich habe es früher oft in Zügen gemacht, in andere Abteile hineingehen und so tun, als habe man nicht alle Tassen im Schrank, oder auch in Geschäfte. Ich habe noch immer das Verlangen, es zu tun. Aber das kann man nicht. Es hieße gleich: Die Beatles machen Streiche. Aber darüber werden Sie lachen!

Wir waren mal mit dem Kleinbus nach Wembley unterwegs. Da haben wir auf ein Stück Papier geschrieben: ›Wie kommt man nach Wembley?‹ Wir redeten in einer fremden Sprache und zeigten den Leuten eine Karte von Wales. Alle rissen sich die Beine aus, um uns den richtigen Weg zu zeigen.

Wir haben mal alle möglichen Verkleidungen ausprobiert, damit wir uns frei bewegen konnten. George und ich sind einmal in langen Mänteln und mit Bärten durch den Zoll gegangen. Wir haben gedacht, niemand wird uns erkennen. Aber alle haben uns erkannt. Paul war der Beste. Er spielte einen verdrehten Fotografen und faselte einen grenzenlosen psychologischen Unsinn zusammen. Er hat sogar Brian 'reingelegt.«

Am meisten vermißt es John, nicht mehr einfach umherlaufen zu können und sich wie ein gewöhnlicher Mensch zu benehmen. Ist die Beatlemanie auch schon lange abgeklungen, so ist es doch für ihn wie für jeden anderen Beatle völlig unmöglich, irgendwohin zu gehen, ohne erkannt zu werden. Wenn Cyn allein ist, kann sie sich zeigen. All die Jahre, in denen sie jede Publizität vermied, machen sich nun bezahlt. »Aber als Familie können wir nie etwas gemeinsam tun – zum Beispiel spazierengehen. Es ist furchtbar. Manchmal wünsche ich mir, es wäre niemals so gekommen.«

Von allen Beatles ist John derjenige, dem es am meisten gegen den Strich geht, kein gewöhnlicher Bürger sein zu können. Wenn er sich vorstellt, daß er vielleicht für alle Zeit dazu verurteilt ist, bekannt zu sein, was er auch von jetzt an unternimmt, so verfällt er fast in Raserei.

»Nein! Sie glauben doch etwa nicht, daß es soweit kommen könnte? Doch nicht für alle Zeit berühmt? Und wenn wir für viele Jahre verschwänden? Würde das nichts nützen? Ich nehme

an, dann würden wir nur auf andere Weise berühmt, so wie
Greta Garbo. Vielleicht wird eine neue Gruppe auftauchen und
an unsere Stelle treten? Es wäre so schön, völlig vergessen zu
werden.«

Ende 1967 und Anfang 1968 versuchten sie mit der Außenwelt
wieder Fühlung aufzunehmen. Wie sie feststellten, waren ihre
Gesichter so bekannt geworden, daß die Leute – ähnlich wie bei
der Königin – gar nicht erwarteten, ihnen auf der Straße zu
begegnen oder sie in einer Würstchenbude anzutreffen. Während
der Schnittarbeiten an »Magical Mystery Tour« gelang es ihnen
ohne weiteres, sich unerkannt in kleine Lokale in Soho zu setzen.
Sie ließen sich mit ein paar Technikern in einer Ecke nieder und
redeten wie jede andere Gruppe von Filmleuten ungestört
drauflos. Zu jener Zeit sahen ohnehin so viele andere Menschen
wie die Beatles aus, wenn sie Koteletten und Schnurrbärte trugen.

»Neulich habe ich mit Ringo zusammen die Probe aufs Exempel
gemacht. Wir sind ins Kino gegangen, der erste Film seit der Zeit
vor vielen Jahren, als wir noch in Liverpool wohnten. Wir wollten uns einen Film in Esher ansehen. Wir suchten uns eine Vor-
mittagsvorstellung aus, denn wir dachten, daß sie schwach besucht
sein würde. Doch wir hatten vergessen, daß Schulferien sind. Es
war gesteckt voll. Wir haben uns nicht den ganzen Film angesehen. Wir haben noch ein Eis gegessen und sind dann weggegangen. Niemand hat uns belästigt. Wir haben es nur einmal probiert. Jetzt gehe ich vielleicht wieder öfters ins Kino.

Brian ging manchmal mit uns in ein Theater im West End. Wir
gingen alle gemeinsam hin, und das war O. K. Die Leute glotzten
uns zwar an. Aber wir wurden nicht allzusehr belästigt. Aus dem
Theater mache ich mir nichts. Ich kann ohne weiteres darauf
verzichten. Da tun ein paar Leute auf der Bühne so, als wären sie
woanders. Aber der Film fehlt mir. In Liverpool habe ich meine
ganze Zeit im Kino verbracht.

Ringo und ich sind auch wieder mit dem Bus gefahren. Wir
beschlossen einfach, es zu versuchen, um festzustellen, ob wir es
machen können. Niemals zuvor bin ich mit einem Londoner Bus
gefahren. Es war am Embankment. Zwanzig Minuten waren wir
im Bus. Es war großartig. Wir wurden erkannt, aber es machte
uns nicht viel aus. Wir waren in der richtigen Stimmung dafür.
Wir begannen, alle Leute im Bus zu filmen. Die Schaffnerin
erzählte uns unanständige Witze. Die meisten Leute glaubten
nicht einmal, daß wir es waren.

Am nächsten Tag rief eine Zeitung im Büro an: Eine Frau habe behauptet, uns in einem Bus gesehen zu haben. Ich erwiderte, wir seien es nicht gewesen. Als nächstes hätte nämlich die Zeitung angerufen und gefragt, was es zu bedeuten habe, wenn John nach all den Jahren Bus führe? Ich konnte mich nicht mit all dem Quatsch befassen.

Ich möchte in Ruhe gelassen werden. Ich bin kein geselliger Mensch. Die Freunde, die ich habe, reichen mir. Ich will einfach in Ruhe gelassen werden.

Mein sogenanntes extravertiertes Wesen ist nichts weiter als Mache. Ich habe es Jahre hindurch dabei belassen. Aber ich bin kein Schreier. Es gehörte mit zu der Rolle, die ich spielte. Um mich zu schützen, habe ich den Wilden gespielt. Dafür muß ich jetzt zahlen. Ich weiß, es klingt wie eine Klage. Vielleicht sieht immer alles schlimmer aus, als es ist.«

Paul und George neigen eher dazu, hin und wieder unter Menschen zu gehen. John bemüht sich selten darum, aus sich herauszugehen oder mit anderen Menschen Kontakt aufzunehmen. Man muß auf ihn zukommen. Und so, wie er sich sein Leben eingerichtet hat, ist es schwierig, bis zu ihm durchzudringen, es sei denn übers Fernsehen. Bei ihm ist der Apparat ständig angeschaltet.

»Ein paar Wochen Fernsehen ist wie Marihuana. Als ich mir vor ein paar Jahren das Fernsehen ansah, konnte ich Leute wie Hughie Green nicht leiden. Jetzt stört er mich nicht mehr. Alles ist doch dasselbe. Es ist wie eine Zeitung. Man liest alle Berichte, und im Kopf fließen sie zu einem einzigen zusammen.

Ich denke viel nach, wenn ich vor dem Fernsehschirm sitze. Es ist so, wie wenn man am Kamin vor sich hin träumt. Man sieht zwar hin, aber die Gedanken sind ganz woanders.«

Den einzigen Antrieb im Leben erhält er von den anderen Beatles. Niemand ist auch nur auf Lichtjahre an ihn herangekommen, um ihre Stelle in seinem Leben einzunehmen.

Anfänglich war es ganz natürlich, daß sie alle Mitläufer zurückwiesen. Sie waren allzusehr davon in Anspruch genommen, ihren eigenen Weg zu gehen und alles miteinander zu tun. Als sie berühmt wurden und manche es ganz bewußt darauf anlegten, in ihren Kreis einzudringen – im allgemeinen aus nicht ganz sauberen Motiven heraus –, wiesen sie energisch und brutal alle Annäherungsversuche zurück.

Die meisten Stars im Showgeschäft wechseln ihre Freunde, je berühmter sie werden. Mit Ausnahme von Mick Jagger von den Rolling Stones haben die Beatles innerhalb der Welt der Pop-musik keine Freundschaften geschlossen. Im Alltagsleben haben sie noch immer nur einander oder Malcolm, Neil und Terry.

»Seit wir berühmt wurden, haben wir einige neue Leute kennengelernt. Aber wir haben sie niemals länger als zwei Tage ertragen. Einige klammern sich ein wenig länger an, vielleicht ein paar Wochen. Doch das ist alles. Die meisten Leute kommen bei uns nicht an.«

Mit Ringo ist John am meisten zusammen. Er wohnt ja nur um die Ecke. Wenn er sich langweilt, schaut er bei Ringo vorbei, um in Ringos Garten oder mit seinen teuren Spielsachen zu spielen. Niemals verabreden sie sich oder treffen sie irgendwelche Vorbereitungen. Sie tun alles, was gerade eine Laune ihnen eingibt.

Vor allem John kann es nicht lange ohne die anderen drei aushalten, was natürlich für Cyn ein bißchen schwer ist. Er meint es keineswegs böse, wie er sie auch nicht vor den Kopf stoßen will, wenn er nicht mit ihr redet oder sich in einen halben Trancezustand versetzt. So ist er eben. Sie muß sich damit abfinden.

»Wenn ich drei Tage mir selber überlassen bleibe und nichts tue, trete ich fast völlig aus mir selber heraus. Ich bin ganz einfach nicht da. Cyn ist sich dessen nicht bewußt. Ich bin dort oben und beobachte mich selber. Ich sehe meine Hände und erkenne, daß sie sich bewegen. Aber es ist ein Roboter, der das tut.

Ringo versteht es. Mit ihm kann ich darüber sprechen. Ich muß die anderen sehen, um mich selber zu sehen. Dann wird mir klar, daß es noch andere gibt wie mich. Das ist befriedigend und beruhigend. Es ist nämlich wirklich beängstigend, wenn es zu schlimm wird. Ich muß sie sehen, um wieder Verbindung mit mir selber herzustellen und herunterzukommen.

Manchmal komme ich auch nicht herunter. Neulich machten wir nachts eine Aufnahme, und ich war einfach nicht da. Paul auch nicht. Wir waren wie zwei Roboter, die mechanisch ihre Bewegungen ausführen.

Wir brauchen einander sehr. Wenn wir uns nach einer gewissen Zeit wiedertrafen, machte es uns immer verlegen, einander anzufassen. Wir schüttelten uns kräftig die Hände, nur um diese Verlegenheit zu verbergen, oder wir führten wilde Tänze auf. Dann klopften wir uns auf die Schultern. Jetzt machen wir es auf buddhistische Art: Wir umarmen uns. Nichts weiter als eine Begrüßung.«

Hin und wieder packt ihn das Verlangen, irgendwohin zu verschwinden – mit Cyn und Julian und natürlich mit den andern Beatles. Die Idee mit der griechischen Insel, auf die John besonders versessen war, reizte ihn damals sehr. »Wir werden alle dort leben, vielleicht für immer, und England nur noch besuchen. Oder vielleicht kommen wir jährlich für ein halbes Jahr. Es wird phantastisch werden. Wir ganz allein auf dieser Insel. Da sind ein paar kleine Häuser, die wir herrichten und miteinander verbinden werden, um eine Art Gemeinschaftsleben zu führen.

Die politische Lage in Griechenland beunruhigt mich nicht, solange sie uns nicht berührt. Mir ist es gleichgültig, ob die Regierung faschistisch oder kommunistisch ist. Mir ist es gleich. Sie sind hier ebenso schlimm, die meisten noch schlimmer. Ich habe England und die USA kennengelernt und habe für beide Regierungen nichts übrig. Sie sind alle gleich. Sehen Sie sich nur an, was sie hier tun. Sie haben Radio Caroline verboten und die Stones wegzuschaffen versucht, während sie auf der anderen Seite Milliarden für Atomrüstung ausgeben. Und das ganze Land ist voll von US-Stützpunkten, von denen niemand etwas weiß. Nordwales ist voll davon.«

Aber aus der Idee mit Griechenland wurde nichts, wie aus so vielen anderen verrückten Ideen, die ihm während der letzten zwei Jahre von Zeit zu Zeit durch den Kopf gingen. Eines Tages war er fest entschlossen, in seinem Wohnwagen nach Indien zu fahren, obwohl der Wagen nicht so aussieht, als könnte er ihn auch nur bis Weybridge bringen. Er, Cyn und Julian sollten im Wagen leben, so sagte er, während Anthony sie mit dem Rolls schleppte. Ein andermal wollte er sich auf eine der irischen Küste vorgelagerte Insel zurückziehen. Die Insel kaufte er. »Nein, ich kann mich nicht erinnern, wo. Irgendwo vor Irland.«

Der griechische Plan wurde viele Wochen lang diskutiert. John überlegte sich sogar, was aus Julian und seinem Schulunterricht werden sollte.

John hat einige festumrissene Theorien über die Schulausbildung, die Julian erhalten soll. Für gewöhnlich jedoch vergißt er sie, wenn er mit dem Gedanken spielt, sich für sechs Monate auf einer einsamen griechischen Insel aufzuhalten.

»Er könnte eine Schule in Griechenland besuchen«, erklärte er Cyn, die offenbar das Problem weit realistischer betrachtete als John. »Was wäre dagegen zu sagen? Er würde ganz einfach sechs Monate des Jahres dort und den Rest hier in seiner englischen Schule verbringen. Diese kleinen griechischen Dorfschulen sind sehr gut, weißt du. Warum sollte Julian nicht mitkommen? Die Sprache wird er doch schnell gelernt haben.«

Cynthia meinte, der ewige Wechsel würde nicht gut für ihn sein.

Und wenn er Schwierigkeiten mit der griechischen Sprache hätte, würde dann die übrige Klasse auf ihn warten? John dachte auch daran, ihn in die englische Schule in Athen zu schicken, wohin britische Diplomaten und andere ihre Kinder schickten. Cyn wies darauf hin, daß er dann in Athen in einem Internat leben müsse. Dagegen waren sie beide. Keiner von ihnen wollte ihn auf ein Internat geben.

John wäre eine öffentliche Schule am liebsten. Soeben hatte er festgestellt, daß der Kindergarten, in den Julian ging, kein öffentlicher Kindergarten war, wie er geglaubt hatte. Cynthia erklärte ihm, es habe keinen öffentlichen Kindergarten gegeben, in dem sie ihn hätte unterbringen können, deswegen habe sie ihn dorthin gebracht.

»Ich weiß nicht«, meinte John. »Ich nehme an, daß die Schulen, in denen man Schulgeld zahlen muß, nicht schlimmer sind als die anderen, solange er nur glücklich ist. Ob man zu zahlen hat, ist doch ganz ohne Bedeutung. Aber bestimmt werde ich ihn nicht in ein Internat geben. Ich würde ihn nicht nach Eton schicken. Wenn er nach Eton ginge, würden sie ihm dort beibringen, all diesen Dreck zu glauben. Vielleicht eine buddhistische Schule, falls es eine gibt. Oder eine Tagesschule, eine fortschrittliche, nicht weit von Weybridge. Mehr wollen wir gar nicht.

Wir denken schon seit einiger Zeit über die Schule für Julian nach. Ich habe mir sogar ein Buch über alle Schulen in England besorgt. Dort lassen sie sich über nichts weiter aus, als daß sie Fußball und Tennis zu bieten haben. Lächerlich, nicht wahr? Sie haben ihre Akzente völlig falsch gesetzt. Ihm soll nur beigebracht werden, sich anderer Menschen bewußt zu werden, das ist alles. Er braucht doch nicht zu wissen, wie Sir Francis Drake alle Spanier getötet und daß Großbritannien das Fernsehen erfunden hat und all diesen beschissenen, idiotischen Nationalistendreck. Er soll wissen, wie man in dieser Welt sein Leben einrichtet.

Wenn wir ins Ausland gehen, werden wir wohl einen Hauslehrer nehmen. Aber wir müssen uns vergewissern, daß es noch andere Kinder dort gibt, mit denen er spielen kann. Ich hatte eine glückliche Kindheit. Ich war gern in der Schule. Nur haßten mich die Lehrer, und ich haßte die Lehrer. Aber die Schule mochte ich. Wenn wir über unsere Vergangenheit reden, dann zuweilen über unsere Beatle-Zeit, aber meistens über unsere Schulzeit.

Ich glaube nicht, daß Julian in eine solche Schule gehen könnte wie ich. Ich muß zugeben, daß eine öffentliche Schule für ihn jetzt schwierig sein könnte, und zwar wegen mir. Man würde ihn

295

auslachen. Der Junge des Millionärs und Popsängers. Sie würden alle mit den Fingern auf ihn zeigen. Das würde in einer Schule, in der man bezahlen muß, nicht soviel ausmachen. Dort denken alle ohnehin nur an Geld.«

Cyn ist stärker, als sie aussieht. Sie hat alles schon früher durchgemacht und weiß, wo sie steht. Sie hat Verständnis für Johns häufige scheinbare Rücksichtslosigkeit. Er kann egoistisch sein, aber nicht absichtlich, sondern einfach aus Gedankenlosigkeit.

Alle Auseinandersetzungen, die sie in ihrer ersten Zeit in Liverpool hatten, liegen nun weit hinter ihnen. Sie sind sehr glücklich. Doch sie sagt noch immer, daß sie ihn wahrscheinlich nicht geheiratet hätte, wäre sie nicht damals schwanger gewesen. John stimmt ihr bei.

»John hat niemals daran gedacht, in irgendeiner Weise seßhaft zu werden, ebenso wie er niemals daran gedacht hat, eine feste Stellung anzunehmen. Wäre ich nicht schwanger geworden und hätte dann geheiratet, als er anfing, seine Welttourneen zu machen, wären wir mit der Zeit auseinandergegangen. Ich wäre auf der Kunstakademie geblieben und wahrscheinlich Lehrerin geworden. Wäre nicht Julian gewesen, wäre es niemals so gekommen. Das hat uns zusammengebracht.«

Sie glaubt nicht, daß Liebe ihre Verbindung aufrechterhalten hätte, wenn sie so weit voneinander entfernt waren. »Seine Liebe gehörte den Beatles. Ohne das Kind wäre er für immer mit den Beatles auf und davon gegangen.« Beide sagen, sie seien froh, daß das Kind gekommen sei. Das habe sie zusammengehalten. Sie glauben auch, daß es ihnen so bestimmt war. Es war Schicksal. Besonders John glaubt an sein Schicksal.

Hin und wieder hat Cyn Lust, etwas Neues zu versuchen, eine Stellung anzunehmen, vielleicht ihre Ausbildung in der Kunstakademie auf irgendeine Weise auszunutzen. Sie und Pattie, Georges Frau, haben einmal darüber gesprochen, gemeinsam in Esher eine Boutique zu eröffnen. Aber es ist niemals etwas daraus geworden.

»Ich fühle mich jetzt manchmal ein wenig niedergeschlagen. Eigentlich möchte ich im Augenblick kein zweites Kind, jetzt, wo wir soviel umherfahren können. Ich weiß, das bedeutet, daß es zu spät werden könnte und ich womöglich niemals mehr ein zweites haben möchte.

Doch ich fühle mich wirklich ein wenig niedergeschlagen und enttäuscht, weil ich gern etwas *tun* würde. Ich male ein bißchen und schneidere ein bißchen. Aber oft wäre ich gern in einem

Beruf tätig. Nicht gerade jetzt, später vielleicht. Ich habe niemals eine Stellung gehabt. Ich würde Entwürfe machen oder möglicherweise Unterricht geben.«

Sie zieht ihn wegen seiner Abhängigkeit von den Beatles auf, und offensichtlich fühlt sie sich zuweilen dadurch verletzt.

»Ich erlebe es immer wieder, daß ich etwas vorschlage, aber er läßt es völlig unbeachtet oder sagt, es sei falsch. Einige Wochen später ruft dann Ringo an, schlägt das gleiche vor, und er ist Feuer und Flamme. Aber ich mache mir darum keine Sorgen. Ich kann es nicht in Worte fassen, doch ich fühle mich stark. Ich empfinde es so. Ich habe für alles Verständnis. Gern würde ich einmal einen Urlaub ganz allein verbringen, ohne die Beatles, nur wir: John, Julian und ich.«

»Was willst du?« fragte John und lächelte. »Nicht einmal mit unseren lieben Beatles?«

»Ja, John. Erinnerst du dich nicht, daß wir in der vergangenen Woche davon gesprochen haben?«

»Was haben wir da gesagt?«

»Wir haben gesagt, wir drei könnten ganz einfach irgendwohin fahren, ohne deine Freunde.«

»Aber es ist doch nett, seine Kameraden um sich zu haben.«

»Mich stört das aber. Er glaubt, es genügt nicht, nur mit seiner Familie zu verreisen.«

Er lächelte sie an. Sie blickte zu ihm hinüber und schüttelte den Kopf.

»Sie scheinen dich weniger nötig zu haben als du sie«, meinte sie.

Bevor er antworten konnte, führte sie ein Beispiel an, das sie offenbar schon bereitgehalten hatte.

»George ist ganz allein mit Pattie nach Los Angeles gefahren, nicht wahr? *Er* brauchte nicht alle anderen zu seiner Begleitung, oder?«

John lächelte. Er gab ihr recht, es schien zu stimmen. »Nachdem wir mit den Tourneen aufgehört hatten, habe ich versucht, meinen eigenen Weg zu gehen. Während meines Films habe ich mich ein paarmal großartig amüsiert und öfter Monopoly gespielt, aber das hat nichts genützt. Niemals war ich so froh wie damals, als ich die anderen wiedersah. Ich fühlte mich wieder normal, sobald ich sie sah.« Cyn sah ihn liebevoll an.

»O. K. Ich weiß, wir werden uns alle in ein kleines Landhaus an der Steilküste von Cornwall zurückziehen, einverstanden? Nein, ich kann mich ja nicht zurückziehen. Ich muß diese Songs schreiben. Ich muß arbeiten, um mein Leben zu rechtfertigen.«

Paul

Paul ist der einzige Londoner Beatle. Er wohnt in einem großen, freistehenden dreistöckigen Haus in St. John's Wood, ganz nah bei den EMI-Aufnahmestudios. Er hat es Ende 1966 für 40 000 Pfund gekauft. Verglichen mit John und Ringo hat er nicht viel umgebaut. Für manches hat Paul überhaupt nichts ausgegeben, zum Beispiel für den Garten. Er hat sich in einen Dschungel verwandelt, ist völlig verwildert und nur von der umherstreunenden Martha bewohnt. Als er einzog, war es ein sehr hübscher Garten. Alle machten ihm Vorhaltungen, vor allem sein Vater, er solle etwas unternehmen. Ihn schien diese Verwilderung jedoch zu erfreuen, vor allem aber die Tatsache, daß sich manche Leute darüber aufregten. Gegen Ende des Jahres 1967 beschloß er dann doch, ihn herrichten zu lassen. Er wollte ein Märchenhaus darin erbauen lassen, eine Art Pagode auf einer erhöhten Terrasse mit einem sich öffnenden Glasdach.

Vor seinem Haus liegt ein gepflasterter Hof mit einem altmodischen Laternenpfahl. Zur Linken, mit dem Haus verbunden, befindet sich eine Doppelgarage, in der er seinen Mini-Cooper und seinen Aston Martin stehen hat. Das Haus liegt hinter einer hohen Ziegelmauer und einem großen schwarzen zweiflügeligen Tor, das vom Haus aus geöffnet wird. Man meldet sich durch die Sprechanlage an, und wenn man das Richtige sagt, geht das Tor auf und fällt hinter einem wieder ins Schloß. Auf diese Weise bleiben die Fans draußen.

Alle Häuser der Beatles sind noch immer von Fans umlagert, Pauls Haus am meisten, zunächst einmal, weil er Paul ist, im übrigen jedoch auch, weil er in London wohnt. Draußen ziehen sie zu einer Art ewiger Wache auf und sitzen für gewöhnlich in Reihen auf der Mauer des gegenüberliegenden Hauses. Von dort aus können sie gerade über die Mauer hinwegblicken und jedes Kommen und Gehen um die Eingangstür herum beobachten. Wenn man in diese Straße einbiegt, kann man sein Haus an den Reihen von Mädchen erkennen, die recht unbequem an seiner Mauer hängen und sich die Hälse verrenken, um hinüberzuschauen.

Im Keller des Hauses ist eine Wohnung für das Personal. Lange Zeit hatte er ein Ehepaar, Mr. und Mrs. Kelly, die dort wohnten.

Paul McCartney und Jane Asher (Foto © Ringo Starr)

Sie versorgte den Haushalt, er war Butler. Aber beide hatten sich im Grunde nur bequem eingenistet und rührten kaum einen Finger. Nach ihnen kam eine ganze Reihe von Leuten. Ihr Kommen scheint dem Zufall überlassen. Er behält sie eine Weile, auch wenn sie noch so ungeeignet sind. In Wirklichkeit hätte er eine Sekretärin nötig, um Ordnung in sein Haus und in seine Besucherlisten zu bringen. Doch das will er nicht. Sehr oft wohnt überhaupt niemand im Haus. Wenn er dann wegfährt, kommt Jim, sein Vater, ab und zu herüber, um sich ums Haus und um Martha zu kümmern.

Paul macht dies keineswegs Kopfzerbrechen. Ihn stört es nicht, daß Leute kommen, mit denen er sich verabredet hat, während er gerade nach Afrika oder Amerika abgereist ist. Er möchte am liebsten eine nette, mütterliche Dame im Haus haben, die gegen ein Uhr ein großes Pfannenfrühstück zubereitet – aber auch je nach Bedarf zu anderen Tageszeiten. Wenn Jane nicht arbeitet, übernimmt sie einen großen Teil der Kocherei und ist dabei sehr tüchtig.

Im Erdgeschoß liegen die Küche, die sehr groß und gut ausgestattet ist, ein großes vornehmes Eßzimmer, das völlig unbenutzt wirkt, und nach hinten hinaus sein Wohnzimmer, das am meisten bewohnte von allen Beatle-Zimmern. Es ist sehr geräumig und behaglich und hat Fenstertüren, die auf den hinteren Garten hinausgehen. In ihm steht eine große Garnitur aus der Zeit Eduards VII. mit einem mattgrünen, ein wenig verblichenen Bezug. Im Wohnzimmer befindet sich auch ein großer Holztisch, an dem die meisten Mahlzeiten eingenommen werden – weit mehr als im Eßzimmer. Für gewöhnlich liegt eine altmodische weiße Spitzendecke darauf, die sehr nach der Eleganz der Arbeiterklasse aussieht. Im allgemeinen herrscht in diesem Zimmer ein Chaos. Überall liegt etwas herum, Nippsachen, Taschenlampen, Päckchen, Zeitungen und Teile von Apparaten. Dort versammeln sich die Beatles, Malcolm, Neil und andere vor Beginn der Schallplattenaufnahmen und meistens auch dann, wenn sie gerade in London sind. Der Raum wirkt anspruchslos wohnlich. »Wo ich auch gewohnt habe, immer hat es so geendet. In Forthlin war es das gleiche. Der äußere Eindruck mag jetzt etwas anders sein, zum Beispiel der große Farbfernseher, aber die Atmosphäre bleibt doch immer dieselbe.«

Im ersten Stock befindet sich Pauls Schlafzimmer, ein großer L-förmiger Raum, in dem ein extravagantes Bett mit mächtigem geschnitzten Kopfteil steht. Jane hat ihm geholfen, dieses Zimmer einzurichten. Es gibt noch zwei weitere Schlafzimmer. Ganz oben hat er sein Arbeitszimmer, wo er und John den größten Teil ihrer mühseligen Plackerei hinter sich bringen, wenn sie noch ein paar Songs brauchen, um eine Langspielplatte aufzufüllen. Dort hat er auch die Paolozzi-Skulptur stehen, ein sehr interessantes Stück. Paolozzi war Stu Sutcliffes Idol und Lehrer.

Die berühmte Martha (wer nicht glaubt, daß sie berühmt ist, braucht nur den »Beatles Monthly« zu lesen) ist ein sehr großer, zottiger, gutmütiger alter englischer Schäferhund. Martha ist gutmütig, auch wenn sie ein paar Flöhe hat. Sie besitzt für ihre regelmäßigen Streifzüge eine Klapptür in den Garten hinaus, aber Paul versucht, sooft er nur kann, sie zu einem richtigen Spaziergang auszuführen. Für gewöhnlich geht er mit ihr nach Primrose Hill oder Regents Park. Einmal ist er mit ihr nach Hampstead Heath hinausgefahren. Doch dort bekam Martha einen Koller. Seitdem hat er sie nicht mehr hingeführt. Es gibt auch einige Katzen, eine mit Namen Thisby, und mehrere Kätzchen, deren Zahl sich von Tag zu Tag zu ändern scheint. Alle Beatles haben Katzen (und alle Katzengeburten werden im »Beatles Monthly« getreulich registriert).

Paul gelingt es erstaunlicherweise, seine Spaziergänge mit Martha hinter sich zu bringen, ohne daß er erkannt wird. Niemals wissen die Fans, wohin er fährt, wenn er mit seinem Wagen hinausjagt. Im Park schlägt er für gewöhnlich den Jackenkragen hoch und sucht die entlegensten Winkel auf, wo er nur älteren Hundeliebhabern begegnet, die sich mehr für die riesige Martha als für Paul interessieren.

Er grüßt auch die anderen Leute und führt mit ihnen höflich Hundegespräche. Oft ruft er den Leuten etwas zu, die er einigermaßen kennt. Die anderen Beatles würden das niemals tun. Sie sind nicht so gesellig wie Paul. Eines Tages befand er sich auf Primrose Hill, als er einen Schauspieler erblickte, den er flüchtig kannte. Er rief ihn an, aber der Schauspieler ging an ihm vorbei, als wollte er sagen: Ich kenne Sie nicht, also seien Sie so gut und lassen Sie mich mit Ihrem Geschrei in Frieden. Es war ein schrecklich snobistischer junger Schauspieler. Als er schließlich Paul doch noch erkannt hatte, erwiderte er allerdings den Gruß voller Eifer. Paul hatte ihn einmal durch Jane kennengelernt. Er hatte im gleichen Stück gespielt und Jane und Paul zum Essen eingeladen.

Paul fragte, wie es ihm ginge. Der Schauspieler antwortete sehr zurückhaltend, er habe möglicherweise die Chance, in einem

Stück in New York aufzutreten. »Ach was«, rief Paul. »Was für ein Stück?«

»Das kann ich nicht sagen«, erwiderte der Schauspieler und wurde noch verschlossener. »Entschuldigen Sie. Das tue ich niemals. Wenn etwas in Sicht ist, könnte man es dadurch verderben, daß man darüber spricht, meinen Sie nicht?« Paul lächelte und antwortete: »Ja, das mag sein.« – »Also, auf Wiedersehen«, sagte der Schauspieler. Er eilte davon, ruderte mit den Armen, blickte zu den Wolken auf und schien den schönen Tag mit vollen Atemzügen zu genießen. Man sah ihm fast an, wie er bereits die Regieanweisungen las.

»Seltsam«, sagte Paul, während er zu seinem Wagen zurückging, »daß Menschen wie er ganz einfach nicht abschalten können. Es ist ihm völlig unmöglich, sich ganz natürlich zu benehmen. Dennoch ist er in Ordnung. Er ist ein ganz netter Kerl, wenn er erst einmal abschaltet und ein paar Gläser getrunken hat. Damals, am Ende unseres gemeinsamen Abendessens, war es fast normal. Solche Leute tun mir eigentlich leid. Ihre Umwelt hat sie zu dem gemacht, was sie sind.

Als ich sechzehn war, noch ganz in der Entwicklung, unbeholfen und befangen, hätte ich alles darum gegeben, so ein Schauspieler zu sein, so gewandt und beherrscht, immer in allem so selbstsicher. Aber es hat sich gelohnt, dieses Stadium der Unsicherheit zu durchlaufen, denn jetzt kann ich natürlich sein. Jane hat durch ihre Herkunft aus dem Mittelstand ein wenig mit den gleichen Schwierigkeiten zu kämpfen. Sie kann gar nichts dafür. Es liegt daran, wie die Menschen erzogen worden sind.«

Jane und Paul sind zwei Menschen, die sich sehr lieben und sehr liebenswert sind. Darüber sind sich alle einig. Von Anfang an hat Jim McCartney gesagt, nichts würde ihn glücklicher machen als eine Heirat der beiden.

Jane Asher entstammt einer Akademikerfamilie aus dem Londoner Mittelstand. Ihr Vater ist Arzt, ihre Mutter Musiklehrerin. Schon als Kind trat sie in Filmen und auf der Bühne auf. Paul lernte sie im Mai 1963 bei einem Popkonzert in der Albert Hall kennen. Sie war damals siebzehn und schon in einem Fernsehprogramm mit Popmusik aufgetreten. Die »Radio Times« hatte sie aufgefordert, zusammen mit einem Reporter in dieses Konzert zu gehen und als Teenager ihre Meinung über die verschiedenen Gruppen zu äußern. Sie erklärte damals, die einzigen, derentwegen sich zu schreien lohne, seien die Beatles. Und der Beatle, der ihr am meisten gefiel, war George.

Aber Paul, der stets die Stars entdeckte, hatte auch sie erkannt und ihr etwas nachgerufen. Gleich stürzten die anderen auf sie zu und redeten auf sie ein. »Wir alle riefen: ›Willst du uns heiraten?‹«, erzählt Paul, »das sagten wir nämlich damals zu allen Mädchen.« Sie luden sie in ihr Hotel, ins Royal Court, zu einem Drink ein. »Ein phantastischer Londoner Käfer, von der Sorte, von der wir immer gehört hatten.« Schließlich ließen die anderen Paul und Jane allein. Sie verbrachten den Abend damit, von Soßen und ihren Lieblingsgerichten zu reden. »Mir wurde klar, das war das Mädchen für mich. Ich habe nicht versucht, sie anzufassen oder mit ihr zu schlafen. Ich sagte zu ihr: ›Du scheinst ein nettes Mädchen zu sein.‹«

»Sie konnten nicht glauben, daß ich noch unberührt war«, erzählt Jane.

Während der nächsten Wochen gingen sie viel miteinander aus. Oft zogen sie durch Soho. Noch erkannte niemand Paul, es war Anfang 1963, aber Jane kannten viele. Als er einmal von einem kurzen Urlaub aus Rom zurückkam, holten Jane und ihre Mutter ihn am Flugplatz ab. Er verpaßte den Anschluß nach Liverpool, aber Mrs. Asher erklärte, er könne bei ihnen übernachten. Paul wollte nicht. Ihm sagte die Vorstellung nicht zu, bei der Familie des Mädchens zu wohnen. Junge Leute aus der Arbeiterklasse tun so etwas nicht. Aber schließlich erklärte er sich einverstanden, für eine Nacht zu bleiben. Aus dieser Nacht wurden drei Nächte, dann drei Wochen und schließlich drei Jahre. Ohne daß die Fans davon Wind bekamen, wohnte Paul bis Ende 1966, als er sich sein eigenes Haus in St. John's Wood kaufte, immer, wenn er in London war, bei Janes Eltern.

Ein Abend mit den beiden ist wie ein Abend mit jedem anderen jungen Paar. Jane bereitete das Abendessen zu. Alles war vegetarisch; denn Paul ist genauso wie John und George gerade Vegetarier geworden. Jane trug das Essen auf. Der erste Gang bestand aus Avocados à la vinaigrette. Ihm folgte ein Gemüseauflauf. Sie tranken eine halbe Flasche Weißwein dazu.

Während des ganzen Essens klingelten Fans an der Haustür. In dieser Zeit war eben wieder einmal kein Hauspersonal da. Jedesmal stand Jane auf und ging zur Sprechanlage. Sie war sehr höflich und bat, sie möchten doch so gut sein und ein wenig warten, da sie noch bei Tisch säßen. Zu dieser Tageszeit hätte sich Paul, nachdem Fans Dutzende von Malen an der Haustür geklingelt hatten, nicht mehr die Mühe gegeben. Er hatte inzwischen aufgehört, darauf zu reagieren, so wie damals, als Brian

Epstein draußen klingelte und nicht eingelassen wurde. Schließlich überredete sie Paul dazu, an die Tür zu gehen, obwohl er noch nicht mit dem Essen fertig war. Er verzog das Gesicht zu einem etwas gequälten Lächeln, ging aber dann doch hinaus und gab allen Mädchen, die so lange gewartet hatten, sein Autogramm.

Nach dem Essen holten sie ein paar Fotos heraus, die sie während ihrer Ferien in Schottland aufgenommen hatten. Paul besitzt ein Haus in einem entlegenen Teil von Argyllshire, wo sie gewöhnlich mindestens eine Woche im Jahr verbringen. Dann schauten sie sich das Farbfernsehprogramm an und gingen zu Bett.

Dieser Abend verlief vielleicht ruhiger als gewöhnlich. Paul hat sonst öfters Freunde bei sich. Er lädt sie ein. Während der fünf Monate, in denen Jane in Amerika auftrat, geschah das sehr häufig. Bei den anderen Beatles ist es seltener der Fall, was jedoch zum Teil daran liegt, daß sie weiter außerhalb wohnen.

Wenn sie an einer Langspielplatte arbeiten, herrscht ein ständiges Kommen und Gehen. Paul hat jetzt die Führung übernommen, sogar schon vor Brians Tod. Er organisiert die meisten ihrer Unternehmungen.

Während der Diskussionen über die Hülle für »Sergeant Pepper« kam der Maler Peter Blake öfters zu Paul. John war für gewöhnlich auch anwesend, ebenso wie Terry Doran. Kurz nachdem Peter Blake eines Nachmittags gegangen war, trat Pauls damaliger Butler ins Wohnzimmer, um ihm zu melden, daß ein Geistlicher am Gartentor stände. Alle lachten auf.

Jemand sagte, es müsse doch wohl ein Witz sein. Paul sah John an. Offensichtlich wollte John auf keinen Fall mit irgendeinem Geistlichen zusammentreffen. Paul sagte seinem Butler, er solle ihn irgendwie loswerden. Terry meinte, wahrscheinlich sei es ein verkleideter Fernsehschauspieler. Sie lachten. Paul erklärte, vielleicht sollte Terry es übernehmen und ihm höflich mitteilen, Paul sei nicht zu Hause. Als Terry das Zimmer schon halb durchquert hatte, rief Paul: »Nein, lassen wir ihn doch ein, was? Wenn er annehmbar aussieht, könnte es interessant werden.« Terry kehrte vom Eingang zurück und berichtete, er sähe ordentlich und anständig aus. Also ließ man die elektronisch gesteuerten Tore aufschwingen und den Geistlichen eintreten.

Der Vikar, ein gepflegter Mann mittleren Alters, betrat sehr nervös das Wohnzimmer. Alle lächelten ihn höflich an. Paul forderte ihn auf, sich zu setzen. Er entschuldigte sich, bei ihnen eingedrungen zu sein, obwohl er wüßte, daß sie soviel zu tun hätten, so entsetzlich beschäftigt wären, das wüßte er. Er legte ihnen sozusagen bereits die Entschuldigungen in den Mund, was immer er nun von ihnen erbitten wollte. Er war offensichtlich sehr erstaunt, überhaupt eingelassen worden zu sein. Er erwartete, gleich wieder 'rausgeworfen zu werden. Paul fragte ihn nach seinem Anliegen.

Der Vikar wandte sich Paul zu, den er inzwischen offenbar erkannt hatte. Er erklärte ihm, daß er zu seiner Gemeinde gehöre. Die Sache sei die: Sie wollten ein Gartenfest geben, und da habe er sich gefragt, ob vielleicht Paul hinkommen, nur eine Sekunde mal hereinschauen könnte. Natürlich wisse er, wie beschäftigt sie seien. Es sei erstaunlich, was sie alles getan hätten. Sie müßten sehr viel zu tun haben, das glaube er.

»Nein, das tue ich niemals«, erklärte Paul. »Natürlich, natürlich«, erwiderte der Vikar hastig, »das konnte ich auch nicht erwarten. Sie sind ja so beschäftigt. Das wußte ich. So beschäftigt.«

»Nein, das sind wir nicht«, entgegnete Paul. »Daran liegt es ganz und gar nicht. Es wäre nur nicht richtig, weil ich nicht gläubig bin, nicht wahr?« Paul lächelte. Der Vikar lächelte ebenfalls, hörte nicht hin und nickte nur zustimmend zu allem, was Paul sagte.

»Warum liefern Sie nicht ein besseres Erzeugnis«, fuhr Paul fort, noch immer freundlich lächelnd, »anstatt es mit solchen Vögeln, wie wir es sind, zu versuchen?«

»Ach, Sie haben völlig recht, völlig recht. Wir versuchen es. Wir geben uns alle Mühe, alle heranzuziehen. Nächste Woche machen wir einen Gottesdienst für alle Konfessionen . . .«

»Das wäre als Anfang ganz hübsch«, meinte Paul. »Aber wenn wir zu Ihrem Gartenfest kämen, müßten wir bestimmt bis zum Ende bleiben, meinen Sie nicht?«

»Sie haben völlig recht«, antwortete der Vikar. »Und Sie sind doch so beschäftigt. Ich könnte es gar nicht von Ihnen erwarten, daß Sie kommen, Sie haben ja so viel zu tun . . .«

Paul versuchte erst gar nicht mehr, noch einmal zu erklären, daß das nicht der Grund war. Der Vikar stand lächelnd auf, und alle anderen erhoben sich ebenfalls. Er verabschiedete sich von allen, lächelte ihnen mit ernstem Gesicht zu und dankte ihnen für die Zeit, die sie ihm geopfert hatten. Paul begleitete ihn zur Tür. Als er das Zimmer verließ, drehte er sich noch einmal um und sagte zu allen: »Ich nehme an, daß Sie *alle* weltberühmt sind.« Damit ging er.

Hinterher sagten alle, wie nett er gewesen sei. John freute besonders, daß er ihn nicht erkannt hatte.

Es war etwa fünf Uhr. Mrs. Mills, Pauls damalige Wirtschafterin, trug Frühstück auf: Setzeier, Speck und Blutwurst. Sie brachte auch einen Haufen aufgeschnittener, bereits mit Butter bestrichener Brotscheiben und kannenweise Tee.

George und Ringo kamen, dann auch Neil und Malcolm, und alle tranken sie Tee. Schließlich gingen sie ins Aufnahmestudio hinüber.

Aber Paul wird nicht nur von den Beatles oder Leuten besucht, die mit der Schallplatte zu tun haben, an der sie gerade arbeiten, sondern häufig auch von seinen Verwandten aus Liverpool, die dann bei ihm wohnen. Jim, sein Vater, seine Stiefmutter Angie und Ruth, seine Stiefschwester, bleiben oft eine Woche bei ihm. Außerdem kommen noch Tanten und Onkel. Von allen Beatles reist Paul am häufigsten nach Liverpool. John geht überhaupt nicht hin. Jetzt, wo Mimi in Bournemouth wohnt, hat er in Liverpool keine Verwandten mehr. George fährt ziemlich oft nach Warrington, um seine Eltern zu besuchen, und das gilt auch für Ringo. Paul dagegen fährt oft zum Wochenende hinüber, wenn ihn plötzlich die Lust dazu überkommt, falls Jane nicht da ist und gerade keine Arbeit vorliegt. Häufig begleitet Jane ihn auch.

Michael McCartney, Pauls Bruder, ist wahrscheinlich der häufigste Besucher aus Liverpool, vor allem seit seine eigenen Platten Erfolg in London haben.

Ständig scheint das Telefon zu klingeln. Es gibt zwei Nummern. Beide stehen nicht im Telefonbuch. Aber wie oft die Nummern auch gewechselt werden, die Fans finden sie doch immer wieder heraus. Paul geht selber ans Telefon, immer mit verstellter Stimme. Es ist nicht schwierig, den Fan an der ehrfürchtigen Stille zu erkennen. In diesen Fällen legt er auf, ohne gesprochen zu haben.

»O ja, hallo«, sagte er am Telefon noch immer mit verstellter Stimme, aber durch seine Art zu reden verriet er, wer er war. Der Anrufer war ein bekannter Disc-Jockey, der ihn einlud, am Sonntag herüberzukommen und etwas zu reiten. »Ja, vielleicht komme ich«, antwortete Paul höflich, ohne es jedoch bestimmt zu versprechen. Er schnitt Fratzen ins Telefon, während der andere ihm von den hervorragenden Reitmöglichkeiten vorschwärmte. »Ja, großartig, ja. Also O. K., vielleicht komme ich. Bis dann.«

Wieder klingelte das Telefon. Es war sein Vater, der sich bei ihm nach seiner für das Wochenende vorgesehenen Reise nach Liverpool erkundigte.

»Um wieviel Uhr wirst du kommen, mein Junge?« fragte Jim McCartney. »Nur damit ich vorbereitet bin.«

»Vorbereitet wofür?« fragte Paul.

»Ach, du weißt doch, man will alles vorbereitet haben.«

»Sei doch nicht albern, Vater. Ich möchte auf keinen Fall, daß ihr da etwas vorbereitet. Wenn ich komme, bin ich da.«

Damals in Deutschland betrachtete Astrid Kirchherr Pauls Charme anfänglich voller Mißtrauen. Allerdings hatte auch sein Verhältnis zu Stu etwas damit zu tun. »Es machte mir Angst, daß jemand immer so nett sein könnte. Aber das ist dumm. Es ist doch lächerlich, sich in Gesellschaft ekelhafter Leute sicher zu fühlen, nur weil man meint, bei ihnen wüßte man wenigstens, woran man ist. Es ist albern, netten Leuten gegenüber vorsichtig zu sein.« Paul hat sein freundliches Wesen weitgehend von seinem Vater. Michael, sein Bruder, hat es auch. Mit siebzehn, als sich die anderen gegen ihre Eltern auflehnten, war Paul der einzige, der auf seinen Vater und seine kleinen Predigten hörte. Die anderen machten sich deshalb über ihn lustig.

Von allen Beatles lernt ein Außenstehender Paul am leichtesten kennen. Aber am Ende ist er dann doch derjenige, der am schwierigsten zu ergründen ist. Man hat ihm gegenüber das Gefühl, daß er einem etwas vorenthält und einem außerdem stets um einen Schritt voraus ist, daß er auf den Eindruck lauert, den er auf sein Gegenüber macht. Er ist ungemein selbstbewußt, was die anderen nicht sind. John ist es ohnehin gleichgültig, was Leute von ihm halten. Ringo ist zu erwachsen, um über solche Dinge nachzudenken, und George hat in mancher Hinsicht überhaupt kein Bewußtsein. Er ist über alles erhaben.

Paul ist erst mit sich selber ins reine gekommen, nachdem er eine Phase durchgemacht hatte, in der er sich bemühte, nicht so freundlich zu sein oder nicht so eifrig zu erscheinen. »Ich finde es viel anstrengender, mich *nicht* anzustrengen. Es widerstrebt meiner Natur mehr, es nicht zu tun. Also strenge ich mich lieber an.«

Pauls Gewohnheit, sich Mühe zu geben, indem er höflich war und angestrengt arbeitete, war für die Gruppe von wesentlicher Bedeutung. Seine Fähigkeit, das Publikum zu gewinnen, wurde von Brian ganz bewußt entwickelt. Aber schon vor Brians Zeit versorgte Paul das Publikum mit kurzen Mitteilungen über die Gruppe, schrieb Werbezettel und hielt kleine Reden.

Seit Brian Epsteins Tod war seine Energie für sie von ganz entscheidender Wichtigkeit. Jetzt ist Paul derjenige, der die

meisten Laufereien übernimmt. Aus diesem Grund kann man mit
einigem Recht behaupten, daß Paul in gewisser Weise der
Bandleader ist. Bei den Beatles von einem »Führer« zu reden, ist
aber heute genauso sinnlos wie eh und je. Paul ist der
Geschäftsmann, er ist der Antreiber. Er erledigt, was zu erledigen ist, und reißt die anderen mit sich. Aber große Entscheidungen werden nur getroffen, wenn alle einverstanden sind.
Sobald aber dies geschehen ist, setzt sich Paul in Bewegung und
gibt sich nicht mit halben Maßnahmen zufrieden. Einmal kam es
beim Probedruck der Hülle für »Sergeant Pepper« zu einer Ver-
zögerung. Er hatte kein Muster bekommen, und so rief er EMI an
und ließ sich eine Abteilung nach der anderen geben, bis er den
Schuldigen gefunden hatte. Er sagte den Leuten unmißverständlich seine Meinung. Das gewünschte Exemplar wurde ihm mit
vielen Entschuldigungen durch einen Boten überbracht.
Ein anderes Mal rief Paul anläßlich einiger Auseinandersetzungen mit EMI kurzerhand den Chef an, Sir Joseph Lockwood. Sir
Joseph bat Paul am Telefon, einen Augenblick zu warten. Dann
setzte er sich in seinen Rolls-Royce und erschien selber bei Paul,
um die Sache in Ordnung zu bringen.
Paul ist ehrgeizig. Er möchte, daß alles wie am Schnürchen läuft.
Bei ihm ist noch ein wenig von dem Ressentiment zurückgeblieben, das ihnen allen eine Zeitlang eigen war. Das rührte daher,
weil sie früher umhergestoßen und als ziemlich blöde angesehen
wurden. Er kann es nicht vertragen, daß man ihn insgeheim für
beschränkt hält. Eines Tages kam er sehr aufgebracht aus einer
Sitzung bei NEMS zurück. Er hatte dort versucht, die Anwesenden
davon zu überzeugen, was für eine gute Sache »Apple« sein
würde. Ihn ärgerte die Einstellung der anderen. »Sie halten uns
alle für beschränkt«, erklärte er und ging dabei aufgeregt in
seinem Wohnzimmer umher.
Die ganze Sache mit »Apple« ist Pauls Idee, und er ist die treibende Kraft. Schon vor Brian Epsteins Tod kamen die Dinge ins
Rollen, aber Paul hat das Ganze organisiert. John und die
anderen sind mit allem einverstanden und erscheinen zu allen
großen Versammlungen. Für Paul ist »Apple« ein gewaltiges
Unternehmen mit Geschäften, Nachtklubs, Studios und den
besten Kräften auf diesem Gebiet, von Kameraleuten und Inge-
nieuren bis zu Künstlern aller Art, Textdichtern und Komponisten.
»Wir wollen damit eine neue Umwelt schaffen. Eine Art Schirm,
unter dem Leute alles tun können, wozu sie Lust haben.

308

Tausende und Tausende von Pfund laufen über NEMS, ohne daß sie richtig verwendet werden. Man hat das ganze Geld für uns in irgendeiner Wohnungsbaugesellschaft oder sonstwo angelegt.

Aber es handelt sich dabei tatsächlich nur um ein Hobby, ebenso wie bei unserer Musik. Wir tun das zu unserem eigenen Vergnügen. Wenn wir ›Apple‹ ganz groß aufziehen, so tun wir das zu unserem eigenen Vergnügen. Man kann geschäftliche Besprechungen führen, die einen aufmuntern.«

Ohne Paul wäre aus der »Magical Mystery Tour« niemals etwas geworden. Während der fünfzehn Wochen warf er sich mit Leib und Seele hinein und führte in jeder Phase Regie. So war es für ihn zunächst eine Enttäuschung, als die Kritiken in Großbritannien so schlecht ausfielen. »Wir wußten von Anfang an, daß wir nur übten. Wir wußten, daß wir uns nicht genug Zeit ließen und die Sache auch nicht so machten, wie es sich gehört. Aber wenn man viel Zeit auf eine Sache verwendet hat, glaubt man am Ende doch vielleicht entgegen jedem besseren Wissen, daß sie etwas taugt. Selbst wenn sie nicht besonders gut ist. Jetzt bin ich froh, daß sie so schlecht aufgenommen wurde. Es wäre schlimm gewesen, mit all dem ungeschoren wegzukommen. Man fühlt sich dann herausgefordert, die Sache nochmals richtig anzufassen.«

Gleich nach der »Magical Mystery Tour« beschäftigte sich Paul mit dem Plan für einen abendfüllenden Film. Er und Jane sahen sich »A Man For All Seasons« an und wurden dadurch angeregt, etwas mit großangelegtem Hintergrund zu drehen. Dann dachte er an eine Liebesgeschichte. Warum sollten sie immer nur herumalbern? Schließlich kam ihm der Gedanke, einen Dokumentarfilm zu schaffen, zum Beispiel Liverpool während der Depression.

Paul und Jane verbringen wahrscheinlich mehr Zeit miteinander als die anderen Beatle-Paare. Sie verreisen zusammen, zum Beispiel in ihr Haus in Schottland. Jane möchte, daß Paul ganz aufs Land zieht, in ein stilleres, kleineres Haus, nicht in London. »Ich habe ihr immer zugeredet«, sagt Paul, »ich wollte, daß sie ihre Arbeit völlig aufgibt.«

»Das habe ich abgelehnt. Ich bin dazu erzogen worden, immer etwas zu tun. Und mir macht die Schauspielerei Spaß. Ich wollte sie nicht aufgeben.«

»Jetzt weiß ich, daß das albern war«, erklärt Paul. »Es war eine Art Versuch, dich aufzukaufen.«

Von Zeit zu Zeit wollte einer von ihnen heiraten. Aber dann wollte es der andere wieder nicht. Jane sagt, für gewöhnlich stand es im Zusammenhang mit den Beatles. Wenn alles schon so aussah, als sei es nun abgemacht und erledigt, dann geschah etwas, das sie wieder anderen Sinnes werden ließ. Paul behauptet, ihre Bühnentätigkeit sei schuld. Allerdings gibt er zu, daß sie damals fahren mußte, als die große Tournee nach Amerika auf sie zukam.

»Als ich nach fünf Monaten zurückkehrte, hatte sich Paul so sehr verändert. Er nahm LSD, wovon ich keine Ahnung hatte. Er konnte nur noch von den seelischen Erfahrungen reden, die er mit John zusammen erlebte. Den ganzen Tag trieben sich fünfzehn Leute im Haus herum. Es hatte sich verändert und war voller Zeug, das ich nicht kannte.«

Seit Janes Rückkehr verläuft Pauls Leben wieder in viel ruhigeren und geordneteren Bahnen. Im Gegensatz zu den anderen spricht Paul sich gern aus. Er bespricht alles mit Jane, und sie weiß, was er denkt.

»Ein anderes Problem«, sagt Paul, »liegt darin, daß ich so lange ein Junggesellendasein geführt habe. Ich behandelte Frauen nicht, wie die meisten anderen Leute es tun. Ich hatte immer viele um mich herum, selbst wenn ich eine feste Freundin hatte. Mein ganzes Leben war im allgemeinen sehr zügellos und keineswegs normal.

Ich wußte, es war egoistisch. Es führte zu einigen Auseinandersetzungen. Jane hat mich einmal verlassen und ist nach Bristol gefahren, um dort aufzutreten. Ich sagte: ›Okay, dann hau ab, ich werde schon eine andere finden.‹ Ohne sie war es aber entsetzlich.«

Damals schrieb er »I'm Looking Through You«. Jane hat ihn zu einigen seiner schönsten Songs angeregt, zum Beispiel zu »And I Love Her«.

Als sie sich am Weihnachtstag 1967 verlobten, gehörten alle diese Probleme der Vergangenheit an. Maharischi war längere Zeit der einzige kleinere Streitpunkt. Aber auch da ging alles freundschaftlich vor sich. Jane schwärmte nicht so für ihn, wie die anderen es taten. Sie behauptete, sie und Paul könnten aus eigener Kraft eine Durchgeistigung bewirken. Paul war von Maharischi nicht so stark beeindruckt wie George und John. Aber er war noch immer der Meinung, daß er ihm helfen und seine Fragen beantworten könnte.

Die Fragen, auf die er sich hier bezieht, gelten dem Sinn des Lebens und nicht den Beatles. Paul hat einige festumrissene Ansichten über die Beatles, ihre Wandlungen und die Zukunft.

»Wir haben unzählige oberflächliche Wandlungen durchgemacht, die nichts bedeuten und uns nicht geändert haben.

Es ist ähnlich wie in Luxushotels: Man lernt Avocados, Spinat und andere extravagante Gerichte würdigen. So ißt man sie ständig. Man gewöhnt sich an Wein, und eine Zeitlang ist es die Masche. Hat man erst einmal alles hinter sich, kann man wieder zurückkehren. Es wird einem klar, daß der Kellner nur dasteht, um einen zu fragen, was man möchte, und nicht, was andere von einem erwarten. Hat man also beim Mittagessen Lust auf Cornflakes, so bestellt man sie, ohne sich deplaciert vorzukommen.

Derartige Perioden kommen und gehen ständig. Ebenso wie ein Schnurrbart. Ich hatte mal einen, um die Leute zu verblüffen, nur zum Spaß. Nachdem es mir genügend Spaß gemacht hatte, nahm ich ihn eines Tages ab. Jetzt bin ich wieder dort, wo ich war. Wie mit dem Essen: Ich habe es durchprobiert, festgestellt, wie es war, und bin zum alten zurückgekehrt.

Das ist genauso, wie wenn man berühmte Stars kennenlernt: Bei der ersten Begegnung macht man die Phase der Entzückung durch. Dann stellt man fest, daß sie genauso sind wie die anderen auch. Die ganze Zeit über hat man zwar gedacht, daß sie genauso sind wie die anderen auch. Aber man mußte es erst einmal selber erfahren, um dessen sicher zu sein.

Stets kehrten wir zu uns selber zurück, weil wir uns niemals verändern. Wir sind vielleicht A plus Eins, wobei wir Eins mit grauen Anzügen gleichsetzen. Das wäre also die Periode des grauen Anzugs. Dann kommt A plus Zwei, und das sind die Blumenhemden. Aber die ganze Zeit über sind wir als A noch immer da. Schließlich endet man mit A plus Tod. Entschuldigen Sie all das gescheite Gerede. Wenn ich ins Reden komme, kann ich nicht mehr aufhören.

Aber sehen Sie, alle diese Veränderungen, die physischen, sind doch nur oberflächlich. Man gerät in eine Periode hinein. Doch sie reißt einen nicht für alle Zeit mit; denn je mehr man weiß, desto weniger weiß man. Und man hat immer noch einander als Sicherheitsventil.

Alles läuft darauf hinaus, daß wir Beatles immer gleichsam eine Person sind. Wir sind nichts weiter als vier Teile der einen Person. Wir sind Individuen. Aber miteinander bilden wir die Gefährten, und das ist eine Person. Wenn einer von uns, die eine Seite der Gefährten, sich nach einer Seite überneigt, folgen wir ihm alle, oder wir ziehen ihn zurück. Wir alle fügen dem Ganzen etwas anderes hinzu.

Ringo – er ist sehr sentimental. Er liebt *soul music*. Das hat er immer getan, aber wir haben es lange nicht erkannt, bis er es uns gezeigt hat. Wahrscheinlich schreiben wir deshalb diese Art Songs für ihn, mit sentimentalen Partien darin, zum Beispiel ›A Little Help From My Friends‹.

George – er ist in seinen Ansichten sehr entschieden, und hat er sich erst einmal entschlossen, dann setzt er sich auch voll ein. Nur dank George haben wir vier in vielem fest umrissene Ansichten. Wir passen, was in ihm ist, unseren eigenen Zwecken an. Wir alle nehmen von jedem anderen das, was wir haben möchten oder brauchen.

John – er ist voller Dynamik. Er ist ein ganz Schneller. Er sieht Neues auftauchen, und schon ist er auf und davon.

Ich, ich bin konservativ. Ich habe das Bedürfnis, Dinge nachzuprüfen. Ich habe als letzter Marihuana, LSD und geblümte Hemden ausprobiert. Ich bin viel langsamer als John, und bei mir ist es am wenigsten wahrscheinlich, daß ich mit Glanz durchs Ziel gehe.

Als eine neue Fender-Gitarre aufkam, zogen John und George sofort los und kauften eine. John, weil sie neu war, und George, weil er sich entschlossen hatte, eine zu haben. Ich dachte längere Zeit darüber nach, stellte fest, daß ich das Geld dazu hatte, aber wartete noch ein bißchen.

Von uns vieren bin ich ganz einfach der Konservative. Nicht im Vergleich zu Menschen außerhalb unseres Kreises. Verglichen mit meiner Familie bin ich ein Monstrum.

Wir spielen im Grunde noch immer die gleichen Rollen, denn das sind wir selber. Aber wir alle scheinen uns ständig zu verändern, weil wir uns nicht einordnen. Dieses Bestreben, sich nicht einzuordnen, ständig etwas anderes tun zu wollen, macht das Andersartige unserer Musik aus.

Die ältere Generation hat ständig gearbeitet, um Stellung und Rang im Leben zu erringen, bestimmte Kleider, einen gewissen festen Platz, und damit Schluß. Wir hatten das Glück, daß uns mit 25 Jahren klar wurde, wir könnten uns jeden Platz leisten, den wir nur haben wollten. Ich könnte mich jetzt in meinem Sessel zurücklehnen und bis zu meinem siebzigsten Lebensjahr Direktor eines Unternehmens sein. Aber ich könnte nicht mehr soviel lernen, weil ich nichts Neues mehr ausprobieren würde. Man kann über das Leben genausoviel erfahren, indem man die ganze Zeit über eine Furche zieht. Aber man läuft Gefahr, engstirnig zu werden.

Niemals haben wir uns eingeordnet. Die Leute haben uns gesagt, wir müßten eine bestimmte Richtung einschlagen, aber wir haben ihnen niemals geglaubt. Die Leute haben uns erklärt, wir müßten den Schulblazer tragen. Wenn man genug Selbstvertrauen hat, braucht man nicht sein ganzes Leben lang einen Schulblazer zu tragen, auch wenn viele Menschen es als unerläßlich betrachten. Wir lernen nicht, Architekten oder Maler oder Schriftsteller zu sein. Wir lernen: zu sein. Das ist alles.«

George

George besitzt einen sehr langen, einstöckigen, hell gestrichenen Bungalow in Esher. Er liegt auf einem Privatgelände, das dem National Trust gehört, sehr ähnlich der Anlage, in der John und Ringo leben. Man betritt das Gelände durch ein Tor von der Hauptstraße aus und hat den Eindruck, sich in einem mit Bäumen bestandenen Park einer herrschaftlichen Besitzung zu befinden. Zunächst sind keine Häuser zu sehen. Sie sind von der Straße aus nicht zu erblicken, liegen sehr verborgen und sehen äußerst vornehm aus. Sie haben Namen, aber keine Nummern, und so ist es unmöglich, sich zurechtzufinden. Georges Haus ist am schwierigsten aufzuspüren. Der Name seines Hauses, »Kinfauns«, steht nirgends.

Der Bungalow hat zwei Flügel, die auf der Rückseite einen rechteckigen Hof abgrenzen. Dort hat er ein geheiztes Schwimmbecken. Die Außenmauern wurden von George mit hellen, leuchtenden Farben gestrichen oder gespritzt. Von seinem Garten aus wirkt sein Haus wie eine psychedelische Fata Morgana.

Im Innern ist der Küchentrakt hervorragend ausgeführt. Die Einrichtung und die Wände sind aus Föhrenholz, und die Küchengeräte sehen aus wie aus einer Zeitschrift für Moderne Wohnkultur. Die ganze Küche könnte aus der Farbbeilage eines Katalogs über die Küche des Jahres 1968 stammen. Das große Wohnzimmer hat zwei riesige, kreisrunde Fenster. Sie reichen vom Fußboden bis zur Decke.

Goldene Beatle-Schallplatten oder andere Andenken sind nicht zu sehen. Das Haus könnte einem sehr modernen jungen Architekten oder Modezeichner gehören, der einige Zeit in Asien gelebt hat. In der Mitte des Wohnraums stehen ein paar niedrige Tische, umgeben von Sitzkissen aus Leder – ganz nach arabischem Vorbild. Stühle sind nirgends zu sehen.

Neben einem der Tische steht ein reichverzierte Wasserpfeife. George saß mit gekreuzten Beinen am Boden und zog neue Saiten auf seiner Sitar ein. Er trug ein langes weißes indisches Hemd. Auf dem Tisch brannte in einem zierlichen Halter ein Räucherstäbchen und füllte den Raum mit süßem Weihrauchduft. »Ich persönlich mache mir nicht mehr das geringste daraus, ein Beatle zu sein. Diese ganze Beatle-Sache ist trivial und unwichtig. Ich habe genug von all diesem Zeug. Ich und wir und all diese sinnlosen Dinge, die wir treiben. Ich versuche Lösungen für die wichtigeren Dinge im Leben zu finden.

Darüber nachzudenken, ein Beatle zu sein, ist ein Rückschritt. Mich interessiert mehr die Zukunft. Aber ich würde ein halbes Jahr brauchen, nur um Ihnen genau auseinanderzusetzen, woran ich glaube – all die Hindu-Theorien, die philosophischen Systeme des Ostens, die Wiedergeburt und die transzendentale Meditation. Wenn man erst einmal diese Dinge zu begreifen beginnt, wird einem bewußt, wie sinnlos alles andere ist. Ich weiß, daß dies für Menschen, die auf die übliche Weise an Gott glauben, sehr weit hergeholt klingt.«

Das Telefon läutete, und George nahm den Hörer ab. Ein unterdrücktes Kichern war zu hören. »Weinhandlung Esher«, sagte George grob und ungeduldig. »Nein, tut mir leid.« Er legte auf.

In der Küche saßen Pattie und ihre Schwester Jennie, die gerade zu Besuch gekommen war, und stickten. Beide trugen sie asiatische Apple-Boutique-Kleider. Mit einem leichten Lächeln auf den Gesichtern saßen sie ganz ruhig und feierlich da und arbeiteten an ihrer Stickerei. Man hörte von nebenan die Klänge der Sitar: George begann zu üben. Die Szene wirkte fast mittelalterlich.

Von allen Frauen der Beatles hat Pattie am wenigsten Hilfe im Haus. Allerdings wird sie, wenn sie erst einmal Kinder hat, zweifellos mehr Hilfe bekommen. Jetzt haben sie eine Putzfrau, die für den ganzen Tag kommt. Margaret heißt sie. Für gewöhnlich ißt sie, wie zur Familie gehörig, mit ihnen zusammen, was bei keinem der Bediensteten der anderen Beatles der Fall ist. Margaret erledigt den größten Teil der Hausarbeit, und Pattie übernimmt das Kochen. Im allgemeinen trocknet Pattie das Geschirr ab und hilft beim Aufräumen. »Das Haus ist nicht so

Die Harrisons: Pattie und George (Foto © Ringo Starr)

groß, wie es aussieht. Aber es steht so viel Zeug herum. Wenn ich noch mehr Leute zur Hilfe hätte, würden sie mehr stören, als sie wert sind.«

Pattie kauft auch selber in einem Supermarkt am Ort ein. Sie hatte gerade eine Tafel Schokolade gekauft, die, wie sie sagte, nach Seife schmeckte. Sie hat sie mit einem Beschwerdebrief zurückgeschickt. Sie hat ihn nicht mit ihrem eigenen Namen unterschrieben – denn sie hat von George gelernt, nach Möglichkeit jedes Aufsehen in der Öffentlichkeit zu vermeiden. Sie hat Margarets Namen daruntergesetzt und hofft nun auf drei kostenlose Tafeln als Entschädigung.

Von allen Frauen der Beatles kommt sie in ihren Interessen denen ihres Mannes vielleicht am nächsten. Beide sind sie sehr modern in ihrer Ehe, so wie nach den ständigen Berichten von Zeitschriften moderne Ehen sind. Mehr als die anderen Frauen nimmt sie an den Interessen ihres Mannes teil. Sie hat von Anfang an sein Interesse an indischer Kultur geteilt und alle weiteren Entwicklungen miterlebt.

Sie hat sich etwas Freiheit und Unabhängigkeit bewahrt und arbeitet noch immer gelegentlich als Fotomodell.

Alle, die im Verlauf der Jahre den Beatles nähergekommen sind, sagen, daß sich George am meisten verändert hat. Sogar Fans, die Georges Entwicklung innerhalb eines verhältnismäßig kurzen Zeitraums verfolgt haben, behaupten dies. Eine Zeitlang wurde er von vielen als der am besten aussehende Beatle betrachtet. Nun aber beklagen sich Fans ständig darüber, daß George sein Haar und seinen Schnurrbart allzu unordentlich und ungepflegt wuchern läßt.

Das aber ist nur eine oberflächliche Veränderung. Die Veränderungen in seinem Innern sind von weit größerer Bedeutung. George war der Jüngste und wurde auch lange Zeit von den anderen so behandelt. Im Vergleich zu John und Paul sahen die meisten Menschen, die alle drei kannten, in George immer nur einen Jungen. John und Paul waren körperlich und ihrer Begabung nach frühreif. Lange bevor George auch nur daran dachte, schrieben sie bereits ihre Songs.

George hatte einen leichten Minderwertigkeitskomplex. Es war nichts weiter Ernsthaftes, eher eine Art Heldenverehrung, die John galt. Cyn erinnert sich noch, wie er ständig herumsaß, wenn sie John für sich haben wollte. Das gleiche gilt für Astrid, wenn sie mit Stu allein sein wollte.

In der Schule tat er sich ganz und gar nicht hervor und zeigte auch keinerlei Spuren irgendwelcher anderer Begabungen, wie es bei Paul der Fall war. Er hat eine ganz gewöhnliche Lehre angetreten. Vergleicht man ihn mit Paul, dem intelligenten Oberschüler, und John, dem Kunststudenten, so könnte man ungerechterweise der Ansicht sein, George könne sich mit den anderen nicht messen.

»Er war ein reizender kleiner Junge«, erzählt Astrid aus ihrer Hamburger Zeit. »Er war ganz einfach der kleine George. Niemals gaben wir über ihn in der einen oder anderen Richtung ein Urteil ab, so wie wir darüber sprachen, wie intelligent oder gescheit Stu, John und Paul waren. Er entwickelte sich auch nicht so schnell wie die anderen. Aber er war nicht dumm. Das hat niemand auch nur für einen Augenblick geglaubt. Er riß herrliche Witze und machte sich über sich selber lustig, weil er so jung war. Damals gab ich ihnen allen Weihnachtsgeschenke, alle verpackt. John öffnete das seine als erster, und es war die Olympia-Press-Ausgabe des Marquis de Sade. George griff zu seinem Päckchen und rief: ›Was ist denn nun in meinem? Comics?‹«

Natürlich hatte George immer seine Gitarre, wenn auch offenbar nichts anderes. Er war darin, sie richtig in den Griff zu bekommen, sogar noch fanatischer als Paul oder John, und schließlich war er viel besser als sie. Auf der Bühne lächelte er selten. Er war viel zu sehr damit beschäftigt, sich zu konzentrieren. Aber lange Zeit wollte er nichts anderes versuchen, zum Beispiel zeichnen. Er glaubte, nicht begabt genug zu sein.

Seit Ende des Jahres 1966 jedoch beschäftigt sich George mit allen möglichen Dingen. Er war der erste, der sich von der Beatlemanie befreite und über sie hinausging. Die anderen beneideten ihn um seine neuen leidenschaftlichen Interessen, während sie selber dem Leben noch wenig abzugewinnen vermochten. In mancher Hinsicht wurde er sogar der Anführer. Nicht daß er es darauf angelegt hätte. Vielmehr kamen ganz einfach die anderen zu ihm und folgten seinen Interessen.

George ist heute derjenige, der die anderen Beatles am wenigsten nötig hat. Die anderen geben zu, daß sie einander während jener Monate nach Beendigung der Tourneen vermißt hätten, wo jeder seinen eigenen Weg zu gehen versuchte. »Mir haben sie überhaupt nicht gefehlt«, sagt George. »Aber es war wunderbar, aus Indien nach Hause zu kommen und ihnen von allen diesen Dingen zu berichten.«

»George vermißt keinen der anderen«, erklärt Pattie. »Er ist sehr unabhängig und löst sich immer mehr von ihnen. Er hat etwas gefunden, das stärker ist als die Beatles, obwohl er noch immer möchte, daß sie daran teilhaben. Er ist die Quelle, aber er möchte, daß die anderen mitmachen.«

Da Georges leidenschaftliche Interessen indische Religion und Musik sind, berühren ihn alle Nebenerscheinungen des Beatle-Daseins nicht mehr. Dabei war er früher einmal von allen Beatles derjenige, der von der Tatsache, ein Millionär zu sein, am stärksten besessen war. Er war es auch gewesen, der Brian Epstein wegen ihrer Verträge laufend ins Gebet genommen hatte.

Gewissen Dingen wie Autogrammen und Telefonanrufen vermag er sich nicht zu entziehen. Aber in diesen Fällen ist er zuweilen als einziger unhöflich. Einen Augenblick lang vergißt er die Zusammenhänge und reagiert gereizt auf Fremde, die in sein Leben eindringen. Im Zug nach Bangor war er sehr verärgert über Frauen, die ihm durch ihre Autogrammbitten seine Teestunde verdarben. Die anderen, die resigniert drauflos unterschrieben, mußten ihn mahnen, seinem Zorn doch nicht zu sehr die Zügel schießen zu lassen.

Empfindlicher als die anderen reagiert George auf jede Art von Publizität. Alles, was über ihn in die Zeitungen gelangt, weckt seinen Zorn. Das weiß Pattie am besten, wenn sie versehentlich einmal die Ursache ist.

Selbst nach zwei Jahren Ehe hat sich Pattie noch immer nicht an all das Aufsehen in der Öffentlichkeit und an die Aufmerksamkeit gewöhnt, die ihnen seitens der Presse zuteil wird. »Immer wieder denke ich, diesmal geht es in Ordnung. Niemand wird es erfahren, und selbst wenn sie es erfahren, wird sich keiner darum kümmern. Damals, bei der Reise nach Los Angeles im vergangenen Jahr, habe ich gedacht, es würde O.K. sein. Zu meinem Entsetzen waren aber Fernsehkameras aufgebaut, und Hunderte von kreischenden Mädchen waren da.

Als wir 1964 nach Tahiti reisten, war die Beatlemanie auf ihrem Höhepunkt. So gaben wir uns alle Mühe, die Reise geheimzuhalten. Neil und ich reisten unter falschen Namen nach Amsterdam und von dort nach Tahiti weiter, um mit George zusammenzutreffen. Aber trotzdem ist man uns auf die Schliche gekommen. Es war einfach unmöglich, sich all dem zu entziehen. Da konnte man tun, was man wollte.

Heute ist es schon ein bißchen besser, aber außerhalb Englands ist es noch immer schlimm. Auf dem Londoner Flughafen gelingt es einem vielleicht, unauffällig ins Flugzeug zu kommen. Aber diese entsetzliche englische Presse telegrafiert es dann an die Presse am Landeplatz, und schon kommt alles angelaufen.

In der Nacht ist es nicht so schlimm. Neulich sind wir aus einem Restaurant herausgekommen und ein paar Straßen entlanggegangen, ohne verfolgt zu werden.

Aber ich kann mich nicht über die Fans beruhigen, die sich sogar jetzt ums Haus herumtreiben. Sie kommen in den Garten und flitzen umher. Sie dringen sogar ins Haus ein. Neulich waren sie in unserem Schlafzimmer und haben eine Hose von mir und Georges Schlafanzug gestohlen.«

Obwohl George sie davor gewarnt hatte, hat sie doch gelegentlich, ohne es zu wollen, Aufsehen erregt. Eines Tages erhielt sie mit der Post einen Brief von einem alten Mann, der darum bat, man solle ihm gebrauchte Brillengestelle schicken. Er erklärte, er erhalte sie in großen Mengen und leite sie nach Afrika weiter.

Sie hielt das für eine gute Sache, zog los und kaufte in Geschäften alle alten Brillengestelle auf, die sie nur finden konnte. Die Gläser nahm sie heraus und schickte dem alten Mann die Gestelle.

»Und schon brachte der ›Daily Mirror‹ etwas darüber. Der alte Mann schrieb mir und bedankte sich. Er sagte, diese Publizität hätte seiner Arbeit außerordentlich genützt. George war wütend.«

Wie alle anderen ist sie, sehr zu ihrer Überraschung, nur durch die Tatsache, die Frau eines Beatle zu sein, groben Belästigungen ausgesetzt gewesen.

»Am schlimmsten war es Weihnachten 1965. Da war eine Weihnachtsvorstellung, und ich ging mit Terry hin. Ich strich meine Haare ganz glatt zurück, um völlig anders auszusehen. Niemand sollte mich erkennen. Ich weiß nicht, wieso man mich trotzdem erkannt hat. Jedenfalls war es so, und einige haben angefangen, auf mich einzuschlagen. Sie zogen ihre Schuhe aus und schrien: ›Los! Die kaufen wir uns!‹ Ich wurde in die Enge getrieben. Sie warfen mit Gegenständen nach mir. Terry gelang es, mich zu einem Seitenausgang zu zerren, während die Mädchen nach mir traten, als wir uns durch sie hindurchkämpften. Einige kamen hinterher und begannen, wieder nach mir zu treten. Ich rief ihnen zu, sie sollten doch aufhören. ›Für wen hältst du dich denn eigentlich?‹ schrien sie. Und dann ging es los. Ich schlug einer ins Gesicht, und Terry drängte eine andere gegen die Wand und hielt sie dort fest. Alle schrien und fluchten. Schließlich kamen wir glücklich frei. Es waren gemeine kleine Mädchen. Sie waren halbe Portionen, nur dreizehn oder vierzehn Jahre alt. Ich weiß nicht, woher sie kamen.

Heute ist es nicht mehr so schlimm. Aber es kommt noch immer vor. Es ist nicht so lange her, daß Cyn auf der Straße angegriffen wurde. Ein Mädchen trat ihr gegen die Beine und rief, sie solle John in Ruhe lassen, sonst ... Ist das nicht ein tolles Stück, nach all den Jahren, die John und Cyn verheiratet sind!

Ich habe noch immer große Angst, wenn ich eine Bande von Mädchen auf der Straße sehe. Ich bringe es nicht über mich, ihnen zu begegnen. Ich muß umkehren. Immer glaube ich, sie werden mich vielleicht schlagen.«

Die Frau eines Beatle zu sein, führt, wie bei den Beatles selber, zu Schwierigkeiten in den Beziehungen zu alten wie zu neuen Freunden. Jennie, ihre Schwester, die in der Apple Boutique arbeitet, versteht sich sehr gut mit ihr und verbringt viel Zeit in ihrem Haus. Auch sie interessiert sich sehr für indische Religion und Kultur. Abgesehen von Jennie hat Pattie nur wenige gute Freundinnen.

»Die Leute machen plötzlich eine bissige Bemerkung: ›Bei dir ist es ja schön und gut, du kannst es dir leisten, so etwas zu tun.‹ Solche blöden Bemerkungen! Noch dazu alte Freundinnen, von denen man so dummes Zeug gar nicht erwartet hat.

Das kann einem auch bei Leuten passieren, die man eben erst kennengelernt hat. Man glaubt, das ist einmal ein netter Kerl, und dann sagen sie etwas, aus dem hervorgeht, daß sie einen für einen ganz anderen Menschen halten. Neulich habe ich ein wenig für ›Vogue‹ gearbeitet, und da sagte eine Frau plötzlich: ›Sie sind für mich kein Modell, sondern eine Berühmtheit.‹ Das bin ich nicht. Ich bin keine Schauspielerin, kein Star und nichts. Ich bin nur ich, so wie ich es immer gewesen bin.

Die Frauen müssen etwas zu tun haben, wenn die Männer stundenlang in den Aufnahmestudios sitzen. Aber dann haben wir es uns doch anders überlegt. Als nächstes wollten wir alle Esher verlassen und auf unseren Hundert-Morgen-Besitz auf dem Land ziehen, und dann war es wieder Griechenland oder irgendwo anders. Immer schwirren ein paar verrückte Ideen herum.

Ich würde gern etwas ganz selbständig tun. Ich habe angefangen, Klavier zu spielen, und eine Zeitlang Unterricht genommen. Aber es hätte zu lange gedauert, um es darin zu etwas zu bringen. Ich bin überzeugt, daß man alles schaffen kann, wenn man nur will, vorausgesetzt, man verwendet genügend Zeit darauf. Aber dafür war es für mich zu spät.

Dann ging ich mal zu einer Hellseherin, und sie sagte, meine Großmutter habe Geige gespielt und ich solle sie auch spielen. Ich weiß nicht, woher sie wußte, daß meine Großmutter Geigerin war. Da dachte ich, ich versuche es mal. Ich habe eine Weile Unterricht genommen. Aber das war noch schlimmer. Bei der Geige muß man wirklich ganz jung anfangen.

Jetzt lerne ich Dillrube, ein indisches Instrument. Ich gehe zum indischen Tanzunterricht bei Ram Gopal. Das ist wunderbar. Jennie und ich gehen jeden Tag hin, bevor er mit seinen Ballettproben beginnt.

Ich möchte eben nicht nur die kleine Frau sein, die zu Hause sitzt. Ich möchte etwas tun, das der Mühe wert ist.«

Pattie befaßt sich mit allem, was indisch ist. Aber George tut es, so wie bei allem, was er jemals angefangen hat, fast mit Fanatismus. So hatte er auch schon früher auf der Gitarre geübt, bis seine Finger bluteten. Jetzt spielt er zuweilen den ganzen Tag lang Sitar. Ist er nicht damit beschäftigt, liest er ein Buch nach dem anderen über indische Religion.

Er ist deswegen nicht etwa verschroben. Je mehr er im Verlauf der Zeit lernt, desto bescheidener wird er, desto heiterer betrachtet er alles. Er predigt nun nicht mehr soviel wie früher, obwohl stets die Gefahr besteht, daß er, wenn man ihn daraufhin anspricht, fanatischer erscheint, als er in Wirklichkeit ist. Paul und vor allem John hätten als erste seine kühnen Behauptungen zurückgewiesen oder sich über verstiegene Vorstellungen lustig gemacht, wenn es bei ihm tatsächlich so etwas gegeben hätte.

Schon von Anfang an, noch bevor Maharischi in ihr Leben getreten war und als George Buddhismus und Yoga allein entdeckt hatte, waren sie ebensosehr wie er von seinen Entdeckungen fasziniert.

»Sehen Sie sich das Buch an. Ein Inder hat es uns geschenkt, als wir auf den Bahamas waren. Es ist mit seinem Namen signiert und trägt das Datum vom 25. Februar 1965. Mein Geburtstag. Ich habe erst vor kurzem, als ich anfing, mich für Indien zu interessieren, hineingeschaut. Es ist phantastisch. Dieser Inder war wirklich jemand. An seinem Namen, eigentlich ist es ein Titel, erkennt man, wie gelehrt er ist.

Ich weiß, es gehörte mit zur Gesetzmäßigkeit allen Geschehens. Es war vorausbestimmt, daß ich es jetzt lesen sollte. Alles folgt einem Weg, ebenso wie unser Lebensweg. John, Paul und ich sind aufeinander zu gelaufen, ein wenig später kam dann Ringo hinzu. Wir waren ein Teil jenes Wirkens, das zu der nächsten

Gegenwirkung führte. Wir sind alle nichts weiter als kleine, sich drehende Rädchen, eine Bewegung, in die alle einbezogen sind.

Das einzig Wichtige im Leben ist das Karma. Das bedeutet so etwas wie wirkende Kraft. Jeder Wirkung entspricht eine Gegenwirkung, die ihr gleich und entgegengesetzt ist. Alles Tun hat seine Reaktion, so wie wenn ich jetzt dieses Kissen fallen lasse, sehen Sie, jetzt hat es eine Einbeulung.

Das Samsara besteht aus dem, was ein Mensch in seinem Leben getan hat, und aus dessen Gegenwirkungen. Wir sind alle schon einmal hiergewesen. Ich weiß nicht, als was, obwohl die Freunde, die man in einem frühen Leben hatte, dieselben sind, die man in diesem Leben hat. Man haßt alle Menschen, die man schon in seinem früheren Leben gehaßt hat. Solange man haßt, wird man stets Menschen zum Hassen finden. Man wird immer von neuem wiedergeboren, bis man die absolute Wahrheit erlangt hat. Aber Himmel und Hölle sind nur ein Zustand des Bewußtseins. Wie immer sie aussehen, man erschafft sie sich selber.

Wegen dem, was wir in unserem früheren Leben getan haben, sind wir John, Paul, George und Ringo geworden. Es war alles schon für uns da – wie auf einem Tablett. Wir ernten, was wir das letzte Mal gesät haben, was immer es gewesen sein mag.

Der Grund, warum wir hier sind, warum wir alle hier sind, ist darin zu suchen, daß wir Vollkommenheit erlangen, christusähnlich werden sollen. Diese Welt ist eine bloße Täuschung. Sie ist durch weltliche Geister erschaffen worden. Was geschieht, ist ohne Bedeutung. Der Weltplan kann dadurch nicht beeinträchtigt werden, selbst Kriege oder das Abwerfen einer Wasserstoffbombe, alles ist ohne Bedeutung. Nur das, was in uns selber geschieht, ist letztlich wichtig.

Früher habe ich gelacht, als ich las, Cliff Richard sei ein Christ. Es zieht mich noch immer zusammen, wenn ich davon höre, aber ich weiß, daß Religion und Gott die einzigen Dinge sind, die es wirklich gibt. Ich weiß, daß einige Leute der Ansicht sind, ich sei reif für die Irrenanstalt. Es fällt mir zuweilen selber schwer, nicht so zu denken, weil ich so vieles noch auf gewöhnliche Art sehe. Aber ich weiß, daß es etwas sehr Wirkliches und Schönes ist, wenn man glaubt. Nicht zu glauben, das bedeutet nur Verwirrung und Leere.

Das Leben wird schon alles ins Lot bringen, solange man selber nicht schwindelt. Das ist es, was ich zu tun versuche. Ich habe alles ausgelöscht, was mir zugestoßen ist, bevor ich etwa neunzehn war. Es gibt so vieles, was sich jetzt für mich entwickelt. Ich sehe so viele Möglichkeiten. Ich fange an zu erkennen, daß ich nur weiß, daß ich nichts weiß.«

Gerade in dieser Phase lernte er die transzendentale Meditation kennen. Er suchte nach etwas und nach einem Menschen, der alle diese losen Enden verknüpfen würde. Im Gegensatz zu den anderen hat er, seitdem er damit angefangen hat, an keinem einzigen Tag die Meditation ausgelassen. Die anderen vergessen sie hin und wieder oder sind zu sehr beschäftigt.

Das andere Hauptelement in Georges Leben ist seine Musik. Von dem Tag an, an dem sie einander kennengelernt hatten, haben John und Paul gemeinsam Stücke am laufenden Band produziert. Aber George hat sich lange Zeit nicht damit befaßt, obwohl er einmal an einem Instrumentalstück ihrer Hamburger Platten mitgearbeitet hat (»Cry For A Shadow«). Seine Songs sind immer ohne John und Paul entstanden. Er macht sie völlig allein. Auf diesem Gebiet wie auch in anderen Dingen hat er sie in letzter Zeit stark beeinflußt und sie mit den Rhythmen und Instrumenten Asiens vertraut gemacht.

Georges erster Song erschien erst auf ihrer zweiten Langspielplatte »With The Beatles« im November 1963. Er hieß: »Don't Bother Me«. Er schrieb ihn während einer Tournee in einem Hotel in Bournemouth. Er war krank gewesen und mußte sich schonen.

»Ich war ein bißchen herunter, sollte ein Stärkungsmittel nehmen und mich ein paar Tage ausruhen. Da beschloß ich, einmal zum Spaß zu versuchen, einen Song zu schreiben. Ich holte meine Gitarre heraus und klimperte herum, bis eine Melodie daraus wurde. Ich vergaß die ganze Sache, bis wir die nächste Langspielplatte aufnahmen. Es war ein ziemlich bedeutungsloser Song. Kaum war er aufgenommen, dachte ich nicht mehr an ihn.«

Danach ließ er das Komponieren von Songs fast zwei Jahre lang bleiben. »Ich hatte so viel anderes zu tun, daß ich niemals dazu kam.«

George neigt dazu, seine Beatlesongs nicht sehr hoch einzuschätzen. Er betrachtet sie als eine höchst nebensächliche Angelegenheit. Er kann sich nicht erinnern, wie viele er geschrieben hat, und ist sich nicht einmal im klaren darüber, für welche Langspielplatten er Nummern beigesteuert hat.

Seine nächsten Songs gehörten zur Langspielplatte »Help«, die im August 1965 erschien. Für sie lieferte er zwei Titel: »I Need You« und »You Like Me Too Much«.

Für »Rubber Soul«, im Dezember 1965 erschienen, schrieb er »Think For Yourself« und »If I Needed Someone«. Als er darüber nachdachte, für welche Langspielplatten er etwas komponiert hatte, vergaß er, diese beiden Titel zu erwähnen. Beide können es jedoch leicht mit den übrigen Songs dieser Platte aufnehmen.

Für »Revolver«, fertiggestellt 1966, schrieb er die bis dahin größte Zahl von Songs auf einer Langspielplatte. Es waren drei: »Taxman«, »I Want To Tell You« und »Love You Too«. Die letzte Nummer war eine der ersten, in der ein indisches Instrument verwendet wurde, in diesem Fall die Tabla. Diese Mode wurde bald von Hunderten von Popgruppen in Großbritannien und Amerika nachgeahmt.

Von da an waren seine Songs vorwiegend indisch inspiriert und spiegelten seine zunehmende Gewandtheit im Umgang mit der Sitar und seine wachsende Kenntnis von indischer Musik. »Within You, Without You«, mit einem guten Text und packender Melodie, ist bis jetzt vielleicht seine beste Komposition. Sie erschien April 1967 auf »Sergeant Pepper«. Ihr folgte Weihnachten 1967 »Blue Jay Way« für die »Magical Mystery Tour«.

»Als ich mehr Zeit hatte, nachdem wir die Tourneen eingestellt hatten, begann ich noch mehr Songs zu schreiben. Da ich mich so sehr mit indischen Dingen befasse, mußte es ja so kommen.« Er hat große Schwierigkeiten, richtig ausgebildete indische Musiker für die Studioaufnahmen in London zu finden. Bei »Within You, Without You« und »Blue Jay Way« brauchte er Wochen, um Leute ausfindig zu machen, die indische Instrumente so spielen konnten, wie er es sich vorstellte. Es gab in England keine richtigen hauptberuflichen Musiker, die diese Instrumente zu spielen vermochten.

»Sie haben andere Berufe, fahren zum Beispiel den Tag über einen Bus und spielen nur am Abend. Einige waren einfach nicht gut genug. Trotzdem mußten wir auf sie zurückgreifen. Auf jeden Fall waren sie weit besser, als irgendein westlicher Musiker es hätte sein können. Zumindest entsprach es ihrem angeborenen Stil. Aber dadurch wurde alles auch sehr erschwert. Wir verbrachten viele Stunden nur damit, immer wieder zu proben.«

Georges Aufnahmen dauern sogar noch länger als die für die Songs von Lennon-McCartney. Auch da hilft George Martin, und die anderen machen ebenfalls mit. Nur hat George dann die Leitung. Gruppen äußerst seltsam aussehender Inder mit ebenfalls äußerst seltsam wirkenden Instrumenten kommen ins

Studio, setzen sich mit gekreuzten Beinen auf den Boden und spielen George vor, damit er hören kann, was sie können.

Bis jetzt ist auch noch das Problem ungelöst, die Musik, die sie spielen sollen, für sie aufzuschreiben. Die meisten von ihnen können westliche Noten nicht lesen. Bei Georges ersten indischen Songs mußten die indischen Musiker die Melodien ganz einfach auswendig lernen, indem sie George beim Spielen zuhörten. Nicht einmal George Martin, dieser Musikfachmann, vermag indische Musik zu lesen.

Jetzt ist George sehr beschlagen in indischer Notenschrift. Er hat sich selber beigebracht, seine Songs in indischer Notenschrift niederzuschreiben, so daß die indischen Musiker sie spielen können.

»Statt Achtelnoten und Punkten, die auf Linien gesetzt werden, wird die indische Musik ganz einfach wie bei unserer Tonic-Solfa-Methode zu Papier gebracht. Anstelle von Do, Re, Mi und so weiter singen sie Sa, Ri, Ga, Ma, Pa, Dha, Ni, Sa. Oft haben sie für ihre Lieder keine Worte, sondern singen nur die Noten. Wie hoch oder wie tief oder wie lang eine Note ist, wird durch kleine Zeichen unterhalb der Note angegeben.

Die ersten Noten von ›Within You‹, die zu Worten ›We Were Talking‹ gehörten, würden ›Ga-Ma-Pa-Ni‹ lauten. Man braucht nur den ersten Buchstaben zu schreiben, das genügt. Nun kann ich den indischen Musikern Noten geben. Ich spiele sie ihnen einmal vor, damit sie sie hören. Dann können sie sich selber zurechtfinden.«

George übt mindestens drei Stunden täglich auf der Sitar. Er sitzt nach indischer Weise mit gekreuzten Beinen auf dem Boden und läßt das Ende des Instruments im Spann des linken Fußes ruhen. Er hat Notenhefte mit indischer Musik, die nach indischer Art niedergeschrieben ist. Das sind seine Übungsstücke. Sein Lehrer, Ravi Shankar, hat ihm auf Band gespielte Übungen geschickt, die er fast die ganze Zeit, wenn er nicht selber spielt, laufen läßt, sogar während der Mahlzeiten. Ganz offensichtlich geht er ganz in dieser Sache auf und arbeitet angestrengt daran. Aber er sagt, er wird viele Jahre für die indische Musik brauchen, bevor er darin einigermaßen etwas taugt. Er ist so sehr damit beschäftigt, die indische Musik richtig zu erlernen, daß er seine Beatle-Songs für gewöhnlich gehetzt und in Eile schreibt. Er vergißt seine eigenen Kompositionen, bis die Arbeit an einer Langspielplatte kurz bevorsteht. Dann erst denkt er daran, daß er etwas komponieren sollte.

»Within You, Without You« wurde an einem einzigen Abend im
Haus eines Freundes nach dem Essen geschrieben – bei Klaus
Voormann, dem Freund aus Deutschland, der jetzt bei Manfred
Mann spielt.
»Klaus besaß ein Harmonium, ein Instrument, das ich noch nicht
gespielt hatte. Ich klimperte auf ihm und spielte zu meinem
eigenen Vergnügen, als schließlich ›Within You‹ daraus entstand. Die Melodie kam zuerst, und dann hatte ich den ersten
Satz. Er stieg aus dem hervor, was wir an diesem Abend getan
hatten – ›We were talking‹. Weiter kam ich an jenem Abend
nicht mehr. Den Rest des Textes fand ich dann später zu Hause.
Der Text ist für mich stets eine etwas mühselige Sache. Ich bin
kein großer Dichter. Eigentlich sind meine Texte kläglich. Aber
ich nehme das alles nicht ernst. Es ist nur ein Spaß. Ein Spaß für
mich selber. Es ist wunderbar, wenn es jemand anders gefällt. Ich
selber jedoch nehme es nicht allzu ernst.«
Viele Kritiker verstanden nicht, warum nach »Within You, Without You« auf der »Sergeant Pepper«-Platte plötzlich ein solches
Gelächter ausbrach. Einige behaupteten, die anderen hätten es
hineingebracht, um sich über Georges indische Musik lustig zu
machen. Aber es war ganz und gar Georges Einfall.
»Nach dieser langen indischen Sache möchte man etwas Leichte-
res, eine Entspannung. Nach fünf Minuten trauriger Musik ist es
eine Entspannung. Man braucht es ja nicht so ernst zu nehmen.
Man sollte auf der Platte ohnehin das Publikum hören, wie es
der Sergeant-Pepper-Show lauschte. Das war eben der Stil dieser
Langspielplatte.«
Sein Song für die »Magical Mystery Tour«, der »Blue Jay
Way«, wurde während des Frühsommers 1967 bei seinem Besuch
in Kalifornien geschrieben. Der Titel wurde nach der Straße
ausgesucht, in der er und Pattie in Los Angeles ein Haus gemie-
tet hatten. Sie waren gerade von London mit dem Flugzeug
eingetroffen und warteten auf den Besuch ihres Freundes Derek
Taylor – des ehemaligen Pressesekretärs der Beatles.
»Derek wurde aufgehalten. Er rief an, um zu sagen, daß er später
kommt. Am Telefon erklärte ich ihm, das Haus läge am Blue Jay
Way. Er antwortete, er würde es schon finden. Er könne ja
immer noch einen Polizisten fragen.
Ich wartete und wartete. Ich fühlte mich von dem Flug wie
gerädert, aber ich wollte mich nicht schlafen legen, bevor Derek
gekommen war. Draußen war es neblig, und es wurde immer
später. Nur um mich wachzuhalten, nur zum Spaß, um die Zeit

auszufüllen, schrieb ich einen Song darüber, wie ich am Blue Jay Way auf ihn wartete.

In einer Ecke dieses gemieteten Hauses stand eine kleine Hammondorgel, die ich zuvor nicht bemerkt hatte. Ich spielte auf ihr herum, und die Melodie war da.«

Nach seiner Rückkehr nach Esher vollendete er den Song. Die Begleitmusik von »Blue Jay Way« hat noch immer eine Orgelwirkung – sehr tief und dröhnend.

Im Januar 1968 erklärte sich George einverstanden, die Musik für »Wonder Wall« zu schreiben – seine erste Filmmusik. Er wurde auch aufgefordert, mehr einzelne Songs zu schreiben, hat es aber für gewöhnlich abgelehnt. Eines Tages arbeitete er an einem Stück für Marianne Faithfull. Sie hatte ihn gebeten, etwas für sie zu komponieren, etwa in der Art von »Within You, Without You«. Er war nicht sicher, was daraus werden würde. Er hatte zwar die Melodie im Kopf, aber der Text wurde immer alberner. Schließlich war er der Verzweiflung nahe.

»Ich habe keinen großen Stimmumfang, so daß ich alle meine Songs sehr einfach halten muß. Bei Marianne ist es das gleiche, es macht also nichts.«

Er hat zwar keinen großen Stimmumfang, aber doch, nach den Briefen an »Beatles Monthly« zu urteilen, ein ansehnliches Gefolge von Fans. Diese Fans fragen jetzt immer wieder, warum John und Paul ihn nicht mehr singen lassen. »Es stimmt nicht, daß sie mich nicht lassen. Ich kann singen, wenn ich will. Aber ich mache mir ganz einfach nichts daraus.«

Er betrachtet John und Paul als die eigentlichen Komponisten und Textdichter. Wozu soll er sich damit befassen, wo sie ohnehin so gut sind? Es sei denn, er hätte zufällig etwas im Kopf.

»Ich bin nicht sicher, welchen Weg ich jetzt einschlagen werde. Die echten indischen klassischen Lieder sind so ganz anders als jene Art indischer Popsongs, die hier herauskommen. Die sind nichts weiter als gewöhnliche Popsongs mit ein bißchen indischem Hintergrund.

Was die betrifft, die ich komponiert habe, so bin ich nicht so sicher. Vom Standpunkt eines anderen aus betrachtet, gefallen sie mir als Popsongs. Aber von meinem eigenen Standpunkt aus betrachtet, also von dem aus, was ich wirklich tun möchte, gefällt mir nicht, was ich bis jetzt gemacht habe. Ich scheine immer so in Hetze zu sein. Erst hinterher sehe ich, was ich hätte tun sollen.«

Er macht sich über alle lustig, die die Beatlemusik allzu ernst nehmen. Er sagt, der Text von »Within You, Without You« war wohl so gemeint, aber trotz allem ein Scherz. »Das verstehen die Leute nicht. Das ist so wie Johns ›I Am The Walrus‹ und ›I am he as you are he as you are me‹. Es ist wohl so gemeint, aber doch noch immer ein Scherz. Die Leute haben nach allen möglichen verborgenen Bedeutungen gesucht. Es ist ernst und doch nicht ernst.«

George ist der Meinung, daß sie alle in ihrer Musik und im Text ein gutes Stück weitergehen können und es wahrscheinlich auch tun werden. Er fand Johns Vers in »I am The Walrus«, wo das Mädchen seinen Schlüpfer auszieht, großartig.

»Warum kann man Leute nicht auch ficken lassen? Das spielt sich doch überall und ständig auf der Welt ab. Warum darf man es also nicht erwähnen? Es ist doch nur ein Wort, von Menschen erdacht. Auf sich allein gestellt ist es sinnlos. Wiederholen Sie es einmal: Ficken, ficken, ficken, ficken, ficken, ficken, ficken. Sehen Sie, das bedeutet überhaupt nichts. Warum kann man es also nicht in einem Song verwenden? Wir werden es schon noch tun. Wir haben ja noch nicht richtig angefangen.«

Das würde Kenneth Tynans Theorie entsprechen, daß die Songs der Beatles unmittelbar von den mittelalterlichen englischen Liedern abstammen. Dort wimmelte es geradezu von Ärschen, Scheiße und Fickereien. So trifft es also in gewisser Hinsicht zu, daß George, John und Paul bisher noch gar nicht richtig losgelegt haben.

Kehren wir zu George Harrisons Ranch zurück. Sein Haus sieht mit all dem hellen Holz und seiner niedrigen Bauweise ein bißchen wie eine Ranch aus. Das Telefon klingelte. Es war kein Fan, sondern ein ehemaliger Angestellter. Er hatte ihm eine lange Geschichte zu erzählen. Er habe einmal Jayne Mansfield 250 Pfund geliehen. Jetzt sei sie gestorben, ohne das Geld zurückgezahlt zu haben, und nun solle er aus seiner Wohnung hinausgesetzt werden. Ob George da helfen könne? George sagte ja, natürlich. Er legte den Hörer auf und meinte: »Na ja, was sind schon 250 Pfund?«

George ist noch immer ein Beatle. Es ist, wie er sagt, sein Job, und wie bei allen Jobs muß jeder von Zeit zu Zeit einmal an den Job und an die Zukunft denken.

Er ist noch immer, trotz aller Sitarübungen und tiefen Gedanken, wie durch eine Nabelschnur mit den anderen verbunden. Sie sind seine besten Freunde. Wie sie seine religiösen Interessen mit ihm teilten, teilt er alle ihre Leidenschaften – und mögen sie noch so weltlich sein – mit ihnen: von langen Halstüchern bis hin zu Kameras.

»Wenn einer von ihnen etwas erlebt, müssen alle anderen es ebenfalls erfahren«, sagte Pattie. »Sie haben plötzlich einen Fimmel, so wie man auch in der Schule plötzlich einen Fimmel bekam. Aber damit bleiben sie alle glücklich.

Wenn ein neuer Fimmel sie packt, dann schmeißen sie viel Geld hinaus. Sie kaufen eine Menge Zeug, das sie niemals benutzen werden. Aber es erweist sich häufig doch als nützlich. Sie haben viel Geld für Kameras und sonstige Ausrüstung ausgegeben. Aber dadurch haben sie immerhin gemerkt, daß sie Filme machen können, ohne allzuviel davon zu verstehen.

Jetzt weiß ich, daß sie alle zusammengehören. Als ich heiratete, war mir das zunächst nicht bewußt. Sie gehören alle zueinander. Niemand gehört einem anderen Menschen. Es ist sinnlos, sich an jemanden anzuklammern. Dadurch würde man nur unglücklich. George ist mein Mann. Aber er muß jederzeit, wenn er gerade Lust dazu hat, mit den anderen losziehen können. Für ihn ist es wichtig, frei zu sein.

George hat viel mit den anderen gemeinsam, wovon ich niemals etwas wissen kann. Niemand, nicht einmal die Frauen der einzelnen, können da einbrechen oder es auch nur begreifen.

Am Anfang hat es mir sehr weh getan, als ich langsam erkannte, daß da etwas war, woran ich niemals würde teilhaben können. Cyn hat mir davon gesprochen. Sie sagte, sie würden stets ein Teil des anderen sein.«

Es gibt nur einen Aspekt des Beatlelebens, den Pattie ein wenig kritisiert. Im Gegensatz zu den Beatles selber ist Pattie der Ansicht, sie sollten in Anbetracht ihres vielen Geldes irgendeine wohltätige Sache unterstützen. Immerhin haben im Sommer 1968 George, John und Paul den Reinerlös einiger Songs wohltätigen Zwecken zugeführt.

»Ich weiß, sie sagen, viele dieser Wohltätigkeitsorganisationen seien nur dazu da, um ihre Angestellten bei Kasse zu halten. George hat mich dazu gebracht, auch so zu denken. Aber es muß doch etwas Konstruktives geben, was sie tun können, so wie Marlon Brando obdachlosen Kindern hilft.

Bei den Beatles ist es so, daß sie in ihrer Anfangszeit von Wohltätigkeitsorganisationen heimgesucht wurden, die alles mögliche von ihnen erwarteten. Diese unzähligen verkrüppelten Kinder, die man in ihre Garderoben führte, damit sie sie sähen, als wären sie Gesundbeter. Das hat sie irgendwie abgestoßen.

Ich hätte nichts dagegen, von mir aus eine Wohltätigkeitsorganisation aufzuziehen. Doch da spielt schon wieder die Frage der Publizität eine Rolle. Und das verdirbt alles, wie George sagt. Das ist immer so. Die Leute würden glauben, wir täten es aus ganz anderen Gründen, so wie die Leute es damals nicht glauben konnten, daß sie wirklich daran interessiert waren, sich Maharischi anzuhören. Es ist schwer zu entscheiden, was man tun soll.«
George selber erklärt, daß er weiß, was er tun wird. Er macht sich keine Sorgen um die Zukunft.
Sein Interesse wird von Dauer sein, versichert er. Die Zyniker werden ganz gewiß unrecht behalten. Sein Interesse an indischer Kultur sei keine vorübergehende Phase.
»Einen gottähnlichen Zustand zu erreichen, das ist das Wichtigste. Aber ich habe noch immer meinen Job als Beatle auszufüllen. Wir haben diesen Job auszuüben, weil wir jetzt etwas tun *können*. Wir sind in der Lage, verschiedenes zu versuchen und es den anderen zu zeigen. Wir können vom einen zum anderen springen und Neues ausprobieren, was andere nicht können oder nicht wollen. Ebenso wie das Rauschgift. Menschen, die in normalen Stellungen sitzen, könnten ganz einfach nicht die Zeit aufbringen wie wir, um in all das hineinzuleuchten.
Wenn Mick (Jagger) ins Gefängnis gekommen wäre, weil er Marihuana geraucht hat, wäre er der Geeignetste gewesen, dem so etwas hätte zustoßen können. Es wäre viel besser gewesen, als wäre es jemandem ohne Geld passiert, den es ruiniert haben könnte. Ist man reich und berühmt, so ist es leichter, so etwas auf sich zu nehmen.
Wir haben wirklich gerade erst angefangen, Filme zu machen. ›Magical Mystery Tour‹ war nichts. Aber wir werden zeigen, daß es sich durchführen läßt. Jeder kann Filme machen. Man braucht nicht diesen ganzen Unsinn mit finanzieller Rückendeckung, Firmen, Hunderten von Technikern und Drehbüchern, die bis zum letzten Wort ausgearbeitet sein müssen.
Wir werden vielleicht selber einen oder zwei Filme im Jahr drehen, nicht unbedingt mit uns als Darstellern. Wir werden unsere Studios und unsere Leute an jeden vermieten, der sie haben will. Wir werden ihnen auch unser Geld leihen. Sollten wir jemals finanzielle Rückendeckung nötig haben, werden wir dafür sorgen, daß die Geldgeber keinen Einfluß haben.
Wir werden uns immer wieder in Kreisen bewegen, Filme drehen und Neues ausprobieren. Dann werden wir nach den Filmen wieder etwas Neues versuchen. Ich weiß nicht, was. Wir wußten

nicht, daß wir Filme machen würden, als wir anfingen, Platten zu machen.

So wird es immer sein. Jedesmal werden wir etwas Neues versuchen und ein Stückchen weiterkommen. Dann werden wir sterben und in ein neues Leben eingehen, wo wir uns wieder bemühen, ständig besser zu werden. So ist das Leben. So ist der Tod. Aber was dieses Leben anlangt, so haben wir bis jetzt noch nichts geleistet.«

Ringo

Ringo wohnt ganz in Johns Nähe, auf dem gleichen privaten Gelände in Weybridge, Surrey. Er besitzt ebenfalls ein großes Haus im Pseudo-Tudorstil, das 1925 gebaut wurde und »Sunny Heights« genannt wird. Es hat ihn 37 000 Pfund gekostet und weitere 40 000, um es herzurichten. Es hat kein Schwimmbecken wie Johns oder Georges Haus, dafür jedoch ein sehr viel größeres Grundstück mit Bäumen und Büschen. Daneben liegt der Golfplatz von St. George's Hill. Weder er noch John sind Mitglieder dieses Klubs. Sie sind niemals aufgefordert worden, ihm beizutreten. Aber als sie dort einzogen, fragte ein Reporter den Klub, ob die Beatles beitreten könnten. Es wurde ihm erwidert, nein, der Klub habe eine lange Warteliste. Ringo erklärt, er würde ohnehin nicht eintreten. Er hat für Fußmärsche nichts übrig.

Ringos Grundstück wurde durch eine umfangreiche, sehr kostspielige Landschaftsgestaltung seinen Wünschen entsprechend hergerichtet. Von der Rückseite des Hauses aus blickt man nun in eine große, amphitheaterähnliche Anlage, die gewaltige Erdbewegungen erforderlich machte. Aus den Glastüren des großen Wohnraums sieht man auf Terrassen aus Ziegelsteinen und kleine Teiche hinunter. Diese Anlage wird auf beiden Seiten von kleinen Gehölzen gesäumt, die ebenfalls noch zu Ringos Garten gehören. In einem Baum befindet sich ein großes Puppenhaus.

Eine im Zuge dieser Umgestaltung errichtete halbrunde Mauer brachte Ringo zu seiner Verwunderung eine Rechnung von 10 000 Pfund ein. Wie alle anderen Beatles hat er seit Jahren nicht mehr um Kostenvoranschläge gebeten, wodurch er und die anderen sich natürlich völlig den Unternehmern auslieferten. Das besagt nicht unbedingt, daß diese Leute sie übers Ohr zu hauen versuchten, aber sie sahen selbstverständlich darauf, ihre teuersten Waren und Dienste an den Mann zu bringen.

»Wenn ich so herumgehe«, sagte Ringo, während er auf seinen parkähnlichen Garten hinausblickte, »denke ich oft, was so ein Kerl wie ich mit einem solchen Grundstück anfangen soll. Aber das geht bald vorbei. Man gewöhnt sich daran. Ich stelle mich darauf ein, mich mit jedem herumzustreiten, der zu viel von meinem Geld haben will.«

Im Sommer 1967 ließ er einen großen Erweiterungsbau für das Haus anlegen, der zusätzliche Wohnzimmer, Gästezimmer, einen Hobbyraum und einen sehr langen Raum enthielt, der als Kino oder als Billardzimmer benutzt wird. Die Arbeit wurde von einer Baufirma ausgeführt, an der er zur Hälfte beteiligt ist. Das ist ungefähr die einzige Kapitalbeteiligung, die er von sich aus durchgeführt hat. Leider mußte das Unternehmen Mitte 1967 aufgrund der Kreditverknappung seinen Betrieb einstellen.

»Wir bauten eine Menge von sehr guten Häusern. Doch niemand hatte Geld, um sie zu kaufen. Ich verlor bei der Liquidierung der Firma kein Geld, nur daß ich mit einem Dutzend neuer Wohnungen und Häuser dasaß, die lange Zeit leerstanden.«

Der große Wohnraum ist vielleicht der schönste von allen Wohnzimmern der Beatles, obwohl er nach der Gartenseite hin etwas düster ist, weil dort eine Terrasse liegt, die viel Licht schluckt. Er ist sehr schön eingerichtet. Der ganze Boden des Wohnraums ist mit einem dunkelbraunen Wiltonteppich ausgelegt. Er allein hat ein Vermögen gekostet. Es war eine Sonderanfertigung. Deswegen ist er so teuer geworden. Jetzt erschauert er bei dem Gedanken, was er für ihn gezahlt hat. Er möchte nicht, daß der Preis genannt wird. Es war das Doppelte von dem, was normale Menschen zahlen, wenn sie ein ganzes Haus kaufen.

Der eine Raum ist als Bar eingerichtet, sehr betont auf »Alte Welt« zurechtgemacht. Am Rand des Kitsches, obwohl vieles davon echte Bareinrichtung ist. Dort hängt auch ein Cowboyhalfter, das Elvis Presley ihm geschenkt hat.

Mehrere goldene Schallplatten und Preise sind im ganzen Haus verteilt, aber nicht allzu viele. In seinem großen Wohnzimmer hat er ein paar kärgliche Bücherregale stehen. Sie enthalten zumeist zerlesene Taschenbücher, einige neue, aber benutzt aussehende Bücher über indische Religion und ein paar neue, aber in höchstem Maße ungelesen wirkende Bände Geschichte und Charles Dickens. Von allen Beatles hat nur John richtige Bücherregale.

Ringo hat zwei Zimmer, die seinem eigenen Spielzeug gewidmet sind. Es handelt sich dabei um sehr kostspieliges Spielzeug, in der

Hauptsache Filmkameras mit Zubehör. Er hat einige ausgezeichnete und geschickt aufgezogene Filme gemacht. Trotzdem scheut er davor zurück, sie zu zeigen, und glaubt im Grunde nicht, daß sie wirklich gut sind. So hat er einen Farbfilm von zwanzig Minuten Dauer, der in der Hauptsache aus Maureens Augen und einer Begleitung konkreter Musik besteht. Er hatte alle Bildfolgen selbst montiert. Natürlich hatte er sich eines sehr kostspieligen technischen Apparates bedient. Die Ergebnisse sind sehr interessant. Ringo hat auch einige Szenen bei der »Magical Mystery Tour« gedreht.
Er malt auch ein bißchen, aber nicht viel. Maureen, seine Frau, verbringt viele Stunden damit, äußerst komplizierte Ornamente und Muster zu entwerfen. Sie hat eines gemacht, das auf dem Sergeant-Pepper-Symbol beruht, lauter Ziermünzen, Hunderte und aber Hunderte. Sie hat vier ganze Tage dazu gebraucht, während sie auf die Niederkunft von Jason wartete.
Zak, ihr erster Sohn, wurde im September 1965 geboren, Jason

Die Starrs: Jason, Maureen, Zak und Ringo (Foto © Ringo Starr)

im August 1967. Ringo meint, sie werden eine Weile keine weiteren Kinder haben. Er möchte, daß sich Maureen erholt.

Für die Kinder haben sie eine Kinderschwester, die im Haus wohnt. Für die Hausarbeit kommt täglich eine Zugehfrau. Aber ebenso wie bei John und Cyn spielen sich Ringos Leben und das seiner Familie sehr bescheiden innerhalb ihrer vier Wände ab. Nach außen hin verrät nichts, daß sie sich Dienstpersonal leisten. Maureen kocht selber für Ringo. Im Gegensatz zu den Lennons hat aber das ganze Haus eine wohnliche Atmosphäre.

Wenn Ringo nicht gerade arbeitet, beschäftigen sich beide gern mit den verschiedensten Dingen. Wie John besitzen sie Pop-Schallplatten, und wie bei John ist das Fernsehen die ganze Zeit eingeschaltet, sogar in Zimmern, in denen sie sich gar nicht aufhalten. Das Fernsehprogramm verfolgen sie sehr eifrig. Sie haben sechs Empfänger.

Ringo lächelt oder nickt nur, wenn im Fernsehen oder im Radio ein Beatlesong erklingt. John und Paul scheinen es nicht zu bemerken, während George kein Fernsehen einstellt und auch keine Pop-Platten spielt.

»Ich selber spiele unsere Songs nicht. Nur Maureen legt sie manchmal auf. Sie ist ein Fan der Beatles und von Frank Sinatra. Früher haben wir es jedesmal wild gefeiert, wenn wir im Radio zu hören waren.

Es macht mir nichts aus, wenn man uns angreift. Wir sind so populär, daß es jetzt ohne Bedeutung ist. Aber die Kritiker schaffen es, einige Platten zu verreißen, obwohl sie sehr viel Leuten Spaß gemacht haben.

Solange man sich im Aufstieg befindet, sind alle für einen. Hat man es aber erst einmal geschafft, möchten sie einem gern eins versetzen, wo immer sie können. Wenn nur dreißig Leute an einem Flugplatz erscheinen, um einen zu empfangen, sagen die Leute sofort, das war kein großer Empfang, man muß schon erledigt sein. Sie erwarten, daß immer noch alles genauso ist wie früher, als wir auf Tournee gingen. Sie denken, ach, die Beatles, die müssen von einer Million Menschen umschwärmt sein.«

Er macht sich ebenso wie die anderen über die Leute lustig, die in ihren Schallplatten einen verborgenen Sinn suchen, vor allem in Amerika. »Dort mußte es ja so kommen. Dort tun hundert Kerle das, was hier zehn machen. Alle suchen sie nach etwas anderem.«

Ebenso wie die anderen versucht er, zur Abwechslung ein Privatleben zu führen. Er ist der Ansicht, daß die Leute sie in Ruhe lassen sollten, nachdem sie aufgehört haben, auf Tournee zu gehen, und damit keinen Allgemeinbesitz mehr darstellen. »Aber überall starren uns die Leute an, als wären wir Zirkuspferde. Das kann ich verstehen, solange ich Ringo der Beatle bin. Aber sobald ich Ritchie der Mensch bin, möchte ich freier sein.

Wahrscheinlich kann man das nicht erwarten. Die Leute haben so viel gehört. Sie wollen einen sehen. Ruhm, das ist es. Es ist ihnen nicht klar, daß wir nicht mehr auftreten. Sie wollen einen noch immer anstarren.«

Als John und er eines Abends aus London zurückkehrten, von Johns Fahrer in seinem Rolls gefahren, kamen sie an einer erleuchteten Kneipe vorbei. Die Gäste saßen in Hemdsärmeln herum und tranken. Ringo und John konnten es kaum fassen. Für sie war es wie eine Szene aus einem Märchen, das sie fast vergessen hatten.

»Es sah so schön aus. Wir waren schon vorbei, als es uns erst so richtig packte. Wir trugen Anzüge und fühlten uns ein bißchen zu förmlich für so etwas. Wir hatten Queenie besucht [Mrs. Epstein]. Es war nicht lange nach Brians Tod. Als wir nach Hause kamen, beschlossen wir, uns umzuziehen und auch etwas trinken zu gehen. Ich brachte Maureen zu Cyn hinüber, damit sie sich Gesellschaft leisteten, während ich und John ins Pub gingen. Es war wie in den alten Zeiten. Wir brachten ihnen Kartoffelchips und was zum Lutschen mit.

Der Pub hatte sich nicht verändert. Es war genauso wie die Pubs, die wir gekannt hatten, ganz wie aus der Coronation Street. Der Wirt an der Theke war sehr erfreut, als er uns erkannte. Wir tranken jeder eine Flasche dunkles Bier. Wir mußten auch ein paar Autogramme geben. Aber es war nicht weiter schlimm.«

Nachdem sie es einmal gemacht haben, meinte er jetzt, sollten sie häufiger zu einem schnellen Glas Bier einkehren können. Er hat noch niemals versucht, ganz für sich allein spazierenzugehen. Doch das liegt wohl daran, daß er sich ohnehin nichts daraus macht. Keiner der Beatles betätigt sich irgendwie körperlich, mit Ausnahme von Paul, wenn er Martha spazierenführt.

Billard spielen oder seinen Spielautomaten betätigen sind so ungefähr Ringos einzige Sportarten. »Ich habe den Garten. Was ist an ihm auszusetzen? Ich gehe oft im Garten spazieren.« Er scheint keinerlei körperliche Betätigung nötig zu haben, um in Form zu bleiben. Während der letzten sechs Jahre hat er sein Gewicht gehalten. Wenn man das ungesunde Leben, das er während der Tourneen führte, und die Jahre der Krankheit als

Kind betrachtet, ist das erstaunlich. Aber eigentlich sind sie alle gut in Form, wenn sie auch ziemlich blaß aussehen. Sie haben sich für jeden neuen Film und andere große Verträge einer gründlichen ärztlichen Untersuchung unterworfen. Es ist niemals etwas festgestellt worden. John hat anfänglich zugenommen, nachdem sie mit den Tourneen aufgehört hatten. Aber er hatte sein altes Gewicht bald wieder erreicht.

Endlich hat auch Ringo seine Führerscheinprüfung bestanden, nachdem er dreimal durchgefallen und zwei Jahre lang ohne Führerschein gefahren war. Er hat jetzt drei Wagen, einen Mini-Cooper, einen Landrover und einen Facel Vega. »Fragen Sie mich nicht, wie man es schreibt. Als man in der Schule die Rechtschreibung durchnahm, habe ich gerade gefehlt.«

Abgesehen von seinen Eltern hat er anderen Verwandten und Freunden geholfen und ihnen Geld geliehen, damit sie sich ihre eigenen Häuser kaufen konnten.

»Ich habe eine Menge Gerümpel herumstehen. Ich laufe hinaus und kaufe mir etwas, und dann dauert es kaum eine Woche. Sachen für die Kameras hole ich mir ständig. Ich will auch immer eine bessere oder etwas Besonderes haben. Darum wechsle ich ständig die Apparate. Ich weiß nicht, was ich wert bin. Wenn ich sagen würde, man soll mir morgen mein Geld auszahlen, ich will es auf der Hand haben, wüßte ich nicht, wieviel das sein wird.«

Er trägt kein Bargeld mit sich herum. »Sagen Sie mir, wie sehen eigentlich diese Pfunddingerchen aus? Und werden immer noch diese niedlichen Fünfshillingstücke geprägt? Maureen macht alle Einkäufe, aber sie benutzt nur eine Kreditkarte.«

Die Sache spielt sich folgendermaßen ab: Wenn sie eine Rechnung unterschreiben, dann schickt das Geschäft sie an das Büro ihres Wirtschaftsprüfers. Dieser leitet sie zur Bestätigung an sie weiter, bevor er sie begleicht. »Meine Ausgaben belaufen sich auf rund 1 000 Pfund im Monat. Im vorigen Monat waren es 1 600 Pfund, aber da hatte ich ein neues Objektiv gekauft.

Nur einmal ist es schiefgegangen. Wir waren bei Brian, und ich und Maureen beschlossen, schon früh nach Hause zu fahren. Wir waren von einem der anderen im Wagen mitgenommen worden, und so gab uns Peter (Brown) seinen Wagen zum Nachhausefahren.

Auf halbem Weg auf der großen Autostraße, meilenweit von allem entfernt und mitten in einer Sonntagnacht, ging uns das Benzin aus. Keine Tankstelle weit und breit, und selbst wenn eine dagewesen wäre, hätte ich kein Geld gehabt.

Ich hielt einen Wagen an und erklärte dem Fahrer, mir sei das Benzin ausgegangen. Ich fragte, ob er uns fünf Shilling leihen könnte, um Benzin zu kaufen, damit wir nach Hause kommen. Er antwortete: ›Sind Sie Ringo?‹ Ich sagte, ja. Er erklärte, es sei nutzlos, mir Geld zu leihen, weil in der ganzen Gegend keine Tankstelle offen sei. Aber er würde uns in seinem Wagen nach Hause fahren. Und das tat er dann auch. Das war großartig. Nur stellte es sich heraus, daß er ein Journalist war, vom ›Daily Telegraph‹. Ich nahm ihn mit ins Haus und schenkte ihm eine Langspielplatte. Er hat niemals darüber geschrieben.«

Vor ein paar Jahren hatten sie alle Scheckbücher bekommen, um sich in Notfällen behelfen zu können. Doch sie benutzen sie nie.

»Ich habe in meinem ganzen Leben noch keinen Scheck unterschrieben. Ich wüßte nicht, wie man das macht. Ich habe mein Scheckbuch auch gleich verloren.

Man hat es mir noch in keinem Geschäft abgeschlagen, wenn ich auf Rechnung kaufen wollte, nicht einmal in Geschäften, in denen ich niemals zuvor gewesen bin. Niemand hat mich bisher aufgefordert zu beweisen, daß ich wirklich Ringo bin.«

Er verspürt keinerlei Bedürfnis und hält es auch nicht für notwendig, Wohltätigkeitsorganisationen Geld zu geben. Er sieht nicht ein, warum sie es tun sollten.

»Brian hat hin und wieder in unserem Namen etwas gegeben. Ich glaube, daß sehr viele Leute an der Wohltätigkeit verdienen. Nein, das ist nichts für mich. Der Staat nimmt uns ohnehin 90 Prozent von unserem Geld weg. Der Staat gibt es doch aus, um Leuten zu helfen, nicht wahr? Das ist genauso, als unterstützte man Wohltätigkeitsorganisationen.

Nicht daß nun die Regierungen etwas taugten. Nichts von dem, was sie in die Hand nehmen, funktioniert. Busse, Züge. Nichts funktioniert. Neulich bin ich mit dem Wagen in die Stadt gefahren und habe fünf Busse der Nummer 7 überholt, alle hintereinander, und in allen haben nur zwei Leute gesessen. Warum konnten denn nicht alle in einem Bus sitzen?

Der Staat nimmt uns zuviel Steuern weg. Da bleibt keine Initiative. Sein ganzes Leben hindurch wird man nur besteuert. Wenn kein Reicher mehr übrigbleibt, dann wird niemand Geld haben, um es dem Staat zu geben.

Alles, was die Regierung anfaßt, verwandelt sich in Dreck und nicht in Gold. Die Eisenbahnen haben doch Gewinne erzielt, als sie noch in Privatbesitz waren, nicht wahr? Unser Staat ist wie das Viktorianische England. Überholt.

Alle Regierungen sind gleich, Labour oder Konservative. Keiner von beiden hat mir etwas zu bieten. Ihre Aufgabe beschränkt sich darauf, gegeneinander zu opponieren. Der eine sagt etwas, und schon muß der andere etwas anderes sagen. Beide tun sie es. Mehr tun sie nicht. Warum können sie sich nicht alle zusammensetzen und für das Land arbeiten?«

Alle Beatles behaupten, Ringo sei sentimental, obwohl sie alle etwas von Ringo in sich haben. In einer Hinsicht jedenfalls ist Ringo bestimmt sentimental, und das ist seine Vorliebe für England. Die anderen behaupten, es sei ihnen völlig gleichgültig. Als die griechische Insel und andere ausländische Projekte erörtert wurden, war Ringo der einzige, dem nicht sehr viel daran lag. Wenn sie sich alle miteinander in Devon auf einer Besitzung von hundert Morgen niedergelassen hätten, hätte ihm das gefallen. Aber es macht ihm überhaupt keinen Spaß, längere Zeit im Ausland zu leben. Die anderen dagegen behaupten, gern im Ausland zu sein.

»Ich könnte nirgendwo anders leben, nur in England. Ich bin nun einmal von hier. Hier ist meine Familie. England ist nicht besser als irgendein anderes Land, das weiß ich. Nur fühle ich mich hier eben wohl.«

Er verbringt wohl seine Ferien im Ausland und ist auch gern mit den anderen zusammen, am liebsten mit John. Er und Maureen würden nicht, einem plötzlichen Einfall folgend, allein nach Kalifornien reisen, so wie George und Pattie es getan haben. Wie John zieht er es vor, mit seinen Beatlekumpels auszugehen. »Es ist nett, zusammen zu sein.«

Er hat nichts von der altmodischen Vorstellung des englischen Nordens über die Ehe eingebüßt, von dem Mann, der im Haus der Gebieter ist. »So ist es nun einmal. Mein Großvater [Starkey] hatte bei sich zu Hause immer seinen Stuhl, auf dem nur er saß. Ich bin wohl ebenso.« Er und John sind einander darin recht ähnlich. Paul und George sind in ihrem häuslichen Leben weit eher für den Mittelstand typisch.

Ringo ist aber ein wenig beunruhigt darüber, daß er weit mehr als Herr und Gebieter angesehen wird, als er seiner Ansicht nach ist. »Maureen hat mir neulich erzählt, daß die Putzfrau mich fürchtet. Das ist nicht meine Absicht. Ich erwarte es auch nicht. Ich glaube, es liegt einfach daran, daß Maureen herumrennt und sagt, wir müssen dies oder jenes noch fertigmachen, bevor ich nach Hause komme.«

Wenn sie ausgehen, behandelt Ringo seine Frau so, wie es bei der

338

Arbeiterklasse Tradition ist. Vor einigen Jahren waren sie abends zum Essen in Woburn Abbey eingeladen, im Schloß des Herzogs von Bedford. Ringo hatte sich mit Rudolph, dem Sohn des Herzogs, angefreundet, einem eifrigen Pop-Fan. »Ich hatte gedacht, es wäre ein Mordsspaß, einmal zu sehen, wie die anderen lebten. Darum bin ich hingegangen.«

Er sollte sich meilenweit von Maureen entfernt an den feudalen Tisch setzen, wie es in den höheren Kreisen üblich ist. Das paßte ihm ganz und gar nicht.

»Ich sagte: ›O nein, komm her zu mir, meine Liebe.‹ Sie versuchten, uns getrennt zu setzen. Sehr komische Leute.

Ich glaube nicht, daß den Frauen etwas an der Gleichberechtigung liegt. Sie lieben es mehr, beschützt zu werden, und dafür sorgen sie für die Männer. So ist es nun einmal.«

London haben sie vor einiger Zeit aufgegeben. Sie gehen nur noch selten aus. Sie haben auch nicht oft andere Leute bei sich zu Hause zu Gast. Jedenfalls geben sie keine förmlichen Einladungen. Er hat auch noch ein paar Freunde aus seiner ersten Zeit in Liverpool. In der Hauptsache ist es jedoch John, der bei ihnen vorbeischaut und Tee trinkt.

Maureen zieht das ruhige Leben vor, obwohl ihr Leben eigentlich Ringos Leben ist. Alles, was er tun möchte, möchte auch sie tun. Beide sind sehr glücklich.

Sie ist die einzige Frau der Beatles, die aufbleibt und auf ihren Mann wartet, ganz gleich, wie spät er zurückkommt und in welchem Zustand.

»Wenn er bei den Aufnahmen ist, bleibe ich oft bis um halb fünf morgens wach. Für gewöhnlich ist er am Tag vorher spät aufgestanden und hat vielleicht auch nicht richtig gegessen. So richte ich ihm etwas her, wenn er nach Hause kommt, wie spät es auch sein mag. Dann weiß ich doch wenigstens, daß er eine richtige Mahlzeit hat. Denn während sie arbeiten, knabbern sie nur an etwas.

Wenn sich dann herausstellt, daß er bei der Arbeit oder zusammen mit den anderen doch etwas Richtiges gegessen hat, macht es auch nichts. Ich kann die Kartoffeln leicht anderweitig verwenden. Nichts wird weggeworfen. Aber für gewöhnlich bekommt er sein richtiges Essen. Vielleicht schlingt er es dann schnell herunter, weil er müde ist. Aber wenn er nach Hause kommt, mag er doch gern noch etwas.

Es macht mir überhaupt nichts aus, seinetwegen aufzubleiben. Vielleicht stelle ich Möbel um, damit ich die Stunden herumbringe. Im Grunde murkse ich nur herum. Neulich habe ich nachts zwei Stunden damit verbracht, mir darüber klarzuwerden, wohin ich eine Lampe stellen sollte. Manchmal nähe ich auch Sachen, Vorhänge oder Kleider. Vor kurzem habe ich Ziermünzen auf einen alten Lampenschirm genäht.«

Sie verbringt viel Zeit mit der Beantwortung von Briefen. Maureen interessiert sich sehr für Ringos Fan-Post. Weil sie selber einmal ein Fan war, versteht sie vielleicht besser, wieviel das bedeutet. Abgesehen von Mrs. Harrison, Georges Mutter, ist sie die einzige aus dem Beatlekreis, die sich diese Mühe gibt. Sie tut zwar nicht soviel wie Mrs. Harrison. Aber sie hat schließlich auch ein großes Haus und zwei kleine Kinder, um die sie sich kümmern muß.

Wenn Leute Geburtstagskarten schicken, bedankt sie sich noch immer mit ein paar Worten und fügt hinzu, daß Ritchie zu sehr beschäftigt ist, um selber schreiben zu können. Immer nennt sie ihn Ritchie, niemals Ringo, selbst wenn sie an Leute schreibt, die ihn nur als Ringo kennen. »Ich weiß wirklich nicht, warum, aber Ringo kommt mir ganz einfach komisch vor. Er heißt doch Ritchie.«

Hin und wieder gelingt es ihr, ihn stoßweise Autogramme schreiben zu lassen. Sie schickt sie nicht an alle, die darum bitten. Das würde ihn zu lange in Anspruch nehmen. Sie legt sein Autogramm in ihren kurzen Antwortbrief nur dann hinein, wenn Leute wirklich nett und höflich zu sein scheinen.

»Es macht mir Freude, die Briefe zu beantworten. Ich tue es jetzt seit fünf Jahren. Ich erhalte ganz reizende Antworten von den Eltern.

Manchmal gerate ich in Rückstand. Als ich damals Jason bekam, hinkte ich um ein paar Wochen hinterher und hatte drei Einkaufstaschen voll von Briefen.«

Wenn sie die Stunden des Wartens auszufüllen sucht, näht sie eine ganze Menge Kleider. »Ich improvisiere gern. Ich habe es meistens so eilig, daß ich niemals einen Schnitt benutze. So kommt es vor, daß ich anfange, ein Kleid zurechtzuschneiden, dann mache ich etwas falsch, schneide ab und wieder ab, bis nur noch ein Taschentuch übrigbleibt.«

Wenn sie weiß, daß sie so etwas vorhat, kauft sie stets billige Reste, damit nicht zuviel vergeudet wird. In Geldangelegenheiten ist sie sehr vorsichtig. Alle ihre Einkäufe tätigt sie in einem Supermarkt in Weybridge. Immer läßt sie sich die rosa Rabattmarken für alles geben, was sie kauft. Das kommt einem etwas seltsam vor. Sie könnte sich ja ohnehin alles kaufen, was sie möchte. Aber sie erklärt, daß dieses Sammeln ihr Spaß macht. Sie klebt auch gern die Marken ein. Hin und wieder holt sie ihr Markenheft hervor, um festzustellen, wieviel sie schon hat.

Ringo findet das ein wenig komisch, aber er ist stolz darauf, wie sie das Haus führt und ihn versorgt. Er ist auch sehr zufrieden mit den Dingen, die sie macht, zum Beispiel den Sergeant-Pepper-Entwurf mit den Ziermünzen.

Über Zaks oder Jansons Erziehung machen sie sich noch keine Gedanken, weil sie noch so klein sind. Wie John möchte Ringo sie am liebsten auf eine normale öffentliche Schule schicken. »Aber Zak ist eben doch kein gewöhnliches Kind, nicht wahr? Sie würden ihn nicht in Ruhe lassen. Es hat sich zwar jetzt alles ein bißchen abgeschliffen. Aber sie würden noch immer auf ihm herumhacken. Wenn es keine andere Möglichkeit gibt, ihm etwas Ruhe zu sichern, als dadurch, daß man dafür zahlt, dann werden wir es eben tun müssen. Wenn die Kinder auf ein Internat gehen wollen, dann werde ich es ihnen erlauben. Aber ich hätte sie lieber zu Hause. Ich möchte nur, daß sie so frei wie möglich sind und einander lieben.

Ich sage nun alles mögliche, natürlich, aber ich weiß nicht, wie es sein wird, wenn sie älter sind. Jedenfalls möchte ich nicht, daß sie mit solchen Einschränkungen zu tun bekommen wie ich, verstehen Sie, wenn einem die Mutter sagt, nicht in der Nähe des Fensters zu spielen, oder: Paß auf, daß du nichts kaputtmachst. Man weiß ja nie, nicht wahr, wann man selber an die Reihe kommt und die Elternrolle spielt.«

Aber Ringo möchte nicht, daß sie die gleiche Art von Schulbildung bekommen wie er – oder vielmehr, sowenig Schulbildung wie er. Die durch die Krankheiten verlorenen Jahre haben ihre Spuren hinterlassen, jedoch nicht allzu schlimm; zumindest würde er es nicht als schlimm bezeichnen. Von Rechtschreibung hat er praktisch keine Ahnung. Aber das stört ihn nicht. Auch seine Geographiekenntnisse sind höchst mangelhaft.

»Ich weiß, daß ich nicht richtig buchstabieren kann. Aber ich kann doch alles lesen, was Sie mir nur geben. Die englische Rechtschreibung fällt ja allen Leuten etwas schwer. Im Rechnen bin ich gar nicht so übel. Aber am besten bin ich mit meinen Händen. Ich kann die meisten kleinen Arbeiten ausführen, wenn ich auf mich selbst gestellt bin. Am Ende komme ich den Sachen immer auf den Grund. Aber wenn es ans Schriftliche geht, dann tauge ich nicht viel.«

Ringo stieß als letzter zur Gruppe, lange nachdem sich alle anderen mit ihren Aufgaben und ihren Persönlichkeiten zurechtgefunden hatten. Er empfand das Ganze als einen phantastischen Glücksfall. Er schloß sich ihnen in dem Augenblick an, in dem sie Luft unter die Flügel bekamen. Die anderen haben es nicht eine Sekunde als Glücksfall betrachtet. Sie hatten es schon immer gewußt, daß sie imstande waren, Erfolg zu haben.

Wenn sie alle zusammen sind, neigt er dazu, sich zu isolieren, sich hinter seinem Schlagzeug zu verschanzen, während sich die anderen ums Mikrophon drängen. Seit jeher sagt er, er sei nicht sehr gesprächig. Aber seine Scherze und seine Bemerkungen sind ebenso klug und witzig wie die der anderen. Der Unterschied liegt nur darin, daß er nicht ständig einen Wortschwall zur Verfügung hat, wie das bei Paul der Fall ist, oder so wie George es macht, wenn er loslegt, oder wie John, der ohne Punkt und Komma seine deftigen Witze und Bemerkungen vom Stapel läßt. Ringo verhält sich still, bis man ihn anspricht.

In »Ruhestellung« wirkt er in sich gekehrt und bekümmert. Seine graue Strähne ist heute grauer als früher. Nicht nur an der linken Seite seines Stirnhaares zieht sich dieser graue Streifen hin, sondern auch über die rechte Braue hinweg. Einige Ärzte sind der Ansicht, daß frühzeitiges Ergrauen psychologische Gründe hat. Aber die meisten sind sich doch darüber einig, daß es bedeutungslos ist. Es sieht sogar recht attraktiv aus.

Seine Nase ist nicht so groß, wie sie nach manchen Fotos oder nach Karikaturen zu sein scheint.

»Allmählich beginne ich zu erkennen, daß ich aufgrund meiner Kindheitserlebnisse der bin, der ich bin – kein Vater, meine Mutter immer arbeitslos. Dadurch bin ich sehr still und nach innen gekehrt. Jetzt erst werde ich mir über mich selber klar. Doch schon damals bin ich sehr glücklich gewesen. Ich habe neulich im Fernsehen einen Beitrag über die Wirkung gesehen, die ein langer Krankenhausaufenthalt auf ein Kind haben kann. Das kann Kinder sehr verschlossen machen.«

Ringo ist aber nicht verschlossen. Er ist zugänglich und freundlich, ja der netteste von allen. Er ist keineswegs egozentrisch. Maureen ist der Meinung, er könnte mehr aus sich machen, wenn er nur wollte.

»Ich glaube, daß er sich oft unterschätzt. Er vergißt, was für gute Ideen er schon gehabt hat, weil er sich einredet, er sei nicht schöpferisch veranlagt. Er behauptet, es sei Sache der anderen, gute Ideen zu haben. Aber er kann so vieles. Er ist ein guter

Maler. Ich glaube, daß Filmen etwas sehr Gutes für ihn wäre. Darum hoffe ich, daß etwas daraus wird. Er ist in allem gut. Er ist ein großartiger Tänzer.«

Ringo ist eine viel stärkere Persönlichkeit, als er es früher zu sein schien. In Wirklichkeit sieht er mit seinen leuchtenden blauen Augen auch viel besser aus als auf Bildern. Er ist keinesfalls nur der Hanswurst der Gruppe, auch nicht eine Art Talisman für sie. Seine Ansichten sind ebenso stichhaltig wie die der anderen. Aber angesichts ihrer augenfälligeren Talente hat er sich sogar noch stiller verhalten, als er in Wirklichkeit ist. Jedoch verlassen sie sich alle auf ihn. Er ist ein wesentlicher Bestandteil der vier, der gewisse Elemente beisteuert, die sie nötig haben, zum Beispiel die bereits erwähnte Sentimentalität, aber auch einen stark entwickelten gesunden Menschenverstand und ganz allgemein eine menschliche Note. Er hat einige recht gute Ideen und vernünftige Ansichten über die Beatles und über sich selber.

»Ich glaube, wir vier zusammen, alle ziemlich gleich, das hat uns zu einer Einheit gemacht. Wir sind voneinander verschieden und doch recht ähnlich.

Hat man es mit einem einzelnen Star zu tun oder mit einem Bandleader, wobei die anderen nur die Begleitung darstellen, so mag man ihn entweder oder man mag ihn nicht. Bei vieren kann man sich mit einem von uns identifizieren, aber trotzdem die anderen auch noch mögen. Mochte man Elvis nicht, so war die Sache erledigt. Wir aber sind vier. Da ist die Auswahl eben größer.

Zwischen uns hat es niemals eine Rivalität gegeben, weder privat noch in der Öffentlichkeit, obwohl wir natürlich alle unsere eigenen Fans hatten.

Wenn wir vier uns vor eine Million Fans hinstellen würden und sie müßten alle hinter den treten, den sie am meisten mögen, dann, glaube ich, würde Paul die meisten hinter sich versammeln. John und George würden gemeinsam den zweiten Platz einnehmen. Ringo wäre der letzte. Das ist meine Meinung. Das ersieht man aus den Briefen, und man merkt es am Geschrei und am Gedränge der Fans.

Bei John und Paul ist es so, daß ihre jeweiligen Fans den anderen nicht sehr mögen. Aber bei mir ist es so, daß ich auch Johns und Pauls Fans habe. Sie mögen mich alle gleichzeitig mit ihren besonderen Günstlingen. Wenn man also die Zweitstimmen zählen würde, dann könnte ich vielleicht sogar gewinnen.

Alle wollen mich bemuttern. Das weiß ich. Er weckt Mutterinstinkte, der sentimentale, kleine Ritchie. Das habe ich alles schon als Junge mitgemacht. Alte Frauen mögen mich genauso wie Mädchen. Bei Paul ist das auch ein bißchen der Fall.

So ist es mit mir. Das weiß ich. Warum es ändern? Hin und wieder bekomme ich Lust, anders zu sein. Wenn Leute mich immer wieder bitten, doch in Filmen aufzutreten, denke ich, ich werde mir einmal eine Rolle als richtiger Schweinehund aussuchen. Das wäre doch mal lustig. Nur um die Reaktion festzustellen.

Ich bin nicht sehr schöpferisch. Das weiß ich. Aber die Leute erwarten es von mir. Sie schreiben mir und fragen, warum ich es nicht versuche, einmal etwas zu komponieren. Vor ein paar Jahren habe ich versucht, zwei kleine Songs zu schreiben. Aber sie waren kalter Kaffee, ohne daß es mir selber wirklich bewußt wurde.

Es kann einen schon bedrücken, nicht schöpferisch zu sein. Man weiß, daß einen die Leute für unschöpferisch halten. Aber bei vier Leuten kann man gar nicht erwarten, daß alle schöpferisch veranlagt sind. Fünfzig Prozent müssen doch da schon genug sein. Denken Sie nur an all die Gruppen, gute Gruppen, die überhaupt nichts selber schaffen.

Natürlich wäre ich gern dazu in der Lage. Es quält mich schon ein bißchen, wenn ich merke, ich kann das nicht. Ich habe ein Klavier, aber ich kann eigentlich gar nicht darauf spielen. Oft komme ich in Stimmung. Ich habe dann einfach Lust, einen hübschen Song zu schreiben. Dann versuche ich es und kann es nicht. Ich weiß nicht, warum.

Manchmal fühle ich mich schon recht sauer, wenn ich da so an meinem Schlagzeug hocke und spiele, was die anderen mir sagen. Wenn Schlagzeuger von anderen Gruppen mir erklären, das war großartig, das Stück da, dann wird mir oft erst bewußt, daß die anderen gesagt haben, so sollte ich es machen, und dabei schreibt man es mir zu.

Filmen ist O.K. Aber manchmal hängt mir auch das zum Hals 'raus. Es ist doch nur ein Herumtasten, finden Sie nicht? Man hofft nur, es wird was draus.

Aber ich bin schon am Filmen interessiert. Ich kann ja doch nicht komponieren oder sonstwie schöpferisch tätig sein. Wenn ich kann, möchte ich da schon 'rein.

Ich weiß, die Leute haben gesagt, ich sei in unserem ersten Film, ›A Hard Day's Night‹, in Ordnung gewesen. Aber ich hatte keine Ahnung, was da eigentlich vorging.

»I Remember A Time«

Danach sind mir eine Menge Filmrollen angeboten worden, aber alles nur Starrollen, auf mir sollte die Handlung ruhen. Fast hätte ich bei einem Film über Sherlock Holmes zugegriffen. Da sollte ich den Dr. Watson spielen. Aber dann war es mir doch zuviel. Ich möchte noch nicht versuchen, eine tragende Rolle zu spielen. Wenn es ein Reinfall würde – nicht auszudenken! Aber eine kleinere Rolle wäre O.K. Dann hätte ich auch nicht die Verantwortung. Ginge das glatt, könnte ich es mal mit was Größerem versuchen.

›Candy‹ habe ich angenommen, weil es keine zu große Rolle war und andere Stars mit von der Partie waren – Marlon Brando, Richard Burton und Peter Sellers. Ich dachte, der Film ruht ja doch auf ihnen und nicht auf mir. Ich werde von ihnen lernen. Es war nur eine Arbeit von zehn Tagen als spanischer Gärtner, mit wenig Dialog.

Natürlich kann ich nicht schauspielern. Ich wüßte nicht, wie. Ich beobachte die Schauspieler im Fernsehen. Ihnen sieht man es an, daß sie Schauspieler sind. Ihre Gesichter sind ständig in Bewegung. Sie sollten ihre Augen sehen. Das alles kann ich nicht. Ich tue ganz einfach gar nichts. Ich weiß nicht. Vielleicht liegt darin die Schauspielkunst.«

Er erklärt, ihm würde es nichts ausmachen, wenn morgen alles wieder zu Ende wäre. Er ist noch immer der Ansicht, er habe Glück gehabt und würde stets fähig sein, sich irgendwie sein Brot zu verdienen, selbst wenn er wieder Installateur werden müßte.

»Nein, heute wäre ich wahrscheinlich doch kein Installateur. Das hatte ich ja aufgegeben, bevor ich meine Lehrzeit beendet hatte, um bei den Gruppen mitzumachen. Wäre nicht Rory Storme gekommen -- und nach ihm die Beatles –, wäre ich weiterhin mit den Banden der Halbstarken mitgelaufen. Tja, heute wäre ich wahrscheinlich nichts weiter als ungelernter Arbeiter.

Natürlich bin ich froh, daß ich es nicht bin. Es wäre nett, mit zur Geschichte zu gehören, jedenfalls zu einer gewissen Art von Geschichte. Ich möchte gern in den Schulgeschichtsbüchern stehen, wo die Kinder von mir lesen.«

Anhang

Die Songs der Beatles
Diskographie
Die Finanzen der Beatles

Die Songs der Beatles:
Alle Kompositionen von Lennon und McCartney,
falls nicht anders angegeben

Deutschland, 1961:
Als Begleitgruppe für den Sänger Tony Sheridan spielten sie
zehn Stücke auf Schallplatte. Nur eines davon war eine Original-
komposition, ein Instrumentalstück mit dem Titel »Cry For A
Shadow« von Lennon und Harrison. Auf einer anderen Platte,
»Ain't She Sweet«, war John Lennon die führende Singstimme.
Bei den anderen acht waren sie die Begleitgruppe: »My Bonnie«,
»The Saints«, »Kansas City«, »Sweet Georgia Brown«, »If You
Love Me Baby«, »What'd I Say«, »Why« und »Nobody's Child«.

Einzelplatten der Beatles, herausgebracht von
Parlophone Records in England

Love Me Do /
PS I Love You *November 62*
Please Please Me /
Ask Me Why *Januar 63*
From Me To You /
Thank You Girl *April 63*
She Loves You /
I'll Get You *August 63*
I Want To Hold Your Hand /
This Boy *November 63*
Can't Buy Me Love /
You Can't Do That *März 64*
A Hard Day's Night /
Things We Said Today *Juli 64*
I Feel Fine /
She's A Woman *November 64*
Ticket To Ride /
Yes It Is *April 65*
Help! /

I'm Down *Juli 65*
Day Tripper /
We Can Work It Out
Dezember 65
Paperback Writer /
Rain *Juni 66*
Yellow Submarine /
Eleanor Rigby *August 66*
Penny Lane /
Strawberry Fields Forever
Februar 67
All You Need Is Love /
Baby, You're A Rich Man
Juli 67
Hello, Goodbye /
I Am The Walrus *November 67*
Lady Madonna /
The Inner Light (Harrison)
März 68

Langspielplatten, herausgebracht von Parlophone, England

Please Please Me: April 63

I Saw Her Standing There	PS I Love You
Misery	Do You Want To Know
Ask Me Why	A Secret
Please Please Me	There's A Place
Love Me Do	

Nicht von den Beatles komponierte Nummern:

Anna	Baby It's You
Chains	A Taste Of Honey
Boys	Twist and Shout

With The Beatles: November 63

It Won't Be Long	Little Child
All I've Got To Do	Hold Me Tight
All My Loving	I Wanna Be Your Man
Don't Bother Me (Harrison)	Not A Second Time

Nicht von den Beatles komponierte Nummern:

Till There Was You	You Really Got A Hold On Me
Please Mister Postman	Devil In Her Heart
Roll Over Beethoven	Money

A Hard Day's Night: August 64

A Hard Day's Night	Can't Buy Me Love
I Should Have Known Better	Any Time At All
If I Fell	I'll Cry Instead
I'm Happy Just To Dance With You	Things We Said
	When I Get Home
And I Love Her	You Can't Do That
Tell Me Why	I'll Be Back

Beatles For Sale: November 64

No Reply
I'm A Loser
Baby's In Black
I'll Follow The Sun
Eight Days A Week

Every Little Thing
I Don't Want To Spoil The
  Party
What You're Doing

Nicht von den Beatles komponierte Nummern:

Rock And Roll Music
Honey Don't
Mr. Moonlight
Kansas City

Words Of Love
Everybody's Trying To Be My
  Baby

Help!: August 65

Help!
The Night Before
You've Got To Hide Your Love
  Away
I Need You (Harrison)
Another Girl
You're Going To Lose That Girl

Ticket To Ride
It's Only Love
You Like Me Too Much
  (Harrison)
Tell Me What You See
I've Just Seen A Face
Yesterday

Nicht von den Beatles komponierte Nummern:

Act Naturally

Dizzy Miss Lizzy

Rubber Soul: Dezember 65

Drive My Car
Norwegian Wood
You Won't See Me
Nowhere Man
Think For Yourself (Harrison)
The Word
Michelle

What Goes On
Girl
I'm Looking Through You
In My Life
Wait
If I Needed Someone (Harrison)
Run For Your Life

Revolver: August 66

Taxman (Harrison)
Eleanor Rigby
I'm Only Sleeping
Love You Too (Harrison)
Here, There and Everywhere
Yellow Submarine
She Said She Said
Good Day Sunshine

And Your Bird Can Sing
For No One
Dr. Robert
I Want To Tell You
   (Harrison)
Got To Get You Into My Life
Tomorrow Never Knows

Sergeant Pepper's Lonely Hearts Club Band: April 67

Sergeant Pepper's Lonely Hearts
   Club Band
Lucy In The Sky With Diamonds
Getting Better
Fixing A Hole
She's Leaving Home
Being For The Benefit Of Mr.
   Kite

With A Little Help From My
   Friends
Within You Without You
   (Harrison)
When I'm Sixty-Four
Lovely Rita
Good Morning Good Morning
A Day In The Life

45er Schallplatten

Yellow Submarine: Juli 68

All Together Now
Northern Song (Harrison)

It's All Too Much (Harrison)
Heh Bulldog

Magical Mystery Tour (Zwei 45er): Dezember 67

Magical Mystery Tour
Your Mother Should Know
I Am The Walrus
Fool On The Hill

Flying (Lennon, McCartney,
   Harrison, Starkey)
Blue Jay Way (Harrison)

Weitere Hinweise auf Schallplatten enthält das Nachwort.

352

Anmerkung:

Es gibt noch zwölf andere 45er Platten, aber alle enthalten Stücke, die bereits auf einer Langspielplatte oder einer Einzelplatte aufgenommen sind. Es gibt auch eine Langspielplatte, *A Collection Of Beatle Oldies,* die alte Stücke bringt. In den Vereinigten Staaten sind Langspielplatten zuweilen mit anderen Titeln und mit einer anderen Auswahl erschienen.

Die Gesamtzahl der von Lennon und McCartney und von den Beatles auf Platten gespielten Songs belief sich bis März 1968 auf 121.

Die Gesamtzahl der Originalsongs von George Harrison, die von den Beatles auf Platten gespielt wurden, belief sich bis März 1968 auf 11.

Songs von Lennon und McCartney, die von anderen Künstlern auf Platten gespielt wurden:

Bis zum Januar 1968 hat es von Lennon-McCartney-Songs über 1000 verschiedene Aufnahmen durch andere Sänger, Gruppen, Orchester und Kapellen gegeben. Am populärsten war *Yesterday,* das von 91 verschiedenen Künstlern auf Platten aufgenommen wurde, von Pat Boone, Johnny Mathis und Connie Francis bis zu Kenneth McKellar, The Big Ben Banjo Band und der Band of The Irish Guards.

Die zehn populärsten von anderen Künstlern gespielten Songs:

Titel und Zahl der Aufzeichnungen:

Yesterday 91	All My Loving 38
Michelle 65	And I Love Her 36
A Hard Day's Night 50	She Loves You 36
Can't Buy Me Love 49	Help! 29
I Want To Hold Your Hand 42	Please Please Me 27

Absatz

Im einzelnen ist der Absatz jeder Platte, die auf der Welt verkauft wird, schwierig zu veranschlagen. Die Zahlen kommen sehr langsam herein, insbesondere gilt das für ihre neueren Nummern. EMI, das größte Schallplattenunternehmen der Welt, besitzt auch

Capitol, die amerikanische Firma der Beatles, aber natürlich ist
man dort nicht geneigt, allzu viele Einzelheiten bekanntzugeben.
Jedoch hat man uns freundlicherweise die folgende Information
zur Verfügung gestellt, die den Stand vom Januar 1968 wieder-
gibt.

Großbritannien:

Einzelplatten:

Von zwei von ihnen sind mehr als eineinhalb Millionen Stück ver-
kauft worden:
She Loves You 1 527 000
I Want To Hold Your Hand 1 509 000
Andere Einzelplatten, von denen über eine Million verkauft
wurde:
Can't Buy Me Love
I Feel Fine
We Can Work It Out

Langspielplatten:

Die zwei Langspielplatten mit dem höchsten Absatz:
With The Beatles 1 044 000
Sergeant Pepper 751 000

Vereinigte Staaten:

Die Einzelplatte mit dem höchsten Absatz war bisher:
I Want To Hold Your Hand über 3 000 000
Die Langspielplatte mit dem höchsten Absatz war:
Meet The Beatles 4 400 000

Welt:

Jede Einzelplatte und jede Langspielplatte der Beatles hat einen
Absatz von über einer Million Stück erzielt.
»I Want To Hold Your Hand« hat einen Absatz erzielt von über
5 000 000.

Insgesamt:

Rechnet man eine Einzelplatte als eine Platte, eine 45er als zwei Platten und eine Langspielplatte als fünf Platten, so beläuft sich der Weltabsatz der Beatles bis Januar 1968 auf 225 000 000 Platten.

Die Finanzen der Beatles

Die geschäftliche Seite ihrer Angelegenheiten wird von einer Firma von Wirtschaftsprüfern wahrgenommen. Es ist eine sehr komplizierte finanzielle Struktur. Im Grunde ist es unmöglich, zu einem bestimmten Zeitpunkt genau anzugeben, wieviel die Beatles wert sind. Sie wissen es selber nicht. Sie verlassen sich ganz einfach auf die Wirtschaftsprüfer, daß diese jede Rechnung für jeden Wunsch, der ihnen durch den Kopf geht, zahlen. Sie erhalten von den Wirtschaftsprüfern allmonatlich eine Abrechnung.

Die Einnahmequellen der Beatles:

1. Die Beatles als Künstler. Sie treten nicht mehr selbst öffentlich auf. Man kann sie nur noch auf ihren Platten erleben.
Eine Langspielplatte der Beatles, die im Geschäft etwas über 30 Shilling kostet und von der eine Million verkauft wird, würde alles in allem rund 1 500 000 Pfund einbringen. Davon erhält EMI für die Herstellung der Platte 605 000 Pfund. Beim Einzelhandel bleiben 400 000 Pfund hängen. Der Staat behält 300 000 Pfund an Umsatzsteuer ein. Damit wäre schon der Verbleib eines großen Teils dieses Geldes nachgewiesen. Dann erhalten die Beatles als Künstler noch 120 000 Pfund für das Besingen und Bespielen der Platte. (Als Komponisten – das ist ein gesonderter Posten – teilen dann John und Paul – und zu einem geringeren Grad auch George – die restlichen 100 000 Pfund untereinander auf.)
2. Die Beatles als Komponisten. (Das betrifft in der Hauptsache John und Paul.)
a) *Von ihren eigenen Platten* zahlt ihnen EMI ebenfalls noch eine Tantieme von 6¼ Prozent vom Einzelhandelspreis jeder Platte abzüglich der Umsatzsteuer. Das ist die übliche Tantieme, die alle britischen Komponisten erhalten. (Im Ausland ist die Tantieme von Land zu Land verschieden, auf dem Kontinent ein wenig höher, etwa 8 Prozent. In den Vereinigten Staaten wird die Tan-

355

tieme auf das einzelne Stück bezogen – 2 Cents für ein Stück – und nicht auf den Preis der Platte.)

Wenn andere Künstler einen Beatlesong auf eine Platte aufnehmen lassen, wie Tausende es getan haben, erhalten die Beatles die gleichen Tantiemen wie oben angegeben, weil sie dann als die Komponisten gelten.

b) *Rundfunk- und Fernsehhonorare:* Jedesmal, wenn eine Platte, die sie komponiert haben, gespielt wird, bekommen sie eine Tantieme. Das ist ein sehr kompliziertes System, und die Rechte werden von einer Gesellschaft wahrgenommen, die die Honorare kassiert und sie dann an die einzelnen Komponisten verteilt.

Die Honorare hängen von der Größe der Zuhörerschaft jeder Rundfunkstation ab. In Großbritannien bezahlt BBC ungefähr 5 Pfund für jede im Rundfunk gespielte Platte. Beim Fernsehen liegen die Gebühren sehr viel höher und sind auch in diesem Fall von der Größe der Zuhörerschaft abhängig. In Großbritannien wird bei einer von mehreren Sendern übernommenen Show ein Betrag von rund 50 Pfund für eine Platte gezahlt, die zweieinhalb Minuten dauert. In den USA sind es etwa 180 Dollar.

c) *Gebühren für andere Arten der Wiedergabe:* Abgesehen von Rundfunk und Fernsehen werden Platten auch in Musikautomaten, bei Tanzveranstaltungen und in Kinos gespielt. Auch diese Einnahmen werden von der vorhin erwähnten Gesellschaft errechnet. Dann gibt es auch noch die sogenannte Synchronisierungsgebühr für jedes Spielen einer Platte in einem Film.

d) *Noten.* Durch sie erhielt vor dem Massenabsatz von Schallplatten der Komponist den größten Teil seiner Einnahmen. Er bekommt 10 Prozent vom Ladenpreis der Noten, was etwa dem entspricht, was ein Schriftsteller an einem Buch verdient.

Es ist auch eine Gebühr zu bezahlen, wenn man den Text eines Songs wiedergeben möchte. Hierbei kommt es darauf an, wie viele Zeilen man verwendet und wer man ist. Von einer Zeitung wird für gewöhnlich eine Anerkennungsgebühr von 5 Guineen verlangt. Dabei kommt es in erster Linie darauf an, daß man die Copyright-Genehmigung einholt und dies auch unzweideutig erklärt, sonst kann einem wegen Verletzung der Copyright-Bestimmungen der Prozeß gemacht werden.

Es ist unmöglich, die tatsächlichen Einnahmen der Beatles als Komponisten zu ermitteln, da es bei solchen Tantiemen oft Jahre braucht, bis sie hereinkommen. Ihr erfolgreichster Einzelsong ist bisher »Yesterday«. Er hat John und Paul als Komponisten bisher rund 50 000 Pfund eingebracht.

Alle ihre Tantiemen als Komponisten müssen sie selbstverständlich auch noch zur Hälfte mit ihren Musikverlegern teilen. Aber die Beatles sind auch in großem Umfang an ihrem Musikverlag, Northern Songs, beteiligt, und das bringt uns zu:

3. *Die Beatles als Verleger der Beatles.*

a) NEMS *Enterprises.* Zusammen sind die Beatles mit 10 Prozent an NEMS Enterprises beteiligt, an der Firma, die sie betreut.

NEMS behält 20 bis 25 Prozent ihrer Einkünfte als Künstler ein, aber da sie andrerseits an NEMS beteiligt sind, bekommen sie einen Teil davon zurück.

b) *Northern Songs* – ihr Musikverlag – ist die Firma, die die drei komponierenden Beatles unter Vertrag hat. Dies ist das einzige mit den Beatles geschäftlich verbundene Unternehmen, das zur öffentlichen Darlegung seiner Bilanzen verpflichtet ist. Sein Wert ist also den üblichen Schwankungen an der Börse unterworfen.

Als dieses Unternehmen im Februar 1963 als eine private Gesellschaft gegründet wurde, bestand das Stammkapital aus 100 Aktien zu je einem Pfund. Davon besaßen Dick James Music 50, Paul und John jeweils 20 und NEMS Enterprises 10.

Im Januar 1968 besaß Paul 744 000 Aktien. Bei einem Wert von 16 Shilling für die Aktie, die sie zu diesem Zeitpunkt wert waren, belaufen sich Pauls Aktien auf fast 600 000 Pfund. Seine jährliche Dividende wirft etwa 40 000 Pfund ab. John besitzt weitere 644 000 – und zusätzliche 100 000 sind treuhänderisch auf den Namen seiner Kinder geschrieben. Ringo und George haben jeweils 40 000. 1967 warf Northern Songs einen Reingewinn von 800 000 Pfund ab.

NEMS ist mit 372 000 Aktien ebenfalls an Northern Songs beteiligt, was wiederum auch den Beatles zugute kommt.

4. *Andere Beteiligungen:* Es gibt noch viele andere Firmen, die mit den Beatles verbunden sind, von denen sich einige mit jenen bereits erwähnten Seiten ihrer Tätigkeit befassen. So werden zum Beispiel ihre Tantiemen als Komponisten nicht unmittelbar an John und Paul ausgezahlt, sondern an zwei Gesellschaften mit Namen Lenmac Enterprises und Maclen Music.

Filme: Sie erhielten eine recht beträchtliche Beteiligung an ihren beiden Filmen, die unter der Regie von Richard Lester standen. Subafilms Ltd. nehmen die Rechte wahr. Sie erhalten noch immer Einnahmen aus ihren Beteiligungen an »A Hard Day's Night« und »Help!«.

Ihr Fernsehfilm »Magical Mystery Tour« hat fast 50 000 Pfund gekostet. Ihre Gesellschaft Apple Films Ltd. wird an den Gewinnen beteiligt sein. Sie haben die Absicht, in Zukunft abendfüllende Filme herzustellen.

Konzessionen: Für alle Erzeugnisse, die in irgendeiner Weise den Namen der Beatles tragen, muß eine Lizenzgebühr bezahlt werden.

Apple: Zur Zeit der Niederschrift dieses Buches steht dieses Unternehmen noch immer in seiner Entwicklung und wird weiter ausgebaut. In künftigen Jahren könnte dies zum wichtigsten kommerziellen Unternehmen der Beatles werden. Schon gibt es Apple Corps Ltd., Apple Films Ltd., die Apple Publishing Company, Apple Electronics und Apple Records. Sie betreiben verschiedene Unternehmungen wie die Apple Boutique in der Baker Street in London und dazu eine Kette anderer Läden, die in der ganzen Welt gegründet wurden. Später will sich dieses Unternehmen noch Aufnahme- und Filmstudios angliedern. Die Beatles sehen Apple eines Tages als ein Riesenunternehmen nach amerikanischem Vorbild, das alle möglichen Waren herstellt und sich auch an Unternehmungen anderer Leute und an Firmen finanziell beteiligt. Es befindet sich im Alleinbesitz der Beatles.

Die Gesamtsumme bleibt der Schätzung eines jeden überlassen. Der Wert eines Unternehmens wird erst bei seinem Verkauf sichtbar. Die Beatles aber haben nicht die Absicht, zu verkaufen.

Brian Epstein war vor Abführung der Erbschaftssteuer 486 032 Pfund wert. Natürlich mußte er auch eine riesige und kostspielige Organisation in Gang halten, die nicht in allem erfolgreich war. Zweifellos sind die Beatles heute weit mehr wert.

Ihre Bruttoeinnahmen, die ihnen unmittelbar aus ihrer Arbeit, aus allen übrigen Quellen und allen ihren Unternehmungen zufließen, belaufen sich auf mindestens eine Million Pfund im Jahr.

In den fünf Jahren seit 1963 hat der Verkauf von Beatle-Platten auf der ganzen Welt eine Gesamtsumme von 70 Millionen Pfund eingebracht, zu einem Großteil in Devisen.

Nachwort von Rainer Moritz

Von den Beatles zu John Lennon, Paul McCartney, George Harrison und Ringo Starr.

Die letzte LP der Beatles, »Let It Be«, war gemeinsam ein Schwanengesang auf die erfolgreiche Zusammenarbeit dieses wohl einmaligen Quartetts im Schaugeschäft. Am 10. April 1970 druckte die Londoner »Times« ein Dementi der Apple Organization ab, in dem es hieß, Paul McCartney habe nicht die Absicht, sich von den Beatles zu trennen. Was war geschehen? Paul McCartney hatte sich auf seinen Bauernhof nach Schottland zurückgezogen und jegliche Interviews abgelehnt. Um aber der Presse, die ihn ständig verfolgte, doch etwas zukommen zu lassen, hatte er Derek Taylor, Peter Brown und Mavis Smith von Apple gebeten, Fragen zusammenzustellen, die er beantworten und mit den ersten Belegexemplaren seiner Solo-LP an die Musikkritik schicken wollte. In diesem Interview antwortete Paul auf die Frage »Ist Ihr Bruch mit den Beatles vorübergehend oder endgültig, entspringt er persönlichen oder musikalischen Unstimmigkeiten?« »Es sind persönliche, geschäftliche und musikalische Differenzen, aber hauptsächlich bin ich mit meiner Familie glücklich. Ob es vorübergehend oder endgültig ist, weiß ich nicht.« Und auf die Frage nach seinen Beziehungen zu Klein sagte Paul: »Ich habe keine zu ihm, er vertritt mich überhaupt nicht.« Diesem ersten Alleingang von Paul McCartney waren bereits andere von John, George und Ringo vorausgegangen. Schon im Sommer 1969 hatte John Ono Lennon, wie er sich jetzt nannte, sein Desinteresse an Apple und einer weiteren Zusammenarbeit der »Fab Four« öffentlich bekannt. George Harrison, der immer mehr in den Bann asiatischer Heilslehre geriet, veröffentlichte bereits im August 1968 seine erste Solo-LP »Wonderwall Music«. Ringo Starr beschäftigte sich zunehmend mit Filmarbeit. Am 13. 12. 1970 reichte Paul McCartney dann eine offizielle Klage gegen Apple und die drei anderen Beatles ein mit dem Ziel, Apple aufzulösen und die Partnerschaft der vier für null und nichtig zu erklären. Außerdem beantragte er die Einsetzung eines Konkursverwalters, der die ausstehenden Gelder verwalten sowie die anteiligen Vermögen auseinanderrechnen sollte. Damit war wieder ein Abschnitt im Leben der Beatles zu Ende gegangen. War es auch die Aufgabe der »Fab Four«?

Um die immer wieder gestellte Frage nach einem neuerlichen Zusammenfinden der Beatles zu beantworten, muß man sich noch einmal die Weiterentwicklung der vier Musiker seit dem Tod von Brian Epstein vor Augen führen, seit jenem Wochenende in Bangor in North Wales, als die Beatles während eines Seminars mit dem Maharischi von der Nachricht vom Tod Epsteins überrascht wurden.

Die Entwicklung der Beatles läßt sich grob in fünf Abschnitte einteilen:

1. Schülerband, erste *Gigs* und professionelles Zusammenspiel, insbesondere Gastspiele in Hamburg.
2. Der erste Schallplattenvertrag mit Parlophone und nationaler Ruhm.
3. Beatlemania International.
4. Die großen Studioproduktionen und der Rückzug aus der Öffentlichkeit.
5. Jahre der Alleingänge und der Bruch.

Nachdem Hunter Davies die ersten drei Abschnitte der Beatles-Legende ziemlich erschöpfend behandelt hat, können wir uns in diesem Schlußkapitel der weiteren Entwicklung zuwenden und, wo nötig, Ergänzungen anbringen.

Der Rückzug der Beatles vom Tourneegeschäft und ihr Verzicht auf alle Live-Auftritte mußte ihr Verhältnis zueinander berühren. Darin kam zugleich aber auch die musikalische Ehrlichkeit der Beatles zum Ausdruck. Ähnlich wie der berühmte Swingmusiker Artie Shaw, der auf dem Höhepunkt seiner Karriere abtrat, um sich nicht immer wiederholen zu müssen und nicht ständig Mittelpunkt eines hauptsächlich aus kommerziellen Erwägungen inszenierten Zirkusses zu sein, suchten auch die Beatles nach einer musikalischen Weiterentwicklung und vermieden es, sich vom Schaugeschäft aufreiben zu lassen. Im Gegensatz zu anderen erfolgreichen Rock'n'Roll-Gruppen, die jahraus jahrein die gleiche Musik vermarkteten, wollten die Beatles mehr. Und damit machten sie auch zum ersten Mal die Erfahrung, daß Qualität und Erfindungsreichtum nicht immer mit Beliebtheit und wirtschaftlichem Erfolg gleichzusetzen sind, daß sich hier jener zentrale Widerspruch zeigte, der alle populäre Musik charakterisiert. Allein der Wegfall der Live-Auftritte mindert in diesem Geschäft bereits die Absatzchancen. Deshalb kamen die 1967 entstandenen Songs »Penny Lane« und »Strawberry Fields Forever« auch nicht mehr auf Platz 1 in den Hitlisten. Aber mit »Sergeant Pepper's Lonely Hearts Club Band« setzte sich dann auch der neue komplexere Sound der Beatles durch. Es folgte die LP »Magical Mystery Tour« und anschließend »The Beatles White Album«, »Yellow Submarine«, »Hey Jude«, »Abbey Road« und »Let It Be«. Die letztere LP ist eigentlich die vorletzte gemeinsame Aufnahme, sie kam aber wegen verschiedener musikalischer und technischer Probleme zuletzt heraus.

Im Zusammenhang mit »Abbey Road« tauchten auch über das Ableben von Paul McCartney Gerüchte auf, die hier kurz erwähnt werden sollen, weil sie typisch für die Popszene der 60er Jahre sind und eine Vorstellung davon vermitteln, welchem Druck sich die »Fab Four« von seiten des Publikums und der Industrie ständig ausgesetzt sahen. Der Rückzug von McCartney aus der Öffentlichkeit und sein Privatleben wurde ihm von seinen Fans übelgenommen, die Künstler wie ihn als Allgemeingut betrachteten. Sie erklärten ihn kurzerhand für tot. Das Gerücht wurde wahrscheinlich von Russ Gibbs, Radio WKNR in Detroit, in Umlauf gesetzt. Das Cover von »Abbey Road«, das McCartney barfuß und nicht im Gleichschritt mit den anderen Beatles zeigte, schien einen Hinweis zu geben. Außerdem glaubte man, auch aus der Musik ähnliches herauszuhören. Die Tatsache, daß Paul McCartney die zweite Plattenseite musikalisch praktisch allein bestritt, wurde dahin gedeutet, daß er aus dem Jenseits ein menschenähnliches Wesen mit seinem Genie zu den Beatles abkommandiert habe. Soviel zu Ruhm und Fluch des Schaugeschäfts!

Als die Beatles 1966 Tourneen und Live-Konzerte aufgaben, waren sie bereits Multimillionäre, standen auf der Höhe ihres Ruhms und waren kaum Mitte zwanzig. Ganz selbstverständlich mußten sich ihre verschiedenartigen Veranlagungen und Interessen in dem Augenblick auseinanderentwickeln, als der Zwang des gemeinsamen Auftritts wegfiel. Die weitverbreitete Meinung, das Verhältnis von John Lennon zu Yoko Ono habe die Beatles auseinandergebracht, läßt sich schon von hier aus widerlegen. Aber bevor wir uns dem weiteren Lebensweg der einzelnen Beatles zuwenden, muß noch ein Wort über Apple und andere Geschäfte der »Fab Four« gesagt werden, weil wahrscheinlich die finanzielle Grundlage dieser Partnerschaft jeden einzelnen Beatle bereits an Alleingänge denken ließ, auch als man sich musikalisch noch blendend verstand. Apple entstand aus dem gleichen Enthusiasmus, der auch das Monterrey-Festival kennzeichnete. Die Welt gehörte der Jugend, der Drogenkonsum war noch nicht zum echten Problem geworden, und Revolution und Vietnam belasteten das Verhältnis der Generationen noch wenig. Die Beatles wollten mit

Apple zur Verschönerung der Welt beitragen, neue Talente fördern und ihren jungen Nachfolgern jene entmutigenden Erfahrungen ersparen, die sie selber zu Beginn ihrer Karriere gemacht hatten. Aber ohne ein richtiges Management ließ sich dieses Imperium nicht zusammenhalten, ohne einen Brian Epstein konnten die täglich notwendigen Entscheidungen nicht getroffen werden, und die Beatles selber sahen sich durchaus nicht in der Rolle von Geschäftsführern einer Weltverbesserungsfirma, auch wenn sie diese gerne finanzieren wollten, solange ihr Geld reichte. Um neben den Geschäften der Beatles als Gruppe und ihren Alleingängen andere Künstler zu betreuen, mußte eine Organisation gefunden werden, die dann ironischerweise genau das verhinderte, was die Beatles sich bei der Gründung von Apple vorgestellt hatten. Trotzdem waren in dem erfolgreichen Jahr 1969 folgende Künstler bei Apple unter Vertrag: Mary Hopkins, James Taylor, Jackie Lomax, die Iveys, White Trash, Doris Troy, Billy Preston, Radha Krishna Temple, die Plastic Ono Band und das Modern Jazz Quartett. Sie wurden zum Teil sogar von einzelnen Beatles persönlich aufgenommen und betreut.

Am 3. Februar 1969 gab deshalb Apple bekannt, die Beatles hätten Mr. Allen Klein aus New York beauftragt, ihre Geschäfte neu zu ordnen. Klein wurde von John Lennon vorgeschlagen, die anderen Beatles außer Paul McCartney scheinen einverstanden gewesen zu sein, aber Paul hatte sich diesem Mehrheitsbeschluß offensichtlich nur widerwillig gebeugt, denn bereits im Juli 1969 übertrug er die Vertretung seiner persönlichen Interessen der New Yorker Anwaltsfirma Eastman and Eastman. Damit war der Krach zwischen Paul McCartney und den übrigen Beatles bereits vorprogrammiert.

Wenden wir uns jetzt der persönlichen und künstlerischen Entwicklung der einzelnen Beatles zu. Wenn man sich das sogenannte »Weiße Album« aufmerksam anhört, kann man bereits deutliche Auflösungserscheinungen bei der Gruppe feststellen. Mit Ausnahme des einen Harrison-Titels »While My Guitar Gently Weeps« sind weder Harrison noch Ringo Starr prominent vertreten. Die guten Nummern stammen alle von John Lennon und Paul McCartney, aber der Sound macht einen unwillkürlich glauben, daß immer nur einer von ihnen auftritt, während die anderen begleiten. Das war 1968.

Vorangegangen war zu Anfang des gleichen Jahres eine weitere geistige Auseinandersetzung mit Indien. Die Beatles nahmen im Ashram des Maharischi in Rishikesh an einem Seminar teil. Der am wenigsten berührte und wohl auch extrovertierteste Beatle, Ringo Starr, reiste als erster ab. George Harrison, bestärkt durch seine Frau Pattie, engagierte sich am ernsthaftesten und trieb auch seine musikalischen Studien in Indien voran. Er ist es auch, der sich als erster Popmusiker bei Ravi Shankar im Sitarspiel vervollkommnete. Seine ab 1968 erscheinenden Solo-LP's zeigen den musikalischen Einfluß Indiens deutlich und spiegeln auch Harrisons neue geistige Haltung wider.

John Lennon und Paul McCartney, vielleicht nicht die besten Instrumentalisten der Beatles, waren jedoch ohne jeden Zweifel die eigentlichen künstlerischen Motoren der Gruppe. Sie wurden beide auch am schnellsten mit dem Drogenproblem fertig, verarbeiteten die Lehren des Maharischi auf ihre Art und bauten sich Solokarrieren auf, die ihren individuellen Neigungen entsprachen. Von Anfang an hatten sich die Gegensätze Lennon und McCartney angezogen. Sie schrieben auch die Mehrzahl der erfolgreichen Beatle-Songs gemeinsam. Aber während Lennons Talent in Wort und Bild lag, war McCartney der musikalischere. Die weitere Entwicklung dieser beiden Beatles wurde weniger von religiösen Erlebnissen wie im Falle von Harrison oder durch gesunden Geschäftssinn wie bei Ringo Starr beinflußt, sondern durch zwei Frauen, die man sich ebenfalls gar nicht gegensätzlicher vorstellen kann: Yoko Ono und Linda Eastman. Yoko Ono, sieben Jahre älter als John Lennon, stammt aus einer angesehenen japanischen Familie. Sie genoß eine ausgezeichnete Schulbildung und studierte anschließend in den Vereinigten Staaten Philosophie. Später schließt sie sich der New Yorker Kunstavantgarde an. Lennon lernt sie 1968 anläßlich einer Ausstellung ihrer Arbeiten in London kennen. Sie heiraten 1969. Durch Yoko Ono wird John Lennon weltweit mit der künstlerischen Avantgarde bekannt, schließt sich in seinen ersten Solo-LP's und Happenings wie den berühmten »Bed-Ins«, der gerade in vollem Schwung befindlichen Protestbewegung an. Schon im November 1968 kommt mit »Two Virgins« seine erste Solo-LP heraus, der dann eine ganze Reihe von avantgardistischen Aufnahmen gefolgt sind, die zum Teil eher ein Studiopublikum als Popanhänger ansprechen. Aber daß er sein Gefühl für Rockmusik nicht verloren hat, beweist John Lennon mit LP's wie »Plastic Ono Band / Live Peace In Toronto«, »John Lennon / Plastic Ono Band« und »Imagine«. Bei seinem großen Auftritt in Toronto kann er immerhin neben Yoko Ono auf Musiker wie Eric Clapton, Klaus Voormann und Alan White zurückgreifen. Daneben betätigt sich John Lennon als Schriftsteller und Maler. Eine Ausstellung seiner erotischen Lithographien wird Anfang 1970 vorübergehend geschlossen, da seine Bilder angeblich gegen die »guten Sitten« verstoßen. Spätestens mit der 1970 herauskommenden LP »John Lennon / Plastic Ono Band« beweist Lennon auch, daß ihn Yoko Onos Einfluß nicht nur in Richtung auf das Artifizielle drängt, sondern auch seine ursprüngliche Begabung fördert.

Genauso wie sich John Lennon 1968 von Cynthia trennt und mit Yoko einen neuen Anfang macht, lebt sich Paul McCartney mit der Schauspielerin Jane Asher auseinander und wendet sich der Fotografin Linda Eastman zu. Sie heiraten am 12. März 1969. Lindas Einfluß auf Paul bringt diesen immer mehr in Gegensatz zu dem kulturellen Avantgardismus, dem sich John und Yoko verschrieben haben. Die beiden Unzertrennlichen beginnen sich auseinanderzuleben. McCartney entdeckt durch Linda die Vorzüge eines echten Familienlebens, zieht sich nach Schottland zurück und schockt seine Freunde mit der in Heimarbeit entstandenen LP »McCartney - April 1970«, die von der Fachpresse in der Luft zerrissen wird.

Linda McCartney assistiert ihrem Mann bei den Aufnahmen, bestärkt ihn in seinen eigenen Experimenten und beschäftigt sich mit Tasteninstrumenten und Gesang. Heute ist sie ein vollwertiges Mitglied der 1971 von McCartney gegründeten Gruppe »Wings«, mit der Paul 1973 in Lagos und Nigeria auftritt. Auch die LP »Band on the Run« gelingt, die nach Meinung der Fachpresse zum Besten gehört, was je ein Beatle produziert hat. Die auch beim Publikum äußerst erfolgreiche Gruppe hat nach Meinung mancher Musiker ein so geschlossenes Klangbild, wie es nicht einmal die Beatles in ihren besten Zeiten erreicht haben. Mit »Wings« erfüllt sich Paul seinen geheimen Wunsch, doch wieder live aufzutreten und auf Tournee zu gehen. Und dabei ist er dann auch geblieben.

Während John Lennon keinen Schallplattenexklusivvertrag mehr hat, ist Paul McCartney bei EMI geblieben (Elektrola in Deutschland) und George Harrison hat mit »Dark Horse« sein eigenes Label. Mit seiner Vorliebe für indische Musik und Philosophie scheint er sich im Schaugeschäft nicht durchsetzen zu können. Sein größter Erfolg dürfte wohl die Organisation der zwei Konzerte für Bangla Desh im Madison Square Garden, New York, gewesen sein. Hier gelang es Harrison, am 31. Juli 1971 Ringo Starr, Bob Dylan, Eric Clapton, Ravi Shankar, Leon Russell und Billy Preston um sich zu versammeln und zwei Benefizkonzerte zu geben, die weltweites Aufsehen erregten. Auch Harrison hat sich inzwischen von Pattie Boyd getrennt. Musikalisch gibt es von ihm nichts Aufregendes zu berichten.

Ringo Starr, der einen neuen Exklusivvertrag mit der Polydor International abgeschlossen hat, kann auf eine Reihe erfolgreicher LP's zurückblicken, die ebenfalls musikalisch nicht bedeutungsvoll sind. Seine Platte »Rotogravure« enthält Beiträge aller Beatles. Sein Hauptinteresse in den letzten Jahren gilt dem Film. Er ist in einer Reihe von internationalen Produktionen aufgetreten, zuletzt als Papst in Russels »Lisztomania«.

Kommen die Beatles wieder? Geld kann für diese vier erfolgreichen Musiker kein Lockmittel sein. Die geistigen Spannungen zwischen John und Paul stehen im Wege. Aber wer weiß, was ihnen das Alter bringt. Vergessen wir nicht, daß sie alle bereits zwei volle Leben gelebt haben.

Apple verwaltet nur noch den bis 1970 erworbenen Rechtestock. Der damalige Geschäftsführer Allen Klein wird von den Beatles mit einer Klage nach der anderen überzogen. Die ihm vorgeworfenen Unkorrektheiten zeugen offensichtlich doch für Paul McCartneys geschäftliches Augenmaß.

Das Ende der Entflechtung des Beatles-Imperiums ist nicht abzusehen. Und inzwischen machen die vielen Nachahmer und ehemaligen Freunde der Beatles Geschäfte mit der Nostalgie einer Generation, die selber die »Fab Four« nicht mehr live erlebt hat. Es gibt sogar eine Beatles-Imitation aus Frankfurt.

Die klugen Handbücher: Knaurs Lexika und Nachschlagewerke

Georg Büchmann:
Geflügelte Worte
Neubearbeitung [7502]

Knaurs Gesundheitslexikon
Mit 40 Abbildungen [7002]

Knaurs Fremdwörter-Lexikon [7559]

Knaurs Lexikon a–z
Mit zahlreichen Abbildungen, Zeichnungen und Karten [7599]

Tony Palmer:
All You Need Is Love
Mit zahlreichen Abbildungen [3599]

Kurt Pollak:
Knaurs Lexikon der modernen Medizin
Mit 116 Abbildungen [7365]

Georges Posener:
Knaurs Lexikon der ägyptischen Kultur
Mit zahlreichen Abbildungen [7574]

Inge Schwarz-Winklhofer/ Hans Biedermann:
Das Buch der Zeichen und Symbole
Mit 1300 Abbildungen [7403]

Verner 'Arpe:
Knaurs Schauspielführer
Neubearbeitung [7260]

Gerhart von Westerman/ Karl Schumann:
Knaurs Opernführer [7216]

Knaurs Konzertführer [7240]

KNAUR-TASCHENBÜCHER

Bewährte Nachschlagewerke – nützliche Ratgeber von Knaur

Samuel Dunkell:
Körpersprache im Schlaf
[3598]

Peter Espe:
Tips für den Weinkauf
[7555]

Frank/Miele:
Die Dr.-Frank-Diät [3596]

Hellbrügge/von Wimpfen:
Die ersten 365 Tage im Leben eines Kindes
[7445]

Hugo Hertwig:
Knaurs Heilpflanzenbuch [7197]

Hudson/Thomas:
Was tun, bis der Doktor kommt? [7452]

Josef Kirschner:
Die Kunst, ein Egoist zu sein [7549]

Manfred Köhnlechner:
Gesundheit – eine Utopie? [3600]

Ulrich Klever:
Knaurs Hundebuch [7306]

Rutkowsky/Repschläger:
Das neue Ehe-, Familien- und Scheidungsrecht [7485]

So komme ich zu meinem Geld [7511]

Mein Recht bei Auto und Motorrad [7593]

Sybil Gräfin Schönfeldt:
Knaurs Schönheitsbuch [7547]

Heinz Sponsel:
Die Heilkräfte der Natur [7441]

KNAUR-TASCHENBÜCHER

Eine neue Reihe:
Knaur Hobby

Das Hobby wird erst schön mit Hobbybüchern von Knaur...

Barbara Pohle
Töpfern
Formen – bemalen –
glasieren – brennen
Band 7601

Barbara Pohle
Makramee
Knoten, Muster und
Modelle
Band 7606

Barbara Pohle
Hinterglasmalerei
Entwerfen – kopieren –
malen – rahmen
Band 7608 (März '80)

Eugen Oker (Hrsg.)
**Spiele mit Bleistift
und Papier**
Band 7612 (Jan.'80)

Kurt Schönberger
Bauernmalerei
Vom Anfänger zum
Könner
Band 7578

Alle Bände sind
Originalausgaben
mit zahlreichen
Farbtafeln.

Fordern Sie bitte das farbige Gesamtverzeichnis
»Knaur-Taschenbücher« an.